Los nombres

Emilio Salas

Emilio Salas

Los nombres

ROBIN BOOK

Si usted desea que le mantengamos informado
de nuestras publicaciones, sólo tiene que remi-
tirnos su nombre y dirección, indicando qué temas le interesan, y gustosamente complacere-
mos su petición.

Ediciones Robinbook
Información Bibliográfica
Aptdo. 94.085 - 08080 Barcelona

E-Mail: robinbook@abadia.com

www.robinbook.com

© 1995, Emilio Salas.
© 1995, Ediciones Robinbook, SL.
   Aptdo. 94.085 - 08080 Barcelona.
Diseño cubierta: Regina Richling.
ISBN: 84-7927-121-3.
Depósito legal: B-9.625-1995.
Impreso por Libergraf, Constitució, 19, 08014 Barcelona.

Impreso en España - *Printed in Spain*

Prólogo

Uno de los discípulos de Pitágoras, Nicómaco, nos permite conocer el contenido del «Discurso sagrado» del maestro —perdido desgraciadamente— y lo comenta en los siguientes términos: «Por la previsión y el pensamiento de Aquel que creó todas las cosas, todo lo que la naturaleza ha dispuesto sistemáticamente en el Universo, tanto en sus partes como en su conjunto, parece haber sido determinado de acuerdo con el Número, y el modelo preexistente en el espíritu del Creador es fijado mediante el Número; número-idea puramente inmaterial por todos los conceptos, pero al mismo tiempo, esencia real y eterna, de tal manera que todas las cosas fueron creadas de acuerdo con el Número: el tiempo, el movimiento, los cielos, los astros y los ciclos de todas las cosas».

Sólo Pitágoras era capaz de expresar con tal fuerza la idea de que el Número es anterior a todas las formas creadas, de que todo el Universo obedece a leyes de evolución temporal; todo el Cosmos nos lanza un mensaje tan profundo como difícil de analizar. El Universo entero se rige por leyes físicas muy precisas y, desde la más remota antigüedad, el hombre se ha dedicado apasionadamente a la búsqueda de las formas numéricas subyacentes a dichas leyes. Comprender la sutil disposición de los astros, sus órbitas y aspectos relativos, así como las leyes de la naturaleza, es tan emocionante que hace sentir el deseo y la necesidad acuciantes de descubrir la trama melódica que encierran, de dejarse arrastrar por la música de las esferas.

Como veremos, quizás mucho antes de Pitágoras y de la Cábala hebrea, los números y las letras ya eran el origen de complejas elucubraciones filosóficas y de pretendidas aplicaciones prácticas, de tal modo que en el transcurso de los siglos se ha creado una tradición que las considera como vibraciones, como gérmenes de vida y simbolismo.

En el origen de todas las civilizaciones hallamos la creencia de que otorgar un nombre concede poder sobre quien lo recibe, es como determinar su destino y posibilidades; tanto es así que en Oriente y en las sociedades tradicionales o secretas se recomienda cambiar de nombre a partir de cierto grado de evolución personal.

Entre los hebreos todo cambio importante de destino debía ir acompañado de un cambio de nombre. En la Biblia, Dios cambia los nombres cuando cambia su destino; así, Abram (Padre del pueblo) se transforma en Abraham (Padre de las multitudes); y lo mismo sucede con Saray, que para ser fecunda debe transformarse en Sarah, y con Jacob al vencer al ángel de Dios, lo que le convierte en Israel. E incluso en el mismo catolicismo, cuando se ordena un papa debe abandonar su propio nombre para adoptar otro más acorde con sus nuevas funciones y prerrogativas.

De aquí la importancia de elegir cuidadosamente el nombre que demos imponer a un recién nacido, y en la duda entre aquellos que nos gustan, ya sea por su melódica pronunciación o por el significado que les suponemos, vale la pena tener en cuenta la sutil influencia que puedan ejercer sobre el carácter y el destino del neonato, pues aún que nos cueste aceptarlo, el nombre va moldeando la personalidad a lo largo de la vida.

Entre los hermanos, que lógicamente deberían ser iguales al descender de los mismos progenitores, siempre existen notables diferencias, y quizás nunca nos hemos detenido en pensar que parte de dichas diferencias pueden ser debidas al nombre impuesto en el bautismo a cada uno de ellos. Numerológicamente, el valor de sus apellidos es el mismo, pero el valor final depende de la suma de nombre y apellidos; de aquí la importancia de saber escoger el nombre más adecuado, el que pueda mejorar al máximo el número hereditario.

En la primera parte de este trabajo intentamos resumir a grandes rasgos la evolución y fundamentos de la numerología y su estado actual, tanto para poseer una herramienta que nos permita conocernos mejor a nosotros mismos y a los demás, como para saber elegir mejor el nombre de nuestros hijos; mientras que en la segunda incorporamos un diccionario de nombres propios donde se analizan su etimología, su historia y su carácter, desde el punto de vista numerológico.

Primera parte

Numerología

1. Letras y números

La escritura

El deambular del hombre a través de los siglos suele dividirse en dos grandes eras: la prehistoria y la historia, siendo el descubrimiento del lenguaje escrito lo que señala la línea divisoria entre ambas, si bien más que línea es una amplia faja cuyo inicio podemos situar alrededor de 5.000 años a. de C.

En efecto, es a partir del quinto milenio anterior a Cristo cuando comienzan a desarrollarse los primeros pueblos estables en rápido progreso; el cazador y recolector nómada se transforma en pastor y agricultor estable y las hordas migratorias se convierten en tribus que van uniéndose y constituyendo los primeros núcleos celulares que darán origen a los pueblos y estados históricos posteriores.

Y digo amplia faja porque la escritura no fue una creación o un invento que apareció completo, sino el fruto de una lenta evolución del arte pictórico del paleolítico que se fue simplificando y adquiriendo un significado distinto del mágico, religioso o puramente artístico, para convertirse en la expresión gráfica de seres, hechos o circunstancias.

El paso decisivo parece iniciarse en el Próximo Oriente hacia el 4000 o el 3500 a. de C. en las tierras nilóticas y mesopotámicas gracias a la periodicidad de las fecundadoras inundaciones de sus ríos, que permiten asentar agricultura y ganadería sin necesidad de recurrir al cambio continuo por el agotamiento nutricio del suelo.

Podemos suponer que a alguien se le ocurrió dibujar o grabar la silueta de un animal susceptible de ser cazado sobre un lugar visible como un recordatorio de que en aquel lugar la caza del mismo era abundante, y ello tanto para él mismo como para los demás miembros de su tribu o comunidad; del mismo modo, la silueta de un felino advertiría sobre el peligro de su existencia, y si ambos dibujos aparecían juntos, la abundancia de caza y de animales peligrosos.

Es así como, primero en Sumer y luego en Egipto –o quizás simultáneamente, pues en la prehistoria es imposible precisar la diferencia de algunos siglos por las lagunas que existen–, se inició la escritura como una serie de pictogramas expresando cosas concretas. De aquí a representar cosas más complejas como el cazar o el comer sólo media un paso: la representación conjunta del arma y la presa, o la mano llevando el alimento a la boca. Este tipo de escritura es algo inteligible para todos; de hecho, las actuales señales de tráfico o la calavera sobre unas tibias cruzadas en la etiqueta de un frasco de veneno no son más que una perpetuación de la misma.

El paso siguiente sería escribir el propio nombre o el de la tribu, o el de actos y conceptos, como verdad y mentira, amigo o enemigo. Para ello fue necesario que otro hombre se diera cuenta de la posibilidad de relacionar el dibujo con su pronunciación; así por ejemplo, si al dibujo de un animal o de una cosa le asociamos el de un hombre, sabremos que se trata del nombre de un hombre. Es así como los egipcios crearon multitud de signos determinativos destinados a facilitar la comprensión de lo escrito.

Esto es lo que encontramos en la escritura jeroglífica, aún cuando más adelante para simplificar –o resaltarlos mejor– los nombres de persona se encierran dentro de un cartucho. Pero sin embargo, esta escritura fonética es unilítera, bilítera o plurilítera; es decir, cada dibujo contiene una, dos o más letras.

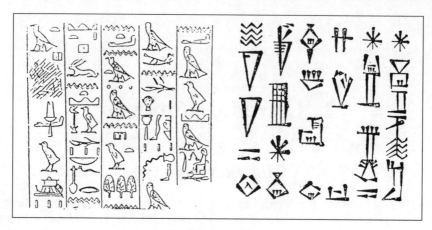

Escritura jeroglífica
Izquierda: Egipcia. Derecha: Babilónica

La notable diferencia entre los claros jeroglíficos egipcios y los casi irreconocibles babilónicos es debida a los utensilios de escritura, pues los egipcios utilizaban el papiro sobre el cual es muy fácil dibujar, mientras que los mesopotamios debían hacerlo sobre tablillas de arcilla blanda –que luego era cocida para darle consistencia– mediante un estilete de caña. Los signos se formaban apoyando la punta del estilete sobre la tablilla e inclinándolo después, lo cual daba a la escritura la apariencia de una serie de cuñas, de lo cual procede el nombre de escritura cuneiforme.

Sin embargo, esto son deducciones posteriores que han sido corroboradas por los hallazgos y dataciones de los arqueólogos; lo único incontestable es que en pleno neolítico, alrededor del 3100 a. de C. nació la escritura propiamente dicha que permite inmortalizar las palabras y el saber que contienen; pero ya hemos visto que la escritura concebida por sumerios y egipcios era muy distinta de la actual, y fue evolucionando en varias etapas, primero simplificando los glifos hasta convertirlos en trazos, ya sean cuneiformes en Sumer o hieráticos (sacerdotales) y demóticos (populares) en Egipto, y luego, en el siglo XII a. de C., con la creación de los primeros esbozos del alfabeto fonético de 22 letras durante el reinado del sabio rey Ahiram de Biblos, el cual a través de sus grafías fenicia y púnica daría origen a los posteriores griego y latino, aparte de influenciar al hebreo y al árabe.

Ante todo debemos aclarar que en los primitivos sumerio y egipcio el sentido de la escritura se efectuaba de arriba abajo y de derecha a izquierda (es así como debe leerse en el grabado anterior); luego se pasó a escribir linealmente de derecha a izquierda incluso en el griego primitivo, aún cuando los mismos griegos, en el siglo VI a. de C. (por ejemplo en las leyes de Solón), pasan a un sistema de escritura que recuerda la marcha de los bueyes con el arado, ya que se traza la primera línea de derecha a izquierda, la segunda de izquierda a derecha, para volver en la tercera de derecha a izquierda, y así sucesivamente. No es más que un siglo más tarde que en el Ática se generalizó el uso de la escritura dirigida de izquierda a derecha, tal y como seguimos haciendo nosotros.

Veamos algunos ejemplos: en sumerio andar se representaba mediante un pie humano: $\llcorner$, luego se escribe tumbado: $\sqsupset$, y de esta forma yacente y por sucesivas transformaciones se llega al posterior signo cuneiforme: $\sqsupset\!\!\sqcup$; $\triangledown$ significa receptáculo o vaso y de $\triangleright$ se deriva el posterior $\equiv\!\!\Psi$; $\sqsubset\!\!\Box$ significa barco, que se convierte en $\sqcap$ y más adelante en $\vdash\!\!|||$.

Y así podríamos poner infinidad de ejemplos.

Veamos ahora la evolución de algunas letras del alfabeto a través de la historia:

1	2	3	4	5	6	7	8
𓅃	ᘰ	K	⋪	ΛΛ	A	A	**A**
𓏤	ᔓ	𝄇	9	ꟗB	B	ß	**B**
⬭	Δ	◁	ᐊ	△	Δ	D	**D**
𓅿	ᘝ	ᘉ	ᙀ	ᙏᙏ	M	M	**M**
▢	ς	⟩	ꟼ	ꟼꟼ	Π	P	**P**

1: Jeroglíficos egipcios. 2: Escritura hierática. 3: Fenicia (siglos XII a X a. de C.). 4: Púnica (siglos VIII a V a. de C.). 5: Griego antiguo (primero de derecha a izquierda y luego de izquierda a derecha). 6: Griego moderno. 7: Romano antiguo. 8: Latino.

La numeración

Es indudable que el hombre aprendió a contar y a conocer los eventos estelares antes que escribir, pues así lo indica claramente su conocimiento de las posiciones de los astros, del inicio de las estaciones y sus calendarios lunares, pues, según A. Marshack ya existían en el neolítico de grabados en hueso; y también lo demuestra la existencia de los cromlechs, como el de Stonehenge, el más famoso de todos, para cuya construcción eran precisos conocimientos astronómicos y de cálculo.

Además, el nacimiento de la agricultura y la ganadería también hicieron necesarios dichos conocimientos para saber cuándo se debía sembrar, realizar el recuento de las cosechas o aparear al ganado. Y no hablemos de la navegación, en la que era indispensable conocer cuándo y dónde se producirían las mareas y corrientes marinas que podían imposibilitar o facilitar la navegación con las pequeñas embarcaciones de que disponían. De aquí su atenta observación y conocimiento de las fases lunares, del curso solar y de los demás astros visibles. Podemos imaginarnos que empezaron sirviéndose de simples series de trazos a los que añadirían una representación de lo que se contaba, como parece indicar el grabado que acompañamos perteneciente a un fragmento de hueso del neolítico hallado en el Mas-d'Azil (en Ariége, Francia).

Los primeros sistemas reales de numeración que conocemos pertenecen a egipcios y sumerios y para los 10 primeros números son los siguientes:

Nº	SUMERIO	EGIPCIO		Nº	SUMERIO	EGIPCIO
1				6		
2				7		
3				8		
4				9		
5				10		

Como puede verse dichos sistemas de numeración no pueden ser más sencillos. Una mano contiene cinco dedos y dos manos 10; es por ello que los egipcios tomaron el 10 como base para su numeración, mientras que los sumerios adoptaron un sistema sexagesimal, es decir, de base sesenta, pero usando también el 10 como unidad auxiliar, y para abreviar, si debían escribir el número 9, por ejemplo, en lugar de repetir nueve veces el uno, colocaban la unidad antes del signo de 10; es decir, restando a la izquierda y sumando a la derecha. Así, 3 se escribiría ⟨, pero 9.

Sesenta constituía la primera gran unidad y se representaba , y sesenta veces sesenta (3.600) fue por mucho tiempo el número más allá del cual no se concebía pudieran haber más números, y de aquí su nombre de *sar* (círculo, totalidad). Sin embargo, más adelante los matemáticos superaron este límite, llegando hasta el Gran Sar de $60 \times 60 \times 60 = 216.000$, y el Sar de Sar equivalente a sesenta veces el Gran Sar, es decir, 12.960.000.

Poco a poco, el sistema decimal fue suplantando al sexagesimal en la vida corriente, pero en los cálculos matemáticos de sacerdotes y sabios el sistema sexagesimal siguió manteniéndose como indispensable para verificar cálculos complicados, a la vez que se convertía en una especie de numeración secreta.

Aún cuando a primera vista parezca muy complicado, contar por sesenta permite trabajar fácilmente con números fraccionarios, y es así que para escribir 1/3, por ejemplo, lo escribían como 20, dando por supuesto que se trataba de 20/60, y así sucesivamente en todos los números fraccionarios.

Sin embargo, se encontraron con números que era imposible transcribir con dicho sistema, el primero de los cuales era 1/7; es imposible expresar la séptima parte de algo mediante fracciones sexagesimales, pues se necesita una serie interminable: $1/7 = 8/60 + 34/3.600 + 17/216.000 + ...$ que los escribas anotaban como 8,34,17.

Esta irreductibilidad del número 7 hizo que lo consideraran de mal agüero y lo atribuyeran a los demonios divinos, los cuales eran siete veces siete, es decir, totalmente irreductibles. De aquí se deducía que lo más prudente era no emprender ningún trabajo importante en los días 7, 14 y 28 de cada mes. Ese fue el origen de la semana, y si bien el Génesis y demás libros sagrados de los hebreos hicieron desaparecer el sentido maléfico del siete, todavía lo sacralizaron más.

Los antiguos griegos adoptaron el mismo sistema de numeración decimal pero con los siguientes símbolos:

1 =	I	1.000 =	X
5 =	Π	5.000 =	
10 =	Δ	10.000 =	M
50 =		50.000 =	
100 =	H	100.000 =	
500 =		1.000.000 =	

pudiendo repetir la misma cifra hasta cuatro veces.

Así, para escribir 99.999 se hacía de la siguiente forma:

$$\Gamma^{\mathsf{M}},\text{MMMM}\ \text{X XXX}\ \text{HHHH}\ \Delta\Delta\Delta\Pi IIII$$

Letras y números

Pero antes de seguir adelante, volvamos a la antigüedad asiria y babilónica. En una tableta perteneciente al reinado de Sargón II (-722 a -705) leemos: «De 16.283 codos, el número de mi nombre, he hecho construir el recinto de la muralla de la ciudad» (se refiere a Khorsabad).

Otro texto, el Poema de la exaltación de Isthar presenta una curiosa firma: 21-35-35-36-44 hijo de 21-11-20-42 .

Y por si fuera poco, en Elam se designaba al rey mediante el mismo ideograma del número 3.600, y también se le denomina Shar asimilándolo así a la totalidad, mientras que en Asiria al gran rey también se le llama Gran Shar o Shar-u.

Por último, también los dioses reciben equivalentes numéricos: Anu (el Mundo) es la totalidad de 60; Bel (el Cielo), parte principal del Mundo es 50; Ea (la Tierra), menos completa es 40; Sin (la Luna), el luminar más preciado, 30; Shamas (el Sol), 20; Isthar (Venus), 15; y por último, Uttuku, uno de los principales demonios, 10.

Todo esto nos demuestra que para los pueblos mesopotámicos, números y letras se equiparan y adquieren significados propios, y aunque esta equivalencia parece desaparecer con dichos pueblos, veremos como reaparece en la Antigua Grecia cuando adopta el alfabeto que ha permanecido vigente hasta nuestros días, anulando el anterior sistema de numeración y asimilando un número a cada letra en forma correlativa.

Sin embargo, para completar los tres septenarios que equilibran y completan la numeración les faltan tres letras, y por ello incluyen a tres ya caídas en desuso: la digamma o episemón (para el número 6), la Koppa (para el número 90) y la sampi (para el 900).

Dichas letras y su equivalencia numérica quedaron establecidas en la siguiente forma:

CORRESPONDENCIA DE LAS LETRAS GRIEGAS

Letra	Valor	Nombre	Letra	Valor	Nombre	Letra	Valor	Nombre
α	1	Alfa	ι	10	Iota	ρ	100	Rho
β	2	Beta	κ	20	Kappa	σ	200	Sigma
γ	3	Gamma	λ	30	Lamvda	τ	300	Tau
δ	4	Delta	μ	40	My	ϑ	400	Ipsilon
ε	5	Epsilon	ν	50	Ny	φ	500	Fi
ς	6	Digamma	ξ	60	Xi	χ	600	Ji
ζ	7	Zeta	ο	70	Omicron	ψ	700	Psi
η	8	Eta	π	80	Pi	ω	800	Omega
θ	9	Theta	ϙ	90	Koppa	ϡ	900	Sampi

Por su parte, los hebreos hicieron lo mismo, otorgando a cada letra un valor numérico, pero se hallaron con el mismo problema al contar sólo con 22 letras. Para solucionarlo emplearon el mismo sistema que los griegos, añadiendo al final cinco letras modificadas y que debían escribirse como finales.

CORRESPONDENCIA DE LAS LETRAS HEBREAS

Letra	Valor	Nombre	Letra	Valor	Nombre	Letra	Valor	Nombre
א	1	Alef	י	10	Yod	ק	100	Cof
ב	2	Bet	כ	20	Kaf	ר	200	Resh
ג	3	Guimel	ל	30	Lámed	ש	300	Schin
ד	4	Dálet	מ	40	Mem	ת	400	Táu
ה	5	He	נ	50	Nun	ך	500	Kaf fin.
ו	6	Vau	ס	60	Sámec	ם	600	Mem fin.
ז	7	Záyin	ע	70	Ayin	ן	700	Nun fin.
ח	8	Jet	פ	80	Pe	ף	800	Pe fin.
ט	9	Tet	צ	90	Tsáde	ץ	900	Tsáde F.

También añadieron la letra alef como final para introducir el número 1000, pero sin modificarla, por lo cual es meramente una cifra descolgada de las demás.

Posteriormente, si bien la equivalencia letra-número sigue vigente en el mundo cristiano, lo es de una forma soterrada; es decir, la emplearon los teólogos para aclarar ciertos puntos de la doctrina; san Ireneo, por ejemplo, explica por qué la Iglesia admite cuatro evangelios en el Nuevo Testamento, ni uno más ni uno menos, y lo hace diciendo:

En el mundo en que vivimos existen cuatro regiones u cuatro vientos principales: Dado que la Iglesia se extiende sobre toda la tierra, y dado que el Evangelio es fundamento de la Iglesia y aliento de vida, es razonable que para sostener la Iglesia existan cuatro columnas expandiendo por todas partes la incorruptibilidad y la vida para los hombres. De ello se desprende sin la menor duda, que el Verbo de Dios nos ha dado un cuádruple Evangelio inspirado por un solo espíritu.

De hecho no es hasta el renacimiento que vuelve a resurgir la numerología con un nuevo ímpetu. Pero esta ya será cuestión de otro capítulo.

Pitágoras y la armonía del Cosmos.

2. Numerología griega

Según la doctrina pitagórica, el número es algo cualitativo que de antemano se halla presente en todo y no se trata de un continuo cuantitativo infinito: el uno, el dos, el tres, etc., no son cantidades, sino determinaciones entre las cuales no existe un intervalo infinitamente divisible, sino una oposición en la cual —y sólo en ella— cada uno de los términos es lo que es.

Por ello, todo lo que constituye el ser de algo es número; en efecto, el uno de los pitagóricos no es la unidad uno, menor de 1,1 y mayor que 0,9, sino que es la unidad fundamental; toda cosa que exista es uno, y dos será la dualidad como otro uno opuesto al primero. Esto es uno y aquello es dos; por lo tanto, la dualidad es asumida en la unidad y la unidad remite de nuevo a la dualidad.

De aquí que el número sea la alternancia entre la unidad y la dualidad, entre lo impar y lo par, entre lo limitado y lo ilimitado. También nos dicen que la unidad que sobra en lo impar es lo que constituye su límite, y que el tres es un retorno a la unidad al suponer la alteralidad, la limitación de lo ilimitado en la forma de un triángulo, la figura más simple, origen de todas las demás figuras planas. Cuatro es esta misma unidad de ambos términos (unidad y dualidad), pero establecida por el lado de la dualidad, y la suma de estos cuatro términos, $1 + 2 + 3 + 4$, forma la tetraktys, o sea el número 10, que nos retorna al 1; $1 + 0 = 1$.

Para comprender mejor todo esto, hay que proceder al cálculo en la misma forma que lo hacían nuestros antepasados, mediante el uso de pequeños guijarros (que nosotros podemos sustituir por lentejas o garbanzos para mayor comodidad), y no olvidemos que cálculo deriva de «calculus» que significa piedrecita.

Examinemos un número par y otro impar:

$$\begin{matrix} \circ & \circ & \circ & \circ & \circ & | & \circ & \circ & \circ & \circ & \circ \\ \circ & \circ & \circ & \circ & \circ & | & \circ & \circ & \circ & \circ & \circ \end{matrix}$$

Si partiendo de cada extremo y avanzando una piedra en cada paso, llegamos finalmente a dividir el número en dos partes iguales, el número es par; pero si el proceso finaliza sobre una piedra, el número será impar. El número par siempre es imperfecto y le falta algo. El número impar es perfecto y completo; unido al par conserva su cualidad dado que el resultado también es impar; unido a sí mismo da origen a un número par, demostrando su fecundidad.

Por el contrario, uniéndose a sí mismo, el par sólo es capaz de procrear otros números pares e incapaz de procrear un número impar, y se deja dividir en dos partes iguales; por ello es imperfecto.

Principio de todos los números, el 1 contiene a la vez el par y el impar como demuestra Theon de Esmirna, pitagórico del siglo II:

uno + par = impar
uno + impar = par

En realidad 2 y 3 no son números sino los principios de par e impar.

También entenderemos mejor la tetraktys mostrándola formada por guijarros:

$$
\begin{array}{ll}
\text{o} & = 1 \\
\text{o o} & = 3 \\
\text{o o o} & = 5 \\
\text{o o o o} & = 10 = 1
\end{array}
$$

Y lo mismo ocurre con las representaciones geométricas, en las que el punto es la unidad, la línea la dualidad, la oposición de un algo a otro algo, es decir, la distancia que los separa. Con el tres se recupera la unidad al formar algo cerrado en sí mismo, pues tres puntos delimitan una figura plana; pero sólo con el cuatro puede construirse un cuerpo, es decir, una figura en el espacio.

Uno es el punto, dos la línea, tres el triángulo, base de todas las demás figuras planas que siempre pueden descomponerse en triángulos, y cuatro la pirámide, base de todas las figuras espaciales que siempre pueden descomponerse en tetraedros.

Así pues, el proceso del número se inicia con la unidad, y ello no sólo por iniciarlo, sino porque todo el proceso se limita a ir añadiendo uno al número anterior; si a la unidad, el impar, le añadimos uno, tenemos el dos, lo par; y si dos le añadimos otro uno tendremos el tres, es decir, volvemos a lo impar.

Basándose en ello, los pitagóricos establecían una serie de parejas de contrarios: impar y par, limitado e ilimitado, unidad y multiplicidad, derecho e izquierdo, macho y hembra, reposo y movimiento, recto y curvo, luz y oscuridad, bueno y malo, etc.

Del mismo modo que hemos visto el desarrollo de la tetraktys, también podemos mostrar con guijarros las formación de las parejas de contrarios pares e impares

$$
\begin{array}{ll}
9 = \text{o...o...o...o...o} & \quad 10 = \text{o...o...o...o...o...o} \\[6pt]
7 = \text{o...o...o...o o} & \quad 8 = \text{o...o...o...o...o o} \\[6pt]
5 = \text{o...o...o o o} & \quad 6 = \text{o...o...o...o o o} \\[6pt]
3 = \text{o...o o o o} & \quad 4 = \text{o...o...o o o o} \\[6pt]
1 = \text{o o o o o} & \quad 2 = \text{o...o o o o o}
\end{array}
$$

De todas estas agrupaciones, las de la izquierda forman lo que podemos denominar lo positivo, el ser y lo activo, mientras que las de la derecha forman lo negativo, lo otro y lo pasivo.

De este proceso también se desprende que en el universo todo es ritmo, alternancia y geometría, y por ello, las relaciones que se desprenden pueden transmitirse bajo la forma de figuras armónicas de naturaleza vibratoria que actúan sobre nosotros. Y si el Cosmos es número y ritmo, podemos pasar de la armonía de los sonidos a la de las almas. Como dice Proclo: «El número es el glorioso padre de los dioses y de los hombres»; y sus seguidores identifican la Causa Primera –la unidad– con Dios.

Es por ello, que a partir de Pitágoras –o quien sabe desde mucho antes– se considera que cada número posee un valor cualitativo (además del cuantitativo) que le confiere un significado particular, tanto físico, como psíquico y espiritual.

Analicemos ahora el simbolismo de los números del 1 al 10, de acuerdo con las enseñanzas pitagóricas:

UNO

Es el símbolo de la unidad indivisible, de la continuidad y la estabilidad; el centro cósmico e inmaterial, impar, creador, iniciador y pionero. De aquí que se asocie al macho como poder generador activo e indique creación, impulso origen y actividad.

DOS

No engendra ninguna forma y de hecho tampoco es un número, sino el principio de la paridad, el símbolo de oposición, conflicto y reflexión. Es la dualidad como contraposición a la unidad, la pasividad como opuesta a la actividad; es el primer número par y como tal, femenino y complemento del principio generador impar y masculino, posibilitando así la continuidad y la multiplicidad. Es el punto que se desplaza dando origen a la línea, marcando su comienzo y su fin; en el tiempo y en el espacio indica el inicio de la realización, lo que en la vida indica dirección y destino y en los objetos determina la simetría, reflejo a la vez de trabajo y belleza.

El reino de la dualidad es universal y hace que todo sea ambivalente, que en todo exista una polaridad, que al bien se oponga el mal, a la luz la oscuridad, a la extroversión la introversión, a la energía la materia, y sea la limitación de lo ilimitado. Pero al significar el primero de los núcleos materiales, la naturaleza como opuesta al creador, también implica la imperfección ante la perfección, y por ello, en el fondo, la insatisfacción que impulsa a seguir adelante.

Así pues, el dos expresa un antagonismo latente que se hace manifiesto, una rivalidad y una reciprocidad que tanto puede ser de amor como de odio, una oposición que tanto puede ser complementaria y fecunda como contraria e incompatible.

TRES

Es el ternario en el que la tensión de los opuestos, entre par e impar, se resuelva dando origen a un nuevo impar; es el símbolo de la generación a partir de la unión entre dos complementarios, del macho y la hembra para dar origen al hijo; la espiritualidad como complemento de cuerpo y alma; es la línea que se desplaza sobre su punto de origen para dar nacimiento a la más simple de todas las figuras: el triángulo, y con él, a todas las figuras planas. Por ello, es apto para reproducir eternamente las mismas estructuras.

Por cuanto antecede, el tres cierra un ciclo, una primera totalidad que no es más que otro uno, otro impar en el que se iniciará el próximo ciclo; como dice Platón en el *Timeo*: «Es imposible combinar bien el conjunto de dos cosas sin una tercera, se necesita un lazo que las una».

CUATRO

Es a la vez el segundo número par y el regreso a la unidad fundamental en un nivel superior, como lo evidencia su reducción mística en la que

$$1 + 2 + 3 + 4 = 10 = 1 + 0 = 1$$

Simboliza la potencia por excelencia, pues en él, la unidad completa al ternario al unirse al mismo dando origen a la cruz y al cuadrado y, lo que es más importante, a las cuatro dimensiones del espacio, es decir, la determinación material y corpórea. El ternario generado por la dualidad adquiere en el cuaternario su fundamento sólido y estable. Son los cuatro principios elementales, Fuego, Tierra, Aire y Agua, que conforman el Universo; los cuatro puntos cardinales, los cuatro pilares del Universo, las cuatro fases de la Luna y toda la infinidad de cuaternarios que sirven para definir una unidad superior.

Platón decía que el ternario es el número de la idea y el cuaternario es la realización de la idea. Por esta causa, en la séptuple organización de las direcciones del espacio, el ternario se halla situado en la vertical (tres mundos o tres niveles) mientras que el cuaternario se halla dispuesto en la horizontal, en el mundo de lo manifestado.

CINCO

Con el cinco hace aparición una nueva dimensión: el tiempo, lo que también equivale a la animación de la materia mediante la vida al concederle continuidad y sucesión. Los griegos le llamaban el número nupcial por su posición intermedia entre los cuatro primeros y los cuatro últimos números de la década, por lo que también puede considerarse un número de transición. Simboliza al hombre como entidad completa e intermediaria entre el mundo inferior y el mundo divino. Es el hombre encerrado en el pentagrama revelador de la divina proporción, con sus cuatro miembros regidos por la cabeza, y los cuatro dedos regidos por el pulgar. Pero además, por su carácter de intermediario, puede ser un número destructor de lo temporal, mutable y perecedero.

Es el primer número que manifiesta todas las posibilidades del Universo, y por ello, los pitagóricos tenían como signo para reconocerse la estrella de cinco puntas. Por último, cuando se le representa mediante un cuadrado con un punto en su centro, representa la totalidad material (el cuaternario) y su esencia.

SEIS

Representado por la estrella de seis puntas, muestra el equilibrio entre dos triángulos enlazados y opuestos (Fuego y Agua); es por ello que se descompone como 3 + 3, como conjugación del tres consigo mismo, pero en un orden más complejo. Los dos triángulos opuestos representan el equilibrio entre tendencias o caminos opuestos, es la oposición entre el Creador y su creación en un equilibrio indefinido, oposición que no implica necesariamente contradicción, pero que es fuente de todas las ambivalencias. Para los pitagóricos es el número perfecto dado que el producto de los números que lo componen es igual a su suma:

$$1 + 2 + 3 = 6; \text{ y } 1 \times 2 \times 3 = 6$$

SIETE

Ya vimos al estudiar el cuatro que su vuelta a la unidad significaba la realización de la unidad del mundo. Ahora al llegar al siete, lo que se realiza es la unidad universal. Este parentesco con el cuatro, símbolo de la Tierra, hace que se le atribuyan los siete astros errantes o planetas.

Cuando proviene de 4 + 3 es la unión del ternario con el cuaternario, y tanto implica el triunfo del espíritu sobre la materia como lo inverso, siendo la clave de grandes realizaciones y de proyectos abortados, por lo cual también se identifica con el dolor. Cuando proviene de 5 + 2 relaciona al hombre con la dualidad; es el hombre en busca de una dirección y un destino. Pero cuando procede del 6 + 1 se representa por la estrella de seis puntas con un punto en su centro, es el equilibrio tendiendo a la interioridad, revelando el misterio de la circulación de las fuerzas de la naturaleza.

OCHO

Es el primer número cúbico (aparte el 1), y en el ocho se manifiesta el volumen. Simboliza la regeneración espiritual y la mediación entre el orden natural y el divino, por ser el intermediario entre el círculo (símbolo de eternidad) y el cuadrado (símbolo de materialidad), a la vez que la estabilización en uno o en otro estado.

Refleja una armonía, pero también un cambio de nivel, pues siendo un número par y pasivo, puede dividirse y subdividirse siempre en números iguales:

$$8 = 4 + 4 = 2 + 2 + 2 + 2 = 1 + 1 + 1 + 1 + 1 + 1 + 1 + 1$$

De aquí que otro de sus significados sea el de equilibrio cósmico, de la equidad y la justicia.

NUEVE

En la creación, los mundos son tres: cielo, tierra e infierno, y cada mundo es simbolizado por una tríada; por ello el nueve es el número que cierra el tercer ciclo a partir de la unidad, y con ello, la creación.

Parménides dice que el nueve es el número de las cosas absolutas, y en esta misma línea, debemos hacer constar que las nueve musas representaban a la totalidad de los conocimientos humanos. Además es también el número de la perfección, pues el feto humano nace al mes noveno, ya totalmente perfecto.

Porfirio, en sus *Eneadas* (conjunto de nueve) formadas por 54 tratados, dice: «He tenido la alegría de hallar el producto del número perfecto, por el nueve». Y en esta estructura numerológica intenta simbolizar su visión total, cósmica, humana y teológica. Después de la emanación del Uno, con el retorno al Uno se completa el ciclo del Universo, y las *Eneadas*, por su mismo título, constituyen el manifiesto global de la escuela de Plotino y su visión del mundo.

DIEZ

Tiene el sentido de la totalidad, de final, de retorno a la unidad finalizado el ciclo de los nueve primeros números. Para los pitagóricos es la santa tetraktys, el más sagrado de todos los números por simbolizar a la creación universal, fuente y raíz de la eterna naturaleza; y si todo deriva de ella, todo vuelve a ella. Es pues una imagen de la totalidad en movimiento.

Como dijimos, la tetraktys forma un triángulo de 10 puntos colocados en cuatro líneas. En la cima, el primer punto simboliza la unidad, lo divino, origen y principio de todas las cosas, el Ser todavía inmanifestado; en la segunda línea, los dos puntos simbolizan la díada, el desdoblamiento del punto para dar origen a la pareja, a lo masculino y lo femenino, al dualismo interno de todos los seres; en la tercera línea, los tres puntos simbolizan la tríada, los tres niveles del mundo, celeste, terrestre e infernal y todas las trinidades; en la base, los cuatro puntos simbolizan el cuaternario, los cuatro elementos, y con ellos, la multiplicidad del universo material. Y el conjunto constituye la década, la totalidad del universo creado e increado.

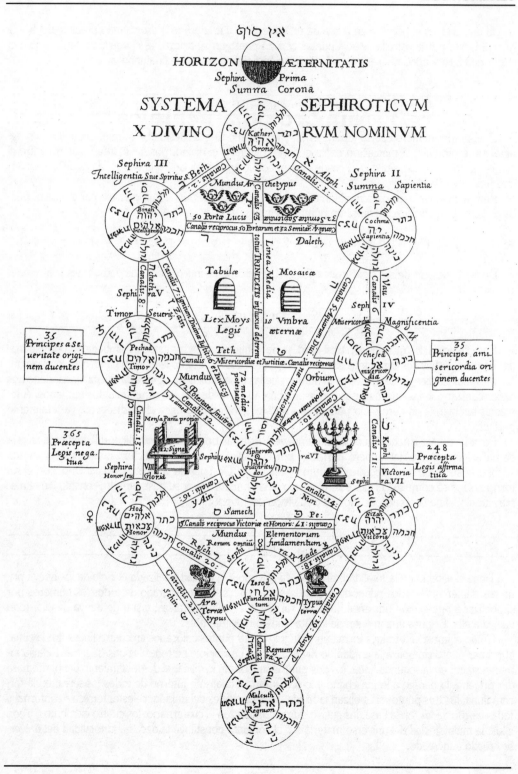

3. Numerología hebraica

Es imposible saber con seguridad si fueron los griegos o los hebreos los primeros en desarrollar la numerología. Por una parte, los primeros documentos que utilizan las letras numerales griegas son del siglo IV a. de C., mientras que sus homónimos hebreos son del siglo II a. de C.

Sin embargo, en el alfabeto numeral griego hallamos una incongruencia llamativa: las tres letras rescatadas del antiguo alfabeto no se colocan al final de la lista como se hace en todas las demás culturas, sino que se colocan en los números 6, 90 y 900. Esto parece indicar que seguramente dicho alfabeto numerológico era la transcripción literal del antiguo, lo que les obligó a mantener en su sitio las tres letras indispensables para recuperar el número sagrado de 27. Aquí se nos aparece la posibilidad de que al igual que en las culturas anteriores la numerología fuese una ciencia secreta usada únicamente por sacerdotes y reyes, y es a partir del nuevo alfabeto cuando su conocimiento se expande públicamente.

También ocurre lo mismo con el hebreo, cuyo alfabeto pretenden le fue otorgado a Abraham, lo cual sólo podemos aceptar como una justificación del carácter sagrado que le atribuyen, pues si nos retrotraemos al siglo II a. de C. comprobaremos que es en dicho siglo cuando culmina la diáspora, lo que permite intuir que los detectores de la Tradición se vieron obligados a trasmitirla a cuantos todavía permanecían fieles a sus costumbres tradicionales para que no se perdiera en la diáspora y bajo la represión siria.

También existe otro hecho que refuerza esta hipótesis: las lenguas mayoritariamente usadas por el pueblo hebreo eran el griego y el arameo, siendo el hebreo la lengua usada por los Doctores de la Ley; algo así como hasta hace poco lo ha sido el latín en el cristianismo. Es precisamente el hecho de no ser una lengua coloquial lo que ha permitido al hebreo conservar íntegra toda su estructura hasta nuestros días. Lo aceptado por todos es que el hebreo era la lengua de los Libros Sagrados, se usaba para dialogar con Dios y estaba construida especialmente para las aplicaciones numerológicas.

La diferencia esencial entre la numerología griega y la hebrea reside en que los griegos se centran en el papel y simbología de los números, mientras que los hebreos sacralizan y anteponen las letras. Lo dice el *Sefer Yetsirá*:

> Por treinta y dos senderos hermosos, sabios, Iá, Ieve, Tsebaot, Dios de Israel, Dios Vivo y Rey Eterno, El-Shaddai, Misericordioso, Indulgente, Elevado, que habita en la Eternidad, cuyo Nombre es Alto y Santo, ha creado el universo mediante tres universo mediante tres *sefarim*: Sefar (el Número), Sippur (la Palabra) y Sefer (la Letra); 10 números inmateriales y 22 letras fundamentales: tres madres, siete dobles y doce simples.

En la tríada fundamental de los *sefarim*, los *sefirot* pertenecen a Sefar, el Número, base de la armonía y del orden superior de todas las cosas, arquetipo de los principios esenciales, mientras que las letras del alfabeto pertenecen a *Sefer*, la Letra escrita, que representa todo lo ya creado.

La numerología hebraica se convierte así en un apéndice de la religión, en una forma de escrutar al máximo las verdades de los libros sagrados, en sacarles punta palabra a palabra, letra a letra, dejando de lado sus posibilidades prácticas de carácter adivinatorio. Los métodos que emplea son tres: Gematría, Temurá y Notarikón, que estudiaremos en orden inverso.

Notarikón

Consiste en juntar las letras iniciales o las finales de las palabras de una frase para formar con ellas otra frase del mismo valor que nos revelará el sentido oculto de la primera, o a la inversa, con las letras iniciales o finales de las palabras que componen la frase formar una palabra reveladora. Así por ejemplo, la primera palabra del Génesis es Beresit (al principio); con dichas letras (teniendo en cuenta que en hebreo las vocales no cuentan) puede componerse la frase: *Bará Ruheres Sammayim Yam Thom*, cuya traducción sería «Creó el Espíritu, la Tierra, los Cielos, el Mar y el Abismo», frase que revela lo que Dios creó.

Este método está teniendo un gran resurgir en la actualidad, pues las siglas que nos invaden con mayor abundancia: OTAN, ONU, URRS, PP, UNESCO, etc., en realidad son una aplicación consciente o inconsciente del Notarikón.

Temurá

Consiste en separar las letras de una palabra para formar anagramas y seudónimos mediante la alteración del orden de las palabras, o de las letras dentro de la misma palabra. Se basa en la creencia de que los nombres sagrados ocultan fórmulas herméticas que revelan su verdadero sentido. Para ello crearon reglas muy precisas, generalmente expuestas en formas de tablas, siendo las más famosas las de Atbás y las de Tziruf.

Las de Atbás consistían en sustituir las letras por un determinado orden: por ejemplo, la primera por la última, la segunda por la penúltima, y así sucesivamente. Para ello se escribían en la primera línea las letras del alfabeto en su orden normal, de derecha a izquierda, y en la segunda línea de forma inversa, de izquierda a derecha. Así por ejemplo y usando nuestro alfabeto, la palabra ADÁN se convierte en NADA, ARROZ en ZORRA, etc.

Las tablas de Tziruf son mucho más complejas, y dado que para nosotros no tienen una verdadera utilidad nos limitaremos a decir que la más usada se basa en situar las 22 letras hebreas formando un círculo y unirlas dos a dos empezando por Alef que se une a su opuesta, Lamed y luego con todas las demás para formar una primera columna; la segunda uniendo Bet con Tau y luego con todas las demás, la tercera Guimel con Schin y luego con todas las demás, y así sucesivamente de acuerdo con el gráfico que mostramos.

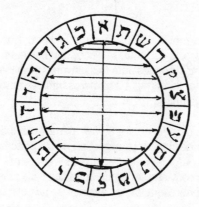

אל	בת	גש	דר	הק	וצ	זפ	חע	טס	יב	כם
אב	גת	דש	הר	וק	זצ	חפ	טע	יס	כנ	לם
אג	דת	הש	וד	זק	חצ	טפ	יע	כס	לן	במ
אד	בג	הה	וש	זר	חק	טצ	יפ	כע	לס	מנ
אה	בד	ות	זש	חר	טק	יצ	כפ	לע	מס	גנ
או	בה	גר	ות	חש	טר	יק	כצ	לף	מע	נס
אז	בז	גה	חת	טש	יר	כק	לצ	מף	בע	דס
אח	בז	גו	דה	טת	יש	כר	לק	מצ	נף	סע
אט	בח	גז	דו	ית	כש	לד	מק	נצ	סף	הע
אי	בט	גח	דז	הו	כת	לש	מר	נק	סס	עף
אכ	בי	גט	רח	הז	לת	מש	נד	סק	צע	זם
אל	בכ	גי	רט	הח	וז	מת	גש	סר	עק	פצ
אם	בל	גכ	רי	הט	וח	נת	סש	ער	פק	זצ
אנ	בם	גל	רכ	הי	וט	זה	סת	עש	פר	צק
אס	בנ	גמ	רל	הכ	וי	זט	עת	פש	צד	חק
אע	בס	גנ	רמ	הל	וכ	די	חש	פת	צש	קר
אף	בע	גס	רנ	המ	ול	זכ	חי	טת	קש	צר
אצ	בף	גע	רס	הנ	ומ	זל	חכ	טי	קת	רש
אק	בצ	גף	דע	הס	ונ	זם	חל	טכ	רת	יש
אר	בק	גצ	רפ	הע	וס	זן	חם	טל	יכ	עת
אש	בד	גק	רצ	הף	וע	זס	חן	טם	יל	כת
את	בש	גר	רק	הצ	וף	זע	חס	טנ	ים	כל

Tabla de las combinaciones de Tziruf.

Quizás podamos decir que la actual criptografía no es otra cosa que una aplicación moderna de la Temurá.

Guematría

Es el método más usado y el que se sigue empleando en la numerología actual; consiste en calcular el valor numérico de las palabras para hallar el sentido de lo que se busca. Para ello puede usarse cualquiera de los tres sistemas siguientes:

1. *Valores ordinales:* a cada letra se le otorga el valor que le corresponde por su situación en el alfabeto: así, Alef valdrá 1, Kaf 11 y Tau 22.

2. *Numeración corta:* se otorgan los valores tradicionales del alfabeto hebreo, pero prescindiendo de las letras finales (las cinco últimas); así, Alef vale 1, Kaf 20 y Tau 400.

3. *Numeración larga:* los valores se otorgan según el alfabeto hebreo con las 27 letras, es decir, incluyendo las cinco finales.

El resultado final suele ser distinto según el método empleado, pues para poner un ejemplo, Em (madre) en el primer sistema valdrá $1 + 13 = 14 = 1 + 4 = 5$; en el segundo sistema valdrá $1 + 40 = 41 = 4 + 1 = 5$; en cambio en el tercer sistema valdrá $1 + 600 = 601 = 6 + 1 = 7$, pues en este caso la m es final de palabra.

En la práctica suele emplearse siempre el segundo sistema, el de la numeración corta.

Por último, la interpretación del número resultante se deriva del significado de la letra que le corresponde, ya sea por adición teosófica (del 1 al 9) o por reducción a 22 (el número conseguido se divide por 22 y el resto será el valor final).

Significado de las letras hebreas

A continuación damos el significado de cada una de las 22 letras del alfabeto hebreo:

ALEF

Significa buey-guía y encarna la unidad, signo primordial de la divinidad. Es el principio generador, el padre, y por lo tanto es poder, iniciativa, independencia y espíritu creador. Se corresponde con el elemento Aire, el aliento divino que infunde vida.

BET

Significa casa o y expresa la idea de lo que contiene; es el Santuario, la casa de Dios y la casa del hombre y es también el primer día de la creación en el que se hace manifiesta la dualidad, la parte pasiva de la pareja primordial; existe por reflejo de alef, y si alef es el padre, bet es la madre. Indica dualidad, equilibrio de fuerzas, unión de los opuestos. Se corresponde con Saturno, planeta pasivo y materializador.

GUIMEL

Significa camello, el único animal capaz de atravesar el desierto, y del mismo modo que el camello es la máxima riqueza y seguridad en el desierto, su significado de riqueza es general. Es el fruto de la unión de alef y bet y por ello representa a la unidad y la multiplicidad; pero también a la forma, ya que no puede existir ninguna figura sin una tercera dimensión. Se corresponde con Júpiter, planeta de la riqueza, la bondad y la justicia.

DALET

Significa puerta, y es la puerta por la que se accede a la forma, a la concentración y la voluntad; es el tercer día de la creación y del texto del Génesis se deduce claramente que se refiere a la fecundidad. Se corresponde con Marte, el planeta de la energía creadora.

HE

Significa ventana y representa la transparencia y la claridad. Es calor, fuego viviente que se infunde y difunde. Despierta la aptitud para trascender las limitaciones, por lo que equivale a la trascendencia en el mundo de la religión, y en el material a libertad y cambio, e incluso a veces, violencia. Se corresponde con el signo de Aries.

VAU

Significa clavo, gancho, encadenamiento, unión, todo lo que une. Es la letra que reafirma las relaciones. Para aclarar su significado podemos definirla en el sentido que incluimos en nuestra «y» cuando unimos varios conceptos o acepciones; también implica fertilidad. Se corresponde con el signo de Tauro.

ZAYIN

Significa espada, lanza, saeta, y por extensión arma; es la tendencia, el esfuerzo penetrante dirigido a un fin determinado, pero como la espada es también separadora y destructora. Se corresponde con el signo de Géminis.

JET

Significa recinto y vallado, y por su forma es como una he cerrada por la izquierda, como si quisiera cerrar el paso a la claridad; es por ello luz y sombra, involución material y evolución espiritual, lo que se acentúa por su correspondencia con el signo de Cáncer.

TET

Significa serpiente, símbolo de sabiduría y de misterio, de ocultación, conservación y renovación; es la espada flamígera del ángel bajo cuya amenaza Adán y Eva son expulsados del Paraíso. Las letras jet y tet fueron eliminadas de la creación del mundo por el Todopoderoso porque unidas forman la palabra pecado y es precisamente por el pecado que se produce la caída de nuestros antecesores. Se corresponde con el signo de Leo.

YOD

Significa mano. Su gran importancia reside en que todas las demás letras han sido dibujadas con agrupaciones de la letra yod, por lo que es la generadora del alfabeto, siendo además la primera letra del nombre de Dios, del tetragrama sagrado «yod-he-vau-he». Por todo ello representa el principio de toda actividad, de toda manifestación, de toda causa eficiente. Se corresponde con el signo de Virgo.

KAF

Significa palma de la mano, copa, mortero, matriz; todo aquello que contiene algo; es el acto de tomar y retener; simboliza la asimilación, la energía recibida y retenida, la capacidad de servir de molde, de adaptarse a todas las formas. Es el cuarto día de la creación, cuando se crea el Sol, la Luna y las estrellas, cuando aparece la luz, primera manifestación física de la energía, todavía carente de límites y de forma. Se corresponde con el Sol.

LAMED

Significa aguijón, pero también aprender y estudiar, y su simbolismo se deriva en gran parte de su función gramatical, pues en hebreo, utilizada como prefijo convierte al radical en verbo, es decir, convierte una idea en acción. Por último su grafismo representa el brazo del hombre y el ala del ave, y por extensión todo lo que se eleva por sí mismo. Se corresponde con el signo de Libra.

MEM

Significa agua, y es el agua primordial que fecunda y da vida, es el símbolo de la maternidad, y del mismo modo que como letra final su valor se multiplica, también indica multiplicidad. Se corresponde con el elemento Agua, el disolvente universal.

NUN

Significa pez, símbolo del elemento agua en que vive; pero a la vez niño y generación, por lo que es símbolo de vida y fecundidad. Se corresponde con el signo de Escorpión.

SAMEC

Significa puntal, sostén, apoyo o base. Se corresponde con el signo de Sagitario, simbolizado por el centauro, medio animal y medio hombre, como indicando el nivel inferior del que se parte, y cuya flecha lanzada hacia lo alto refleja la firme aspiración de alcanzar el fin propuesto.

AYIN

Significa ojo, apariencia, extensión y brillo, pero también la nada. Por su forma recuerda los cuernos de la cabra, símbolo de Capricornio, signo con el que se corresponde, y cuyo sentido materializador, autoritario, limitador y de conocimiento implica el peligro de caer en la tentación del poder (el conocimiento siempre es poder) o del materialismo extremo.

PE

Significa boca, palabra, lenguaje; es el símbolo de la expresión oral y de todo lo que el hombre da a conocer en el mundo exterior. Se corresponde con el planeta Venus.

TSÁDE

Significa anzuelo o garfio, y se corresponde con el signo de Acuario. Esto nos permite comprender el antagonismo entre los dos significados tan opuestos de tsáde, el de garfio o anzuelo, que en el fondo es un lazo que une, y el de independencia y ruptura de Acuario.

COF

Significa nuca, e incluso su forma recuerda la silueta de una cabeza prolongada por un segmento de la columna vertebral, y no olvidemos que el cerebro es el que rige y domina todas las facultades del individuo. Está considerada como la letra mística por excelencia, pues con cof comienza la palabra *Kadosh* (santo), y también la palabra *Kabbala* (Tradición). Se corresponde con el signo de Piscis, signo de Agua e hipersensibilidad, de misticismo e inmersión en el mundo infrahumano, lo que en su aspecto negativo indica el peligro de caer en el mismo, y en el positivo, la especial sensibilidad hacia cuanto existe de superior en el hombre.

RESH

Simboliza cabeza y cima, pero también pobreza, y se corresponde con el sexto día de la creación, aquel en que, según el Génesis, Dios creó al hombre y dio por finalizada su tarea; pero también se corresponde con Mercurio, cuya nota clave es mentalidad y pensamiento; es gracias a la influencia de Mercurio que tenemos la posibilidad de comunicar y perpetuar los conocimientos, ya sea por la palabra o la escritura; y es precisamente en la cabeza donde se supone se albergan y acumulan dichos conocimientos. Finalmente, su significado de pobreza nos advierte de su aspecto negativo, indicativo de pérdidas.

SCHIN

Significa diente, y del mismo modo que los dientes se cambian también significa cambio, mutación, renovación y transformación de cuanto existe. Incluso su grafía elevándose armada con tres lenguas de fuego recuerda al elemento Fuego con el que se corresponde.

TAU

Significa cruz, límite, señal, y no olvidemos que la cruz simboliza la tierra, pero a la vez es la base de todos los símbolos de orientación, ya sea en relación con uno mismo o con los cuatro puntos cardinales (terrestres o celestes); según se dice, proviene de un árbol plantado por Set sobre la tumba de Adán; es la escalera por la que las almas suben a Dios.

Frontispicio de *Arithmologia*, de Athanasius Kircher (1652-1655): La divinidad, representada por un ojo dentro de un triángulo y designada tres veces por IH hebreo, difunde sus rayos de fuego a través de las nueve jerarquías angélicas, reparti-
das en tres divisiones triangulares, que constituyen el cielo empíreo, arquetípico e ideal. Debajo están las esferas de los
siete planetas, rodeadas por la de las estrellas fijas y el *primum mobile*, con la Tierra en el centro del universo. La esfera
alada es un motivo que Kircher toma de los jeroglíficos egipcios para representar –según J. Godwin– la evolución a través
del tiempo a la que todo lo que está bajo los ángeles se halla sometido. Los dos querubines nos recuerdan en sus filacte-
rias que el mundo está organizado por la medida, el número y el peso. En el plácido paisaje están sentados un sabio hebreo cuyo libro muestra las estrellas de Salomón y David, y Pitágoras con su teorema. Kircher respetaba la Cábala hebrea
y el pitagorismo en cuanto claves para las propiedades místicas del número, pero rechazaba sus aplicaciones mágicas. (Ta-
maño original: 15,6 x 22,2 cm. Reproducido de Athanasius Kircher, Ed. Siruela, Madrid 1986.)

4. Cábala cristiana

Cuando a partir del siglo I de nuestra era el cristianismo se extiende por el mundo romano, los primitivos cristianos (y más especialmente los gnósticos) se apropian de los conocimientos hebreos y griegos y se inicia una moda numerológica en que todo se traduce al griego y la asociación de letras y números se usa para todo, ya sea para componer poesías de dos líneas en las que el valor numérico es el mismo en cada una de las líneas, o para demostrar la bondad de su particular doctrina gracias a la numerología, o para crear fórmulas y palabras dotadas de poderes mágicos. Y todo ello usando el alfabeto griego.

Así, por ejemplo, añadimos la demostración de que Jesús es realmente hijo de María gracias al cálculo numerológico:

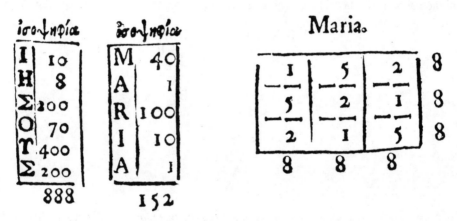

En cambio, son raros los ejemplos de numerología romana, si bien sabemos que coexiste con la cristiana, y es el historiador Suetonio quien nos facilita una muestra al afirmar que en el mismo nombre de Nerón ya se contiene su personalidad, pues su valor numerológico es de 1005, valor que igualmente posee la frase «mató a su propia madre».

NEPΩN

IΔIAN MHTEPA AΠEKTEINE

Los abraxas

Sin embargo, repetimos, son los gnósticos quienes usan al máximo la numerología, y Basílides, uno de los padres de la gnosis, afirma que Dios reina sobre 365 dioses inferiores, cada uno de los cuales gobierna sobre un día del año; y también afirma que de la misma divinidad emana el poder mágico de las siete notas musicales, los siete metales, los siete colores y las siete vocales entre muchas otras cosas. Es por ello que buscando una palabra que contuviese las cifras sagradas 3, 5, 6 y 7 creó el célebre Abraxas (o Abrasax), cuya etimología parece derivarse de *Al Braxas* (piedra de bendición) y cuyo valor numérico es de 365, su raíz 5 y sus valores línea a línea contienen los valores 1, 3, 4, 5, 7, 8 y 5, sumados todos los cuales valen 33 = 6.

$$
\begin{array}{ll}
\text{A B P A Σ A} \equiv & 365 \text{ (Raíz = 5)} \\
\text{A B P A Σ A} & 305 \text{ (Raíz = 8)} \\
\text{A B P A Σ} & 304 \text{ (Raíz = 7)} \\
\text{A B P A} & 104 \text{ (Raíz = 5)} \\
\text{A B P} & 103 \text{ (Raíz = 4)} \\
\text{A B} & 3 \text{ (Raíz = 3)} \\
\text{A} & 1 \text{ (Raíz = 1)} \\
\hline
\text{Total =} & 1.185 \qquad 33 = 6
\end{array}
$$

Otra fórmula creada por los gnósticos que en toda la Edad Media se veneró sin comprenderla, es la de Abracadabra, derivada del hebreo *abreq ad habra* que significa: envía tu fuego hasta la muerte.

```
A B R A C A D A B R A
 A B R A C A D A B R
  A B R A C A D A B
   A B R A C A D A
    A B R A C A D
     A B R A C A
      A B R A C
       A B R A
        A B R
         A B
          A
```

Y el Ablanatanalba, que según Marques Riviere proviene de *ablanat analba* que en hebreo significa «Padre, ven a nosotros».

```
A B L A N A T A N A L B A
A B L A N A T A N A L B
A B L A N A T A N A L
A B L A N A T A N A
A B L A N A T A N
A B L A N A T A
A B L A N A T
A B L A N A
A B L A N
A B L A
A B L
A B
A
```

Otra muestra en el mismo sentido es el empleo en inscripciones gnósticas del signo Ϛ Ϙ (Koppa Theta = 90 + 9) que según Marques Riviere deriva de *Amen* (Alfa, My, Eta, Ny = 99). Por último citaremos los innumerables juegos de letras y palabras griegas que se añaden a los amuletos y fórmulas mágicas, muchos de los cuales resultan irreconocibles por erróneas transcripciones, pero en los que casi siempre están presentes los abraxas.

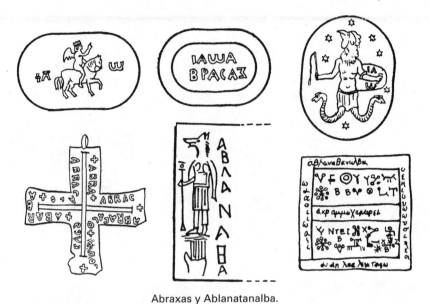

Abraxas y Ablanatanalba.

Los cuadrados mágicos

En los siglos VI al XI hacen aparición los cuadrados mágicos pudiendo ser de letras y de números. Entre los primeros figura como el más extendido el SATOR AREPO TENET OPERA ROTAS. Esta fórmula a la que se atribuye un gran poder profiláctico por lo general iba acompañada de letras o palabras hebreas, árabes o coptas, la mayoría de las veces deformadas por erróneas transcripciones que van perpetuándose e incrementando y otras veces limitadas a iniciales, como por ejemplo el alfa y omega o sus equivalentes A O (resumen de la invocación cristiana «Aquel que es el Alfa y el Omega»).

```
      A
      P
      A
      T
      E
      R
A PATERNOSTER O
      O
      S
      T
      E
      R
      O
```

R	O	T	A	S
O	P	E	R	A
T	E	N	E	T
A	R	E	P	O
S	A	T	O	R

Su característica primordial es que puede leerse en ambos sentidos, lo mismo letra por letra como palabra por palabra, y además en el cuadrado pueden leerse en cualquier sentido y comenzando por cualquiera de sus cuatro ángulos, a la vez que aparece una cruz con la palabra TENET alrededor de la N central. Las 25 letras combinadas adecuadamente pueden disponerse en forma de cruz y rodeadas de las letras A y O, o de sus equivalentes griegas alfa y omega en los extremos de cada palo, en cuyo caso forman el Pater, la oración por excelencia entre los cristianos.

Los cuadrados numéricos corresponden por un lado al misterio del número y por el otro, el hecho de que el cuadrado diera la misma suma en cualquier sentido le otorgaba poderes mágicos; pero además, ya hemos visto que para los gnósticos cada vocal del alfabeto corresponde con un planeta, una nota musical y un número. Estos números secretos, desarrollados en forma de cuadrado asimilaban también la influencia del planeta atribuido: el de tres para Saturno, el de cuatro para Júpiter, el de cinco para Marte, el de seis para el Sol, el de siete para Venus, el de ocho para Mercurio y el de nueve para la Luna:

4	9	2
3	5	7
8	1	6

Saturno

4	14	15	1
9	7	6	12
5	11	10	8
16	2	3	13

Júpiter

11	24	7	20	3
4	12	25	8	16
17	5	13	21	9
10	18	1	14	22
23	6	19	2	15

Marte

6	32	3	34	35	1
7	11	27	28	8	30
19	14	16	15	23	24
18	20	22	21	17	13
25	29	10	9	26	12
36	5	33	4	2	31

Sol

22	47	16	41	10	35	4
5	23	48	17	42	11	29
30	6	24	49	18	36	12
13	31	7	25	43	19	37
38	14	32	1	26	44	20
21	39	8	33	2	27	45
46	15	40	9	34	3	28

Venus

8	18	59	5	4	62	63	1
49	15	14	52	53	11	10	56
41	23	22	44	45	19	18	48
32	34	35	29	28	38	39	25
40	26	27	37	36	30	31	33
17	47	4	20	21	43	42	24
9	55	54	12	13	51	50	16
64	2	3	61	60	6	7	57

Mercurio

37	78	29	70	21	62	13	45	5
6	38	79	30	71	22	63	14	46
47	7	39	80	31	72	23	55	15
16	48	8	40	81	32	64	24	56
57	17	49	9	41	73	33	65	25
26	58	18	50	1	42	74	34	66
67	27	59	10	51	2	43	75	35
36	68	19	60	11	52	3	44	76
77	28	69	20	61	12	53	4	45

Luna

Contar con cifras y números. (De *Margarita philosophica*, de G. Reish.)

No entraremos en detalles sobre su construcción, pues al igual que las tablas de Tziruf carecen de una verdadera utilidad desde el punto de vista numerológico, además, como podemos ver, todo ello nos revela que con el tiempo se habían perdido las verdaderas fuentes de la Tradición.

En la Tradición primigenia lo importante era el símbolo, al cual debía ajustarse todo el cosmos; con los gnósticos se produce lo inverso, primero se observa la naturaleza y luego se intenta deducir qué símbolos pueden representarla, metodología que es la misma que subsiste actualmente. Se pasa de la deducción a la inducción; se parte de la física para construir la metafísica, cuando anteriormente la metafísica era la base de la física.

Ya hemos comentado que hasta la introducción de las cifras arábigas las operaciones de cálculo se realizaban con la ayuda de pequeños guijarros, con los cuales si bien era relativamente fácil sumar y restar con las cifras griegas y romanas, multiplicar era mucho más difícil, y en cuanto a dividir, casi ni soñarlo. Para comprobarlo, intenten multiplicar o dividir dos números de tres cifras (griegas o romanas) y podrán comprobarlo.

Durante mucho tiempo la invención de las cifras arábigas se atribuyó al patricio romano Boecio, como lo atestigua el grabado que reproducimos; pero en realidad son de origen hindú y fueron introducidas en España durante la ocupación árabe (de aquí su nombre), desde donde se expandieron a todo el mundo cristiano a partir del año 965 gracias a la autoridad del papa Silvestre II.

El alfabeto latino

De hecho esta situación se mantiene hasta la Edad Media y el Renacimiento, en que la numerología se adapta al alfabeto latino en el que de nuevo volvemos a encontrarnos con la necesidad de completar el número sagrado de 27 letras.

Entre otros, quien mejor describe la solución es Cornelio Agrippa (1486-1535) en su *Filosofía oculta*, donde nos proporciona la siguiente lista:

A	B	C	D	E	F	G	H	I
1	2	3	4	5	6	7	8	9
K	L	M	N	O	P	Q	R	S
10	20	30	40	50	60	70	80	90
T	V	X	Y	Z	I	V	HI	HU
100	200	300	400	500	600	700	800	900

Como podemos ver, al final se añade otra I y otra V consideradas como consonantes (como vocal la V equivalía a nuestra U), siendo la segunda I el equivalente a nuestra J. El mismo Agrippa nos dice que es como se escriben en los nombres de *Johannes* y *Valentinianus*. Las otras dos letras HI y HU son consonantes aspiradas como en *Hieronimus* y *Huilhelmus*, aunque los germanos sustituyen la HU por la W, y los italianos y franceses por GU, escribiendo así *Wilhelmus* y *Guilhelmus*.

De acuerdo con este alfabeto, Bongo (en 1591) nos demuestra la maldad de Martín Lutero, pues la suma de los valores de las letras que componen su nombre suma 666, el número de la bestia:

M	A	R	T	I	N		L	V	T	E	R	A	
30	1	80	100	9	40		20	200	100	5	80	1	= 666

Numerología y predicción

A inicios del siglo III, el autor cristiano Hipólito en el tomo cuarto de su *Refutación de todas las herejías*, además de describir cómo los griegos adaptaron su alfabeto para completar las 27 letras-números y de cómo se obtienen los números raíces mediante la adición de los valores de cada letra, nos cuenta también cómo se empleaban dichas raíces para la adivinación, especialmente para saber quién ganaría en una lucha, y lo hace en los siguientes términos:

Cuando uno es par y el otro impar, gana el mayor; así por ejemplo, si tenemos 8 par y 5 impar, ganará el 8 que es el mayor. Si por el contrario los dos números son pares o los dos impares, quien gana es el menor.

Esta teoría parece atribuible al mismo Pitágoras, pues según Diógenes Laercio, en una carta de Pitágoras a su hijo se expone una descripción análoga a la de Hipólito a la que acompaña una tabla que en realidad es la aplicación de la regla de pares e impares, un ejemplo sería:

Entre 9 y 5 : gana el 5
Entre 8 y 5 : gana el 8
Entre 7 y 5 : gana el 5
Entre 6 y 5 : gana el 6
Entre 5 y 5 : gana el atacante

En manuscritos griegos aparece una curiosa figura circular que tanto se atribuye a Demócrito como a Petosiris, y que se denomina Esfera o Rueda de Pitágoras. Esta rueda fue copiada y recopiada tanto por griegos como en el Renacimiento, hasta tal punto que se hace irreconocible el criterio seguido al conceder valores a las letras; una hipótesis es que quizás se utilizó un procedimiento guemátrico, contando los nombres de las letras; así, alfa seguiría valiendo 1 (1 + 30 + 500 + 1 = 532 = 10 = 1) mientras que beta valdría 5 (2 + 8 + 300 + 1 = 311 = 5). Sin embargo la realidad es que gracias a las copias y recopias nos es imposible conocer cómo lo hicieron.

Una muestra de dicha Rueda de Pitágoras es la siguiente:

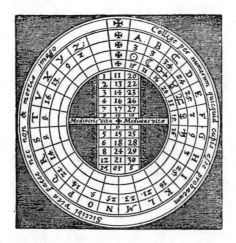

Cuando queremos conocer qué puede ocurrirle a alguien en un futuro concreto, hay que buscar el valor numérico de su nombre mediante las letras y números de las dos primeras esferas; se añade el número asignado a cada día de la semana (en este caso indicado por el planeta que lo rige: Sol para el domingo, Luna para el lunes; Marte para el martes; Mercurio para el miércoles, Júpiter para el jueves; Venus para el viernes y Saturno para el sábado), se añade el día de la Luna (a partir del día de Luna nueva), se divide el resultado por treinta y se interpreta el resto de acuerdo con las columnas centrales que significan:

1 - 2 - 3 - 4 - 5 - 7 y 9	= Prosperidad tardía
11 - 13 - 14 - 16 - 17 y 19	= Prosperidad súbita
20 - 22 - 23 - 26 - 27 y 10	= Prosperidad muy tardía
5 - 6 - 8 y 12	= Adversidad tardía
15 - 18 - 21 y 24	= Adversidad súbita
25 - 28 - 29 - 30	= Adversidad muy tardía

Por ejemplo, para conocer el porvenir de Antonio un miércoles quinto día de la Luna, tomaremos el valor del nombre (3 + 25 + 9 + 9 + 25 + 25 + 9 = 105), le añadiremos el día de la Luna (5) y el del día (Miércoles = 20) y el resultado de 130 (105 + 5 + 20 = 130) lo dividimos por 30, y el resto 10, nos dice que tardará mucho en conocer la prosperidad.

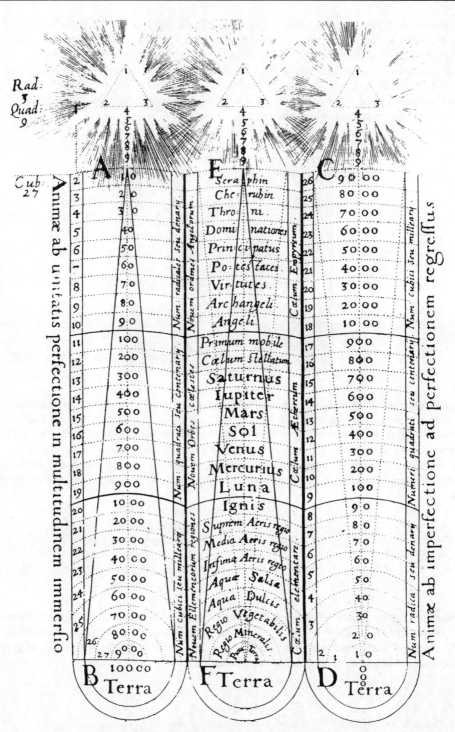

Los números y la ascensión del alma.

5. La numerología actual

El nombre

Tradicionalmente, la función del nombre era la de atraer los favores de los dioses, o al menos de protegerse de sus iras, e incluso el mismo Platón decía que escoger un nombre es algo demasiado serio para dejarlo al azar. Pero a partir del siglo X los nombres empiezan a cristianizarse, y desde el siglo XIV la Iglesia exige que se impongan en el sacramento del bautizo (de aquí la definición de «nombre de pila» referida a la pila bautismal); a partir de entonces, el nombre sigue manteniendo la misma función, pero la protección, el favor o las virtudes que se solicitan ya no son los de los dioses, sino de algún santo de la Iglesia.

Casi simultáneamente, los nombres de familia, hasta entonces patrimonio de la nobleza, empiezan a popularizarse por la necesidad de confeccionar catastros de tierras y bienes; para ello, el nombre se inscribe y luego se transmite de padres a hijos convirtiéndose en apellido, para lo cual se adopta el nombre del lugar, de la finca, del oficio o incluso una circunstancia personal; es así que aparecen los Mesa, Sierra, Pastor, Puig, Petit y tantos otros, quedando el nombre reducido a un medio de reconocimiento personal dentro de la familia; es por ello que los nombres de pila se reducían a unos pocos; puede decirse que José, Pedro, Pablo y Juan entre los hombres, y María, Carmen, Ana y Mercedes entre las mujeres, copaban el 80 por ciento de los nombres.

Otra costumbre que se impone es convertir indirectamente el nombre en hereditario, pues al recién nacido se le impone el nombre del abuelo o del padrino si es niño, y de la abuela o la madrina si es niña, con lo cual su utilidad se limita a mantener una línea, una continuidad generacional en la que los abuelos gozan de la posibilidad de que algo suyo perdure y, quizás, de seguir protegiendo a su descendencia.

Sin embargo, las cosas no tardan en complicarse con la aparición de un segundo e incluso de un tercer nombre para satisfacer a otros familiares que también desean perpetuar el suyo (costumbre que todavía perdura en la actualidad), y por si fuera poco, los dos últimos siglos contemplan la proliferación de los nombres, tanto a causa de errores de transcripción como a la introducción de nombres laicos paralelamente a la decreciente obediencia a la Iglesia (si bien en algunos países la Iglesia todavía posee suficiente fuerza para seguir imponiendo nombres de santos y prohibir los laicos).

Es cuando los deseosos de cambios sin atreverse a desafiar a la Iglesia adoptan los nombres dobles y empiezan a popularizarse los Juan Antonio, Carlos Eduardo, María José, Josefina Carlota, etc., convirtiendo también en plebeya la que había sido otra de las exclusivas de la nobleza.

Tras la última contienda mundial todo cambia, los nombres proliferan sin tasa ni medida y despreciando en gran parte los nombres simples de nuestros abuelos, aparece la moda de buscar otros que suenen bien, sean exóticos u originales. Es la proliferación de Iván en lugar de Juan, de Vicky en lugar de Victoria, y de las Jessicas, Gemmas, Olgas, Leticias, Olivas, etc.

Pero a pesar de todas estas evoluciones, el nombre sigue manteniendo su importancia y su valor decisorio sobre la vida y quizás el destino de quienes los portan.

¿Qué nombre debemos usar en numerología?

Uno de los primeros problemas que se presentan antes de proceder a calcular la equivalencia numérica de los nombres es el de saber cuál es el nombre y los apellidos que debemos tener en cuenta. La norma general es la de transcribir los que figuran en el Registro Civil, manteniendo incluso las posibles faltas de transcripción; sin embargo, cada país tiene sus normas propias. Por ejemplo, los países anglosajones suelen prescindir del primer apellido (que para ellos es el materno), si bien también acostumbran a sustituirlo por su inicial. Lo más corriente es hallarlos escritos como John L. Lewis, William F. Bucley, James M. Cain... En Francia tanto se realiza con el nombre y ambos apellidos, como prescindiendo del materno. En estos casos se calculan tal y como se usan y escriben en la práctica.

Entre nosotros existe una costumbre muy extendida en la que al casarse la mujer adopta como segundo apellido el del marido; así por ejemplo, María Pérez Giménez al casarse puede convertirse en María Pérez de Guzmán. También en este caso suele adoptarse el que normalmente usa la interesada.

Otro caso muy frecuente es el de los cambios de nombre, en que un artista, escritor, religioso, o simplemente porque el nombre propio ya no satisface, adopta uno de nuevo: así José Martínez Ruiz se convierte en Azorín, Alphonse Luis Constant en Eliphas Levi, Edward Alexander en Aleister Crowley, Norma J. Mortenson en Marilyn Monroe, y Eugenio Pacelli en Pío XII.

Y, por último, son innumerables las personas que si bien en su partida de nacimiento aparece un nombre determinado, en su vida corriente usan variantes y derivados; José puede convertirse en Pepe, Pepito, Pito, Chema, etc. También aquí el nombre numerológico válido es el usado normalmente.

Lo que aconsejaría en todos estos casos que podríamos llamar irregulares es realizar el estudio de ambas formas: en primer lugar y como más importante la que figura en el Registro Civil y luego la adoptada por el interesado, y casi siempre comprobaremos que la forma adoptada aporta nuevos matices y muchas veces se corresponde mejor al carácter y destino del interesado que la del Registro Civil, siendo muy frecuente el caso de que al cambiar de nombre también se modifique la personalidad, especialmente en artistas, en los cuales suele coexistir una doble personalidad, la privada y la pública, completamente distintas.

Más adelante, una vez conocidas las reglas de la numerología y antes del diccionario de nombres, ya facilitaré unas normas elementales para escoger el nombre más adecuado a lo que desearíamos que fuera en el futuro el niño o la niña que esperamos. De momento seguiremos con el simbolismo actual de los números, la base fundamental de toda la numerología.

Simbolismo de los números

1: Es la unidad, el procreador masculino e indica creación, impulso y actividad. Concede autoridad, voluntad, ambición, continuidad, estabilidad, energía, individualismo e independencia. En su aspecto negativo puede incurrir en el egocentrismo y el oportunismo.

2: Es la dualidad opuesta a la unidad, la pasividad opuesta a la actividad, lo femenino frente a lo masculino, es todo aquello que posee un aspecto doble, receptivo y sentimental, de unión, espíritu de equipo y de asociación; pero también encierra un antagonismo latente que se hace manifiesto, una oposición que tanto puede ser complementaria y fecunda como destructora.

3: Es el ternario, la generación a partir de la unión entre dos complementarios, la espiritualidad como complemento de cuerpo y alma, es la creación, el entusiasmo, la sociabilidad, el optimismo, la comunicación, la inteligencia, el sentido teórico, la habilidad manual, pero también es propicio a la cólera, a la intolerancia y la dispersión.

4: Es el cuaternario, símbolo de los cuatro elementos que estructuran la vida, es la estabilidad, la paciencia, la organización, lo sólido, el realismo, el sentido del deber, del orden, de la fidelidad, de los sentimientos profundos y discretos, pero también de la tendencia a la rutina y a la avaricia por la profunda necesidad de seguridad afectiva y material.

5: Es la unión de lo par y lo impar, símbolo de la vida y del hombre, son los cinco sentidos, es la capacidad de adaptación, de movilidad, de progreso, de curiosidad, el gusto por los viajes, la innovación y la comunicación, la ingeniosidad y la audacia; pero también comporta el peligro de accidentes, de inestabilidad y de relaciones superficiales.

6: Es el equilibrio entre tendencias o caminos opuestos, fuente de todas las ambivalencias, concede encanto, diplomacia, sentido estético, amor, belleza y armonía; contiene mucha sensualidad y su equilibrio depende principalmente de su vida afectiva; posee capacidad de servicio y de sacrificio, pero también tendencia a la indecisión, al fatalismo, al exceso de perfeccionismo y a la falta de rigor.

7: Es la unión del ternario con el cuaternario, y tanto implica el triunfo del espíritu sobre la materia como todo lo contrario; otorga la paciencia, el estudio, la investigación, la sabiduría, la exigencia consigo mismo y con los demás; tendencia a la soledad y la introspección, pero con un profundo sentido de la amistad; es lógico y analítico. Pero existe la necesidad de creer en algo, lo que a veces induce al pesimismo.

8: Es la equidad, la justicia y el equilibrio, pero también es la violencia; es el deseo de poder, de triunfo social, del valor, la lucha por los principios, la impetuosidad y la impaciencia. Pero la violencia se extiende también a los sentimientos, con el riesgo de los celos.

9: Es el número de las cosas absolutas y por ello concede altruismo, emotividad, pasión, idealismo, devoción, compasión, espiritualidad, necesidad de ayudar y compartir, pero también irrealidad, influenciabilidad, falta de confianza en uno mismo, espíritu de contradicción y desorden, con lo cual a periodos de excitación y optimismo suceden otros de depresión.

Como puede verse en realidad se trata de bajar los simbolismos pitagóricos al nivel de la realidad actual, dejando de lado la mayor parte de su sentido filosófico para adaptarlos a un aspecto más práctico de nuestro tiempo.

A estos números clásicos se añaden actualmente dos números dobles, el 11 y el 22, a los que se denomina números maestros, por lo que también los incluiremos, pues a pesar de ser de introducción anglosajona moderna y son pocas las personas capaces de responder a su influencia, su aplicación nos aclara el porqué de las personalidades fuera de lo común.

11: Es el número de las elevadas ambiciones, de la fuerza, del dominio. Es el número del TAO, emblema de perfección, inspiración e idealismo. Confiere una personalidad carismática, seductora y dominadora; sin embargo soporta mal la imposición y la contradicción ajena. Sólo lo viven como 22 las personas muy evolucionadas, mientras que por lo común se vive solamente como un 2, lo que comporta sentimientos de frustración. En su aspecto negativo existe tendencia al nerviosismo, al autoritarismo y al surmenaje.

22: Es el número de la inspiración y la revelación, de crear y construir. Existe la necesidad de lo inesperado y excepcional, de la utopía. Al igual que en el 11, una vibración tan ambiciosa requiere cualidades excepcionales, por lo cual lo más frecuente es vivirlo como un 4, pero impregnado de idealismo y ambición. Su aspecto negativo comporta una tendencia a la extravagancia, a la inestabilidad, a los trastornos nerviosos.

Equivalencia entre letras y números

En la primera parte hemos visto la necesidad tradicional de contar con 27 letras y cómo debían completarse las que faltaban de la manera más adecuada. El alfabeto latino usado por Occidente presenta dos variantes importantes según que se acepte o no la letra Ñ; es por ello que las normas numerológicas que nos llegan del extranjero sólo constan de 26 letras, quedando cortas, mientras que en Sudamérica además de la Ñ se acostumbra a incluir la CH y la LL, suprimiendo la W, con lo cual se llega a las 28.

Debemos tener en cuenta que actualmente nombres y apellidos trascienden las fronteras y tanto puede encontrarse un Muñoz en Francia o Estados Unidos como un Wilson en España, y no hablemos de la tendencia actual a usar nombres extranjeros como Jonathan, Yasmina, Wladimiro o Walter, por lo cual la tanto la Ñ como la W deben incluirse en el alfabeto latino.

También podemos comprobar que en los demás alfabetos no se consideran como letras (glifos) los sonidos dobles (fonemas), como la TH inglesa por ejemplo; es por ello que considero a la CH y a la LL como letras dobles en lugar de sencillas, por lo cual desde un punto de vista numerológico deben descomponerse en sus constituyentes y ser eliminadas. Así pues, la equivalencia correcta es la siguiente:

1	2	3	4	5	6	7	8	9
A	B	C	D	E	F	G	H	I
J	K	L	M	N	Ñ	O	P	Q
R	S	T	U	V	W	X	Y	Z

Una variante a esta equivalencia suelen usarlo quienes desean incluir el simbolismo de los grados zodiacales, para lo cual consideran la primera línea como unidades (A = 1, B = 2 ...), la segunda como decenas (J = 10, K = 20 ...) y la tercera como centenas (R = 100, S = 200 ...), y luego dividen el número completo resultante por los 360 grados del zodíaco para conocer cuál es el grado que le corresponde a cada uno. Pero esto es una complicación que se aparta de la numerología pura.

Simbolismo de las letras

También recientemente un autor francés, Jean-Daniel Fermier, atribuye a cada letra un simbolismo especial, una adaptación moderna a lo que hacían los hebreos, lo que ha sido copiado de inmediato por el resto de autores franceses. La adjuntamos a título de curiosidad:

A: Letra cerebral. Indica autoridad y dirección.
B: Letra emotiva. Indica sentimentalismo y reserva.
C: Letra intuitiva. Indica extroversión y expresión.
D: Letra física. Indica eficacia y desarrollo.
E: Letra física. Indica actividad y movilidad.
F: Letra intuitiva. Indica responsabilidad y adaptación.
G: Letra cerebral. Indica aislamiento y secreto.

H: Letra cerebral.   Indica análisis e inventiva.
I: Letra emotiva.   Indica tensión y emotividad.
J: Letra cerebral.   Indica inteligencia y creatividad.
K: Letra intuitiva.   Indica inspiración y nerviosismo.
L: Letra cerebral.   Indica análisis e inventiva.
M: Letra física.   Indica trabajo y construcción.
N: Letra cerebral.   Indica energía y movimiento.
O: Letra emotiva.   Indica emociones secretas, sentimentalismo.
P: Letra cerebral.   Indica discreción y soledad.
Q: Letra intuitiva.   Indica inestabilidad y fuerza.
R: Letra emotiva.   Indica emotividad y tensión.
S: Letra emotiva.   Indica nerviosismo y opresión.
T: Letra emotiva.   Indica espiritualidad y elevación.
U: Letra intuitiva.   Indica tensión y restricción.
V: Letra intuitiva.   Indica evasión y estabilidad.
W: Letra física.   Indica inconstancia y altibajos.
X: Letra emotiva.   Indica disturbios nerviosos y afectivos.
Y: Letra intuitiva.   Indica incertidumbre e intuición.
Z: Letra emotiva.   Indica dudas, materialismo.

Siguiendo la misma pauta podríamos incluir:

Ñ: Letra física.   Indica adaptación y aventura.

De hecho, esta interpretación de las letras la aplica al estudio de las iniciales. Por mi parte creo suficiente la interpretación que se deriva de su número raíz.

Por último, al cálculo de los diversos valores aplicables a nombre y apellidos, que nos informan del carácter y circunstancias de quienes los portan, debemos añadir el de la fecha de nacimiento que nos informará sobre su línea de vida.

6. Primeras equivalencias

Ya hemos visto que para hallar el valor numérico de un nombre debe sumarse el valor de las letras que lo componen, reduciendo dicho número resultante para hallar el número raíz. Así por ejemplo:

F E L I P E   G O N Z Á L E Z   M Á R Q U E Z
6+5+3+9+8+5   +   7+7+5+9+1+3+5+9   +   4+1+1+9+4+5+9 = 115 = 7

Si distribuimos los nueve números en la forma siguiente:

$$
\begin{array}{ccc}
1 & 2 & 3 \\
4 & 5 & 6 \\
7 & 8 & 9
\end{array}
$$

y rodeamos cada número con tantos círculos como veces aparecen en el nombre, nos resultará la siguiente figura:

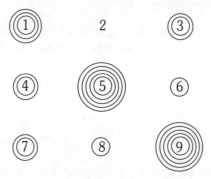

en la que podemos comprobar que al lado de números que aparecen muy repetidos existen otros inexistentes. Esto nos posibilita una primera clasificación:

Números ausentes

Como su nombre indica, son los que no aparecen ninguna vez, y nos indican la falta de alguna cualidad que deberá esforzarse en adquirir si desea equilibrarse. En nuestro ejemplo es ausente el número 2.

Números neutros

Son los que aparecen por debajo de la media. De hecho podemos dejarlos de lado en este primer análisis. En nuestro ejemplo existen 21 letras, por lo que la media es de 2,33 (21 : 9; por lo tanto serán neutros los 3, 4, 6, 7 y 8.

Números excesivos

Son los que aparecen más de una cuarta parte del total. Indican una cualidad que se convierte en un defecto que debemos aprender a controlar: En nuestro ejemplo, 21 : 4 = 5,25. En este caso no existen números excesivos.

Números dominantes

Son los que se hallan en una posición intermedia entre los neutros y los excesivos. Indican una cualidad sobresaliente en la vida que vale la pena aprovechar. En este caso, 1, 5 y 9.

Números ausentes, dominantes y excesivos

1
AUSENTE: Inestabilidad, falta de autoridad.
DOMINANTE: Individualismo, con capacidad de mando y autodominio. Es el número de las ideas y la creatividad, especialmente intelectual.
EXCESIVO: El ego es excesivamente fuerte, lo que conduce al autoritarismo, el egocentrismo y la testarudez.

2
AUSENTE: Existe exceso de emotividad y falta de diplomacia, lo que hace difícil el trabajo en equipo y el ejercicio de profesiones que requieran estas cualidades.
DOMINANTE: Es dualidad y suavidad, emoción, imaginación y solidaridad, es ideal para el comercio, los negocios, la diplomacia y el trabajo en equipo. También es un buen número para actores y actrices.
EXCESIVO: Suele exagerar el lado pasivo y femenino que puede desembocar en petulancia y vanidad, e incluso a veces es causa de problemas sexuales en los hombres.

3
AUSENTE: Dificultad para expresarse, comunicar y convencer. También es algo incauto.
DOMINANTE: Es inteligencia, pensamiento teórico, capacidad inventiva y sintética que se realiza a través de sus capacidades intelectuales, si bien prefiere dejar los detalles a los demás; es un comunicador persuasivo y con capacidad de mando, por que es ideal para todas las actividades relacionadas con la palabra, la escritura y el arte, e incluso la Música (como compositor, no como intérprete).
EXCESIVO: Propensión a la superficialidad y al exceso de verborrea.

4
AUSENTE: Existe algo de negligencia, de pereza, de falta de concentración en el trabajo.
DOMINANTE: Representa todo lo relacionado con el orden, la organización y el trabajo: paciencia, rigor, interés, cuidado del detalle, meticulosidad. Disfruta haciendo cosas perdurables y concretas.

EXCESIVO: Puede convertirse en un maníaco del detalle en detrimento de la realización; espíritu rutinario, rigidez y cortedad de miras.

5

AUSENTE: Se le hace difícil adaptarse a las nuevas situaciones, a los cambios, prefiriendo en exceso la rutina y el orden establecido.

DOMINANTE: Es el número de la adaptabilidad y la libertad, el Cambio y el movimiento; capaz de desenvolverse en la política, la abogacía y cuanto requiera capacidades de organización

EXCESIVO: Se peca por exceso de versatilidad e inestabilidad, Por excesivo gusto al cambio, ya sea de domicilio, de profesión, de amigos e incluso de pareja.

6

AUSENTE: Tendencia a rehuir las responsabilidades, dificultad para decidir y desea tanto la perfección y la permanencia que termina por no hallarlas ni en sí mismo ni en los demás.

DOMINANTE: Buenas aptitudes para asumir sus responsabilidades, para cuanto se relacione con el hogar, el amor y el ambiente familiar, así como para la medicina (tanto la oficial como las alternativas), la judicatura y las leyes.

EXCESIVO: Es dominante y posesivo, tendiendo a querer asumirlo todo, a cargar con las responsabilidades de los demás, lo que puede quebrantar su salud.

7

AUSENTE: Temor a la soledad, falta de confianza en uno mismo y tendencia a la depresión.

DOMINANTE: Se relaciona con la vida interior, las facultades del análisis y el autoanálisis, a la reflexión, el estudio y la investigación. Es el número del pueblo, de la tierra y de cuanto se relaciona con ella.

EXCESIVO: Tendencia a aislarse, a desligarse de la gente e incluso de la realidad. Peligro de sectarismo.

8

AUSENTE: Falta de equilibrio tanto en lo material como en lo espiritual, por lo que puede pasarse de la dilapidación a la avaricia; del exceso de espiritualidad al materialismo puro.

DOMINANTE: Intrépido, voluntarioso y capaz de inspirar la máxima confianza, pero también de todos los extremos tanto en el placer como en el trabajo. Tanto puede ser materialista como sentir la fascinación de los misterios de la muerte y de lo oculto. Odios y amistades son fuertes y duraderas.

EXCESIVO: Tiende a los excesos relacionados con el arribismo, el engaño y los excesos; puede ser agresivo con los demás e incluso con él mismo, agresivo y destructor.

9

AUSENTE: La compasión no se cuenta entre sus virtudes; puede ser dominante, egoísta y apático con todo y con todos.

DOMINANTE: Se relaciona con las actividades humanitarias y altruistas, aspira a la universalidad y al misticismo y puede ser profundamente religioso. Curiosamente, es el número del poder en su forma más pura e inmaterial.

EXCESIVO: Santurrón o fanático sin control. Tanto puede creerse un iluminado detentador del poder divino, como convertirse en un esclavo al servicio a los demás.

Ahora ya podemos hacer un primer análisis de nuestro ejemplo:

AUSENTES: 2.
Existe exceso de emotividad y falta de diplomacia.

DOMINANTES: 1, 5 y 9.

1: Individualismo, capacidad de mando y de autodominio. Inteligencia y creatividad.

5: Adaptabilidad y libertad, cambio y movimiento. Capacidad de desenvolverse en la política, la abogacía y cuanto requiera capacidades organizativas.

9: Es el número del poder en su forma más pura, y se relaciona con actividades humanitarias y altruistas.

EXCESIVOS: No existen.

Pero si observamos bien la rejilla veremos que el peso dominante se ejerce sobre la línea que se inicia en el 9, pasa por el 5 y finaliza en el 1, lo que nos indica que partiendo de su poder innato y su sentido humanitario utiliza sus capacidades de adaptabilidad, libertad y cambio para desenvolverse en la política y la abogacía, con el objeto de alcanzar el mando y la autoridad, lo que podrá conseguir cuando sepa desarrollar la diplomacia de que carece y sepa dominar su excesiva emotividad.

Como vemos, este primer y somero análisis ya nos proporciona una información muy clara sobre el interesado, pero sin embargo todavía puede obtenerse mucha más información analizando por separado las distintas partes de nombre y apellidos.

Dichas divisiones son:

1. Número de la personalidad.
2. Número íntimo.
3. Número de realización.
4. Número de iniciales.
5. Número activo.
6. Número hereditario.
7. Número de destino.
8. Número equilibrador.

Y aparte de ello, del número de destino se desprenden otra serie de cálculos para determinar las tendencias dominantes a través de la vida.

Empezaremos por el número de la personalidad.

7. El número de la personalidad

También se le ha denominado número de expresión o talento natural; sin embargo prefiero seguir a quienes le denominan número de la personalidad por ajustarse más a la realidad.

Para hallarlo debemos sumar los valores de todas las letras que componen el nombre y los apellidos, reduciendo la suma hasta hallar el número raíz, que nos informará sobre el carácter, personalidad, sentimientos, puntos fuertes y débiles, e incluso sobre la salud y el trabajo.

Es importante que al calcularlo hagamos la reducción por pasos, pues si la cifra anterior a la raíz se compone de dos cifras hay que tenerla en cuenta por aportar matices complementarios.

En nuestro ejemplo ya vimos que la suma total de las letras era primero de 115 y luego el número raíz se reducía a 7. En este caso concreto no existirán matices y deberemos interpretarlo de acuerdo con la personalidad 7.

Veamos ahora la interpretación de las nueve personalidades.

PERSONALIDAD 1

Independiente, emprendedor, prefiere el ataque a la defensa, es un director valiente y decidido que siempre toma la iniciativa arrastrando a los demás. Con gran sentido de la libertad se considera responsable tanto de sus éxitos como sus fracasos y no se considera en deuda con nadie. Sus posibles defectos consisten en fácil irritabilidad, egoísmo e incapacidad de reconocer sus propios errores.

En el trabajo quiere ser el jefe y si no le es posible escogerá un trabajo independiente; es muy exigente, tanto consigo mismo como con los demás, y aun cuando siempre da la cara le cuesta mucho reconocer sus errores.

En el amor siempre lleva la iniciativa; es sincero y apasionado, pero muy reservado sentimentalmente. Es el patriarca protector, la madre dominante, para quienes lo más importante son las demostraciones de respeto, especialmente en público.

En la salud debe vigilar el sistema circulatorio y los accidentes.

De donde proceda el número raíz, se matizará todo lo anterior ligeramente. Así:

Procedente de 10 añade suerte e inestabilidad.

De 19, brillo y necesidad de armonía.

De 28, combatividad y procesos.

De 37 o de 73, ayudas y amistades.

De 46 o de 64, altibajos.

De 55, tensiones.

PERSONALIDAD 2

Es de temperamento dulce, apacible y paciente, amante de la paz y la armonía, el confort y las asociaciones. Si se le provoca su reacción instintiva es la de huir o buscar una solución de compromiso, pues al ser muy sensible y emotivo no le gusta ganar una batalla si ha de resultar en detrimento de sus sentimientos.

En el trabajo es buen gestor y comerciante, prudente y enemigo de innovaciones; le gusta sentirse rodeado de gente, ya sean compañeros de trabajo o clientes.

En el amor posee un gran sentido de la familia y del hogar, pues está hecho para la vida en pareja y la vida se le hace imposible sin amor.

En la salud, su punto débil es el cuello.

Si procede de 20, añade sorpresas y deseo de renombre.

Del 29, creatividad y mayor emotividad.

Del 38 o del 83, actividad y cambios.

Del 47 o del 74, suerte y éxito, pero peligro de excesos.

Del 92, dualidad.

PERSONALIDAD 3

Muy sociable, activo, hábil, adaptable y espiritual, es amante del cambio; ingenioso y buen orador no cesa de expresar sus ideas y proyectos. Su temperamento es encantador irradiando bondad. Su mayor defecto es la incapacidad de asimilar las críticas, siendo impaciente, colérico y propenso a la dispersión.

En el trabajo tiene horror a la rutina, y lo que le va es el cambio, la creación intelectual y las profesiones relacionadas con la comunicación o el espectáculo.

En el amor es apasionado y entusiasta, pero también interesado, y necesita que dicho amor vaya acompañado de una buena comunicación intelectual.

En la salud debe vigilar el pecho y los pulmones, así como el peligro de accidentes o heridas en brazos y manos.

Si proviene de 12, tendencia al sacrificio.

Del 21, ambición.

Del 30, creatividad.

Del 48 o del 84, tensiones y conflictos.

Del 57 o del 75, impulsividad y originalidad.

Del 66, abnegación.

PERSONALIDAD 4

Elegante y refinado, equilibrado, paciente y realista nunca emprende algo sin cubrirse antes las espaldas. Actúa con sangre fría y determinación y rara vez se aparta del camino emprendido en el que suele progresar lento y seguro, pero dejando siempre que sean los demás quienes tomen las iniciativas pues él carece de imaginación y fantasía; es ordenado y con sentido de la concreción. Sus mayores defectos son la rigidez, la intolerancia y la avaricia.

En el trabajo le gustan aquellas actividades que pueden realizarse con calma y paciencia, como las relacionadas con la historia, el coleccionismo, e incluso el arte o las antigüedades.

En el amor es muy amante del hogar, tierno y posesivo, sus sentimientos son profundos y duraderos, aun cuando le cueste mucho manifestarlos.

En la salud debe vigilar el aparato digestivo, y en caso de accidente o heridas casi siempre es el tórax quien sufre las consecuencias.

Procedente de 13 o de 31, exigencia y rupturas.

De 40, bloqueos.
De 49 o 94, inestabilidad.
De 58 o 85, inestabilidad.
De 67 o 76, sorpresas.

PERSONALIDAD 5

Adaptación, vivacidad, curiosidad, progreso, con capacidad de palabra y de escritura, es capaz de hacer lo que sea para brillar y ama la nobleza y el lujo. Es un buen consejero al que le gusta compartir sus conocimientos. Nunca permanece mucho tiempo en el mismo sitio por su gran necesidad de libertad y de conocer nuevas experiencias y horizontes lejanos. Sin embargo, también propende a la dispersión, la inestabilidad y el egoísmo; y puede ocurrir que en la vejez padezca la soledad e incluso la pobreza, por no haber conservado nada de cuanto ha tenido a su alcance.

En el trabajo es ambicioso y anhela alcanzar los altos puestos, pero sin atarse ni comprometerse. Tiene aptitudes para la enseñanza y la comunicación.

En el amor posee encanto y fascinación, pero carece de estabilidad y constancia, siendo además muy orgulloso, de tal modo que a pesar de su facilidad en realizar conquistas, le es muy difícil conservar los lazos afectivos.

En la salud debe vigilar el corazón y la columna vertebral.

Si procede de 14, se añade el deseo de equilibrarse.

Del 23 o 32, armonía interna.

Del 68 o el 86, impulsividad y altibajos.

Del 50, inspiración.

Del 77, viajes.

Del 59 o el 95, imprudencia y temeridad.

PERSONALIDAD 6

Es encantador, diplomático, refinado, conciliador, ambivalente y con gran sentido estético. Muy intelectual, metódico y detallista, muchas veces no sabe cómo salir adelante, pero por difícil que le resulte sabe asumir sus responsabilidades. Sus defectos son la duda, la indecisión y el exceso de perfeccionismo.

En el trabajo, sea cual sea su posición, siempre teoriza, reorganiza y prefiere lo teórico a lo práctico. Por su sentido estético y refinado puede triunfar en profesiones relacionadas con el arte.

En el amor es fiel y concede gran importancia a la vida familiar, pues su equilibrio depende de su vida afectiva; sin embargo, no le gusta cambiar de costumbres y desea conservar su independencia.

En la salud su punto débil son los intestinos.

Si proviene del 15 o del 51, tiende al éxito personal

Del 24 o del 42, sacrificio y abnegación.

Del 33, prosperidad y fecundidad.

Del 69 o del 96, conflictos.

Del 78 o del 87, éxito profesional.

PERSONALIDAD 7

Es estudioso y leal; un intelectual original e independiente con grandes dotes de paciencia, sutilidad, observación, reflexión, introspección y lógica. Posee un elevado concepto de la amistad. Huye de la monotonía y busca la perfección, la sabiduría y la vida interior, por lo que aprecia el trabajo en solitario, siendo en el silencio y el aislamiento cuando logra el mejor fruto de sus cualidades. Sus defectos son una cierta tendencia al pesimismo, a la testarudez, a encerrarse en sí mismo y en dudar demasiado cuando debe tomar decisiones.

En el trabajo es ideal para cuanto se refiera a negociaciones y contratos, y a pesar de su amor a la soledad, también le gusta el trabajo en equipo.

En el amor es muy independiente, ama la armonía y las mutuas concesiones, sintiendo horror por las discusiones hogareñas, por lo que necesita amar a alguien que comparta sus mismos ideales.

En la salud debe vigilar los riñones y la zona lumbar.

Si procede de 16 el destino es irregular, con altibajos.

Del 25 o del 52, opciones difíciles, rivalidades.

Del 34 o del 43, espiritualidad y necesidad de autoprotección

Del 61, generosidad y abnegación.

Del 70, innovación, investigación.

Del 79 o del 97, aislamiento y decepciones.

Del 88, energía y temperamento.

PERSONALIDAD 8

Enérgico, valiente y emprendedor, honesto y testarudo, lucha por sus ideales recta y duramente. ansioso de conquista y amante del riesgo y los desafíos, posee gran capacidad de trabajo y es sumamente rápido en tomar decisiones; pero sus ambiciones son el poder y el triunfo social. Sus defectos se desprenden de su propio carácter: tendencia a la agresividad, a la impaciencia, al rencor, e incapacidad de aceptar sus fracasos.

En el trabajo sea cual sea su profesión es capaz de los mayores esfuerzos y realizaciones, pero se desgasta mucho por su exceso de actividad.

En el amor es sincero, directo, de sentimientos violentos y extremadamente celoso.

En la salud, además del estrés, peligro de enfermedades de los órganos genitales.

Si procede del 17 o del 71, suerte e intuición, pero también inestabilidad.

Del 26 o del 62, cambios y falta de perseverancia.

Del 35 o del 53, dinamismo, luchas y cambios.

Del 44, éxitos puntuales.

Del 80, combatividad, ambición.

Del 89 o del 98, éxito material, pero difícil.

PERSONALIDAD 9

Altruismo, emotividad, idealismo, desinterés y fantasía, necesidad de realizar un ideal, de seguir una vocación. Además es utópico, soñador y quiere realizarlo todo a gran escala. Es muy influenciable y propenso a desequilibrios emocionales, pues a períodos de intensa excitación le siguen otros de profunda depresión. Lo que le salva es la fe, y sus mayores defectos son el desorden, la inestabilidad, el espíritu de contradicción y el egocentrismo. Puede decirse que siempre está en las nubes.

En el trabajo tanto puede ser marino como sacerdote o misionero.

En el amor es muy seductor y propenso a mariposear, y pide mucho más amor del que es capaz de ofrecer.

En la salud debe vigilar las piernas y la tendencia a la obesidad.

Si procede del 18, imaginación, memoria y credulidad.
Del 27, falta de lucidez.
Del 36, armonía, viajes.
Del 45 o 54, tensión emocional.
Del 63, prudencia.
Del 72, habilidad, inventiva.
Del 81, éxito material.
Del 90, creatividad.
Del 99, discreción.

PERSONALIDAD 11

Es una personalidad carismática, con gran fuerza psíquica y capacidad de seducir a los demás, de hacer que le obedezcan y soliciten su consejo y aprobación. Voluntarioso, dominador y capaz de emplear los medios más variados para imponerse, desde la diplomacia hasta la violencia, no soporta la autoridad de los demás ni que se le contradiga o quieran relegarle a un segundo plano. Le gusta asumir responsabilidades, incluso en detrimento de su vida privada, y logra alcanzar posiciones relevantes con relativa facilidad, pero su impaciencia, nerviosismo y autoritarismo pueden crearle enemigos además de convertirle en presa fácil del estrés.

Una personalidad tan exigente precisa de mucha concentración y perseverancia, por lo que son muy pocos los que pueden asumirla y se ven obligados a vivirla como un 2, número de su reducción, en cuyo caso siempre arrastran un sentimiento de frustración.

PERSONALIDAD 22

Al igual que la personalidad anterior, se da muy pocas veces por requerir también cualidades extraordinarias, entre las que destacan la inspiración, el talento y unas capacidades de improvisación, trabajo y concentración excepcionales. Su vida sentimental siempre queda en un segundo plano, pues no puede convivir con alguien que no sea capaz de emularle y seguirle. También existe la tendencia a la extravagancia, a la inestabilidad y los disturbios nerviosos.

Una personalidad tan ambiciosa y destinada a conseguir altas metas no siempre es posible asumirla, por lo que la mayoría de las veces suele vivirse como un 4, resultado de su reducción, pero sin embargo, incluso en este caso siguen latentes su idealismo y ambición.

8. Complementos a la personalidad

Conocido el número de la personalidad, es importante comprobar si es uno de los que aparecen en la rejilla del estudio preliminar y a qué categoría pertenece, pues si es un número dominante adquiere mayor fuerza, su personalidad se desenvolverá por completo y con relativa facilidad, mientras que si se trata de un número ausente, existirá cierta dificultad en llegar a manifestarla y quizás no llegue a desarrollarla por completo. Y ya veremos cómo sucede lo mismo con los diversos números de carácter y personalidad que estudiaremos a continuación. En nuestro ejemplo, el 7 es un número neutro, por lo tanto, el grado de desarrollo de la personalidad será normal.

Lo que ahora debemos hacer es descomponer nombre y apellidos en sus componentes: vocales y consonantes, que nos darán los números íntimo y de realización respectivamente:

```
          F E L I P E   G O N Z Á L E Z   M Á R Q U E Z
          6+5+3+9+8+5+ 7+7+5+9+1+3+5+9+ 4+1+1+9+4+5+9
VOCALES =    5+ 9+ 5+  7 + 1 + 5  +  1+  4 +5   = 42 = 6
CONSON. =  6 +3 +8  + 7+ 5+9+ 3 + 9+ 4 +1+9 +    9  = 73 = 10 = 1
```

El número íntimo

Es el resultado de sumar los valores de todas las vocales y nos informa sobre las aspiraciones y deseos íntimos de la persona.

INTERPRETACIÓN DEL NÚMERO ÍNTIMO

1 = Se siente seguro de sí mismo, de su valor, y de la bondad de sus ideas, por lo que busca afirmarse de forma independiente.

2 = Profundo sentido del amor, del matrimonio y del patrimonio, valor para la vida cotidiana, deseos de estabilidad.

3 = Desea expresar sus ideas y establecer contactos, pues se sabe hábil, ingenioso y de rápida inteligencia.

4 = Aspira a conocer sus orígenes, se interesa más por el pasado que por el futuro.

5 = Aspira a vivir libremente, sueña con grandes proyectos y es un idealista.

6 = Está íntimamente convencido de sus capacidades organizativas y de su espíritu metódico.

7 = Profundo sentido de la justicia y deseos de evolución interior. Siente respeto por los derechos de los demás.

8 = Gusto por el secreto, deseos de triunfar en el mundo material.

9 = Religiosidad innata, desea realizar su ideal y sentirse útil a los demás.

---

11 = Posee grandes ambiciones y sueña con alcanzarlas.
22 = Desea llegar a realizarse en un plano universal.

Si se desea ampliar estos conceptos, puede hacerse de acuerdo con lo dicho en las páginas 36 a 38, aun cuando sólo lo creo necesario cuando se trata de aclarar casos problemáticos.

En nuestro ejemplo, el número íntimo es el 6, neutro en el estudio preliminar, por lo cual podemos decir que conoce sus dotes de organización y está convencido de poder emplearlas adecuada y metódicamente.

El número de realización

Es el resultado de sumar los valores de todas las consonantes presentes en nombre y apellidos. Revela de que manera la persona se realiza en la vida concreta y como le perciben los demás.

INTERPRETACIÓN DEL NÚMERO DE REALIZACIÓN

1 = Con espíritu de iniciativa, activo y deportista; le gusta mandar y decidir.
2 = Laborioso, tenaz y con una buena resistencia física, se realiza en el trabajo de equipo.
3 = Con habilidad manual, sentido de la precisión y de la comunicación, sabe usarlas en la práctica para triunfar.
4 = Sus herramientas para conseguir el éxito son el esfuerzo y la paciencia, aun sabiendo que le llegará lentamente.
5 = Sabe usar su elegancia y su facilidad en asimilar nuevas ideas y nuevas experiencias para triunfar.
6 = Se apoya en sus cualidades de método, orden y espíritu científico, en su sentido del detalle.
7 = Muy prudente, sabe dejarse llevar por la corriente manteniéndose independiente. También se apoya en sus dotes artísticas.
8 = Imaginativo y rápido, sabe reaccionar sorprendentemente y con eficacia.
9 = Se realiza siendo útil a los demás, ya sea en la mística, el deporte o en fines humanitarios.
11 = Muy activo y ambicioso se realiza a través de la originalidad.
22 = Ambicioso y ansioso de reconocimiento y dominio, se realiza a través de su creatividad y entrega.

También aquí cuando sea necesario puede ampliarse la interpretación de acuerdo con lo dicho en las páginas 36 a 38.

En nuestro ejemplo, el número de realización es el 1, uno de sus números dominantes, lo cual le afirma todavía más en las tareas de mando y autoridad.

El número de las iniciales

Se obtiene sumando los valores de las iniciales de nombre y apellidos; en el caso de los nombres dobles se anotarán las dos iniciales: así, para Víctor Manuel se contabilizará la V y la M, además de las correspondientes a los dos apellidos.

Representan una síntesis, un resumen de la totalidad, de lo que realmente le importa.

INTERPRETACIÓN DE LAS INICIALES

1 = Mandar y dirigir.
2 = Entenderse con los demás.
3 = Saber expresarse.
4 = La estabilidad y la organización.
5 = Viajar y conocer.
6 = El amor y la posibilidad de ser útil.
7 = El estudio y la reflexión.
8 = El poder y el triunfo social y material.
9 = Sus ideales.
11 = Controlar y dominar.
22 = Grandes realizaciones.

En nuestro ejemplo, las iniciales son F (6) G (7) y M (4), de lo que resulta 6 + 7 + 4 = 17 = 8. Lo que nos permite saber que lo que realmente le importa es el poder y el triunfo, tanto social como material; no obstante, el 8 es un número neutro y muy débil en su rejilla, pues sólo aparece una vez. Esto nos indica que a veces dudará de si vale la pena luchar tanto por conseguirlo, pero no obstante seguirá adelante.

Por último, aún cuando generalmente no ofrece tanta seguridad, el significado de las iniciales nos mostrará algunas de las facetas que le caracterizan:

F = Responsabilidad y adaptación.
G = Aislamiento y secreto.
M = Trabajo y construcción.

El número activo

Es la suma de los valores de todas las letras del nombre de pila, y refleja cuáles son las cualidades innatas y personales.

INTERPRETACIÓN DEL NÚMERO ACTIVO

1 = Fuerte Individualidad, autonomía, independencia, tensión nerviosa, oportunismo, capacidad para asumir responsabilidades, de mando y dirección.
2 = Sentido de los negocios, de la conciliación y cooperación, del matrimonio y de cuanto tenga relación con las uniones, en especial con la pareja y los asociados. Marcada sensibilidad.
3 = Afición al estudio, habilidad y adaptabilidad; capacidad de destacar en todas las actividades relacionadas con la creatividad, la expresión, la seducción y la comunicación.
4 = Atracción por el pasado, la historia y las antigüedades, muy interesado y practicante del orden, la organización, el rigor, la constancia y el amor al detalle.
5 = Deseo de hacerlo todo y ser el mejor, mucha curiosidad y necesidad de cambios; lo más importante es la libertad y la adaptabilidad.
6 = Muy ordenado y metódico en las cosas prácticas, aptitud para asumir responsabilidades, especialmente en lo que se refiere al hogar y el entorno afectivo y familiar.

7 = Necesita informarse, sopesar el pro y el contra de las cosas antes de decidirse (a veces demasiado). Lo importante es la vida interior, la reflexión, la búsqueda e incluso la fe.

8 = Enérgico y obstinado, ama el secreto. Su fin primordial es el poder y los bienes materiales.

9 = Sus cualidades esenciales son su gran emotividad y abnegación, se interesa por cuanto se refiere a las cuestiones humanitarias, a los aspectos sociales y públicos. Busca la apertura al mundo y al universo de lo extraño. También gusta del poder y la aventura.

11 = Muy intuitivo y clarividente, desea utilizar positivamente su carisma personal; realizar, en cierto modo, un papel de guía espiritual.

22 = Con las mismas cualidades que el 11, las traduce en realizaciones tangibles. Sueña con la construcción, con la creación al más alto nivel.

La interpretación puede ampliarse igualmente de acuerdo a lo dicho en las páginas 36 a 38.

En nuestro ejemplo, el número activo es 6 + 5 + 3 + 9 + 8 + 5 = 36 = 9. lo que nos indica que en el fondo –y de forma innata– se trata de una persona emotiva y abnegada, interesada en cuanto se refiere l a las cuestiones sociales y públicas, sin perjuicio de su necesidad de poder y aventura. Dado que el 9 es un número dominante en la rejilla original e incluso figura entre las letras que componen el nombre de pila (la I), estas características serán muy acentuadas.

También es posible realizar la rejilla del nombre de pila al igual que hicimos con el total de nombre y apellidos y sacar algunas conclusiones interesantes, si bien con ciertas limitaciones, dado el escaso número de letras que contiene (6).

$$1 \qquad 2 \qquad ③$$

$$4 \qquad ⑤ \qquad ⑥$$

$$7 \qquad ⑧ \qquad ⑨$$

En efecto, los números 1, 2, 4 y 7 son ausentes, mientras el 5 es dominante. De aquí podemos deducir que de natural es más bien inestable, emotivo, algo negligente y con cierta tendencia a la depresión. Defectos que (excepto el exceso de emotividad) quedan compensados por sus apellidos. En cambio, sus capacidades organizadoras son innatas.

Si se quiere una mayor amplitud en la interpretación del número activo, puede hacerse combinando los valores de los números íntimo, realización y activo, tal y como he hecho para estudiar los nombres propios en el diccionario de la segunda parte.

La formula allí usada es : íntimo + realización = activo. En este caso: 1 + 8 = 9.

Pero debemos tener en cuenta que el número activo es la suma de los valores de todas sus letras, y que a veces no concuerda con la suma del íntimo y el hereditario. Por ejemplo: en ARIADNA, el número íntimo es 1 + 9 + 1 + 1 = 12 = 3; el de realización 1 + 4 + 5 = 10 = 1; mientras que el activo es 1 + 1 + 9 + 1 + 4 + 5 + 1 = 22 = 4; y no directamente 4 como sumarían 3 + 1.

El número hereditario

Es la suma de los valores de todas las letras que componen los apellidos, representa el capital hereditario de la persona y si bien no es tan importante como el activo, también contribuye a conformar el carácter y cualidades finales.

INTERPRETACIÓN DEL NÚMERO HEREDITARIO

1 = Confianza en sí mismo.
2 = Valoración de los bienes materiales. Espíritu de equipo.
3 = Admiración por el saber y la comunicación, inteligencia y entusiasmo.
4 = Realismo, paciencia y sentido del orden y del deber, conservadurismo.
5 = Capacidad de adaptación, atracción por lo nuevo y lo lejano, por la innovación y la comunicación.
6 = Sentido estético, sensualidad y necesidad de amor y armonía.
7 = Paciencia, sabiduría, capacidad de reflexión e introspección.
8 = Posible transmisión de poderes o dones ocultos. Afán de triunfo social, de luchar por sus principios.
9 = Espíritu de competición, idealismo, espiritualidad y abnegación; ansias de poder.
11 = Poder y dominio.
22 = Inspiración y grandes ideales.

En nuestro ejemplo: $7 + 7 + 5 + 9 + 1 + 3 + 5 + 9 + 4 + 1 + 1 + 9 + 4 + 5 + 9 = 79 = 16 = 7$.

Por el mismo sabemos que sus padres se han esforzado en inculcarle paciencia, sabiduría, capacidad de reflexión y de introspección. Dado que el 7 también es el número de la personalidad, dichas cualidades hereditarias serán sumamente provechosas.

9. El número del destino

Una vez conocido todo cuanto puede deducirse del nombre y los apellidos, pasemos a analizar la fecha de nacimiento. En primer lugar, y al igual que hicimos con nombre y apellidos, sumaremos los números que la componen y los reduciremos a su número raíz, con lo que obtendremos el número del destino, que nos informará sobre cómo tenderá a desenvolverse la vida de la persona (es decir, cuál es su destino o, como ahora suele decirse, cuál es su karma) y lo que debemos aprender a dominar si realmente deseamos mejorarlo.

En nuestro ejemplo, sabemos que la fecha de nacimiento del señor González es el 3 de marzo de 1942. Procederemos en la siguiente forma:

$$
\begin{array}{r}
3 \\
+ \quad 3 \quad \text{(marzo es el tercer mes del año)} \\
+ \ 1942 \\
\hline
1948 \quad = 1 + 9 + 4 + 8 = 22 \quad (2 + 2 = 4)
\end{array}
$$

Su número de destino es el 22 o el 4.

Interpretación de los números del destino

DESTINO 1

La misión de dicha persona es la de unificar pensamiento y acción, aprender a bastarse a sí mismo y llegar a conseguir la independencia material e intelectual; también deberá aprender el arte de la síntesis y no dejarse atrapar por conflictos interiores o problemas de conciencia. No será una empresa fácil, pues sólo puede contar con sus propios medios, pero es un camino que le conducirá a la realización de sus ambiciones, a abrir nuevas sendas y convertirse en un jefe, en el conductor de quienes de él dependen.

Si el número 1 es un número ausente en la rejilla general, la realización de cuanto promete se verá retardada o dificultada por el temor de carecer de suficiente fuerza de voluntad o de autoridad, lo que demandará un esfuerzo suplementario o impedirá la consecución de los fines deseados.

Si el número de la personalidad es un 2, 4, 6 o 7, existirá un conflicto entre las cualidades pasivas de dichas formas de personalidad y el individualismo y energía al que le impulsa su camino de vida.

DESTINO 2

Su misión consiste en aprender a convivir y realizar concesiones, pues su camino es el de la cooperación, y sólo puede recorrerse contando con la amistad y el amor, la tranquilidad y la armonía. Es un destino suave y apacible que si bien no permite conseguir grandes cosas o logros materiales, ni ejercer funciones de mando e iniciativa y pueda parecer anodino, ofrece en cambio muchas satisfacciones sentimentales.

Si el número 2 está ausente en la rejilla general, será mucho más difícil alcanzar la tranquila felicidad esperada.

Y si el número de la personalidad es un 1, 5 o 9, la contradicción entre las pulsiones expansivas de dichos números y la necesidad de dependencia del número de destino puede crear problemas e infelicidad.

DESTINO 3

En esta vida deberá aprender a comunicar, a expresar sus pensamientos y sentimientos. Pero ante todo, debe evitar el peligro de extraviarse entre la multiplicidad de opciones que se le ofrecen a la vista. Es un destino lleno de la alegría de vivir, del disfrute de nuevos conocimientos y experiencias, de muchas posibilidades de expansión intelectual; pero eso sí, también exige desconfiar de los impulsos repentinos.

Si el número de la personalidad también es un 3, la vida le resultará fácil, pero si fuese un 4 o el 3 se hallará ausente en la rejilla general, se convertiría en un camino francamente incómodo.

DESTINO 4

Es el camino del trabajo y el esfuerzo regular, pero también el de la eficacia. Cuesta alcanzar el éxito y sólo se logra después de haber luchado larga y duramente; pero con el conocimiento y la pericia que proporciona la experiencia y el trabajo, los bienes se van acrecentando y se consigue el reconocimiento y la confianza de los demás. Puede ser un destino áspero y duro, pero además de la satisfacción personal que procura el deber cumplido, es uno de los más útiles para la comunidad.

Si el número de la personalidad es un 4, la identidad entre ambos hará más fácil y llevadera la laboriosidad y más gratificantes los resultados de la misma.

Pero si es un 1, 3 o 5, o si el 4 es un número ausente, las dificultades se incrementarán y la vida parecerá ingrata.

DESTINO 5

Es un destino basado en la libertad y en el cambio, en los viajes y la aventura, en la excitación de realizar nuevos descubrimientos y experiencias. Todo ello redunda en una gran inestabilidad, pero también en un intenso disfrute de la vida de la que carecen los demás destinos. No obstante, siempre debe tenerse en cuenta el peligro de dejarse arrebatar por una excesiva búsqueda del placer y la novedad.

Como en todos los casos, una personalidad 5 saca a relucir lo mejor del destino 5, y la carencia del mismo en la rejilla general, o una personalidad 2 o 4, se resolverá en un conflicto interior, en la necesidad de cambio y movimiento cuando en realidad lo que se desea es calma y estabilidad.

DESTINO 6

Es el camino de las responsabilidades, de la necesidad de saber escoger. Uno se ve forzado a tomar importantes decisiones, a desempeñar la misión de mediador, de intermediario, de teorizar y organizar, de ayudar a quienes lo solicitan. Pero también otorga la capacidad de escalar posiciones en la vida gracias a estas cualidades y, por si fuera poco, también os sonreirá la felicidad conyugal.

Se trata de un camino agotador y abnegado, y si algo puede desesperar es la imposibilidad de cambiar las estructuras, de alcanzar la perfección.

Si el número de la personalidad también es el 6, todo será más fácil; pero si se trata de una personalidad 5 no será un camino que se recorra a gusto, y si es un 2 o un 4, lo más fácil es quedarse bloqueado cuando mayor impulso se necesita.

DESTINO 7

Hay que aprender a sopesar el pro y el contra de todas las cosas y a apreciar lo maravillosa que resulta la vida. Es un camino solitario en el que se goza de la sabiduría, de la paz del espíritu y de la armonía interna. Es un camino que puede conducir a la filosofía, a la religión, al arte, al ocultismo, a la ciencia, a cuanto precise paciencia y estudio. Pero también comporta la soledad y la necesidad de creer en algo, lo que a veces se convierte en pesimismo.

Como en los casos anteriores, una personalidad 7 permite desarrollar las parte más positiva de este destino, mientras que un 7 ausente retrasará y dificultará su realización. Y ni que decir tiene, una personalidad 8 o 4, incrementará las dificultades y el pesimismo.

DESTINO 8

Es un destino predestinado al combate en su sentido más iniciático, en el que es necesario matar al propio ego si no queremos que sea él quien nos destruya. En su sentido más material, se destacará en cuanto requiera cálculo, tacto para organizar, duración en los resultados y poderosa ambición; con semejantes elementos no es difícil conseguir poder y dinero. El peligro reside en el exceso de ambición y el egocentrismo, en usar mal el poder conseguido, el creer que todo puede comprarse, en deslizarse hacia el lado oculto y nefasto de la naturaleza humana.

Si el 8 es un número ausente en la rejilla general, será un destino muy difícil de seguir; si la personalidad es 7 o 9, la incompatibilidad entre ambas tendencias todavía lo hará más difícil.

DESTINO 9

Es el destino de los grandes proyectos, de la acción, de los sueños de grandeza, de la imaginación todopoderosa, y también del misticismo. Las cualidades de abnegación, idealismo, bondad y comprensión existen en grado destacado y obligan a ayudar a quienes lo necesitan. Sin embargo, es muy fácil soñar demasiado, dejarse llevar por un exceso de emotividad y al despertar encontrarse solo, demasiado solo.

Si la personalidad también es 9, todo será más fácil y a la vez más inestable, pero si el 9 es ausente en la rejilla general, existirá un vacío interior, y si la personalidad es 2, el camino parecerá excesivamente solitario.

DESTINO 11

Es el destino de los intuitivos, de los inspirados, lo cual conduce a situaciones excepcionales en los que existe gran tensión interna entre el deseo de acumular fortuna y la necesidad de ejercer la autoridad y el mando para dirigir a los demás e intentar hacer al mundo algo mejor. Sin embargo, se es consciente de poseer mas conocimientos de los adquiridos conscientemente, como si le vinieran por pura intuición o caminos paranormales.

Sin embargo el problema es que su misma conciencia de sentirse superior le hace adoptar un aspecto altanero y distante.

Es un destino excepcional que muy pocos llegan a desarrollar plenamente, con lo cual quedan reducidos a un 2, pero a pesar de resultarles mucho más tranquilo, siempre quedará en el fondo un sentimiento de haber perdido algo importante de su vida, aún cuando ellos mismos no sepan de lo que se trata.

También se hace muy difícil de llevar a buen término si en la rejilla original falta el 1 o el 2, pues en el primer caso es necesario adquirir ante todo una condiciones de mando y autoridad de las que se carece, y en el segundo, diplomacia y espíritu de colaboración, pues se es demasiado individualista.

DESTINO 22

Es el destino de los grandes proyectos, de las grandes realizaciones, de la entrega a una tarea que redundará en perjuicio de su vida privada y familiar. Es otro destino excepcional muy difícil que a veces se hace casi insoportable, especialmente si el 4 es un número ausente en su rejilla general, en cuyo caso hace temer el peligro de dispersarse ante la multitud de posibilidades que se le ofrecen; y también si su número de la personalidad es el 2, en cuyo caso le faltará diplomacia.

En estos casos lo más probable es que se limite a vivirlo como un 4, también de lucha y esfuerzo, pero mucho más estable y limitado, pero al igual que con el 11, encontrará a faltar algo en su vida.

El número equilibrador

También llamado número único y número cósmico, y es el resultado de sumar los números de la personalidad y del destino. Este número destaca la fuerza básica que sostiene a la persona en su totalidad, y según se afirma, es también el número de nuestra suerte personal.

Su interpretación se hace referida al arcano del tarot de su mismo número, y si es superior a 22 se divide por él y se toma el resto para consultar el arcano resultante.

En nuestro caso, deberemos sumar el 7 (número de la personalidad) con el 22 (número del destino), lo que nos dará 29; al ser mayor de 22 tendremos: 29 : 22 = 1, y el resto será 7. El arcano número 7 es El Carro.

Persona inquieta y dinámica, siempre dispuesta a viajes, empresas, combates, o lo que sea, pero siempre en el buen camino, con el éxito asegurado. Las cualidades que promete son: energía, autonomía, confianza en sí mismo, autoridad y capacidad para enfrentarse a las circunstancias y problemas, eficacia, talento, audacia, acción generosa, protección, triunfo, dominio y notoriedad. En resumen, acción enérgica y exitosa.

Para hacer posible la comprensión de los 22 arcanos dedicaremos el siguiente capítulo a su interpretación.

10. Los arcanos del Tarot

I: EL MAGO

Denota originalidad, creatividad, libertad, confianza y dominio de sí mismo, aptitud para utilizar las propias capacidades, espontaneidad, voluntad fuerte y poderosa, imaginación, seguridad, destreza, ingenuidad, habilidad y flexibilidad, es quien inicia cualquier clase de cosas y proyectos. Es un arcano de protección y nuevas posibilidades.

II: LA PAPISA

Es un arcano de protección, de reflexión antes de actuar, de madurar los planes, de situaciones todavía no reveladas. Siempre existe un componente de secreto y misterio o la inminencia de una situación presentida pero indefinida, y aconseja buscar una verdad oculta o profundizar un conocimiento.

III: LA EMPERATRIZ

Representa una persona de gran fuerza de voluntad, posesiva, de espíritu inventivo o ingenioso y gran inteligencia práctica, capaz de despertar confianza, admiración e incluso una ciega sumisión. Es una persona, sea cual sea su sexo, que es el cerebro de una comunidad, una familia, un grupo o una banda.

IV: EL EMPERADOR

Siempre indica poder terrenal, realización, solidez y estabilidad, y representa a quienes ejercen un poder sobre otras personas, como los jefes de gobierno, de empresa, de familia, jueces y magistrados y demás personas que ejercen autoridad y mando. Es concreción y realización, riqueza, dominio y orden.

V: EL PAPA

Es una persona detentadora de un saber o de un poder en cualquier campo del conocimiento, científico, religioso, intelectual, etc., que sabe aplicar con autoridad y moderación, ya sea actuando de intermediario o de pacificador. Siempre indica la promesa de un porvenir mejor.

VI: EL ENAMORADO

Es una persona inquieta que desea ser afable, agradable y sociable, pero que duda, reflexiona e intenta ser objetiva ante la necesidad de tomar una decisión. También indica la existencia de dos o más posibilidades mutuamente excluyentes; es el arcano del amor, la entrega y el sacrificio personal en aras de una buena causa o por un ser querido. Buenos contactos y relaciones.

VII: EL CARRO

Persona inquieta y dinámica, siempre dispuesta a viajes, empresas, combates, o lo que sea, pero siempre en el buen camino, con el éxito asegurado. Las cualidades que promete son: energía, autonomía, confianza en sí mismo, autoridad y capacidad para enfrentarse a las circunstancias y problemas, eficacia, talento, audacia, acción generosa, protección, triunfo, dominio y notoriedad. En resumen, acción enérgica y exitosa.

VIII: LA JUSTICIA

Se refiere a una persona honesta, pero severa, que sabe pesar el pro y el contra de las cosas y mostrarse justa y equilibrada; lo cual tanto puede constituir una garantía de éxitos y decisiones acertadas, como el lastre de la duda ante los acontecimientos y decisiones. Es la voz de la conciencia que exige partir de criterios justos, equitativos e imparciales.

IX: EL ERMITAÑO

Persona solitaria, reflexiva e introvertida, escéptica y algo misántropa. Es el hombre sabio y prudente que aprende de su propia experiencia, conocedor de que el tiempo es su mejor aliado y, por ello, un excelente apoyo y consejero. Es el esfuerzo, la tradición, la soledad, la espera, la búsqueda del conocimiento, la reflexión, la prudencia, la paciencia, la austeridad y la responsabilidad. En resumen, todo lo que requiere tiempo, premeditación y esfuerzo constante.

X: LA RUEDA DE LA FORTUNA

Siempre se refiere a una persona dinámica y práctica, con presencia de espíritu, oportunismo y suerte, que desea que las cosas se muevan y, por ello, amante del riesgo y la aventura, sabiendo que tanto puede llegar a la cima como despeñarse en el camino.

También se refiere al destino que trasciende a nuestra propia voluntad; es el cambio, la rapidez, las decisiones sobre la marcha, la suerte y la desgracia, lo imprevisto, la novedad.

XI: LA FUERZA

Se refiere a una persona fuerte y resistente en todos los aspectos, tanto físicos como psíquicos, con gran confianza en sí mismo, voluntad de vencer, eficaz y apasionada. En personas muy evolucionadas puede indicar la sublimación de los instintos en favor de ideales espirituales.

XII: EL AHORCADO

Siempre indica la existencia de una atadura, de una sujeción, física, psíquica o espiritual que comporta un sacrificio, un dolor, una renuncia en favor de un fin que se considera superior; o un estado de impotencia momentánea, de inacción. En un plano espiritual puede referirse a una renuncia al mundo en aras del sacerdocio o el misticismo, a la plena asunción de un sacramento con todas las renuncias que comporta; en el plano psíquico a una dolorosa introspección, al descenso al subconsciente en busca de una más amplia expansión de la propia conciencia; en el plano físico es la sujeción voluntaria o forzosa a unas normas o condiciones de vida que implican el abandono o el sacrificio de una posición, una libertad o de unos bienes en aras de conseguir un futuro mejor.

XIII: EL ARCANO SIN NOMBRE

Indica a una persona que desea –o se ve obligada a– transformar algo en su vida, y tanto puede ser por deseo de autodeterminación, de liberación, por una iniciativa que requiere profundos sacrificios y mucho valor, o las consecuencias de una renuncia o de una iniciación sacerdotal u oculta. Siempre indica una transformación radical, un cambio, una prueba, una ruptura, una separación o una muerte, entendida esta última como el fin de algo, ya sea de una situación, de un proyecto, de una idea o de lo que sea. Podemos resumirlo como limpiar, eliminar, renunciar y sobrevivir.

XIV: LA TEMPLANZA

Se refiere a una persona conciliadora, tolerante, optimista, equilibrada y capaz de adaptarse a todos los medios y circunstancias; sabiendo lo que quiere y concentrando sus esfuerzos para conseguirlo, pero con moderación, sin avasallar a los demás, confiando más en la negociación y la conciliación que en el poder o la fuerza, y por ello demasiado cauta y moderada para alcanzar metas lejanas, pero feliz con lo que consigue.

XV: EL DIABLO

Se refiere a personas pugnaces, egoístas, interesadas, calculadoras, dotadas de extraordinario magnetismo y atracción animal, pero sin que necesariamente deban ser malas ni perjudiciales; puede tratarse de un financiero, de un mago, de un ocultista, de un capo mafioso, de lo que sea, mientras su rasgo dominante sea el poder material o el dominio del astral.

XVI: LA TORRE

Nos hallamos ante alguien que con frecuencia se encuentra frente a momentos duros y difíciles, con tendencia a actuar impulsivamente y contra corriente, a querer cambiarlo todo, a cometer imprudencias y jugárselo todo a una carta. A veces revela un estado temporal de megalomanía, de ambición y orgullo desmesurados con resultados desastrosos.

XVII: LA ESTRELLA

Es uno de los arcanos más felices, de esperanza, éxito y protección, tanto en el plano material como en el espiritual. Siempre procura amor, ternura, sociabilidad, sentido estético, esperanza, fe, inspiración. Optimismo, satisfacciones y buenas perspectivas en todos los terrenos. También aporta ayuda y protección ocultas y puede referirse a influencias astrales, premoniciones, presentimientos inspiraciones e interés por dichas materias.

XVIII: LA LUNA

Se trata de personas soñadoras y pasivas, más bien superficiales, exclusivamente dependientes o preocupadas por cuestiones familiares u hogareñas, o simplemente por cuestiones intrascendentes; o personas con molestias físicas o psíquicas. Cuando se trata de mujeres debe añadirse a todo ello un profundo sentimiento maternal.

XIX: EL SOL

Sin necesidad de tratarse de personas del sexo masculino, se trata de aquellas que poseen cualidades tradicionalmente atribuidas al hombre y que las define como poseedoras de gran confianza en sí mismas, con una autoridad innata y acusada personalidad que les permite afrontar la vida con valor y decisión, ocupando puestos de responsabilidad y mando que saben ejercer de forma paternal y amable, pero manteniendo siempre la distancia necesaria con quienes de ellos dependen. Son personas que irradian vitalidad, seguridad y bienestar, siempre dispuestas a compartir alegrías, ideas y afinidades.

XX: EL JUICIO

Se trata de personas que se enfrentan a la necesidad de enjuiciarse a sí mismos o a los demás, de arrepentirse o perdonar; que desean escapar de la rutina, renovar circunstancias de la vida cotidiana o de su destino, liberarse de una servidumbre o de otras circunstancias. En personas con un cierto grado de evolución puede indicar la posibilidad de despertar a la vida espiritual o una iniciación esotérica.

XXI: EL MUNDO

Es una persona feliz, expansiva, con ciertas dosis de oportunismo y capaz de sacarle el jugo a sus cualidades y talentos, pues todos los factores internos y externos –incluido el destino– le son favorables. Por lo general indica una vida exterior que prima sobre la interior, popularidad, buenas relaciones, creciente vida social, honores, ayudas, riquezas, reconocimiento de los méritos personales y, en personas evolucionadas, transmutación espiritual que conduce a la plenitud, al reencuentro con la unidad.

XXII: EL LOCO

Aún cuando este arcano carece de número, le otorgamos el 22 por ser el que le corresponde por orden correlativo y ser necesario para la interpretación del número equilibrador.

Son personas que no saben qué hacer ni qué partido tomar; se limitan a dar vueltas y más vueltas sin sentido, o pasan de todo. No desean cargarse de responsabilidades, sino que huyen de las mismas, y además desearían poder cambiar el rumbo de los acontecimientos aun cuando no sepan en qué dirección, pues carecen en absoluto de planes.

Pero también puede ser alguien cuya indecisión se deba precisamente a hallarse pletórico de nuevas ideas, de nuevos proyectos todavía confusos, sin coordinar, que le impiden concentrarse en el mundo real dándole un aspecto aturdido, de persona irresponsable y con la que no es posible contar, de sabio distraído o de poeta un poco loco.

Y tampoco puede descartarse de que se trate de alguien que está por encima de todos los valores y leyes terrenales, un santo o un iniciado.

11. La previsión del futuro

Finalizado el estudio general numerológico entraremos en el terreno de la previsión de futuro. Y si decimos previsión y no predicción, es porque la primera indica de forma general las posibles líneas de vida a las que la persona tenderá durante el tiempo estudiado; líneas que puede modificar mediante su voluntad y conocimientos. En cambio, la predicción es algo equivalente al destino, a algo que debe cumplirse inexorablemente, y éste no es el caso en numerología.

Para las previsiones numerológicas nos basamos en tres ciclos complementarios: el año, el mes y el día personales.

El año personal

Se compone de un ciclo de nueve años distinto para cada uno de nosotros que nos proporciona una idea de las líneas generales que marcarán los acontecimientos durante dicho año.

Para calcularlo al día y mes de nacimiento se le suma el número del año a estudiar y se realiza su reducción para hallar el número raíz, que será el número personal de dicho año; y ello con independencia del año de nacimiento.

Así, en el ejemplo que venimos desarrollando, nacido el 3 de marzo, su año personal de 1993 será: $3 + 3 + 1993 = 1999 = 28 = 10 = 1$, y el 1994 será $3 + 3 + 1994 = 29 = 2$.

INTERPRETACIÓN DE LOS AÑOS PERSONALES

Año 1

Es el año que inicia una nueva etapa en la vida de la persona, y por ello nos dará el tono general de todo el nuevo ciclo de 9 años. Por ello, es el momento de concretar ideas, planificar lo que deseamos realizar e iniciar la tarea propuesta, sea ésta cual sea. Es el momento de estudiar inversiones financieras, de considerar la posibilidad de fundar un hogar, de cambiar de residencia, de decidir qué estudios o qué profesión vamos a empezar o qué modificaciones vamos a realizar en los actuales, o si queremos dejar que todo siga igual (aún cuando no podremos evitar que se presenten cambios importantes).

Año 2

Es un año que tanto puede ser de maduración de los proyectos en estudio o en curso de realización, como el llegar a la conclusión de que es necesario trabajar en equipo; quizás sea necesario prescindir un poco de nuestra independencia, de nuestra propia capacidad de realizarlo todo, para tener en cuenta a los demás, tanto para solicitar su ayuda como para prestársela. Es un año ideal para las colaboraciones, para casarse, para asociarse o para cerrar un pacto, pero también, por su dualidad, puede ser un año de separaciones, divorcios, disolución de sociedades y ruptura de pactos.

Año 3

Empiezan a verse los primeros resultados de los proyectos decididos el año 1. Es el momento de empezar a pesar en abrirse al exterior, en hacer vida social, en establecer amistades, realizar algún viaje y, en general, para distraerse y gozar de la vida. Pero junto a los éxitos y la prosperidad que se inicia –o se incrementa– también comporta el peligro de cometer imprudencias, de pasarse en lo social con perjuicio de lo profesional o de lo realmente sólido.

Año 4

Es el momento de la concreción, de la consolidación, de la perdurabilidad. Si el año 3 la tendencia era divertirse y gozar de la vida, el 4 es un año de lucha y trabajo que debe aprovecharse para organizar y consolidar definitivamente la situación profesional y financiera, aún cuando a veces puedan presentarse momentos de estrés o surmenaje. De lo contrario pueden surgir dificultades, retrasos e incluso pérdidas.

Año 5

Es un año de mutaciones, de cambios, de reconversiones en todos los terrenos; lo que domina es el libre albedrío, pero nada de lo que se cambie será duradero, estable o constructivo. Es un año para viajar, para establecer nuevos contactos, para amores sin futuro, para la infidelidad y la aventura. Profesionalmente puede ser útil para los intercambios comerciales o la expansión material. Pero al igual que en el año personal 3, debe evitarse cometer imprudencias, en especial por el peligro de accidentes.

Año 6

Es un año afortunado –especialmente en el plano material– y el mejor para centrarse en las cosas pendientes y ponerlas al día, ya se trate de asuntos jurídicos, administrativos o de cualquier otro orden, pues es un año propicio al buen entendimiento, las buenas relaciones, los reencuentros, los matrimonios; pero a la vez también aporta un incremento de responsabilidades, del número e importancia de las decisiones que deben tomarse.

Año 7

Es el año de los balances, de la soledad fecunda propicia para el estudio y la meditación, de prepararlo todo para el año próximo. Si bien es favorable a la evolución mental y espiritual, no lo es tanto en lo material, donde sólo hay que esperar retrasos e incluso una cierta paralización de los resultados; también es mejor evitar al máximo realizar inversiones o iniciar asuntos comerciales. En cuanto a las relaciones sociales, no sólo serán escasas, sino que tampoco se sentirá dispuesto para cultivarlas.

Año 8

Es un año conflictivo, tanto en lo íntimo como en lo externo, que conduce a una profunda transformación en todos los terrenos. Pero no por ello es un mal año, pues a pesar de que los primeros meses pueden ser difíciles, también puede aportar realizaciones importantes, buenas transacciones comerciales, el final de posibles procesos e inversiones inmobiliarias. Sin embargo también exige considerable prudencia en cómo se gestiona todo ello, pues de lo contrario también pueden producirse pérdidas y problemas, ya sea de salud o de dinero.

Año 9

Es favorable a los grandes viajes y a la adquisición de nuevos conocimientos. Al tratarse de un año final de ciclo, debe aprovecharse para finalizar cuanto se inició con el mismo, realizar un balance general y eliminar cuanto perjudique o coarta. Y si bien es bueno para finalizar las cosas, no lo es para empezar nuevas, que se verían abocadas al fracaso.

Año 11

Este año sólo pueden vivirlo quienes son capaces de desarrollar una personalidad 11, es decir, muy evolucionadas. Es un año tan bueno para la evolución espiritual como malo en lo que se refiere al mundo material. Es el abandono total o parcial de lo material en aras a la espiritualidad, al misticismo.

Año 22

Al igual que el año 11, sólo son capaces de vivirlo quienes hayan desarrollado una personalidad 22, en cuyo caso será un año de abnegación, de dedicación a las tareas humanitarias.

El mes personal

Nos revelará la actitud personal durante dicho mes, y se calcula sumando el número del mes al del año personal.

Así, en nuestro ejemplo, para conocer cuál será el mes personal correspondiente al mes de julio de 1994, añadiremos 7 (julio es el mes 7) al 2 (número de año personal) lo que suma 9, su número de mes personal. Su interpretación es la misma que propusimos para los años personales.

El día personal

Sirve para ayudar a conocer lo mejor que puede realizarse durante dicho día, y se calcula sumando al número del mes personal el del día que queremos estudiar.

En nuestro ejemplo, el día 12 de noviembre de 1994 será el día personal: $9 + 12 = 21 = 3$.

INTERPRETACIÓN DE LOS DÍAS PERSONALES

Día 1

Es un día para la acción directa, definida, con un sólo propósito, para atacar cualquier problema que deba ser resuelto tan pronto como sea posible. Buen día para iniciar algo nuevo o intentar un avance en cuanto hemos emprendido, siempre que sea de naturaleza práctica. Contratos, materias legales y proposiciones de negocios pueden ser tratados con garantías de éxito, pero siempre que sólo sean factibles con un plan sencillo y una decisión inmediata; si se trata de asuntos complejos o indefinidos la decisión debe dejarse para otro día. Podríamos resumirlo como el día de las oportunidades.

Día 2

Es un día para planificar, para sopesar problemas y a menudo para tomar una decisión que podamos posponer. Es un día de contrastes que puede empezar bien y terminar mal o viceversa; en que los buenos resultados pueden ser contrarrestados por frustraciones; es mejor estarse quieto y dejar que sean los demás quienes tomen la iniciativa. Es un día para la calma y la paciencia.

Día 3

No es un día para concentrarse en un solo propósito, sino para la variedad y pueden realizarse muchas cosas; puede combinarse trabajo y diversión; pueden iniciarse varios proyectos, distribuirse el trabajo u obtener cooperaciones. En un día 3 las tareas difíciles se convierten en fáciles y los problemas pueden solucionarse amistosamente. Es un buen día para viajar, reunirse con la gente y, sobre todo, para divertirse.

Día 4

Es un día para quedarse en casa y concentrarse en proyectos, en tratar sobre materias rutinarias o terminar pequeñas tareas con método y paciencia. Es el día de los buenos trabajadores, de modo que cuando hay cosas poco placenteras que realizar, es el mejor día para ello, pues si quiere salir a divertirse pronto empezará a encontrarse preocupado por las cosas más prácticas que está dejando de lado. Sin embargo, no emprenda nada importante, y de especulaciones ni hablar.

Día 5

Es un día para esperar lo inesperado, la excitación y la aventura. Pero no hay que esperar ideas extraordinarias que en un día como hoy pueden ser contraproducentes. Si debe correr algún riego ahora es el momento, pero antes hay que cerciorarse de que valga la pena, pues es la ocasión de emprender nuevos proyectos o viajes, pero asegurándose de que no se trata únicamente del deseo de terminar con viejas conexiones o proceder libremente, sino que debe poseer una real utilidad. Es el día en que las cosas vienen hacia uno cuando ya casi no las esperaba.

Día 6

Es un día de buena voluntad y comprensión, de comodidad, armonía y tranquilidad. No es bueno para la acción directa o rápida ni para nuevas empresas o aceptar retos; sino para las reuniones sociales o familiares, conferencias de negocios y misiones diplomáticas, siempre que no impliquen conflictos. Es un día de culminación, pero sólo de cosas largamente planeadas por uno mismo. Lo más importante es evitar la incertidumbre y los riesgos.

Día 7

Es para meditar sobre las cosas profundas de la vida, para el estudio y la investigación, para la inventiva y el arte; para reflexionar sobre las cosas, para planear asuntos que ya han sido decididos pero necesitan mayor consideración. Es un buen día para solicitar consejo y consultar con personas capacitadas. A menudo es un día de buena suerte en el que hay que hacer caso de las corazonadas y las intuiciones.

Día 8

Es el día de las grandes cosas; las materias más complejas pueden ser resueltas tan fácilmente como las más simples, por lo cual deben dejarse de lado los pequeños problemas o inmediatos a menos que sean un obstáculo para mayores objetivos. Es un día propicio para sólidas inversiones, para la fusión de empresas, para las finanzas y para todo lo relativo a esfuerzos constructivos.

Día 9

Es otro día que promete grandes realizaciones, triunfos personales y la realización de ambiciones, pero con mayor frecuencia en campos artísticos y de competencia que en empresas comerciales (lo que no las excluye). Es el momento para presentar proposiciones activas, anunciar planes importantes o establecer fuertes contactos.

Consejos sobre las previsiones

En las previsiones anuales, mensuales y diarias, existen posibilidades positivas y negativas, y los resultados no son semejantes para todo el mundo.

Para conocer el criterio que debemos seguir en cada caso particular para saber la calidad de la previsión, debe compararse el número del año, mes o día con los números personales relevantes, como el personal, el íntimo, el de realización, el activo, el del destino y, especialmente, con la rejilla general.

Si se trata de un número ausente sólo podemos esperar los aspectos negativos; si es un número neutro, los resultados serán positivos pero medianos; si es un número dominante podremos esperar los mejores resultados; mientras que si es excesivo, el peligro residirá en esperar más de lo debido, en pasarse y perder todo o gran parte de lo que ya parecía conseguido.

Excepto en el caso de números ausentes, debemos comprobar si coincide o no con los números personales, en cuyo caso nos indicará en que faceta personal se materializarán las previsiones; así, si el número del año es el mismo del número de la personalidad, se tratará de un momento muy importante para la evolución personal; si lo es con el número íntimo, los resultados se referirán a la consecución de aspiraciones íntimas y secretas; si lo es con el número de la realización se tratará de un momento clave para el éxito personal; si lo es con el número activo equivaldrá a una toma de conciencia con las verdaderas posibilidades innatas; y si se trata del número equilibrador, es cuando debemos esperar lo mejor en todos los conceptos.

En cuanto sus relaciones con el número de destino, ya anunciamos las compatibilidades e incompatibilidades que pueden surgir entre distintos números, cosa que se reproduce mayormente entre el número de destino y los correspondientes a años, meses y días personales, pero para una mayor claridad las repetiremos concentradas en la siguiente tabla:

	1	2	3	4	5	6	7	8	9
1	C	I	C	I	C	I	C	C	C
2	I	C	N	C	I	I	I	C	I
3	C	C	C	I	C	C	N	N	C
4	I	C	I	C	I	C	I	N	N
5	C	I	C	I	C	I	N	C	C
6	I	I	C	I	I	C	N	N	C
7	C	I	N	I	N	N	C	I	C
8	C	C	N	N	C	N	I	C	I
9	C	I	C	N	C	C	C	I	C

en la que

C = compatible
I = incompatible
N = neutro

Para finalizar resumiremos en un gráfico todos los datos de ejemplo que presentamos:

NOMBRE Y AP.	F	E	L	I	P	E	_	G	O	N	Z	Á	L	E	Z	_	M	Á	R	Q	U	E	Z	_	_		
PERSONALIDAD	6	5	3	9	8	5	_	7	7	5	9	1	3	5	9	_	4	1	1	9	4	5	9	_	_	=	7
ÍNTIMO		5		9		5			7			1		5				1			4	5				=	6
REALIZACIÓN	6		3		8			7		5	9		3		9		4		1	9			9			=	1
ACTIVO	6	5	3	9	8	5																				=	9
HEREDITARIO								7	7	5	9	1	3	5	9		4	1	1	9	9	4	5	9		=	7
INICIALES	6							7									4									=	8

DESTINO		3		3	1	9	4	2	=	22

EQUILIBRADOR	7	22	=	29 = 7

AUSENTES	2	–	–	–	–
NEUTROS	3	4	6	7	8
DOMINANTES	1	5	9	–	–
EXCESIVOS					

NOMBRE Y AP.	–	–	–	–	–	–	–	–	–	–	–	–	–	–	–	–	–	–	–	–	–	–	–	–		
PERSONALIDAD	–	–	–	–	–	–	–	–	–	–	–	–	–	–	–	–	–	–	–	–	–	–	–	–	=	–
ÍNTIMO	–	–	–	–	–	–	–	–	–	–	–	–	–	–	–	–	–	–	–	–	–	–	–	–	=	–
REALIZACIÓN	–	–	–	–	–	–	–	–	–	–	–	–	–	–	–	–	–	–	–	–	–	–	–	–	=	–
ACTIVO	–	–	–	–	–	–	–	–	–	–	–	–	–	–	–	–	–	–	–	–	–	–	–	–	=	–
HEREDITARIO	–	–	–	–	–	–	–	–	–	–	–	–	–	–	–	–	–	–	–	–	–	–	–	–	=	–
INICIALES																									=	

DESTINO | | | | | | | | | = [ ]

EQUILIBRADOR | | | = [ ]

AUSENTES	–	–	–	–	–
NEUTROS	–	–	–	–	–
DOMINANTES	–	–	–	–	–
EXCESIVOS					

1   2   3

4   5   6

7   8   9

Modelo de impreso.

Consejos para elegir un nombre

La tarea de buscar un nombre es una de las más gratas para los futuros padres, pero no basta con hallar el que nos suena mejor, o elegir el que numerológicamente presenta unas mayores posibilidades de futuro, sino que la cosa es más complicada y requiere tener en cuenta algunas circunstancias especiales.

La primera, es huir de nombres inventados alegremente. Pondré cuatro ejemplos actuales: Hydra, Marán, Gal y Killian; sonarán tan exóticos como se quiera, pero causarán problemas en el futuro.

La segunda es huir de aquellos otros que a pesar de figurar en el santoral pueden ser objeto de burla para quienes los llevan por parte de sus amistades; por ejemplo, Meneo, Primitivo, Mirón, Soso, Perfecto y Bella.

La tercera es evitar combinaciones entre nombre y apellidos que suenen mal o muevan a comentarios jocosos, como por ejemplo, Dolores Fuertes, Paco Jones, Armando Guerra o Gonzalo González.

La cuarta es huir de nombres cuya moda cinematográfica o televisiva sabemos de antemano que será efímera, como por ejemplo, Heidi, Davinia o Hattori.

Por último, hay que tener en cuenta que el futuro número hereditario (apellidos paterno y materno), casi siempre posee algunos números excesivos y otros ausentes, lo que conviene compensar, por lo que entre los posibles nombres que nos apetezcan, sea cual sea la razón (casi siempre existen varios) debe elegirse aquel que carezca de los números excesivos y posea los ausentes en el número hereditario, si no todos, al menos los que se puedan.

Sobre el diccionario

En el diccionario hemos agrupado los nombres por familias, dado que lo más lógico es juntar el nombre original con las variantes y formas familiares; así por ejemplo, presentamos juntos bajo el titular JOSÉ a José, Josefa, Josefina, Fina, Pepe, Pepito y Pepita.

Por dicho motivo, al final añadimos la lista por orden alfabético de todos los nombres que figuran en el diccionario, indicando además de la página en que deben buscarse, la onomástica de los mismos, cuando existe, pues algunos de ellos no figuran en el santoral.

En cuanto a onomástica hemos elegido la fecha más comúnmente usada, pero debe tenerse en cuenta que puede no ser la que particularmente celebramos, puesto que prácticamente todos los nombres poseen más de una; así por ejemplo, existen cincuenta Antonios, cada uno con una fecha distinta, más de sesenta Franciscos, más de cincuenta Guillermos, más de cuarenta Josés y más de trescientos Juanes.

Segunda parte

Diccionario de nombres

Aarón

Aarón, Aharón

ETIMOLOGÍA   Del hebreo; posiblemente de *aron*: arca, cofre, o quizás también de *har*: montaña.

CARÁCTER   Tranquilo, autoritario y equilibrado; ordenado y metódico en las cosas prácticas de la vida, posee una intensa vida interior y una capacidad de reflexión y análisis que le permiten adaptarse con éxito a las circunstancias más diversas. Si se siente estimulado puede realizar grandes cosas, aún cuando deba superar bastantes dificultades, ya que sus números clave no figuran en su rejilla. En el terreno sentimental es muy romántico y sensual. Su mayor defecto es la tendencia a un exceso de autoritarismo.

En su variante de **Aharón**, la libertad y la independencia son algo sagrado; posee grandes aspiraciones e ideales, pero ante todo, es un seductor enamorado de la vida y los placeres, sabe adaptarse a todas las circunstancias, incluso profesionalmente, pero su necesidad de cambio y su innata curiosidad convierten su vida en algo cambiante e inestable, falto de solidez; sin embargo, le gusta ayudar a la gente y ser útil a los demás. En el terreno sentimental es ardiente, sensual e inconstante.

HISTORIA   En la Biblia es el hermano mayor de Moisés; luego, gracias a su forma árabe *Harún*, se extendió por el mundo islámico; en nuestro país ha sido desconocido hasta ahora, en que empieza a sonar con cierta frecuencia.

NÚMEROS   Aarón: 9 + 6 = 6   Aharón: 9 + 5 = 5

Abel

ETIMOLOGÍA   Tanto puede derivar del hebreo *hebel*: efímero, como del asirio *habel*: hijo.

CARÁCTER   Posee el sentido de la conciliación, la cooperación y de cuanto se relacione con las uniones, los negocios y las asociaciones; elegante y con una agilidad mental que le permite asimilar toda clase de ideas y experiencias, es adaptable y maleable en apariencia, pero en realidad es más enérgico de lo que parece y sabe hacer valer sus derechos y sus ideas de una forma suave pero decidida; íntimamente está convencido de ser metódico y buen organizador, aunque a veces le cueste mucho esfuerzo, pues su 6 íntimo es ausente. Muy emotivo, la vida familiar es muy importante para él, por lo que hará cuanto esté en su mano para que los lazos familiares sean lo más fuertes posible.

HISTORIA   En la Biblia es el segundo hijo de Adán y Eva, asesinado por su hermano Caín. En la historia, Abel de Dinamarca, que asesinó a su hermano Eric II para proclamarse rey.

NÚMEROS   6 + 5 = 2 (de 11)

Abelardo

Abelardo, Aberardo

ETIMOLOGÍA   Variante medieval de Abel, añadiendo el sufijo germánico *hard*: fuerte.

CARÁCTER   Ordenado y metódico en las cosas prácticas de la vida, con iniciativa, capacidad de mando y decisión, agradable y encantador, a Abelardo le gusta ejercer su autoridad, pero en el fondo es un idealista que aspira a vivir libremente y sueña con grandes proyectos. Los sentimientos juegan un gran papel en su vida y es muy frecuente que se vea afectado, en bien o en mal, por su familia. Exigente y autoritario, bajo su aspecto tranquilo es capaz de accesos de cólera cuando se le impide realizar sus deseos. En el amor es elitista y puede dudar mucho antes de comprometerse definitivamente; la elegida por su corazón deberá ser perfecta, y aún así no será nada extraño que de tanto en tanto le sea infiel.

En su variante de **Aberardo** aspira a ser independiente, sueña con grandes proyectos y es un idealista que quiere hacerlo todo mejor que nadie. Para ello cuenta con su sentido del orden, de la organización, de la constancia y de su amor al detalle. Sin embargo, y aunque parezca paradójico, también es amante de la variación y el cambio, pero siempre que sea dentro de un orden, pues de lo contrario se siente perdido a pesar de su facilidad en asimilar conocimientos y experiencias. En el terreno sentimental le cuesta decidirse; se le puede reprochar que le cueste demasiado demostrar lo que siente, pero nunca de que olvide sus responsabilidades familiares.

HISTORIA   Poco extendido, sólo podemos citar a Pedro Abelardo (1079-1142), brillante filósofo escolástico autor de numerosos libros y escritos que en su juventud se enamoró de Eloísa, la sobrina de su protector, el canónigo Fulberto, que lo hizo castrar.

NÚMEROS   Abelardo: 5 + 1 = 6   Aberardo: 5 + 8 = 4 (de 22)

Abigaíl

Abigaíl, Gail

ETIMOLOGÍA Deriva del hebreo *ab-guilah*: fuente de alegría.

CARÁCTER   Es una mujer sociable y extrovertida, alegre y optimista. Curiosa, charlatana y adaptable sabe como hacerse agradable y conseguir que a su alrededor reine la alegría. Es equilibrada y tiende a desdramatizar las situaciones pues detesta discusiones y conflictos, y como es nerviosa e impaciente, cuando se deja arrastrar a uno de ellos, de inmediato busca restablecer la paz. Es coqueta, seductora y persuasiva, muy comunicativa y con don de lenguas, por lo que no es de extrañar si sobresale en profesiones relacionadas con la expresión y la comunicación. Es una temperamental muy capaz de asumir responsabilidades, pero para ello necesita sentirse feliz y motivada, de lo contrario, puede dejarse ir a una cierta indolencia. En el terreno sentimental despierta precozmente y quiere gozar ampliamente de la vida; pero a la hora de escoger no sabe decidirse, y si pudiera se quedaría con todos.

En su forma familiar anglosajona de **Gail**, es una mujer en la que se manifiesta una contradicción entre sus números íntimo y de realización (el 1) y su número activo (el 2); es decir, un conflicto entre la independencia y el dinamismo con la dependencia y la pasividad. Esta circunstancia hace que su vida sea un cambio continuo de unas a otras cualidades. No obstante, hay ocasiones en que ambas condiciones pueden armonizarse hasta cierto punto, apareciendo en la vida social como seductora, tranquila, afable y protectora; mientras que en su vida privada es dura como el acero. En el amor, es sensible y emotiva, pero tiende a ocultar sus emociones que considera debilidades; por dicha causa la vida matrimonial casi nunca resulta satisfactoria en su lucha interna entre la dependencia de su pareja y el ansia de libertad; y casi siempre gana esta última.

HISTORIA   Es la bíblica esposa de Nabal que inspiró una fuerte pasión a David, con el que se casó al enviudar.

NÚMEROS   Abigaíl: 3 + 3 = 6;   Gail: 1 + 1 = 2

Abraham

Abram, Abraham, Abra

ETIMOLOGÍA   Abram deriva del hebreo *Abram*: padre del pueblo, luego convertido en *Abraham*: padre de las multitudes.

CARÁCTER   Es sociable, entusiasta, extrovertido y con facilidad de expresión, y como además es dulce y pacífico, sensible y muy humano, no le cuesta hacer amistades. Cuando se siente motivado es capaz de realizar grandes esfuerzos, mostrándose metódico, ordenado y muy detallista, pero como es muy nervioso a veces puede caer en un exceso de movilidad y dispersarse. En el terreno amoroso es seductor, encantador, sensual y emotivo, por lo cual es muy fácil herirlo sentimentalmente, ante lo cual es incapaz de reaccionar como no sea huyendo; y como la carne es débil, su fidelidad también lo es.

En la variante de **Abram** es muy emotivo y sentimental, activo y abnegado que cuando se siente contrariado o herido tiende a encerrarse en sí mismo o a descargar su frustración trabajando intensamente, y mejor si puede ser en tareas con un fondo social o humanitario, pues posee un elevado sentido de la justicia, y como busca su propia evolución interior, sabe que la mejor manera de conseguirla es la entrega y la abnegación a una buena causa. Si algo se le puede reprochar es que de tanto en tanto surge el egocentrismo, y sin dejar de ser abnegado, quiere ser el quien decida y mande. Su vida sentimental suele ser complicada, pues romántico y sensible desearía hallar un alma gemela con la que poder fundirse, lo que es más difícil de lo que parece.

Abra es una mujer decidida, desbordante de vitalidad y energía de vivir, y que cuando le conviene se muestra reservada, obstinada y ambiciosa, lo que no es obstáculo para que sea femenina, maternal e incluso algo coqueta, y a pesar de ser generosa e interesarse por quienes la rodean, es consciente de las realidades de la vida y sabe mostrarse práctica, y eficaz. Pero la verdadera finalidad de su vida es el amor; necesita amar y sentirse amada, fundar una familia sólida y estable, y un hogar bello y acogedor.

HISTORIA Tras el bíblico patriarca Abraham, se ha convertido en poco corriente, excepto en Estados Unidos, donde la personalidad más sobresaliente es la de Abraham Lincoln.

NÚMEROS Abraham: $3 + 6 = 9$; Abram: $2 + 7 = 9$; Abra: $2 + 3 = 5$

Adán

ETIMOLOGÍA Del hebreo *adâm*: hecho de tierra, que parece derivar del asirio *adamu*: crear, o quizás de *adamah*: rojo.

CARÁCTER En Adán se mezclan la sensibilidad, la delicadeza, la emotividad, la religiosidad y la intuición. Es un tímido imaginativo que vive más de sueños que de realidades y desea sobresalir creyéndose un ser excepcional; su mayor peligro es la impaciencia y el fanatismo; en suma, es un émulo de Don Quijote cuando responde a su 11 activo; pero si sólo responde al 2 (que no figura en su rejilla) todo ello será vivido de un modo pasivo, cooperando con los demás, pero también dependiendo de ellos. Aquí el peligro es el soñar demasiado. Sentimentalmente es el caballero andante que conoce el lenguaje de las flores y el alma femenina, tan próxima de la suya. Busca la simbiosis en el seno del matrimonio; el amor y la paternidad para él son valores fundamentales.

HISTORIA Nombre de sólida raíz hebrea, es bastante escaso en nuestros días, por esto aparte del bíblico Adán, el primer hombre, sólo podemos mencionar al canónigo Adam de Bremen, que escribió una historia de las iglesias germánicas y una geografía de Escandinavia; y al economista escocés Adam Smith.

NÚMEROS $2 + 9 = 2$ (de 11)

Adela
Adela, Adelia, Ethel

ETIMOLOGÍA Del germánico *athal*: noble.

CARÁCTER Como indica su etimología, de Adela trasciende un cierto fondo de nobleza y fiereza que incluso se trasluce en su físico. De hecho es una mujer inquieta y nerviosa, con un profundo sentido de la justicia, gran curiosidad, dotes artísticas y la imperiosa necesidad de cambios, pero es lo suficientemente prudente para dejarse llevar por la corriente mientras procura salvaguardar su independencia, lo cual a veces puede darle una apariencia distante y poco sociable. Sentimentalmente es muy inestable sin saber lo que realmente desea; por ello, su vida amorosa es una sucesión de aventuras poco convencionales que le permiten mantener su libertad.

Como **Adelia**, su personalidad sigue siendo la misma, pues sus números clave son los mismos.

En la actualidad está empezando a introducirse la versión anglosajona de **Ethel** que es activa, dinámica e independiente, ordenada, metódica y muy capaz de hacer frente a los avatares de la vida. Con temperamento artístico y necesitada de paz y armonía, hace cuanto puede para rodearse de un ambiente tranquilo y equilibrado en el que su aire apacible resulta reconfortante. Sin embargo, es nerviosa, activa y emotiva, y a causa de su impulsividad a veces se precipita y comete errores; es que cuando desea algo despliega una energía insospechada y a veces se pasa. En el amor es afectuosa, responsable y capacitada para la vida familiar, pero le gusta ser ella quien lleve los pantalones, por lo que le cuesta hallar pareja, y no pocas veces renuncia al matrimonio por no perder su libertad.

HISTORIA   Aún cuando Adela siempre ha sido un nombre corriente, cuando tuvo su mayor auge fue en los siglos XVIII y XIX. Como personajes citaremos a Santa Adela, hija del rey Dagoberto II de Austrasia que al enviudar fundó un monasterio donde finalizó sus días. Y modernamente la cantante Adela Patti y la actriz Ethel Barrymore.

NÚMEROS   Adela y Adelia: 7 + 7 = 5   Ethel: 1 + 5 = 6

Adelaida

Adelaida, Aida

ETIMOLOGÍA   Del germánico *athal*: noble, y el sufijo *heit*: especie o clase, o lo que es lo mismo, de clase noble.

CARÁCTER   Las Adelaidas pueden dividirse en dos categorías: las que sólo responden al número de realización 2, y las que llegan a responder al 11. En las primeras la coexistencia del 1 y del 2 como números clave, puede ser el origen de un carácter en el que períodos de entusiasmo e hiperactividad se alternen con otros de pasividad o abandono. En las segundas, más constantes, el 11 les confiere carisma y ascendiente sobre los demás. Pero en ambos casos se trata de mujeres con una gran personalidad; más que intelectuales son mujeres de acción con un buen sentido práctico; no obstante carecen del sentido de los matices, lo cual puede convertirlas en intolerantes. En el amor es emotiva e inestable, por lo que necesita un hombre que la domine y estabilice; que le dé seguridad.

Aún cuando **Aida** fue un nombre creado para la ópera de Verdi de dicho nombre, en la actualidad se usa cada vez más como un nombre familiar de Adelaida.

De **Aida** se desprende calma y tranquilidad; seria, consciente de sus deberes, animada por el deseo de agradar y siempre dispuesta a colaborar con los demás, ya sea en el trabajo o en alguna asociación cultural o lúdica y siempre está presente cuando se la necesita, lo cual no es obstáculo para que sea muy selectiva en sus amistades. Si algún defecto se le puede achacar es algo de egocentrismo, autoritarismo y testarudez. Cuando es capaz de responder a su 11 se dispara su ambición y la necesidad de triunfar, por lo que se vuelve más activa y dinámica. El amor ocupa un lugar preferente en su vida; romántica y sentimental, lo que más profundamente desea es la estabilidad de la vida en pareja.

HISTORIA   Al igual que Adela, Adelaida siempre ha contado entre los nombres más usados, especialmente en la primera mitad del siglo XIX. Como personaje citaremos a Santa Adelaida (931-999), la mujer del rey Lotario de Italia que al enviudar a los 19 años halló en Otón de Sajonia un aliado y un nuevo marido; viuda de nuevo y convertida en emperatriz regente durante la minoría de edad de Otón III, gobernó con firmeza y sabiduría y finalmente se retiró a un monasterio fundado por ella misma hasta su muerte.

NÚMEROS   Adelaida: $8 + 2$ (de 11) $= 1$ Aida: $4 + 2$ (de 11) $= 6$

Adelina

Adelina, Adelino

ETIMOLOGÍA   Es un nombre derivado de Adela, al que se añade el adjetivo *lind*: suave, apacible.

CARÁCTER   Adelina posee una personalidad difícil de definir, pues es una mujer dinámica que se muestra simpática y acogedora, con un profundo sentido de la justicia y notables deseos de evolución interior. No obstante, su hipersensibilidad y tensión interna puede hacerla aparecer a primera vista como reservada e incluso inhibida, aunque con el trato se exterioriza su facilidad comunicativa y su oportunismo en sacar provecho de las circunstancias. También sobresale su deseo de aparentar, de realizarse y dirigir su propia vida. En el terreno sentimental se muestra reservada y aparentemente fría, lo que no impide que sea fiel; pero es muy exigente y elitista y desea encontrar una pareja que responda a sus exigencias y afinidades intelectuales, culturales o espirituales, por lo que a veces no la encuentra y debe vivir en soledad.

Adelino es sustancialmente parecido, sin embargo, la asociación del 3 con el 4 suscita algunas contradicciones internas; su tendencia a la estabilidad, la búsqueda del confort y la seguridad se enfrentan a su naturaleza inquieta y enemiga de la rutina; del mismo modo, siempre tiene prisa, aun cuando su ritmo de vida es lento. Sin embargo, en el fondo es un idealista que se exterioriza mediante su facilidad de adaptación y comunicación, así como con una buena dosis de oportunismo. Su vida sentimental no es fácil; púdico, desconfiado y reservado, su frialdad aparente puede desconcertar. Pero a veces, prefiriendo la soledad a las malas compañías, vivirá célibe o unas relaciones independientes y poco convencionales.

HISTORIA   Santa Adelina fue abadesa del monasterio de Morlán, y san Adelino el fundador del monasterio de Celles. Son nombres caídos en desuso, que parece vuelvan a popularizarse a partir de los años setenta. Como celebridad mencionaremos a Adelina Patti.

NÚMEROS   Adelina: $7 + 3 = 1$ Adelino: 4 (de 22) $+ 3 = 7$

Adolfo

ETIMOLOGÍA   También del germánico *athal*: noble, al que se añade *wolf*: lobo, lo que equivale a noble guerrero.

CARÁCTER   Más bien introvertido parece dulce, apacible, reservado y algo tenso, aun cuando es muy estable, fuerte, determinado y consciente de que gracias a su capacidad organizadora y metódica su éxito llegará lenta y progresivamente, a base de esfuerzo y constancia. Sin embargo, no nos engañemos, bajo su dulzura, la inicial A siempre contiene una gran dosis de autoridad. En el amor es muy exigente, pues siente la necesidad de admirar y respetar a su pareja.

HISTORIA   Fue un nombre muy popular en todos los tiempos: San Adolfo fue obispo de Osnabrück (Alemania), mostrando siempre un gran espíritu caritativo. Posteriormente, Adolfo de Nassau, emperador germánico. Actualmente después de Adolfo Hitler ha caído en picado y apenas si podemos mencionar a alguno, como Adolfo Suárez.

NÚMEROS   6 + 4 = 1

Adrián

Adrián, Adriana

ETIMOLOGÍA   Deriva del nombre de la ciudad de Adria, y dio nombre a la familia de los Hadrianus, de larga tradición entre la nobleza romana.

CARÁCTER   **Adriana** es voluntariosa, enérgica y decidida, una mujer de principios, franca, ingeniosa y directa, curiosa, hábil y deseosa de expresar sus ideas y establecer contactos, pues se sabe dotada de una buena inteligencia y adaptabilidad; con mucho espíritu de iniciativa, activa y deportista, le gusta mandar y decidir, a la vez que se interesa por cuanto se relaciona con el pasado. Sin embargo, sus cuatro 1 nos revelan que su defecto básico es el exceso de autoritarismo. En el terreno sentimental es posesiva, dominante y celosa, pero puede confiarse plenamente en su amor a la familia, en su sentido moral y en su fidelidad.

Por lo general **Adrián** posee la misma afición al estudio, habilidad y adaptabilidad, pero es mucho más amante de cuanto se refiera a la familia, la vida cotidiana y la estabilidad; pero igual que Adriana, su exceso de 1 crea una contradicción con su necesidad de mandar y decidir, lo cual produce alternativas en su carácter, que puede pasar de uno a otro extremo, e incluso a veces ser algo fanático. Cuando es capaz de responder a la influencia del 11, dicha contradicción desaparece, es menos casero y estable, pero mucho más ambicioso. En el terreno sentimental es un marido convencional, que sólo desea un hogar estable y una familia en el sentido tradicional de la palabra.

HISTORIA   Tanto en el santoral como en el mundo profano abundan los Adrianes y Adrianas, por lo que nos limitaremos a mencionar que han existido seis papas de dicho nombre, diez patriarcas rusos y un emperador romano.

NÚMEROS   Adrián: 2 (de 11) + 1 = 3   Adriana: 3 + 1 = 4 (de 22)

Ágata

Ágata, Águeda

ETIMOLOGÍA   Procede del griego *agathos*: bueno, y *aghata*: buena.

CARÁCTER   **Agata** es una mujer activa, enérgica y voluntariosa a quien le gusta mandar y decidir. Sin embargo, a veces su comportamiento resulta desconcertante y algo inestable; en sociedad despliega su rápida inteligencia mostrándose abierta, sociable y muy agradable, de tal modo que podría creerse que es ligera o superficial. Pero en el terreno privado muestra un profundo sentido de la responsabilidad y es laboriosa, amante del orden, la tradición y la estabilidad. En el terreno sentimental es una mujer difícil a la que hay que saber conquistar con dulzura y cariño, dándole tiempo y confianza, pues de lo contrario se encierra en sí misma para protegerse. Pero una vez conquistada, demostrará ser una buena y fiel esposa

Águeda es uno de los escasos nombres con tres números maestros, lo que debería otorgarle y carácter y destino excepcionales si fuese capaz de responder a su influencia, pues son sinónimos de grandeza, de elevadas aspiraciones y de entrega absoluta. Es un destino que podría conducirla a realizaciones muy importantes, tanto materiales como humanitarias o creativas. Pero todo tiene su contrapartida, y consciente de sus posibilidades se hallará bajo una presión excesiva, siempre con los nervios a flor de piel a pesar de tratarse de una persona paciente y obstinada. Pero si no es capaz de responder a tan elevadas influencias y sólo lo hace al 2 y al 4, será muy emotiva, trabajadora, constante, bien organizada y con mucho amor al detalle y a la estabilidad, especialmente familiar, pues sólo se siente realizada dentro de la vida conyugal o en el trabajo en equipo, pues a pesar de ser algo autoritaria, depende mucho de los demás. En el amor, necesita mucha ternura y que su pareja le proporcione la seguridad de que carece.

HISTORIA   Santa Agata vivió en el siglo III y se dice que sus reliquias todavía hoy protegen contra las erupciones del Etna. Denunciada como cristiana le cortaron los senos, y se la representa llevando sus senos cortados en una bandeja de alabastro siendo la patrona de las nodrizas.

Muy popular en la Edad Media, luego decayó mucho, pero está retornando; su celebridad reciente se debe en parte a la escritora Aghata Christie.

NÚMEROS   Agata: 3 + 1 = 4   Águeda: 2 (de 11) + 2 (de 11) = 4 (de 22)

Agustín

Agustín, Agustina, Tina

ETIMOLOGÍA Agustín en realidad es un derivado de Augusto y en latín es *Augustinus*: de la familia de Augusto.

CARÁCTER **Agustín** aspira a vivir libremente, sueña con grandes proyectos y si bien le gusta el cambio, éste debe ser dentro de una estabilidad aunque parezca paradójico; es un idealista seguro de sí mismo, de su valor y de la bondad de sus ideas, que defiende a todo trance apoyado en su poderosa imaginación y capacidad de reacción y diálogo. En el terreno sentimental le cuesta decidirse; se le podrá reprochar que sea poco demostrativo de sus afectos y sentimientos, pero nunca de rehuir sus responsabilidades.

Agustina es una mujer curiosa, inteligente y adaptable que quiere hacerlo todo y ser la mejor, pero que pasa con facilidad de uno a otro tema sin llegar al fondo de las cosas. Ama el cambio y la libertad, lo que la convierte en algo inestable. Y si además añadimos que es temperamental y algo autoritaria, no es de extrañar que sea una feminista convencida, quiera imponerse en la vida y realizar grandes cosas, aún cuando los resultados casi nunca se ajustan a sus esperanzas. Sin embargo, lo prefiere a una vida rutinaria y monótona, pues su ansia de vivir es inagotable. En el amor desea hallar una pareja que la asegure material y socialmente, cosa que resulta algo difícil, al no ser precisamente un modelo de fidelidad.

En su forma familiar de **Tina** puede parecer más dura de lo que es en realidad, pues es valiente, decidida, detesta la injusticia y es capaz de mandar y dirigir; sin embargo, es hipersensible y muy vulnerable, especialmente en el terreno afectivo. En su interior existe una lucha entre su lado egocéntrico y autoritario (su 1 íntimo) y su lado altruista y abnegado (su 9 activo), dependiendo de las circunstancias cual de ellos domine. En el amor es sensual, fiel, leal y franca, pero dominante, y exige ser correspondida de la misma forma.

HISTORIA Es imprescindible citar a san Agustín, el gran doctor de la Iglesia; y como no, a la célebre Agustina de Aragón.

NÚMEROS Agustín: $5 + 8 = 4$ Agustina: $6 + 8 = 5$ Tina: $1 + 8 = 9$

Alano

Alano, Alan, Lana

ETIMOLOGÍA Del indoeuropeo *alun*: armonía.

CARÁCTER **Alano** difícilmente se pliega a la voluntad ajena, pues es alérgico a toda noción de jerarquía y autoridad a pesar de que él mismo es enérgico, obstinado y nunca pierde de vista el provecho que puede sacar de la vida, para lo cual es imaginativo, rápido y eficaz. No tiene nada de intelectual, sino que es práctico, reservado y ambicioso; sin embargo, le gusta luchar por causas o principios que considere útiles a sus semejantes, pues a pesar de todo en el fondo es un idealista. En el terreno sentimental es posesivo y celoso, pero con una mezcla de romanticismo y de exigencia, de pasión e intolerancia.

Alan es mucho más enérgico y orgulloso, y con dos 1 en cuatro letras (además del activo) es ambicioso, autoritario y muy independiente. Imaginativo y con buenos reflejos, sabe reaccionar con rapidez y eficacia en cuando ve la posibilidad de acceder a un puesto directivo, aun cuando en el fondo lo que desea es una vida tranquila y estable. Sin embargo, su mayor peligro reside en su impulsividad, que puede ocasionarle más de un disgusto. En el amor es apasionado, posesivo, autoritario y muy celoso.

El femenino de **Alan** y **Alano** debería ser **Alana**, pero ha desaparecido vampirizado por su versión anglosajona de **Lana**.

Lana es un Alan en femenino, pues contiene las mismas letras y números; por ello se trata de una mujer enérgica, obstinada, emprendedora y combativa para la cual el feminismo es algo más que una palabra. Cuando sus medios son inferiores a su ambición, no dudará en realizarla a través de su cónyuge, al cual estimulará e impulsará para que la convierta en realidad. Sin embargo, en el fondo es emotiva, sensible y sentimental, lo cual a veces le crea problemas cuando los sentimientos chocan con las ambiciones. Su mayor peligro reside en la agresividad e impulsividad, que pueden proporcionarle más de un disgusto. En el terreno sentimental es ardiente, apasionada y posesiva, y no puede soportar las situaciones ambiguas.

HISTORIA   Los alani eran un pueblo de origen iraní que invadió la Galia a inicios del siglo V, y entre el VIII y el X se expandieron por casi toda Europa; luego, los normandos lo importaron a Inglaterra y en Escocia incluso dieron origen a una familia poderosa, los McAllan. Como celebridades citaremos al presidente de Francia Alain Poher, al actor Alain Delon, al automovilista Alan Prost, el filósofo Alan Wats y la actriz Lana Turner.

NÚMEROS   Alano: 9 + 8 = 8   Alan: 2 + 8 = 1   Lana: 2 + 8 = 1

Alba

ETIMOLOGÍA   Del latín *albus*: blanco.

CARÁCTER   En Alba se enfrentan dos influencias, la del 7, que la convierte en cerebral, reflexiva e introvertida, y la del 5, que la hace soñadora, idealista y con ansias de libertad. Esto se traduce en un carácter cambiante, lleno de dudas y contrastes sobre un fondo de inadaptación, siendo susceptible de caer en la agresividad o la abulia. Pero si sabe encaminar su idealismo hacia derroteros espirituales, es más fácil que pueda superar sus contradicciones internas. En el terreno sentimental le cuesta mucho comprometerse seriamente, pues teme sufrir las posibles consecuencias.

HISTORIA   San Albán fue el primer mártir cristiano de Inglaterra. A pesar de que los Albani fueron una poderosa familia romana de la que formaba parte el papa Clemente VI, Albán no ha tenido continuidad en la época moderna, y ha desaparecido totalmente en nuestro país. En cambio, el femenino Alba, también escaso, ahora empieza a resurgir con fuerza. Como celebridad citaremos a la escritora Alba de Céspedes.

NÚMEROS   2 + 5 = 7

Alberto

Alberto, Alberta, Albertino, Albertina

ETIMOLOGÍA   Del germánico *athal*: noble, y *berht*: brillante, famoso.

CARÁCTER   **Alberto** es tranquilo y reservado, honesto, paciente, estable y voluntarioso, pero su timidez hace que a veces dude de sus propias capacidades y se muestre intranquilo e inseguro. Introvertido, no gusta de hacer muchas amistades ni de una vida social y movida, prefiriendo la soledad y resolver sus problemas por sí solo sin solicitar ayuda; y más racional y práctico que intelectual se apoya siempre en la lógica y el sentido común, y si a veces sueña, no tarda en regresar a la realidad. La vida sentimental no siempre es fácil para un hombre introvertido y reservado; sin embargo cuanto desea es fundar un hogar y una familia tranquila y estable.

Albertino es emotivo, sensible, nervioso, soñador e idealista, y cuando es capaz de responder a la influencia de su 22 íntimo, busca abrirse al mundo y realizarse en todos los niveles de su personalidad, pudiendo mostrarse abnegado y decidido a participar en tareas humanitarias o sociales, pero siempre que ello no redunde en perjuicio de su libertad personal, de la que se muestra muy celoso. Cuando sólo responde al 4, sin dejar de mostrarse abnegado y humanitario, sus miras no son tan altas y sale a flote la contradicción interna del 4 conservador, práctico y ordenado, con su 5 de realización, que lo inestabiliza y lo impulsa a la búsqueda de nuevas experiencias que asimilará y utilizará posteriormente en su propio provecho. De aquí una alternancia entre el querer y el temer, entre el sueño y la realidad, entre el orden y el desorden. En el amor es romántico y sensual, por lo que también aquí puede aflorar la ambivalencia entre la sensualidad y el pudor.

Alberta es reservada y secreta, una introvertida que no para de hacerse preguntas; de aquí que a veces está angustiada y otras inquieta, pero su interés siempre se centra en temas de interés artístico, filosófico, metafísico o espiritual, pues otra de sus características es ser humana y abnegada; sin embargo, es muy celosa de su libertad, y en los momentos difíciles de la vida, unas veces se repliega sobre sí misma y otras prefiere dejarse llevar por los acontecimientos y pasado el problema seguir como si nada. Sentimentalmente está llena de sueños quiméricos que muchas veces le impiden concretar su verdadero ideal, lo que puede conducirla a la soledad.

Albertina es comunicativa, adaptable seductora, elegante, hábil y capaz de destacar en cuanto se refiera a la creatividad o la comunicación, y además posee la capacidad de aprovechar las lecciones de la experiencia. Siendo una mujer celosa de su independencia, no por ello deja de sentir un profundo sentido de la justicia y respeta los derechos de los demás. Externamente alegre y optimista, en el fondo es seria y reflexiva. Todo ello forma un carácter complejo y lleno de facetas desconcertantes. En el terreno sentimental también existen estas facetas desconcertantes, pues tanto es secreta y misteriosa, como lanzada y apasionada.

HISTORIA   Son muchos los Albertos famosos, empezando con Alberto Magno, siguiendo con innumerables emperadores, reyes y príncipes germánicos, y posteriormente con el pintor Alberto Durero; luego fue decayendo para reaparecer con fuerza a partir de 1860. Entre los modernos debemos citar al escritor Albert Camus, el filósofo Albert Schweitzer y al padre de la relatividad: Albert Einstein.

NÚMEROS   Alberto: $4 + 9 = 4$ (de 22)   Albertino: 4 (de 22) $+ 5 = 9$ Alberta: $7 + 9 = 7$
Albertina: $7 + 5 = 3$

Alejandro

Alejandro, Alejandra, Alejandrina, Sandra

ETIMOLOGÍA Del griego *aleixen*: proteger, y *andros*: hombre.

CARÁCTER **Alejandro** es extraordinariamente dinámico, vivaz e impulsivo; siempre tenso y oportunista sabe usar su elegancia y facilidad de comprensión para evolucionar con rapidez y habilidad, muchas veces sin darse cuenta de los peligros en que suele incurrir; y es que en el fondo, tantos 1 como contiene su nombre lo convierten en un líder que no reconoce otra autoridad distinta de la suya y desea vivir a tope. Su etimología es la de protector, pero más bien debería ser la de jefe protector y conquistador. También por ello, sus defectos son la impaciencia, la agresividad y el querer ir demasiado deprisa. En el terreno sentimental su vida amorosa es apasionada, pero tempestuosa. Sus flechazos no son duraderos. Se cansa pronto y es necesario embrujarlo. Y si bien es generoso, también puede mostrarse egocéntrico y narcisista. Muy independiente, su divisa parece ser de «quien me quiera, que me siga».

Alejandra es una mujer con temperamento y deseos de triunfar en la vida, sin perder por ello su innata feminidad y elegancia. Su actitud es una mezcla de reserva, autocontrol e incluso de frialdad, pero también franca y directa, impulsiva, autoritaria e incluso con cierta dosis de agresividad. Dado que su número activo 4 procede de 22, cuando es capaz de responder a su influencia incorpora a su personalidad un gran carisma que la hace sobresalir donde se halle. Sentimentalmente no es fácil de manejar ni comprender, pues le falta adaptabilidad y es posesiva, deseando mandar y administrar; sin embargo, se puede confiar en ella.

En su forma familiar de **Sandra** es simpática, franca, directa y comunicativa, desea gustar y relacionarse socialmente. Es muy rápida y apresurada en todo cuanto hace, y como es hábil manualmente pronto se saca el trabajo de encima y tanto puede vérsela cosiendo como bricolando o realizando algún trabajo artístico. Sin embargo, no sabe estarse quieta, todo quiere verlo, conocerlo y probarlo; lo que no tolera es el menor impedimento a su libertad personal, pues quizás su mayor defecto sea el egocentrismo y la tozudez. Pero en el fondo es una sentimental, y si encuentra al hombre de su vida, a pesar de su carácter autoritario e independiente, hará cuanto pueda para consolidar en hogar y la familia que desea.

Alejandrina es la más centrada de las tres. Dotada de facilidad para el estudio y la expresión adora situarse en un primer plano, hablar y expresar sus ideas, sabiendo adaptarse a cada caso y situación concreta que se le presente. Sin embargo posee un espíritu crítico y un agudo sentido de observación y, porqué no decirlo, una cierta agresividad controlada. La vida sentimental es la base de su vida, siendo tierna y afectuosa; es exigente y le cuesta decidirse, pero cuando lo hace es una esposa amante y una madre abnegada, pero mandona.

HISTORIA La historia cuenta con medio centenar de santos, bienaventurados y mártires; guerreros y conquistadores como Alejandro Magno; religiosos como los ocho papas de dicho nombre; literatos, como Dumas; músicos como Borodin y pintores como Boticelli.

NÚMEROS Alejandro: 5 + 5 = 1   Alejandra: 8 + 5 = 4 (de 22)   Sandra: 2 + 3 = 5
Alejandrina: 6 + 6 = 3

Alejo

Alejo, Alexis, Alex

ETIMOLOGÍA   Del griego *aleixein*: defensor.

CARÁCTER   **Alejo** es todo un carácter; enérgico, obstinado, reservado y, ante todo, muy realista y pragmático. Suele ser relativamente desconfiado y necesita pruebas tangibles y sólidas antes de otorgar su confianza o conformidad; es un gran trabajador que sabe que el éxito sólo le llegará a base de muchos esfuerzos. En su carácter se mezclan dos tendencias, la de 4 que lo hace ponderado y reflexivo, y la del 8, más dinámica y ambiciosa; cuál de dichas tendencias domine en un momento dado, dependerá de las circunstancias. En el amor es fiel y seguro, pero poco sentimental y romántico, por lo que a veces peca de brusquedad y falta de tacto.

Alexis es de un trato agradable, seductor, elegante, sociable, alegre y comunicativo. Es de naturaleza idealista y posee una mente abierta y capaz, pero con cierto espíritu reformista, pues al ser metódico y ordenado le gusta analizarlo todo lógicamente antes de decidirse. También es muy curioso y le gusta conocerlo todo; emotivo y abnegado se interesa por las cuestiones sociales y humanitarias, e incluso del más allá. En el amor es tierno, amante y deseoso de fundar un hogar, aunque a veces le cueste decidir si la mujer que le atrae posee las cualidades que desea; si la encuentra, será capaz de cuantos sacrificios sean necesarios para conservarla.

Alex es una variante apocopada de Alexis y de Alejandro, sirviendo indistintamente para ambos sexos, y es como una mezcla de ambos; en efecto, antes de decidirse también necesita sopesar a fondo el pro y el contra de las cosas, y una vez se decide pone en acción sus capacidades organizativas de forma metódica y enérgica para conseguir sus propósitos. Profesionalmente busca la independencia y quizás una cierta marginalidad; para él lo importante es hacer lo que quiere, como quiera y donde desee. En el amor necesita de mucha ternura y es muy sensual, pero su compleja naturaleza le pone las cosas difíciles.

HISTORIA   Es paralela a la de Alejandro, y a los cinco Alexis que fueron emperadores de Oriente debemos añadir un zar: el padre de Pedro el Grande; y modernamente, al biólogo y escritor Alexis Carrel.

NÚMEROS   Alejo: 4 + 4 = 8   Alexis: 6 + 3 = 9   Alex: 6 + 1 = 7

Alfonso

Alfonso, Alfonsa, Alfonsina, Alonso, Ildefonso

ETIMOLOGÍA   Dos son las posibles etimologías, la que lo hace derivar del germánico *athal*: noble, y *funs*: rápido, preparado, y la también germánica de *hathus*: lucha, y *funs*: rápido, preparado.

CARÁCTER   **Alfonso** es reservado, prudente y algo desconfiado; no aprecia demasiado las relaciones humanas, pues bajo su aspecto más frío y distante se oculta una sensibilidad que le es difícil expresar. Sin embargo puede confiarse en él y en sus capacidades, pues su moral es estricta, tradicional. En la vida externa se deja llevar por la corriente y su buen gusto artístico, preservando siempre su íntima independencia. En el amor busca ante todo paz y seguridad, siendo fiel, tranquilo, servicial y siempre dispuesto a echar una mano en las tareas domésticas.

Alfonsa es discreta y algo misteriosa, quizás por aparecer fría y distante, pues muy emotiva e hipersensible, procura ocultar su fragilidad bajo una apariencia irónica y escéptica. Su complicado carácter tanto la lleva al análisis, la crítica y el escepticismo, como a interesarse por lo espiritual e irracional. Por ello su naturaleza lógica y racional, unida a su interés por las cuestiones espirituales la impulsa a la búsqueda de las verdades fundamentales, de las realidades profundas del ser. Es inquieta y nerviosa, y dudando de sí misma y de los demás, quiere saber las razones. En el amor es una romántica que sueña demasiado, y al ser muy púdica a veces termina sintiéndose incomprendida y desilusionada.

Alfonsina es una mujer muy engañosa, pues es atractiva y sofisticada, cuidando mucho su apariencia y mostrándose encantadora, simpática, seductora y muy comunicativa, y a primera vista puede parecer superficial. Sin embargo, bajo dicha apariencia existe un fondo de idealismo y religiosidad, poseyendo además mucha habilidad, buena mentalidad, sentido artístico y capacidad de destacar en cualquier actividad que se proponga. En el terreno amoroso es muy coqueta, pero a la vez, práctica y posesiva.

Numerológicamente, **Alonso** es el hermano gemelo de Alex, por lo que es válido lo dicho para este último.

Ildefonso es seductor, agradable, abierto, comunicativo y comprensivo. Aún cuando tímido y discreto, está dividido entre su interés hacia los demás y su deseo de ocupar un lugar destacado, de que se le reconozca en lo que vale, pues es capaz de destacar en cualquier actividad creativa o relacionada con la expresión y la comunicación. Al mismo tiempo, es capaz de trabajar paciente y tenaz, pero también de mostrarse impaciente e impulsivo. En el terreno sentimental todos los miembros de esta serie de nombres son amantes del placer y la sensualidad, siendo tiernos y seductores.

HISTORIA   Nombre visigodo implantado en España como Hildefonso, no tarda en transformarse primero en Ildefonso y luego en Alfonso, nombre que siempre ha gozado de gran predicamento. Entre la realeza española contamos con trece Alfonsos, y en literatura también son famosos Alfonso de Lamartine y Alfonso Daudet.

NÚMEROS   Alfonso: $6 + 7 = 4$ Alfonsa: $9 + 7 = 7$ Alfonsina: $9 + 3 = 3$ Alonso: $6 + 1 = 7$
Ildefonso: $1 + 2 = 3$

Alfredo

ETIMOLOGÍA   Del germánico *ald-frid*: gobernante pacífico, o quizás de *athal-fred*: noble protector.

CARÁCTER   **Alfredo** es tierno y simpático; para él lo más importante son los sentimientos, pero en realidad es nervioso e inquieto, eminentemente cerebral y con gran imaginación, lo cual unido a su elegancia innata y su facilidad en asimilar nuevas ideas, técnicas y experiencias, le permite triunfar en la vida y cumplir con su necesidad de detentar una parcela de poder que le permita lograr la estabilidad –interna y externa– que necesita. Le gusta el deporte y la aventura, y en realidad es un romántico sentimental que ama la naturaleza, los animales y la humanidad en general. En el amor es un emotivo y romántico, al que a veces un cierto pudor y timidez le impide expresar todo lo que siente.

HISTORIA   Iniciado por una imponente figura femenina, Frida, la hermana de la diosa Frigga, este nombre tradicional de los países nórdicos se extendió por toda Europa, donde podemos mencionar a Alfredo el Grande, rey de Inglaterra, al inventor y mecenas Alfred Nobel y a los escritores Alfredo de Vigny, Alfredo de Musset, Alfred Hitchcock y al nazi Alfred Rosenberg.

NÚMEROS   4 + 5 = 9.

Alicia

Alicia, Licia, Lilí

ETIMOLOGÍA   Del griego *alethos*: verdadero, sincero. Sin embargo, hay quien pretende que puede proceder del latín *alix*: alado.

CARÁCTER   **Alicia** es una persona decidida, desbordante de vitalidad, de ganas de vivir, y que cuando le conviene se muestra reservada, obstinada y ambiciosa, lo que no es obstáculo para que sea femenina, maternal e incluso algo coqueta, y a pesar de ser generosa e interesarse por quienes la rodean, es consciente de las realidades de la vida y sabe mostrarse práctica y eficaz. Pero la verdadera finalidad de su vida es el amor; necesita amar y ser amada, fundar una familia sólida y estable, un hogar bello y acogedor.

En su forma familiar de **Licia**, es ordenada y metódica, pero refinada y elegante, se muestra misteriosa y enigmática, quizás para ocultar la contradicción interna entre su 7 activo y su 1 íntimo, entre su necesidad de meditar y reflexionar, de pesar siempre el pro y el contra de las cosas y problemas que le hace difícil decidirse, y su necesidad de afirmarse de forma independiente. En muchos casos, su única salida reside en la búsqueda interna de algo superior. En el amor es una extraña mezcla de pudor y narcisismo, de querer y temer, y además, a pesar de ser una sentimental necesitada de un entorno afectivo y familiar, le cuesta mucho expresar lo que siente.

Lilí es una forma familiar que tanto se usa para Alicia como para Carmelita; es una mujer extrovertida, afectiva y emotiva, que necesita gustar, agradar, comunicarse y tener amigas. Le cuesta mucho decidirse pues su carácter es dubitativo e influenciable; refinada y perfeccionista –a veces demasiado– es muy sensible al confort. En su interior es abnegada y se siente tentada de huir de la realidad material, por lo que el sueño y la utopía, pueden ser medios para escapar de problemas y conflictos, aún cuando a veces, su manera de huir puede concretarse en forma de viajes. En el amor es sentimental y romántica, busca al príncipe encantador que la colme de felicidad, lo que a veces le ocasiona más de una desilusión.

HISTORIA   Es un nombre que no empieza a popularizarse hasta fines del siglo XIX gracias a un personaje de ficción, la heroína de la obra de Lewis Carrol *Alicia en el país de las maravillas*.

NÚMEROS   Alicia: 2 + 6 = 8   Licia: 1 + 6 = 7   Lilí: 9 + 6 = 6

Almudena

ETIMOLOGÍA   Del árabe *al-mudaina*: ciudad pequeña.

CARÁCTER   Bajo un porte altivo, Almudena encierra una sensibilidad y emotividad muy grandes; pasiva y amante de la estabilidad, es muy prudente y a causa de ello y de su timidez puede parecer fría y distante, pues tiende a proteger su intimidad. De hecho, debe luchar entre dos tendencias: la del 9 que la inclina a una cierta espiritualidad y al interés por sus semejantes, y la del 7 que la incita a mantener su independencia y desligarse de los demás. Dado que su número íntimo, el 2, proviene del 11, cuando es capaz de responder a dicha influencia, es menos sentimental, más intuitiva y capaz de realizar grandes cosas. En el amor, además de afecto y ternura, busca la seguridad y suele revelarse como una abnegada madre de familia.

HISTORIA   La desconocemos, aún cuando se relaciona con La Virgen de la Almudena, patrona de Madrid. Como célebre citaremos a la escritora Almudena Grandes.

NÚMEROS   2 (de 11) + 7 = 9

Álvaro

Alvar, Álvaro

ETIMOLOGÍA   Del germánico *al-wars*: totalmente precavido.

CARÁCTER   Lo menos que puede decirse ante tres 9, es que nos hallamos ante una persona que temperamentalmente pasa de un extremo al opuesto y no tiene términos medios. Muy emotivo e incluso abnegado cuando es necesario, idealista y con una religiosidad innata, desea ser útil a los demás; siempre con grandes conflictos internos dado que el 9 no figura en su rejilla. Es por ello que es muy frecuente que pase por varias fases antes de alcanzar su verdadera personalidad, por inestable que sea. Tanto puede convertirse en un hombre público como en un altruista, un viajero o un aventurero. En el amor es extremado, y cuando no se siente realizado y comprendido –lo que no es fácil– emprende la huida.

En **Alvar** se mezclan la sensibilidad, la delicadeza, la emotividad, la religiosidad y la intuición. Es un tímido imaginativo que vive más de sueños que de realidades y desea sobresalir creyéndose un ser excepcional; su mayor peligro es la impaciencia y el fanatismo; en suma, es un émulo de Don Quijote si responde a su 11 de número activo. Pero si sólo lo hace al 2 (que no figura en su rejilla), todo ello será vivido de un modo pasivo, cooperando con los demás, pero también dependiendo de ellos. Aquí el peligro es el soñar demasiado. En el amor es el caballero andante que conoce el lenguaje de las flores y el alma femenina, tan próxima a la suya. Busca la simbiosis de la pareja y considera que la unión y la paternidad son valores primordiales.

HISTORIA   Álvaro fue un nombre muy popular en la Castilla de la Edad Media y sigue siéndolo en toda España; como ejemplos citaremos al almirante Álvaro de Bazán, marqués de Santa Cruz y Álvaro de Acuña, el conquistador de Costa Rica.

NÚMEROS   Álvaro: 9 + 9 = 9   Alvar: 2 + 9 = 2 (de 11)

Amadeo

ETIMOLOGÍA   Del latín *ama-Deus*: amor a Dios, devoto.

CARÁCTER   Imaginativo y rápido, sabe reaccionar con eficacia ante todos los problemas de la vida, lo cual no impide que en su interior sea un idealista que sueña con grandes proyectos. Sin embargo, es mucho más complejo de lo que parece, pues existe una dualidad entre dos tendencias opuestas: el 4 y el 5 (ambos números presentes también en su rejilla), la primera paciente, ordenada y tradicionalista, y la segunda impaciente y desordenada, amante de la aventura y los cambios. En el caso de que llegue a responder a la influencia del 22, será la segunda tendencia la que domine y todavía será más idealista, místico y capaz de grandes ambiciones y realizaciones. En el terreno sentimental puede reprochársele que carezca de fantasía, de que le cueste demostrar sus sentimientos, pero es muy responsable.

HISTORIA   Tuvo un gran auge en el siglo XIX, pero luego ha empezado a declinar. Debemos destacar a Amadeo IX de Saboya, que padeciendo de epilepsia cedió el gobierno a su esposa Yolanda y se consagró a los pobres, fundó monasterios y protegió al clero. Y no olvidemos al genial Mozart y al pintor Modigliani.

NÚMEROS   5 + 8 = 4 (de 22)

Amalia

Amalio, Amalia

ETIMOLOGÍA   Del griego *amalós*: tierno.

CARÁCTER   **Amalia** es inteligente, dinámica y original interesándose por multitud de temas, tanto en plan creativo como intelectual. Es muy nerviosa e interiormente tensa, con reacciones muy vivas, por lo que puede parecer inestable o versátil; sin embargo, siempre se esfuerza en preservar su libertad aunque sea a costa de seguir la corriente a los demás, cosa que no siempre consigue, ya que el 7 es un número ausente en su rejilla, lo cual la hace algo depresiva y temerosa de la soledad. De voluntad enérgica y dotada de iniciativa y espíritu de empresa, sabe abrirse camino en la vida; pero también le gusta hablar, comunicarse y divertirse, y con un buen sentido artístico se interesa por la moda y las novedades. Sentimentalmente es muy compleja, pues sensual, abierta y tolerante puede parecer fácil, pero sabe parar los pies con energía y suavidad. Sin embargo, cuando se enamora aparece su lado autoritario y prefiere llevar la iniciativa.

Amalio es tímido, reservado, algo extraño y misterioso, pues a su religiosidad innata e idealismo se une una gran curiosidad e indecisión; emotivo e hipersensible, se oculta tras un aspecto retraído y distante. Es un idealista y un místico en potencia, cualidades que difícilmente logrará desarrollar, pues con dos 7 en sus números activo y de realización, el 7 es un número ausente de su rejilla, por lo cual, al igual que Amalia, es algo depresivo. Para él, la vida sentimental es muy importante, por lo que se muestra desconfiado y prudente, pues tiene miedo a las decepciones y tiende a la soledad.

HISTORIA   No ha sido nunca un nombre muy extendido y de hecho sólo podemos considerar como célebres la duquesa Amalia de Saxe-Weimar, que fue la protectora de Goethe, y a la portuguesa Amalia Rodríguez, la reina del fado.

NÚMEROS   Amalio: 9 + 7 = 7   Amalia: 3 + 7 = 1

Amanda

Amanda, Amandina, Mandy

ETIMOLOGÍA   Del latín *amandus*: amable, digno de ser amado.

CARÁCTER   **Amanda** es muy compleja y bajo una apariencia tranquila, sosegada y autoritaria se esconde una mujer nerviosa, cerebral, curiosa, crítica, analítica y algo escéptica. La contradicción entre su 3 íntimo y su 4 de realización hace que mientras interiormente ansía ver, conocer, viajar y moverse, en su vida diaria debe esforzarse y trabajar pacientemente, contradicción a la que colabora el 7 activo que la hace más indecisa e introvertida, aun cuando a veces –con tres 1 en su rejilla– salga a flote su egocentrismo. Sentimentalmente vivirá las mismas contradicciones internas, es decir, que aun cuando siente la atracción de cambios y aventuras, su necesidad de estabilidad le impide lanzarse a ellas. En resumen que en su querer y temer su pareja nunca sabrá a qué atenerse.

En su gentilicio de **Amandina** es simpática, sociable, comunicativa y adaptable, por lo que se siente cómoda en cualquier ambiente en que se encuentre. Con facilidad de palabra, seducción e inventiva podría parecer superficial y vanidosa si no fuera por la ingenuidad y simpatía que desprende y la forma en que intenta ser útil a los demás. Sin embargo, el 3 de sus números intimo y de realización es ausente, por lo que a menos que figure en su número hereditario convertir en realidad sus cualidades potenciales sólo lo podrá conseguir gracias a su esfuerzo personal. En el terreno sentimental es tierna, emotiva, sensible y generosa, aun cuando la fidelidad no es su fuerte, lo que disimula mostrándose celosa y posesiva.

En su forma familiar de **Mandy**, aunque pueda parecer flemática, altiva y distante, en realidad es tranquila y reservada, seria y profunda, pero también tímida, honesta y concienzuda. Sin embargo, con dos 4 en sus números clave y otros dos en su rejilla corre el peligro de convertirse en excesivamente detallista, lo cual resulta en detrimento de la realización y puede convertirla en rutinaria. Sin embargo, es idealista y a veces algo mística, amante de la naturalidad y enemiga de artificios y sofisticaciones. Cuando es capaz de responder a la influencia de su 22 activo, se vuelve más intuitiva, clarividente y creativa, soñando con realizar algo que sea perdurable. En el terreno sentimental es una romántica que sueña con un hogar tranquilo y estable que compartir con el hombre de su vida, al que siempre se mantendrá fiel.

HISTORIA San Amando fue un ermitaño convertido en obispo que murió en 679 tras una vida piadosa en la abadía de Enone, donde hoy existe el pueblo de Saint-Amand-les-Eaux. Tras él, una docena de santos honraron dicho nombre. Santa Amandina era una franciscana misionera en China, donde fue asesinada en 1900.

Son nombres populares durante la Edad Media y las Cruzadas, pero mientras **Amando** y **Amandino** desaparecen prácticamente, **Amanda** y **Amandina** se mantienen modestamente y actualmente, quizás gracias a **Mandy**, parece que vuelvan a renacer.

NÚMEROS Amanda 3 + 4 = 7   Amandina 3 + 9 = 3   Mandy 9 + 4 = 22 = 4

Amelia

ETIMOLOGÍA Del visigodo *amal*: trabajo.

CARÁCTER Es una mujer nerviosa e inquieta que necesita acción y cambio; aparenta distante y poco sociable, ya sea por adoptar una pose crítica, escéptica y marginal que le permita preservar mejor su independencia y personalidad, o porque no se encuentra a gusto consigo misma. El 7, su número íntimo y de realización es ausente en su rejilla, lo que le produce inseguridad, y si bien no teme a la soledad, la hace inestable, atormentada e impaciente. Sin embargo, y a pesar de que parezca contradictorio, le gustaría vivir en algún lugar retirado y tranquilo donde su lado místico e irracional pudiese desarrollarse dándole una mayor confianza en sí misma. Tampoco el amor es fácil para ella, tanto en lo afectivo como en lo sexual, pues sus inhibiciones le impiden una franca comunicación y se siente incomprendida.

HISTORIA Procede de una línea de reyes visigodos, los Amali, si bien nunca a sido un nombre popular. Citaremos a Amelia, princesa de Orleans y reina de Portugal.

NÚMEROS 7 + 7 = 5

Ana

Ana, Anaïs, Anita, Aina, Anouk, Nancy

ETIMOLOGÍA   Del hebreo *hannah*: benéfica, compasiva.

CARÁCTER   **Ana** es enigmática y algo paradójica, pues tímida y reservada a veces se muestra inquieta y nerviosa, dudando de sus propias capacidades y sopesando el pro y el contra de las cosas antes de decidirse, y replegándose en sí misma al menor contratiempo. Pero estas características correspondientes a su 7 activo, se hallan en contradicción con su necesidad de conocer y asimilar nuevas experiencias y conocimientos, lo que la impulsa a exteriorizarse. De aquí su carácter paradójico, pues pasa de uno a otro extremo sin solución de continuidad. En el amor es muy sentimental y maternal, pero también muy contradictoria, pues tanto desea sentirse protegida como ser ella quien dispense su protección.

En su forma de **Anita** puede poseer dos personalidades muy distintas: cuando sólo responde al 2, y cuando llega a responder al 11. En la primera, la coexistencia del 1 y el 2 como números clave puede ser el origen de un carácter en el que períodos de entusiasmo e hiperactividad alternen con otros de pasividad y abandono. En la segunda, más constante, el 11 le confiere carisma y ascendiente sobre los demás. Pero en ambos casos, se trata de una mujer de gran personalidad; más que intelectual es una mujer de acción, con un buen sentido práctico; no obstante, carece del sentido de los matices, lo cual puede convertirla en intolerante. En el amor es emotiva e inestable, por lo que necesita un hombre que la domine y estabilice; que le dé seguridad.

Aina es la forma balear de Ana que se está introduciendo actualmente en Cataluña y no puede descartarse que se extienda también al resto de España a causa de su sonoridad.

En **Aina** se enfrentan dos influencias, la del 7 que la convierte en cerebral, reflexiva e introvertida, y la del 5 que la hace soñadora, idealista y con ansias de libertad. Esto se traduce en un carácter cambiante, lleno de dudas y contrastes sobre un fondo de inadaptación, siendo susceptible de caer en la agresividad o la abulia. Pero si sabe encaminar su idealismo hacia derroteros espirituales, es más fácil que pueda superar sus contradicciones internas. Si sólo responde al 2 íntimo intentará alejarse de sus dudas mediante el trabajo, pero si lo hace al 11, superará sus contradicciones internas y todavía será más idealista y original. En el amor le es difícil comprometerse seriamente, pues teme perder su libertad.

Anaïs es una variante de Ana muy corriente en Francia, y bajo su porte altivo se encierra una gran sensibilidad y emotividad; pasiva y amante de la estabilidad, es muy prudente, y como también es tímida puede parecer fría y distante, pero lo que intenta es proteger su intimidad. De hecho, debe luchar entre dos tendencias, la del 9 que la inclina a una cierta espiritualidad y al interés por sus semejantes, y la del 7 que la incita a mantener su independencia y desligarse de los demás. Dado que su número íntimo 2 procede de 11, cuando es capaz de responder a esta elevada tendencia, es menos sentimental, más intuitiva y capaz de realizar grandes cosas. En el amor, además de afecto y ternura, busca la seguridad y suele revelarse como una abnegada madre de familia.

Anouk, otra de sus variantes, es una mujer independiente, muy segura de sí misma y que quiere vivir su vida sin cortapisas, lo cual no obsta para que sepa desempeñar sus responsabilidades cuando es necesario; muy hábil, ingeniosa y con cierto sentido artístico y rápida inteligencia, sabe dejarse llevar por los acontecimientos y esperar el momento propicio para recuperar el dominio de la situación. Es muy sensible, aun cuando no lo aparenta por su talante indisciplinado y con ráfagas de mal humor cuando no consigue lo que desea. Sentimentalmente es mucho más compleja de lo que parece, pues sensual, abierta y tolerante, puede parecer fácil, pero sabe parar los pies con energía y suavidad. Sin embargo, cuando se enamora aparece su lado autoritario, y prefiere llevar la iniciativa.

Nancy es la forma familiar anglosajona que actualmente se está introduciendo entre nosotros. Es una mujer estable, bien organizada y ordenada, pero detallista, enérgica e independiente; a pesar de poseer mucha facilidad de expresión y comunicación –incluso escrita– nunca se entrega por completo, guardando para sí sus vivencias íntimas. Por esto, su aspecto exterior contrasta con su personalidad profunda, pareciendo más asequible, más adaptable de lo que es en realidad. Su emotividad es fuerte, pero sabe dominarla de tal modo que exteriormente parece fría o insensible. De hecho, oscila entre fases de alegría y optimismo y otras de pesimismo, entre su deseo de estabilidad y seguridad, y otras de curiosidad y cambio; entre el interés por el trabajo bien hecho, y la tendencia a buscar lo fácil. En el amor, es egoísta, dominadora y posesiva; es una mujer que desea ser amada y admirada, pero como no es demostrativa ni romántica, su vida afectiva no es tan clara como su vida profesional.

HISTORIA   La historia está llena de Anas y sus derivados, desde la madre de la virgen María a innumerables reinas y princesas: Ana de Austria, Ana de Bretaña, Ana de Clèves, Ana de Bohemia, etc.

En otros terrenos, debemos citar a las escritoras Anaïs Nin y Ana Frank, las actrices Ana Magnani y Anita Ekberg, la primera dama Nancy Reagan y la heroína de Tolstoi: Ana Karenina.

NÚMEROS   Ana: $2 + 5 = 7$ Anita: 2 (de 11) $+ 8 = 1$ Aina: 2 (de 11) $+ 5 = 7$
Anaïs: 2 (de 11) $+ 7 = 9$ Anouk: $3 + 7 = 1$ Nancy: $1 + 3 = 4$

Anabel

Anabel, Anabella

ETIMOLOGÍA   No podemos precisarla por tratarse de un antiguo nombre escocés. Actualmente se emplea como equivalente a Ana Isabel.

CARÁCTER   **Anabel** es voluntariosa, dinámica y emprendedora, posee una fuerte personalidad que la impulsa a mandar y dirigir; cuando fracasa, lo que sucede raramente, no lo soporta, pero afortunadamente sabe elegir bien las oportunidades y es muy rápida en asumirlas y llevarlas a la práctica. Es discreta y amante de guardar los secretos, tanto los propios como los ajenos, pues tiene un profundo sentido de la justicia y sabe respetar los derechos de los demás. Su vida está más encarada en la vida personal y profesional que en la matrimonial, por lo que no es extraño que permanezca soltera y admita relaciones temporales o al menos desligadas de los lazos eternos de la Iglesia.

Anabella es más tranquila, paciente y encerrada en sí misma, pero a la vez más difícil de comprender a causa de su doble naturaleza; a veces se muestra estudiosa, hábil, comunicativa y muy adaptable mientras que otras veces se muestra seria, trabajadora y paciente, consciente de que el éxito sólo se alcanza gracias el esfuerzo personal. En el terreno afectivo es más materialista que sentimental, y lo que busca en el matrimonio es, ante todo, la seguridad y la estabilidad.

HISTORIA   No la conocemos y sólo podemos mencionar a Anabel Lee, la heroína de Edgar Alan Poe.

NÚMEROS   Anabel: $7 + 1 = 8$ Anabella: $8 + 4 = 3$

Anastasio

Anastasio, Anastasia

ETIMOLOGÍA   Del griego *anastasis*: resurrección.

CARÁCTER   Anastasio posee un discreto encanto y una actitud estricta y selectiva. Exteriormente parece frío y altanero, pero en realidad es inquieto y reservado, y si se muestra distante lo hace para esconder su pudor, desconfianza y timidez; sin embargo, una vez seguro de que quien tiene delante es digno de toda confianza, se muestra agradable y sociable. Voluntarioso, activo y ambicioso, posee una gran capacidad de trabajo y piensa que el tiempo trabaja en favor suyo. Es racional y lógico y sabe organizar, dirigir y administrar. La mezcla de influencias contrarias (el 3 y el 4) puede hacer que a veces se mueva entre extroversión e introversión; entre la generosidad y la avaricia. En el terreno sentimental se muestra egoísta, dominador, posesivo e íntegro, y como no es sentimental y no sabe expresar sus sentimientos, a veces la convivencia resulta problemática.

Anastasia es una mujer que progresa en la vida lenta pero segura; cerebral e intelectual, piensa, reflexiona y analiza. Sin embargo, podemos ver en ella dos tendencias antagónicas: la cartesiana, que la hace escéptica e irónica y la encamina a la ciencia y la razón; y la tendencia mística e irracional. Pero no por ello es asocial, sino que cuando algo la apasiona se muestra entusiasta y comunicativa, seductora y simpática. El terreno sentimental no le resulta fácil, pues al tender a reprimir sus sentimientos parece fría e insensible y teme ser incomprendida, y a veces termina sola.

HISTORIA   A pesar de contar con numerosos santos y mártires, son nombres populares en los países de religión ortodoxa, pero casi olvidados en Occidente. Debemos mencionar a Anastasia, hermana del emperador Constantino, a la hija del zar Nicolás II, la Gran Duquesa Anastasia, uno de los mayores enigmas de la sociedad de entre guerras, y a la actriz Nastasia Kinski.

NÚMEROS   Anastasio: 1 + 3 = 4   Anastasia: 4 + 3 = 7

Andrés

Andrés, Andrea

ETIMOLOGÍA   Del griego *aner*, cuyo genitivo, *andros*, puede traducirse como: hombre viril o valiente.

CARÁCTER   **Andrés** es agradable, seductor, elegante, sociable, alegre y comunicativo. Pero también metódico y ordenado, por lo que le gusta analizar lógicamente las cosas antes de decidirse. Es de naturaleza idealista y con una mente abierta y capaz, muy curioso y deseando conocerlo todo. Emotivo y abnegado se interesa especialmente en las cuestiones humanitarias y sociales. En el amor es tierno, dulce, amante y deseoso de fundar un hogar, aún cuando a veces le cuesta mucho decidirse, pero cuando lo hace será capaz de cuantos esfuerzos sean precisos para su felicidad.

Andrea es voluntariosa, dinámica y emprendedora, con una fuerte personalidad que la impulsa a mandar y dirigir. Cuando fracasa no lo soporta, pero afortunadamente sabe elegir bien las oportunidades y aprovecharlas. Es discreta y amante de guardar los secretos, tanto los propios como los ajenos. Si algo se le puede reprochar con tres 1 en su rejilla (más el de realización), es un exceso de egocentrismo. Su vida se orienta más hacia el terreno profesional que al matrimonial, por lo que no es raro que quede soltera.

HISTORIA   Desde el apóstol San Andrés hasta nuestros días ha sido uno de los nombres que ha gozado de mayor predicamento; podemos citar a los escritores, André Breton, André Gide, André Malraux, André Maurois y Andrei Sakharov; al pintor Andrea del Sarto; y al escultor y arquitecto Andrea Pisano.

NÚMEROS   Andrés: 6 + 3 = 9   Andrea: 7 + 1 = 8

Ángel

Ángel, Ángela, Angelo, Ángeles, Angelina, Angélica

ETIMOLOGÍA   Del griego *angelo*: mensajero.

CARÁCTER   De Ángel se desprende una fuerza tranquila y segura, cuyo origen reside en sus cualidades de método, orden, espíritu analítico y bien organizado. Comunicativo y extrovertido, sociable y adaptable, posee la suficiente habilidad manual para realizar infinidad de cosas o de oficios, cuidando los detalles y no siendo extraño que entre sus aficiones se encuentre alguna relacionada con el arte. Cuando se manifiesta su aspecto negativo se muestra excesivamente detallista y busca tanto la perfección que se expone a no hallarla en sí mismo ni en los demás. En el terreno sentimental es afectuoso, tierno y paternal, pero también sensual y amante de los placeres.

Ángela es una mujer que no deja indiferente; introspectiva e introvertida tiende a encerrarse en una torre de marfil cuando la realidad no se corresponde con sus sueños y aspiraciones centradas especialmente en un deseo de elevación espiritual y material. Posesiva y detallista, con una fuerte voluntad, a veces puede resultar desconcertante, pues su número activo, el 4, es ausente, con lo cual son posibles todos los extremos, y tanto puede abandonarse encerrándose en su hogar, como ponerse a trabajar o investigar intensamente. Sin embargo, cuando es capaz de responder a la influencia del 22 activo superará todos sus problemas internos, se incrementará su ambición y capacidad de trabajo y será capaz de grandes realizaciones. Sentimentalmente es muy secreta, reservada y demasiado exigente para ser verdaderamente comprendida. Si se comunicara algo más e hiciera callar a su orgullo, las cosas serían más fáciles.

Angelo es un hombre directo, franco, decidido y algo tenso; a pesar de ser reservado y prudente, resulta encantador y detallista, de gustos refinados y cuida su apariencia física, a menos que no se limite a exteriorizar una sonrisa encantadora. Pero a pesar de cuidar su apariencia, en realidad es disciplinado, trabajador y capaz de considerables esfuerzos, a menos que su 4 y 6 ausentes no le hagan huir de sus responsabilidades esperando que sean los demás quienes carguen con el trabajo mientras él sólo busca su propio interés. Deseoso de fundar una familia y un hogar tranquilo en que no falten los hijos, es muy exigente, pues necesita admirar y respetar a su pareja, y duda mucho antes de decidirse a dar un paso tan trascendental.

Ángeles es una mujer afectuosa y sentimental que busca el amor y la vida en pareja, aún cuando a veces su 2 y 8 ausentes le jueguen la mala pasada de incrementar en exceso su emotividad y la hagan pasar de un extremo al otro sin la menor diplomacia. Por ello es frecuente que en su vida se produzcan fases de entusiasmo e hiperactividad seguidas por otras de pasividad y abandono. Más que una intelectual es una mujer emotiva e imaginativa que busca una estabilidad y confort que a veces le cuesta conseguir. A menos que sea capaz de responder al 11 de su número íntimo, en cuyo caso su ambición le permitirá eliminar su lado negativo. En el amor es emotiva e inestable, por lo que necesita un hombre que la domine y estabilice; que le proporcione estabilidad.

Angelina es una mujer muy emotiva y sentimental, activa y abnegada que cuando se siente contrariada o herida tiende a encerrarse en sí misma o a descargar su frustración trabajando intensamente, a poder ser en equipo y mejor todavía si es en tareas con un fondo social o humanitario, y como busca su propia evolución interior, sabe que la mejor manera de conseguirlo es la entrega a una buena causa. Si algo se le puede reprochar es falta de diplomacia, pues su 2 ausente incrementa su emotividad y le resta autocontrol. Su vida sentimental suele ser complicada, pues romántica y sensible desearía hallar un alma gemela con la que poder fundirse, lo que no es tan fácil, y menos cuando más que comunicarse desea ser adivinada.

Angélica es reservada y secreta, introvertida, a veces inquieta o angustiada, siempre se está formulando preguntas, sopesando el pro y el contra de cuanto le rodea o sucede, por lo cual le cuesta mucho decidirse; sin embargo, su espíritu crítico no lo emplea en actividades intelectuales, sino más bien en ver en qué puede ser más útil a los demás; tímida y emotiva, rehuye las luchas y prefiere integrarse en movimientos o sociedades que compartan sus mismos ideales. Sentimentalmente está llena de sueños quiméricos que muchas veces le impiden concretar su verdadero ideal masculino, lo que puede conducirla a la soledad.

HISTORIA   Dicen las crónicas que san Ángel hacía caer el fuego del cielo sobre los navíos enemigos y resucitaba los muertos. En cuanto a Ángeles, son muchas las que han alcanzado la santidad: Ángela de Merici fundó el primer convento de las Ursulinas; Ángela de Foligno, que después de una vida poco edificante se convirtió en un ejemplo de piedad mística con frecuentes éxtasis y visiones; Angélica de Cobra, que participó en la fundación de un centenar de monasterios; Angélica Rousset en la que Bernanos se inspiró para sus *Diálogos de carmelitas*.

Entre los hombres destacaremos al ensayista Ángel Ganivet, precursor de la generación del 98, cuyo pesimismo le condujo al suicidio, y al político Ángel Pestaña.

NÚMEROS   Ángel: 6 + 6 = 3   Ángela: 7 + 6 = 4 (de 22)   Angelo: 4 + 6 = 1
Ángeles: 2 (de 11) + 8 = 1   Angelina: 7 + 2 = 9   Angélica: 7 + 9 = 7

Antonio

Antonio, Antonia, Antón, Tonio

ETIMOLOGÍA   Es muy dudosa y controvertida, aunque se supone procede del griego *anthos*: flor, o del latín *antonius*: inestimable.

CARÁCTER   **Antonio** posee una energía excepcional; estable interiormente, suele poseer una salud excelente y unas fuerza física notable. Su mente es viva, bien organizada y metódica, y como a lo mismo une el esfuerzo y la paciencia, a la larga casi siempre consigue cuanto se propone, pues nunca se da por vencido. Pero esta paciencia que demuestra en el ámbito profesional y en las cosas importantes de la vida, le falta en las pequeñas contrariedades, que le sacan de quicio. Deseoso de fundar un hogar y una familia en la que no falten los hijos, es muy exigente, pues necesita admirar y respetar a su pareja, dudando mucho antes de dar un paso trascendental.

Antonia, aún que pueda parecer flemática, altiva y distante, en realidad es tranquila y reservada, seria y profunda, pero también tímida, honesta y concienzuda. Sin embargo, con dos 4 en sus números clave y ninguno en su rejilla, a veces duda de sus propias capacidades y se repliega bajo un aspecto frío y altanero. Sin embargo es idealista y a veces algo mística, amante de la naturalidad y enemiga de los artificios. A pesar de su necesidad de una vida sentimental, se siente dividida entre su idealismo y versatilidad y la estabilidad que requiere una vida en pareja, cosas difíciles de armonizar.

Antón posee una rápida comprensión, don de gentes y una gran adaptabilidad; sin embargo es muy reservado y paciente. Su punto débil es la oposición entre dos tendencias: la del 3 que le impele a exteriorizarse y adaptarse a todas las circunstancias, y la del 4, más conservadora, que le impulsa a trabajar, construir, perseverar y ver las cosas con un cierto pesimismo. En el amor es ardiente y apasionado, pero también celoso y posesivo, aun cuando personalmente no sea un ejemplo de fidelidad.

Tonio es ordenado y metódico en las cosas prácticas de la vida, con iniciativa, capacidad de mando y decisión, agradable, y encantador; a Tonio le gusta ejercer su autoridad, pero en el fondo es un idealista que aspira con vivir libremente y sueña con grandes proyectos. Los sentimientos juegan un gran papel en su vida y es muy frecuente que se vea afectado, en bien o en mal, por su familia. Exigente y autoritario, bajo su aspecto tranquilo es capaz de accesos de cólera cuando se le impide realizar sus deseos. En el amor es elitista y puede dudar mucho antes de comprometerse; la elegida de su corazón deberá ser perfecta, y aún así no será nada extraño que alguna vez le sea infiel.

HISTORIA   Desde que la familia de los Antoninos reinó siete veces en Roma, más de cincuenta santos y beatos llevan el nombre de Antonio, destacando san Antonio Magno, San Antonio de Padua y Antonio María Claret entre otros.

En el mundo son famosos Marco Antonio, el amante de Cleopatra, Gaudí, el genial arquitecto, los músicos Vivaldi, Webern y Stradivarius; entre los literatos destacaremos a Saint-Exupery, Rivarol y Blondín; entre los actores a Anthony Perkins, Anthony Quinn y Tony Curtis; y por último, a los pintores Tapias y Saura, y al político Anthony Eden.

NÚMEROS   Antonio: 6 + 4 = 1   Antonia: 9 + 4 = 4   Antón: 8 + 4 = 3   Tonio: 5 + 1 = 6

Araceli

ETIMOLOGÍA   Procede del latín *ara coeli*: altar del Cielo.

CARÁCTER   es nerviosa e inquieta, y exteriormente parece distante y poco sociable, ya sea por preservar su intimidad e independencia, o porque no se encuentra segura de sí misma. La realidad es que se mueve entre dos tendencias, la del 5, extrovertida, independiente, variable y deseosa de hacerlo todo a su manera, y la del 7, introvertida, cerebral y tendente a dejarse llevar por las circunstancias. Pero dado que en su rejilla existen tres 5, además del 5 activo, predominará dicha influencia extrovertida, aún cuando a veces circunstancias externas o contrariedades hagan salir el 7 a la superficie y se encierre en sí misma. De aquí su inestabilidad y sus cambios de humor y de carácter. En el amor, la vida sentimental no le será fácil, pues se la complica con sus alternancias de carácter.

HISTORIA   En realidad es una invocación a la Virgen popularizado en Italia por un santuario de dicho nombre en la cima del monte Capitolio, en Roma.

NÚMEROS   7 + 7 = 5

Ariadna

(Ariadna, Ariana)

ETIMOLOGÍA   **Ariadna** procede del griego *ari-adnos*: muy indómita; mientras que **Ariana** procede de *Ares*, el nombre griego de Marte, dios de la guerra.

CARÁCTER   **Ariadna** posee encanto y carisma, pero también mucho carácter (cuatro 1 en su rejilla) más el 1 de realización, por lo cual es una mujer que puede competir –y con ventaja– con la mayoría de los hombres. Su inteligencia es rápida y le es fácil establecer contactos. Sin embargo existen dos clases de Ariadnas, la que responde al 22 del número activo, y la que se limita a responder al 4. La primera es capaz de hacer grandes cosas, de convertirse en una mujer de empresa o una pionera en cualquier terreno. La segunda, se queda en un lugar más modesto, pues a pesar de su carácter autoritario la domina el amor al detalle, a la organización y al trabajo bien hecho, a asentar sólidamente los pies en el suelo. Pero en ambos casos, la acción priva largamente sobre la vida sentimental.
   Ariana es una gran sentimental, dulce y agradable, pero con un gran dinamismo interno; sin embargo, prudente, hipersensible y algo introvertida, esconde su energía y capacidad de iniciativa bajo un aspecto soñador. Receptiva y algo mística, se interesa por las cuestiones humanitarias y los movimientos de fraternidad universal en los que es capaz de realizar una gran labor. Sin embargo, es una mujer a la que hay que tratar con cuidado y afecto pues es muy vulnerable en el terreno amoroso.

HISTORIA   La Ariadna más conocida es un personaje mitológico: la hija de Minos y Parsifae que, enamorada de Teseo, le dio un ovillo de hilo para que pudiese salir del laberinto tras vencer al Minotauro.

De hecho ha sido un nombre que ha pasado desapercibido y usado casi exclusivamente por la nobleza. No obstante, mencionaremos a la última mujer de Barba Azul y a la actriz Ariadna Gil.

NÚMEROS   Ariadna: $3 + 1 = 4$ (de 22)   Ariana: $3 + 6 = 9$

Armando

Armando, Arminda

ETIMOLOGÍA   Del germánico *hard*: duro, fuerte, y *mann*: hombre.

CARÁCTER   Para **Armando** la libertad y la independencia son algo sagrado; posee grandes aspiraciones e ideales, pero ante todo, es un seductor enamorado de la vida y los placeres, sabe adaptarse a todas las circunstancias, incluso profesionalmente, pero su necesidad de cambio y su innata curiosidad convierten a su vida en algo cambiante e inestable, falto de solidez; sin embargo le gusta ayudar a la gente y ser útil a los demás. En el terreno sentimental es ardiente, sensual e inconstante.

Arminda posee una seducción innata y un aire misterioso que podría hacer creer que se trata de una mujer superficial; pero en realidad es seria, reflexiva e introspectiva, para quien lo más importante es su vida interior, la búsqueda e incluso la fe. Lo que existe es un contraste entre la actividad desbordante, impulsiva y curiosa de su 5 de realización, y la necesidad de introspección y dudas existenciales de su 7 activo. Por esto, en su carácter coexisten la precipitación y la reflexión, y cuál de dichas facetas domina en un momento determinado depende de las circunstancias. Cuando es capaz de responder a la influencia del 11, se incrementa su ambición, pero también su vida interior, sintiéndose atraída por las cuestiones humanitarias, la psicología y la religión. Su vida sentimental es muy importante para ella, que a pesar de su fuerte carácter busca la estabilidad de una vida cotidiana en la que no falten el amor y la unión familiar.

HISTORIA   Se remonta al tiempo de las cruzadas y no ha dejado de usarse, aun cuando nunca haya sido muy popular. Entre las celebridades podemos citar al cardenal de Francia Armando Richelieu y los escritores franceses Armando Salacrou y Armando Lanoux.

NÚMEROS   Armando: $9 + 5 = 5$ Arminda: 2 (de 11) $+ 5 = 7$

Arnaldo

Arnaldo, Arnau

ETIMOLOGÍA   Del germánico *arn-waldan*: águila gobernante.

CARÁCTER   Aún cuando **Arnaldo** parezca flemático, altivo y distante, en realidad es tranquilo y reservado, serio y profundo, pero también algo tímido, honesto, concienzudo y detallista, sabiendo que el tiempo trabaja a su favor. Íntimamente es idealista, algo místico, amante de lo natural y enemigo de artificios y sofisticaciones, y si algún defecto tiene, con tres 1 en siete letras, es un cierto autoritarismo y testarudez. Cuando es capaz de responder a la influencia de su 22 activo, se vuelve más intuitivo, clarividente y creativo, soñando con realizar algo que sea perdurable. En el terreno sentimental es un romántico que sueña con un hogar tranquilo y estable que compartir con su amada, a la que siempre será fiel.

En su variante catalana de **Arnau** es un hombre sociable, amable y extrovertido del que emana una sensación de tranquila seguridad, reflejo de sus cualidades de orden, espíritu analítico y bien organizado. Como además es hábil, mañoso y creativo, no es raro que entre sus aficiones exista alguna relacionada con el arte o el bricolaje. Le gusta hablar, discutir e intercambiar opiniones; quizás por esta necesidad de contacto con la gente suele ser un buen comerciante o lingüista. En el terreno sentimental es afectuoso, tierno y paternal, pero también sensual y epicúreo.

HISTORIA   El bienaventurado Arnaldo nació en 1185 y a los veinte años fue elegido abad del monasterio de Santa Justina de Pádua, falleciendo en 1255.

Es un nombre de gran prestigio en todo el Medievo que luego fue decayendo y reduciéndose su uso a la aristocracia, hasta llegar a desaparecer prácticamente en el siglo pasado, pero que actualmente vuelve a reaparecer, especialmente en Cataluña en su forma de Arnau.

Son célebres el reformador político y religioso Arnaldo de Brescia, el médico y alquimista Arnau de Vilanova, y ya actualmente, Arnaldo Desjardins.

NÚMEROS   Arnaldo: 9 + 4 = 22 = 4   Arnau: 6 + 6 = 3

Arsenio

ETIMOLOGÍA   Del griego *arsen*: viril.

CARÁCTER   Es un hombre simpático, seductor y comunicativo, lleno de encanto y magnetismo. A pesar de su aspecto distinguido lleno de gracia, es muy emotivo y desea ante todo la seguridad, la calma y la estabilidad, y siempre intentará destacar en cuanto se relacione con la creatividad y la comunicación. En su interior se debaten dos tendencias opuestas: la del 3 y el 4, por lo que a veces se presentará como un diletante amante de la buena vida y algo disperso, mientras que otras sorprenderá enfrentándose a las dificultades de la vida, lleno de esfuerzo, dinamismo y disciplina. Pero no olvidemos que su 4 íntimo procede de 22, y cuando sea capaz de responder a dicha influencia, generalmente llegada la madurez, adquirirá una seguridad y confianza en sí mismo que no habría soñado de joven. En el amor busca la tranquilidad, la seguridad y la estabilidad.

HISTORIA   San Arsenio era un funcionario romano que decidiendo huir de los honores ciudadanos se retiró al desierto en el que murió y cuyas reliquias todavía se veneran en el monasterio de Troë.

En la edad moderna gozó de gran predicamento a finales del siglo XIXI y fue puesto en boga por Maurice Leblanc con su héroe Arsenio Lupin, el ladrón de guante blanco. También son famosos el físico Arsenio d'Arsonval y el general Martínez Campos, que se distinguió en la guerra carlista y protagonizó el pronunciamiento de Sagunto que restauró la monarquía. Actualmente está cayendo en desuso.

NÚMEROS   4 (de 22) + 8 = 3

Arturo

ETIMOLOGÍA   Se supone que procede del celta *arz*: oso; aún cuando también se le hace proceder del griego *arktos-ouros*: guardián de la osa, aplicado a una estrella de la constelación del Boyero.

CARÁCTER   Es un hombre enérgico y obstinado, algo rudo y aspecto luchador, cuyo fin primordial es el poder y los bienes materiales; sin embargo, ello no es obstáculo para que posea una buena inteligencia y capacidades de adaptación. En el fondo es un tímido que a veces duda de sus capacidades, aún cuando lo disimule bajo su ruda coraza. Capaz de grandes cóleras (posee tres 1 en su rejilla) cuando se enfrenta a las iniquidades, pero también con notable sangre fría y tenacidad, sabe desempeñar su trabajo con eficacia y sentido práctico. En el terreno sentimental basa su vida amorosa y familiar en el mutuo respeto, confianza y autenticidad.

HISTORIA   El rey Arturo de las leyendas célticas fue recuperado por la cristiandad con la orden del rey Arturo y los caballeros de la Tabla Redonda. Sin embargo fue olvidado y no reapareció con fuerza hasta la segunda mitad el siglo XIX entre los ambientes burgueses, entre los que abundan Arturos famosos: el filósofo Schopenhauer; el político inglés Balfour; el duque de Wellington; los músicos Honegger y Rubinstein y los escritores Gobineau, Adamov, Koestler, Rimbaud, y muchos otros.

NÚMEROS   3 + 5 = 8

Astrid

ETIMOLOGÍA   De *ans-trud*: fuerza de Dios. En realidad es una forma nórdica de **Anstruda**, hoy prácticamente en desuso, que empezó a ponerse de moda gracias a la reina Astrid de Bélgica.

CARÁCTER   Bajo un aspecto suave, bello y encantador, se encierra mucha curiosidad y adaptabilidad, un deseo de triunfar en el mundo y hacerlo todo lo mejor posible, así como una gran perspicacia en apreciar los detalles y utilizarlos adecuadamente siempre que sea necesario. Otra característica importante es su prudente reserva que la hace una buena y discreta confidente que nunca revelará nada de cuanto se le confíe. En el terreno sentimental es una buena esposa atenta e inteligente.

HISTORIA   El nombre de la madre de san Olaf ha sido ignorado en los países mediterráneos hasta la llegada de la princesa Astrid de Suecia, que se casó con Leopoldo III de Bélgica y murió trágicamente en un accidente cuando sólo tenía treinta años.

NÚMEROS   8 + 6 = 5

Asunción

Asunción, Asunta

ETIMOLOGÍA   Del latín *assumo*: asumir, atraer.

CARÁCTER   **Asunción** es una mujer encantadora, dulce y agradable, cuyas principales cualidades son su gran emotividad y abnegación; se interesa por cuanto se refiere a cuestiones humanitarias, sociales y místicas; muy receptiva, intuitiva e imaginativa, desea expresar sus ideas y establecer contactos. Es metódica, ordenada y con un buen sentido artístico, pero al ser todo corazón, su mayor dificultad es la de hallar el justo límite a su entrega, lo que muchas veces la conduce por el camino de la amargura. En el amor es una mujer a la que hay que tratar con mucho cuidado y afecto pues es muy vulnerable sentimentalmente.

Asunta es una mujer que sabe poner la necesaria distancia entre su persona y sus sentimientos con el mundo y la gente que la rodea, para ella lo más importante es preservar su vida interior, poder aislarse, reflexionar y buscar cuál debe ser su camino y sus objetivos; para lograrlo cuenta con un espíritu metódico y un acusado sentido del detalle que a veces puede rozar con la manía. Voluntariosa y autoritaria, suele carecer de suficiente tolerancia; Todo pasa por el tamiz de la razón y de sus afinidades espirituales o intelectuales. Es por ello que su aspecto exterior parece mucho más frío y orgulloso de lo que es en realidad, lo que unido a sus ansias de absoluta libertad, le impide gozar de los placeres que proporciona rodearse de amistades íntimas. En el amor es fiel y estable, quizás con una moral demasiado rígida y carente de fantasía.

HISTORIA   Es un nombre muy popular en nuestro país inspirado en el tránsito de la Virgen María; sin embargo apenas si hallamos alguna celebridad, siendo quizás la más próxima la de la actriz catalana Assumpta Serna.

NÚMEROS   Asunción: 3 + 6 = 9   Asunta: 6 + 1 = 7

Audrey

ETIMOLOGÍA   Se considera como una forma familiar anglosajona de **Edeltrudis**, que procede del germánico *athal-trut*: de casta noble. Si bien Edeltrudis y sus numerosas variantes (Adeltrudis, Edeltruda, Adeltrudis y Aldetrudis) han caído en desuso, **Audrey** se ha mantenido. En realidad santa Audrey ha existido en Inglaterra y en el siglo VII.

CARÁCTER   Independiente, individualista, para quien la libertad es algo inalienable y no una simple palabra, desea hacerlo todo y ser la mejor. Internamente se siente segura de sí misma, de su valor y de la bondad de sus ideas, y para conseguir el éxito se basa en el esfuerzo y la paciencia. Externamente le gusta presentarse como una mujer ligera y sin perjuicios, muy seductora e imprevisible; pero en el amor y a pesar de no ser precisamente fiel, es muy posesiva.

HISTORIA   Santa Audrey fue obligada a casarse con el príncipe Tonberto, obteniendo de su esposo la suficiente comprensión a su fe religiosa para no consumar el matrimonio. Al enviudar fue obligada a casarse de nuevo, pero el nuevo príncipe tenía ideas muy distintas sobre la castidad, por lo que Audrey huyó a la isla de Ely retirándose a un convento, donde murió en el año 670.

En nuestros días la actriz Audrey Hepburn ha contribuido mucho a poner en boga este nombre, pudiendo decirse que a partir de 1985 figura entre los diez nombres más populares en Estados Unidos

NÚMEROS   1 + 4 = 5

Augusto

ETIMOLOGÍA   Del latín *augustus*: consagrado por los augures.

CARÁCTER   Exteriormente es muy sociable y abierto gracias a su habilidad de dejarse llevar por la corriente preservando así su verdadera independencia; en realidad, posee una fuerte personalidad y capacidad para asumir responsabilidades de mando y dirección, que sabe desempeñar con justicia y respetando siempre el derecho de los demás; pero ante todo busca la calma y la tranquilidad, el estudio, la reflexión e incluso la meditación; buen comunicador, sabe usar sus capacidades para triunfar. Sentimentalmente es muy reservado y oculta su emotividad bajo una máscara de aparente insensibilidad.

HISTORIA   El Senado romano otorgó a Octavio el sobrenombre de Augusto, título religioso atribuido hasta entonces a los dioses y objetos sagrados. A partir de Octavio Augusto este nombre fue usado por todos los emperadores sagrados, para indicar que eran elegidos por los dioses.

Modernamente, son muchas las celebridades de este nombre: Picard, Compte, Renoir, Rodin, Strindberg, Beaumarchais, Lumière...

NÚMEROS   7 + 3 = 1

Áureo

Áureo, Áurea, Aurelio, Aurelia, Aureliano

ETIMOLOGÍA   Del latín *aureus*: dorado.

CARÁCTER   En **Áureo** existe una cierta contradicción interna, pues sus números íntimo (8) y de realización (1) hacen que sea y se exteriorice como fuerte, independiente, autoritario, dinámico, con capacidades de mando y decisión, reservado y con deseos de triunfar en el mundo material; en cambio su número activo (9) le otorga gran emotividad y abnegación, interés por las cuestiones humanitarias y sociales. Es por ello que si bien realiza mucho esfuerzo para triunfar y conseguir su independencia material y a poder ser la riqueza, también se muestra generoso y pródigo. En el amor actúa en la misma forma, es leal, sincero y fiel, pero desea ser correspondido con la misma moneda.

Áurea también es algo contradictoria, pero no tanto como Áureo; en ella domina más el 1, es decir, el espíritu de iniciativa, el dinamismo y el deseo de mandar y decidir, resultando por ello bastante autoritaria, aún cuando carece de fuerza y rudeza, pues es dulce, seductora, emotiva, adaptable, aficionada al estudio y amante de cuanto se relacione con la comunicación y el espectáculo. En lo sentimental, se debate entre su lado egocéntrico y su necesidad de amor, entre la vida profesional y la familiar; si se casa será una esposa convencional que sólo desea un hogar estable y una familia en el sentido tradicional de la palabra.

Aurelio es sociable y de trato agradable y seductor, pero muy reservado en cuanto se refiere a su vida privada; sin embargo, es un buen trabajador, hábil, pacienzudo y adaptable, pudiendo destacar en cualquier actividad relacionada con la creatividad, ya sea artesanal, artística o literaria. En el amor es muy apasionado y posesivo, pero sin embargo la fidelidad no es su fuerte.

Aurelia es ordenada, metódica y bastante autoritaria en la vida práctica y muy capaz de asumir responsabilidades, siendo sus mejores cualidades la paciencia y la capacidad de trabajo. Muy tranquila, reposada y sin prisas, su meta es conseguir la tranquilidad y la estabilidad, a ser posible en la vida conyugal, en la que, además, sabe mostrar su valía como esposa y madre.

Aureliano, con sus tres 9 es un ser excepcional o excesivo, que pasa de uno a otro extremo sin conocer lo que es mesura ni prudencia. Abnegado y emotivo, se interesa por cuanto se relaciona con cuestiones políticas, sociales, humanitarias e incluso con el mundo de lo extraño. Posee una religiosidad innata y el deseo de ser útil a los demás. Pero todo lo realiza impulsivamente y pasa por muchas fases antes de conseguir la estabilidad (cuando la consigue). Si en el amor no se siente realizado y comprendido –lo cual no es tarea fácil– emprenderá la fuga; por dicho motivo no suele ser hombre de un solo amor.

HISTORIA   Santa Áurea fue la primera abadesa del monasterio fundado por san Eloy en París, donde murió de la peste en el año 666. Marco Aurelio fue un emperador romano célebre por sus cualidades humanas y literarias. También existe otro emperador romano con el nombre de Aureliano. Y en cuanto a Aurelias, debemos citar a las heroínas de Wilhelm Meister y Gerardo de Nerval, así como a la escritora Aurelia Capmany.

NÚMEROS   Áureo: 8 + 1 = 9   Aurea: 2 (de 11) + 1 = 3   Aurelio: 8 + 4 = 3
Aurelia: 2 + 4 = 6   Aureliano: 9 + 9 = 9

Aurora

ETIMOLOGÍA   Del latín *Aurora*, nombre de la diosa del alba, por el color dorado que acompaña a la salida del Sol.

CARÁCTER   De **Aurora** se desprende calma y tranquilidad; seria, consciente de sus deberes, animada por el deseo de agradar y siempre dispuesta a colaborar con los demás, ya sea en el trabajo o en alguna asociación cultural o lúdica, siempre está presente cuando se la necesita, lo cual no es obstáculo para que sea muy selectiva en sus amistades. Sus mayores defectos, con cuatro 1 en su rejilla, son el egocentrismo, el autoritarismo y la testarudez. El amor ocupa un lugar preferente en su vida; romántica y sentimental, lo que más profundamente desea es la estabilidad de la vida en pareja

HISTORIA   Es un nombre rarísimo a partir del siglo XVIII, pero que ha renacido modernamente. Son Auroras famosas George Sand, que en realidad se llamaba Aurora Dupin y era baronesa de Dudevant, y su abuela, María Aurora, condesa de Koenignsmark y esposa del príncipe Federico-Augusto de Sajonia, y la actriz Aurora Redondo.

NÚMEROS   4 + 2 = 6

Ava

Ava, Avito

ETIMOLOGÍA   Del latín *avis*: ave.

CARÁCTER   **Ava** es una mujer enigmática y elegante, pero también paradójica, pues tímida, discreta y reservada, a veces se muestra inquieta y nerviosa, dudando de sus propias capacidades y sopesando el pro y el contra de las cosas antes de decidirse y replegándose en sí misma al menor contratiempo. Pero estas características correspondientes a su 7 activo se hallan en contradicción con su necesidad de conocer y asimilar nuevas experiencias y conocimientos que le impulsa a exteriorizarse a causa de su 5 de realización, de aquí su exterior paradójico, pues pasa de un extremo al otro sin solución de continuidad. En el amor es muy sentimental y maternal, pero también contradictoria, pues tanto desea sentirse protegida, como ser ella quien dispense su protección.

Avito es un personaje contradictorio a causa de la oposición entre el 7 y el 8 de sus números representativos; por el 7 es pasivo, reflexivo, sensible, algo místico y contemplativo, mientras que por el 8 es activo, dinámico, impulsivo y amante del poder y la riqueza. De aquí que en su vida se manifiesten insospechadas alternancias entre ambas tendencias, pudiendo pasar de una actividad frenética, ya sea en los negocios, la política o el deporte, a una actividad de investigación mística, metafísica o artística. Pero siempre enérgico y obstinado, imaginativo y rápido, es un hombre justo que desea evolucionar y superarse, teniendo muy claros cuáles son sus derechos y deberes. Esta misma dualidad hace que en el amor unas veces sea apasionado, impaciente y demostrativo, y otras, cerrado, celoso, posesivo e incluso a veces violento.

HISTORIA   Santa Ava se retiró a la abadía de Denain a la que hizo donación de todos sus bienes; según la leyenda lo hizo por haberse quedado ciega y recuperar milagrosamente la vista al tocar las reliquias de santa Renfroy, la antigua abadesa. San Avito, obispo, poeta y teólogo, fue quien logró la conversión de Clovis, el fundador de la monarquía francesa.

Estos dos nombres casi desaparecidos, han adquirido cierta recuperación gracias a la actriz Ava Gardner.

NÚMEROS   Ava: 2 + 5 = 7   Avito: 8 + 8 = 7

Baldomero

Baldomero, Baldomera

ETIMOLOGÍA   Del germánico *bald*: audaz, y *miru*: ilustre, insigne.

CARÁCTER   Bajo un aspecto más bien elegante, frío, cerebral, introvertido y capaz de asimilar fácilmente ideas, hechos y experiencias, **Baldomero** es un hombre tierno y sentimental para quien lo más importante es su vida interior y la estabilidad emocional y material; por esto muchas veces se encierra en sus sueños o en sus estudios huyendo de cuanto pueda afectar a su sensibilidad, del mismo modo que a pesar de su adaptabilidad se muestra inquieto y desconfiado y antes de aceptar o decidir algo necesita pensarlo y meditarlo detenidamente. El amor ocupa un lugar importante en su vida, y a pesar de ser tímido y reservado es capaz de mostrarse tierno y delicado, con un profundo sentido del matrimonio, la paternidad y la familia; aun cuando a veces exteriormente pueda dar la impresión de que le gustan las aventuras.

Baldomera es una verdadera diablesa, todo fuego, impulsividad y espontaneidad, pues con dos números clave 5, es la inestabilidad y el movimiento convertidos en mujer. Muy curiosa, adaptable y rápida como el rayo, vive la vida a tope sin importarle los peligros. Sin embargo, y a pesar de su poder de seducción, más que femenina es feminista, pues es enérgica, egocéntrica, oportunista y siempre apresurada, pero capaz de asumir responsabilidades de mando y dirección. Pero todo tiene su contrapartida, y en este caso se centra en su impaciencia, impulsividad, inestabilidad, incapacidad en reconocer sus errores, e incluso algo de agresividad. En el amor lo que le gusta es mariposear, seducir y gozar de la vida. Provocadora, libertina, apasionada y tempestuosa, la estabilidad del matrimonio no se ha hecho para ella.

HISTORIA   Dado que es un nombre que ha ido cayendo en desuso, no abundan las celebridades, siendo el más próximo a nosotros el general Espartero, firmante del convenio de Vergara con los carlistas.

NÚMEROS   Baldomero: 2 + 5 = 7   Baldomera: 5 + 5 = 1

Baldovín

Baldovín, Balduino

ETIMOLOGÍA   Del germánico *bald*: audaz, valiente, y *win*: amigo.

CARÁCTER   **Baldovín** es fuerte, independiente, autoritario, activo, emprendedor, reservado y muy práctico, lo que más le preocupa es su bienestar material. Pero cuando es necesario es capaz de sacrificarse por los demás, pues también es un idealista que desea ser útil a la sociedad. En amor es franco, fiel y leal, y bajo su aspecto rudo y brusco es mucho más tierno de lo que parece, pero exige a su pareja que obre de la misma forma, y si ésta le decepciona difícilmente la perdonará.

Balduino es valeroso, severo y obstinado, pero con una gran sensibilidad que necesita controlar. Tímido e inquieto, duda de sus propias capacidades, lo que compensa desplegando gran actividad, notable inteligencia y facilidad de comunicación. Posee un gran sentido de la amistad, y basa su vida familiar en la mutua confianza, respeto, autenticidad y libertad.

HISTORIA   San Balduino, discípulo de san Bernardo, fue abate de San Pastore. Es un nombre que encontramos en numerosos emperadores de Constantinopla, condes de Flandes y reyes de Jerusalén; caído en desuso, vuelve a renacer en la actualidad gracias a Balduino I de Bélgica.

NÚMEROS   Baldovín: $8 + 1 = 9$ Balduino: $3 + 5 = 8$

Baltasar

ETIMOLOGÍA   Del asirio *Bel-tas-assar*: que el dios Bel proteja al rey.

CARÁCTER   Es un hombre curioso, vivo, alerta, con los nervios a flor de piel, muy hábil, ingenioso y de rápida inteligencia; posee una buena resistencia física y está bien capacitado para el trabajo de equipo. Sin embargo, es amante de la aventura y muy independiente, lo cual unido al exceso de 1 en su rejilla, hace que exista una contradicción interna entre su facilidad de adaptación y su espíritu autoritario e inestable, lo cual puede conducirle a empezar muchas cosas sin terminar ninguna. Si llega a responder al 11 de su número de realización, predominará la ambición y la originalidad, y es muy fácil que su vida sea realmente apasionante (lo cual no evita la dualidad interna y las crisis emocionales). En el amor es un sentimental expuesto a flechazos y locuras de las que luego se arrepiente, pues lo que realmente desea es un hogar apacible.

HISTORIA   El Baltasar más conocido es el Rey Mago de dicho nombre; otro Baltasar célebre fue el regente de Babilonia destronado por Ciro; y mucho más cerca de nosotros, los escritores Baltasar Gracián, Baltasar Porcel y el poeta Baltasar de Alcázar.

NÚMEROS $3 + 2$ (de 11) $= 5$

Bárbara

Bárbara, Babette

ETIMOLOGÍA   Del griego *barbaros*: extranjero.

CARÁCTER   **Bárbara** es encantadora, dulce y muy agradable, a pesar de mostrarse introvertida, prudente y a veces desconfiada. Es extremadamente emotiva y, por lo tanto, muy sensible a cualquier traumatismo sentimental, por lo que tiende a protegerse. Sin embargo esto no es ningún obstáculo para mostrarse generosa e interesada en las vidas y problemas de los demás. Cuando se siente herida emocionalmente, reacciona refugiándose en sueños quiméricos más o menos fantásticos y utópicos. Muy humana, le gusta participar en tareas sociales y humanitarias, así como en movimientos místicos y esotéricos. En el terreno sentimental, su problema reside en su exceso de emotividad y entrega, que puede convertirla en una esclava de su pareja y familia.

Babette, su forma familiar francesa que empieza a introducirse entre nosotros, es una mujer práctica, adaptable, seductora, comprensiva y muy independiente; pero además es inteligente y con una memoria que le permite destacar en cualquier profesión relacionada con la expresión, la comunicación y la creatividad, no importándole trabajar en equipo o asociada con otros. Cuando es capaz de responder a su 11 íntimo, su ambición se incrementa y se hace más creativa y original, siendo capaz de destacar en cuanto emprenda. Para ella la vida sentimental y la maternidad son importantes, pero no esenciales; por ello, cuando responde a la influencia del 11 sacrificará su vida afectiva a la profesional; pero si sólo responde al 2 deseará compartir ambas cosas.

HISTORIA   Originario de Alemania, en el siglo XVII ese nombre se introduce con fuerza en los países mediterráneos pero luego se va haciendo cada vez más raro hasta desaparecer casi totalmente, excepto en Estados Unidos y Alemania.

Como célebres, aparte de santa Bárbara, patrona de los artilleros a la que la leyenda hace víctima de un sádico suplicio dirigido por su propio padre, de las actrices Barbara Streissand y Barbara Stanwyck; quizás la Bárbara más conocida mundialmente sea la muñeca Barby.

NÚMEROS   Bárbara: 3 + 6 = 9   Babette: 2 (de 11) + 1 = 3

Bartolomé

ETIMOLOGÍA   Del hebreo *bar*: hijo, y *Tolomai*: Ptolomeo.

CARÁCTER   **Bartolomé** es muy ordenado, metódico y capacitado para asumir toda clase de responsabilidades, y como posee mucha capacidad de trabajo suele triunfar en la vida aunque deba luchar dura y pacientemente; y como sabe que el tiempo trabaja a su favor, no se apresura nunca. Es como una hormiguita que poco a poco va llenando su granero. Sus mayores necesidades se centran en la paz y la tranquilidad, especialmente emocional, y como su sentido del matrimonio es muy tradicional, desea llegar a ser un esposo fiel y un padre protector dentro de una familia numerosa y bien avenida.

HISTORIA   Es muy raro en Europa hasta el siglo VII, y no alcanza gran difusión hasta el siglo XV en adelante. Como celebridades debemos mencionar a Bartolomé de las Casas, el defensor de los indios, a Bartolomé Díaz, el primero en dar la vuelta a África por el sur, al poeta Bartolomé Leonardo de Argensola y al pintor Bartolomé Esteban Murillo.

NÚMEROS   2 + 4 = 6

Basilio

Basilio, Basilia, Basilisa, Basileo, Basilo, Basil

ETIMOLOGÍA   Del griego *basileus*: monarca.

CARÁCTER   De **Basilio** se desprende un aire de discreción y reserva, de equilibrio y armonía y, cómo no, un cierto aire de misterio. Es muy sociable, algo tímido y prudente, y con tal de no perder su independencia personal sabe dejarse llevar por la corriente. Sin embargo, ama el poder y los bienes materiales; es un ambicioso capaz de los mayores esfuerzos. Y en el amor también se muestra enigmático y complicado, tan capaz de un exceso de celos como de mostrarse indiferente; de desear profundamente o de huir. En este último caso es frecuente que la huida sea hacia el sacerdocio.

Numerológicamente, **Basilo** es idéntico a **Basilio**, por lo cual puede aplicarse al mismo la descripción anterior.

Basilia es más emotiva y abnegada; a veces pasiva y soñadora sabe escuchar, y tímida y discreta puede parecer fría y distante en su deseo de protegerse, pues se sabe vulnerable, especialmente en el terreno amoroso, y cuando sufre un desengaño se retrae en su caparazón sufriendo una crisis de pesimismo. En realidad es una mujer muy compleja, que se debate entre dos tendencias, la del 7, su número de realización que la impulsa hacia el escepticismo y a dejarse llevar por las circunstancias, y el 9 de su número activo, que la impulsa al misticismo, las cuestiones humanitarias y al mundo de lo extraño. En el amor además de ternura y afecto busca la seguridad y suele revelarse como una abnegada y excelente madre de familia.

Basilisa es una mujer hipersensible, emotiva e intuitiva cuya timidez le hace depender de los demás, a entregarse altruísticamente en cuerpo y alma a su servicio. Buena cooperadora, negociante y conciliadora, es una mujer pasiva y relativamente dependiente que sólo es feliz dentro de algún grupo o sociedad que colme sus aspiraciones fraternales y su sentido de la solidaridad. Sentimentalmente es servicial y atenta, buscando un alma delicada con la que pueda fundirse para fundar un hogar en el que no falten los hijos.

En todos los miembros de esta familia de nombres, la intuición es una cualidad destacada, especialmente en **Basileo**, que a su marcada sensibilidad une un buen sentido de los negocios. Sin embargo, interiormente se debate entre la tendencia del 7 en salvaguardar su independencia personal, y la del 2 que le impulsa al trabajo de equipo, a la colaboración y asociación. También es muy emotivo y amante de la vida en pareja.

Basil, la forma familiar anglosajona de Basilio, es enérgico y obstinado, seguro de sí mismo y deseoso de alcanzar su cota de poder y bienestar, pero cuando le interesa se muestra muy reservado y se deja llevar por los acontecimientos hasta que ve llegado el momento de pasar a la acción y conseguir sus objetivos. En el terreno amoroso es ardiente y apasionado, pero poco sentimental.

HISTORIA   Es uno de los nombres con mayor predominio en la Iglesia Ortodoxa rusa. San Basilio el Grande fue un gran doctor de la Iglesia, y existen dos emperadores bizantinos, Basilio I y Basilio II, que lucharon contra los árabes en el siglo X; y entre el mundo llano, el alquimista Basilio Valentín, y el actor Basil Rathbone.

NÚMEROS   Basilio: 8 + 7 = 6   Basilo: 8 + 7 = 6   Basilia: 2 + 7 = 9   Basilisa: 2 + 9 = 2
Basileo: 4 (de 22) + 7 = 2   Basil: 1 + 7 = 8

Bautista

Bautista, Baptista

ETIMOLOGÍA   Del griego *baptistes*: el que bautiza; en realidad se refiere a san Juan Bautista, si bien ha alcanzado la categoría de nombre propio.

CARÁCTER   **Bautista** es un idealista que precisa se le aprecie en su justo valor, se le quiera y además se lo digan. Cuando se siente querido y respaldado es capaz de dar lo mejor de sí mismo, por lo que precisa hallar un alma gemela que le cuide y le mime. Profesionalmente es metódico y bien organizado, con el deseo de ser independiente, pero lo que más le atrae es la vida interior, la reflexión e incluso a veces la religión. En el amor necesita de mucha ternura y es muy sensual, pero su compleja naturaleza le pone las cosas difíciles.

En su variante de **Baptista** es muy semejante, si bien lo que en él domina es el sentido del amor, del matrimonio y del patrimonio, de la cooperación y las asociaciones ya sea en el trabajo, los negocios o la vida en pareja; en realidad donde más realizado se siente es ejecutando tareas que puedan redundar en beneficio de los demás, pues es muy altruista. Cuando es capaz de responder a la influencia de su 11 íntimo, es cuando mayor será su ambición y el deseo de realizar grandes cosas para llevar a la práctica sus ideales. En el terreno sentimental es un idealista que necesita hallar un alma gemela que le mime y le cuide.

HISTORIA   Dejando de lado al santo Bautista del Jordán, quizás el más celebre sea el escritor Molière, que en realidad se llamaba Juan Bautista Poquelin.

NÚMEROS   Bautista: 6 + 1 = 7   Baptista: 2 (de 11) + 9 = 2

Beatriz

ETIMOLOGÍA   Del latín *beatus*: bienaventurado, cuyo femenino es *beatrix*.

CARÁCTER   Encantadora y elegante, **Beatriz** es muy extrovertida y necesita hallarse rodeada de gente y le gusta divertir a los demás para sentirse realmente viva; con gran facilidad para destacar en todas las actividades relacionadas con la creatividad, la expresión y la seducción, es hábil, adaptable, ordenada y metódica, con un notable espíritu crítico y un buen sentido del detalle. Con semejante carácter es lógico que la vida sentimental sea algo primordial para ella; el único inconveniente –a menos que su número hereditario lo compense– es que el 6, su número íntimo, es ausente en su rejilla, haciéndole difícil encontrar la pareja deseada, por ser demasiado exigente y perfeccionista.

HISTORIA   Santa Beatriz fue martirizada en Roma junto a sus hermanos Simplicio y Faustino, muriendo en el año 304.

En la Edad Media existieron numerosas princesas con dicho nombre e incluso el Dante, en su *Divina Comedia*, inmortalizó a Beatriz Portivari; pero luego, este nombre se extingue prácticamente hasta el umbral del siglo XIX cuando vuelve a ponerse de moda en Inglaterra, y es a principios del XX que entra fugazmente en el resto de Europa y actualmente está retrocediendo de nuevo.

La Beatriz más famosa es la princesa Beatriz de Holanda.

NÚMEROS $6 + 6 = 3$

Belén

Belén, Belinda

ETIMOLOGÍA   Del hebreo *bet-leem*: casa del pan, que dio nombre a la localidad donde nació Jesucristo.

CARÁCTER   **Belén** es una mujer contradictoria, pues existe una lucha interna entre sus números íntimo y de realización (1) y su número activo (2). Es decir, un conflicto entre la independencia y dinamismo, y la pasividad y dependencia. Pero lo peor es que el 1 es ausente en su rejilla, lo que dificulta todavía más sus deseos de independencia, y posee un 5 excesivo, que incrementa la inestabilidad. Todo esto suscita contradicciones internas que se manifiestan exteriormente en períodos de actividad, audacia y confianza en sí misma, seguidos de otros de dudas, vacilaciones y abandono. En el amor es sensible y emotiva, pero tiende a ocultar sus emociones que considera debilidades; por dicha causa su vida matrimonial casi nunca resulta satisfactoria en su lucha interna entre la dependencia de su pareja y el ansia de libertad, que al final es la que gana.

Belinda, su forma familiar anglosajona, carece de la problemática interna de Belén; aparentemente adaptable y maleable sabe hacer valer sus ideas y sus derechos con dulzura y elegancia, pero también con firmeza; otra de sus cualidades es su sentido de la cooperación, y a pesar de su afinada intuición siempre lo hace pasar todo bajo el tamiz de la lógica y el sentido práctico. Sentimentalmente le es difícil encontrar la pareja ideal que desea, pues busca una perfección muy difícil de hallar, y por esto se expone a dejar pasar sin retenerla una felicidad que de hecho se hallaba a su alcance.

HISTORIA   Es uno de tantos nombres piadosos o de devoción que llegan a convertirse en nombres de pila.

NÚMEROS   Belén: $1 + 1 = 2$ Belinda: $6 + 5 = 2$

Beltrán

Beltrán, Bertrán

ETIMOLOGÍA Del germánico *berht*: brillante, ilustre, y *raban*: cuervo. El cuervo, símbolo del dios Odín, simbolizaba la inteligencia.

CARÁCTER **Beltrán** posee el sentido de la conciliación, la cooperación y de cuanto se relacione con las uniones, los negocios y las asociaciones; elegante y con una agilidad mental que le permite asimilar toda clase de ideas y experiencias, es adaptable y maleable en apariencia, pero en realidad es más enérgico de lo que parece y sabe hacer valer sus derechos y sus ideas de una forma suave pero decidida; íntimamente está convencido de ser metódico y un buen organizador, aunque a veces le cueste mucho esfuerzo y trabajo, pues su número íntimo, el 6, es un numero ausente. Muy emotivo, la vida familiar le es muy importante, por lo que hará cuanto esté en su mano para que los lazos familiares sean lo más fuertes posibles.

Bertrán es de un trato muy agradable, seductor, elegante, sociable, alegre y comunicativo. Es de naturaleza idealista y posee una mente abierta y capaz, pero con un cierto espíritu reformista, pues al ser metódico y ordenado le gusta analizar lógicamente cuantas cuestiones se le presentan antes de decidirse. También es muy curioso y desea conocerlo todo; emotivo y abnegado, se interesa por las cuestiones humanitarias y sociales, e incluso por el más allá. En el amor es tierno, dulce, amante y deseoso de fundar un hogar, aunque a veces le cueste mucho decidir si la mujer que le atrae posee todas las cualidades que desea; pero cuando la encuentra es capaz de cuantos sacrificios sean necesarios para conservarla.

HISTORIA Por lo menos siete santos honran este nombre, en especial san Bertrán de Comminges, obispo de esta ciudad destruida por los francos hacía algunos siglos y a la que reconstruyó y donde murió en 1123.

Muy en boga en la Edad Media, fue perdiendo influencia hasta pasada la segunda guerra mundial, en que poco a poco se va recuperando su uso. Su máximo representante moderno ha sido el filósofo Bertran Russell.

NÚMEROS Beltrán: $6 + 5 = 11 = 2$ Bertrán: $6 + 3 = 9$

Benito

ETIMOLOGÍA Del latín *benedictus*: bendito, protegido por Dios.

CARÁCTER Prudente y algo reservado, **Benito** no se confía sin saber antes a quién tiene delante. No obstante, cuando se le trata se comprueba que es serio, razonable, muy responsable y, a pesar de su timidez, algo mandón y obstinado. Está bien dotado para solucionar problemas prácticos por su capacidad organizadora, su constancia y su amor al detalle. Sin embargo es capaz de sorprendernos con momentos en que pierde su seriedad y se muestra alegre, vivaz y extrovertido; lo cual se debe a que su número activo, el 4, es signo de introversión y soledad, mientras que el íntimo, el 3, impulsa a la extroversión y la sociabilidad, con lo cual ambas actitudes pueden manifestarse con cierta alternancia. Emotivamente es estable y fiel aún cuando a veces le cueste mucho expresar sus sentimientos.

Benita es más estable y segura de sí misma, quizás demasiado introvertida y reflexiva, lo más importante para ella es preservar su vida interior, e incluso muchas veces posee una cierta tendencia al misticismo. Es por ello que puede parecer fría y distante, lo cual no es obstáculo para que en la vida práctica sea capaz de mandar y dirigir aunque le cueste decidirse. Para ella la vida sentimental es muy importante, pero al ser muy selectiva muchas veces pierde las mejores oportunidades.

HISTORIA   En su forma antigua de Benedicto cuenta con una quincena de pontífices (entre ellos dos antipapas) y numerosos santos y bienaventurados, entre los que figura el fundador de la orden Benedictina.

En la Edad Moderna podemos citar al escritor Benito Pérez Galdós, a los políticos Benito Juárez y Benito Mussolini.

NÚMEROS   Benito: 3 + 1 = 4   Benita: 6 + 1 = 7

Benjamín

Benjamín, Ben

ETIMOLOGÍA   Del hebreo *ben-yamin*: hijo de la mano derecha, es decir, hijo preferido, designando genéricamente al último y predilecto de los hermanos.

CARÁCTER   **Benjamín** es enérgico y obstinado, confiado en sí mismo y deseoso de hacerlo todo y ser el mejor. Necesita gastar la enorme energía que es capaz de desarrollar e ir siempre hacia adelante gracias a su imaginación y capacidad de reacción ante las circunstancias y acontecimientos de la vida. A veces dudará entre su sentido del deber y responsabilidad, y la necesidad de lanzarse a la aventura y vivir intensamente su propia vida. En su vida sentimental es un amante del hogar y de la familia, de la paz y la armonía, pero es muy celoso de sus prerrogativas.

En su forma familiar anglosajona de **Ben** es un idealista, original y excéntrico al que no le gusta andar por senderos trillados, y cuyo carácter contradictorio puede resultar desconcertante. Por una parte es activo, dinámico, seductor, alegre e incluso superficial, a veces inestable y enemigo de toda clase de sujeciones, amante de la libertad, del cambio, la acción y la aventura; pero por otra parte, posee otra faceta aparentemente opuesta y mucho más seria: su afición al estudio, su adaptabilidad y su capacidad de destacar en cualquier actividad creativa, artística o relacionada con los medios de comunicación. Cuando salga a flote una u otra faceta, dependerá de las circunstancias. En el amor tiene mucho éxito, pues es encantador y convincente, sensual y epicúreo, pero tras esta apariencia se esconde un hombre pudoroso que reserva para sí sus sentimientos más íntimos.

HISTORIA   Su linaje se remonta el hijo menor de Jacob y Raquel, uno de los doce patriarcas de Israel. Fue un nombre muy extendido entre los judíos de la Edad Media antes de ser adoptado por los protestantes en Inglaterra y Estados Unidos, donde su diminutivo Benny o el familiar Ben siguen siendo muy populares.

Son Benjamines famosos el inventor del pararrayos y hombre de estado Benjamín Franklin, el escritor Benjamín Constant, el compositor Benjamin Britten y el músico de jazz Benny Goodman, y cómo no, el famoso reloj del Parlamento de Londres: el Big Ben.

NÚMEROS   Benjamín: 6 + 8 = 5   Ben: 5 + 7 = 3

Bernardo

Bernardo, Bernarda, Bernardino, Bernardina, Bernadette

ETIMOLOGÍA   Del germánico *bern*: oso, y *hard*: fuerte.

CARÁCTER   Franco, directo, honesto, valiente y reservado, **Bernardo** posee un alto concepto sobre la moralidad y la lealtad, por lo cual es algo desconfiado y necesita pruebas palpables antes de otorgar su confianza y amistad. Muy trabajador y obstinado, necesita el trabajo para verse realizado, pues sus fines primordiales son el poder y los bienes materiales. En amor, es duro y exigente, pero fiel, y si algo se le puede reprochar es su falta de romanticismo que le hace sentir inseguro en el terreno sentimental.

Bernarda es seria, tranquila y estable; sensible y emotiva, se muestra reservada y algo inhibida. Su capacidad de trabajo es grande, pero le gusta llevarlo a cabo de forma paciente y concienzuda, sin prisas, pues sabe que el tiempo trabaja a su favor. Respetuosa con las leyes y con un gran sentido de la justicia, posee un espíritu analítico y escéptico que la capacita para cualquier forma de trabajo, negocio o estudios, pues además es conciliadora y amante del trabajo en equipo. La verdad es que a pesar de parecer rígida y distante, se puede confiar en ella. Sentimentalmente es tímida y púdica, procurando dominar sus sentimientos y emociones, por lo que nunca da el primer paso; pero cuando acepta unirse es una compañera fiel, segura y buena madre de familia.

Bernardino es tranquilo y reservado, honesto, paciente, estable y voluntarioso, pero su timidez hace que a veces dude de sus propias capacidades y se muestre intranquilo e inseguro. Introvertido, no gusta de hacer muchas amistades ni de una vida social y movida, prefiriendo la soledad y resolver sus problemas por sí solo, sin pedir ayuda; más racional y práctico que intelectual se apoya siempre en la lógica y el sentido común, y si a veces sueña, no tarda en regresar a la realidad. Cuando es capaz de responder a la influencia del 22, desaparecen muchas de sus inhibiciones, se incrementa su ambición y carisma y es capaz de realizar grandes cosas. La vida sentimental no siempre es fácil para un hombre introvertido y reservado; sin embargo, cuanto desea es fundar un hogar y una familia tranquila y estable.

Bernardina y **Bernadette** (el diminutivo francés de Bernarda) poseen idéntico carácter pues sus números representativos son los mismos.

Son mujeres reservadas y secretas, unas introvertidas que no cesan de hacerse preguntas, de aquí que a veces están angustiadas y otras inquietas, pero siempre sobre temas de interés artístico, filosófico, metafísico o espiritual, pues poseen un agudo sentido de la justicia y procuran respetar los derechos de los demás; sin embargo, son muy celosas de su libertad y en los momentos difíciles de la vida, unas veces prefieren doblegarse como el bambú y seguir luego como si nada, y otras se repliegan sobre sí mismas. Sentimentalmente están llenas de sueños quiméricos que muchas veces les impide concretar su verdadero ideal masculino, lo que puede conducirlas a la soledad.

HISTORIA   Componen una abundante familia a partir de la época merovingia; muchos han sido canonizados, y la mitad de sus santos vivieron entre los siglos X y XIII. San Bernardo de Clairvaux predicó la segunda cruzada y fundó la orden de los Bernardinos; san Bernardo de Menthon fundó dos asilos en los Alpes (de él procede el nombre de los perros de auxilio en la montaña); san Bernardino de Siena se desvivió en ayudar a los enfermos durante la epidemia de peste que asoló Siena en 1400.

En cuanto a Bernardas y Bernardinas nunca han sido populares, excepto desde que Bernadette Soubirous y sus apariciones hicieron célebre la ciudad de Lourdes.

También son personajes famosos, el filósofo francés Bernardo de Chartres, el arquitecto de la catedral de Reims, Bernardo de Soissons, el ceramista Bernardo Palissy, los escritores Bernardino de Saint-Pierre y Bernard Shaw; y el príncipe Bernardo de Holanda.

NÚMEROS   Bernardo: $4 + 4 = 8$ Bernarda: $7 + 4 = 2$ Bernardino: 4 (de 22) $+ 9 = 4$
Bernardina: $7 + 9 = 7$ Bernadette: $7 + 9 = 7$

Berta

Berta, Bertín

ETIMOLOGÍA   Del germánico *berht*: ilustre, brillante.

CARÁCTER   Vivaz, alerta, alegre y muy comunicativa a **Berta** le gusta agradar y saberse querida. Estudiosa, hábil y adaptable, desea destacar en cuanto se relacione con la creatividad, la expresión o la comunicación, por lo que puede ser una buena literata, actriz o periodista; en fin, en todas las profesiones que requieran capacidad de expresión y relacionarse con el público. Para ello también se apoya en sus cualidades de orden, método y espíritu crítico; no obstante y a pesar de ser muy razonable siempre es ella quien tiene la última palabra. El terreno sentimental es tan importante para ella que siembre vive dedicada a los demás; sin embargo, su número 6 (íntimo y de realización) es ausente en su rejilla, por lo cual le será difícil encontrar pareja, quizás por ser demasiado exigente.

Solitario y introvertido, siempre dudando y haciéndose preguntas, reservado y tímido, **Bertín** esconde su inquietud existencial, su búsqueda del sentido de la vida y de la fe, tras una sonrisa irónica y un aspecto despegado; en resumen, que es un idealista y un soñador. Si sólo responde al 2 intentará alejarse de sus dudas mediante el trabajo, pero si lo hace al 11 todavía será más soñador, original e incomprendido. En el terreno sentimental, le aterra el matrimonio convencional, pues puede significar el fin de su libertad personal, una intromisión en su secreto mundo interior; por esto, lo más frecuente es que permanezca soltero.

HISTORIA   En sus orígenes **Berta** era la diosa Berchta, que presidía el solsticio de invierno en los países germánicos, pero después de la época medieval cayó en desuso, no renaciendo hasta finales del siglo XVIII en que empezó a hacerse popular, especialmente en Francia y Alemania al extremo de dar nombre al famoso cañón «La Gran Berta».

Como celebridades podemos mencionar a santa Berta, fundadora del monasterio de Avenay, que habiendo donado todos sus bienes a la Iglesia fue asesinada por sus sobrinos al considerarse desheredados; a la esposa de Pepino el Breve y madre de Carlomagno, y a la princesa Berta de Borgoña esposa de Roberto II de Francia, quien tuvo que repudiarla obligado por la Iglesia. De Bertín, sólo podemos citar a Bertín Osborne.

NÚMEROS   Berta: 6 + 6 = 3   Bertín: 5 + 2 (de 11) = 7

Blanca

ETIMOLOGÍA   Del germánico *blank*: blanco, brillante.

CARÁCTER   Casi basta con su etimología, pues en **Blanca** se trasluce la pureza y la fragilidad; sin embargo, y a pesar de ser fiel, responsable, ordenada y metódica, amén de paciente, su verdadero fin en esta vida es el amor, en el que centra todo su deseo de estabilidad, felicidad y maternidad, es por ello que para las demás mujeres, Blanca siempre será una rival peligrosa.

HISTORIA   Durante el romanticismo gozó de bastante predicamento, pero luego ha ido decayendo y ahora es un nombre bastante escaso, aún cuando parece que quiera recuperarse.

Como Blancas célebres posemos citar a la Reina Blanca de Castilla, madre de san Luis, y a Blanca de Artois, duquesa de Lancaster.

NÚMEROS   2 + 4 = 6

Blas
Blas, Blay

ETIMOLOGÍA   Es una curiosa etimología que procede de la familia romana *Blaesus*, que significa literalmente tartamudo; sin embargo, no conocemos ningún Blas célebre que padeciese tal defecto.

CARÁCTER   **Blas** es reservado, desconfiado, tímido, prudente y no se entrega fácilmente y, sin embargo, uno de sus fines primordiales es alcanzar el poder y los bienes materiales; enérgico y dinámico, inclinado a la introspección, pero a la vez mide, sopesa y juzga, y una vez decidido no hay quien lo pare. Poco adaptable y hasta cierto punto intolerante, detesta las debilidades y engaños, y aun cuando no carece de sensibilidad la esconde bajo una apariencia crítica o irónica. En el amor es poco espontáneo y no sabe demostrar su cariño, pues peca de un exceso de pudor y desconoce la psicología femenina; sin embargo, quien consiga enamorar a un Blas se dará cuenta de que con todos sus defectos es alguien en quien se puede confiar.

Blay es viril, activo y emprendedor, deseoso de hacerlo todo y ser siempre el mejor; no obstante, desconfiado e inquieto, le cuesta conceder su amistad; sin embargo cuando lo hace es un amigo sincero con el que se puede contar. Para él lo más importante es su libertad, y por ser muy curioso le es necesario cambiar y viajar, conocer nuevas gentes y paisajes. Sentimentalmente y a pesar de buscar la seguridad en la vida común, su pareja deberá hacer gala de bastante fantasía si quiere conservarlo.

HISTORIA   Ya hemos mencionado su origen romano, y de hecho se mantuvo hasta la llegada del Renacimiento para decaer con rapidez y volver a reaparecer discretamente en nuestro siglo.

Como personajes célebres podemos citar al matemático, físico, filósofo y escritor Blas Pascal y al también escritor Blas Cendrars, cuya obra constituye una verdadera epopeya del aventurero moderno.

NÚMEROS   Blas: $1 + 7 = 8$ Blay: $1 + 4 = 5$

Boris

ETIMOLOGÍA   Del eslavo *borotj*: combatiente, guerrero.

CARÁCTER   Comunicativo y encantador, adaptable y simpático, a **Boris** le encanta conversar y discutir; elegante, hábil, estudioso y con gran facilidad para asimilar ideas y conocimientos, es capaz de destacar en cualquier actividad que se proponga, especialmente si se relaciona con la comunicación o la creatividad. Muy respetuoso con los derechos de los demás, posee un sentido innato de la justicia y muchos deseos de formarse y progresar material y espiritualmente. Si algún defecto puede reprochársele es el de ser algo inestable, y de que en el terreno sentimental sea imprevisible, mostrándose tanto receloso y misterioso, como lanzado y apasionado, pero siempre dispuesto a echarse atrás, como si tuviera miedo de atarse para siempre.

HISTORIA   Hijo de un zar, san Boris no hizo honor a su nombre al dejarse matar por su hermano sin luchar y encima perdonándole. En otro zar, Boris Gudunov, yerno de Iván el Terrible, se inspiró Mussorgski para la ópera de dicho nombre; luego este nombre se repartió por toda Europa y Estados Unidos gracias a los exiliados de la revolución rusa, aun cuando apenas si ahora empieza a usarse en nuestro país.

Y como actuales: los escritores Boris Vian y Boris Pasternak, al presidente de Rusia Boris Eltsin y al actor Boris Karloff.

NÚMEROS $7 + 5 = 3$

Borja

ETIMOLOGÍA   En realidad **Borja** es el nombre abreviado de San Francisco de Borja, que actualmente se está extendiendo como nombre propio.

CARÁCTER   Muy adaptable, con una rápida comprensión y don de gentes, raramente carece de buen humor y le gusta dialogar y discutir, sabe ser persuasivo e ingenioso, pero oscila entre dos tendencias, la del 3, su número activo, que le confiere las cualidades mencionadas, y el 4 de su número de realización, estable, paciente y trabajador. Sin embargo, siendo el 1 un número excesivo en su rejilla, lo más probable es que predomine la influencia del 3; en este caso deberá controlar su tendencia a un exceso de autoritarismo y egoísmo, que pueden surgir en cualquier momento. En amor es ardiente y apasionado, pero también celoso y posesivo, aun cuando personalmente no sea un ejemplo de fidelidad.

HISTORIA   En su origen el nombre de Borja era originario de Aragón y significaba cabaña. La familia Borja se estableció en Valencia en el siglo XIII y algunos de sus miembros se instalaron posteriormente en Italia, donde italianizaron su apellido convirtiéndolo en Borgia, dando lugar a una familia famosa por sus intrigas palaciegas y vida licenciosa. Entre los Borja que restaron en nuestro país, el más famoso es el cuarto duque de Gandía, san Francisco de Borja.

NÚMEROS   8 + 4 = 3

Brenda

Brandán, Brenda

ETIMOLOGÍA   Existen dos versiones, la que lo hace provenir del irlandés *bren*: hediondo, y la que afirma procede del germánico *brand*: espada.

CARÁCTER   **Brandán** es un hombre enérgico, autoritario y con una fuerte personalidad. Muy independiente, desea forjarse su propio destino de acuerdo con sus intereses; voluntarioso y valiente, es eficaz, creativo, sobrado de energía y debe esforzarse en que su impulsividad y autoritarismo no se convierta en un defecto, pues su número activo, el 1, se halla repetido tres veces en su rejilla, lo que lo convierte en excesivo. Sin embargo, interiormente aspira al amor, la unión, la camaradería, y a una estabilidad que difícilmente llegará a conseguir. En el amor es igualmente apasionado, posesivo y muy celoso.

   Brenda es emotiva, intuitiva, receptiva y llena de encanto y sensualidad; pero bajo una apariencia de superficialidad se esconde una idealista, casi una utópica que busca hallar un sentido a su vida en asociaciones de tipo altruista, humanitario, político o artístico, y cuando ello no le es posible, en sueños fantasiosos y quiméricos, se dirige al mundo de lo oculto y misterioso, pues a pesar de tener una mente bien organizada no ha nacido para una vida prosaica y rutinaria. Su ambición suele ser muy grande, especialmente en el terreno sentimental, por lo que el hombre que quiera hacerla suya debe poseer muchas cualidades y posibilidades, pues si comprueba que carece de las mismas, su amor e ilusiones no tardan en apagarse, a lo que contribuye el hecho de que su número íntimo, el 6, sea un número ausente en su rejilla, lo que al deseo de perfección se añaden las dudas y vacilaciones internas.

HISTORIA   Es un nombre con infinidad de variantes: Branán, Brendan, Brendano, Brandano y Borondón, con las que se conoce a san Brandán y a sus portentosos viajes. Pero actualmente puede decirse que sólo siguen usándose en Gran Bretaña y sólo muy modernamente ha empezado a introducirse entre nosotros el femenino de Brenda.

NÚMEROS   Brandán: 2 + 8 = 1   Brenda: 6 + 3 = 9

Brígida

Brígida, Bricio

ETIMOLOGÍA   Del celta *brigh*: fuerza.

CARÁCTER   Muy emotiva y sensible, **Brígida** es una mujer hecha para el hogar y la familia. Es activa y dinámica a la vez que ordenada y metódica en la vida práctica, y desde muy joven ya está dispuesta a asumir sus responsabilidades, ya sea en un trabajo independiente o mejor todavía en el hogar. Bajo un aspecto tranquilo e incluso algo flemático que reconforta y atrae, se esconde un temperamento nervioso al que sabe dar salida mediante una gran actividad (no olvidemos que el 1 es el único de los números clave presente en su rejilla); cuando esto no le es posible es fácil que se deje llevar de arrebatos más o menos violentos y emotivos, lo cual puede resultar desconcertante para quienes le rodean; sin embargo, es incapaz de guardar rencor y procura compensarlos y hacerlos olvidar. Ya hemos dicho que su interés primordial reside en el hogar y la familia, terreno en el que se muestra dominante y no sabe mantenerse en un segundo plano.

    Bricio, es más introvertido y prudente, careciendo del dinamismo y la impetuosidad de Brígida, si bien también posee algo de nerviosismo que esconde bajo una apariencia flemática; en realidad es tímido y pudoroso, lo que le hace ser muy selectivo al escoger sus amistades. Con una gran dosis de paciencia y sentido del detalle cuando halla algo que despierta su interés, es capaz de mostrar una gran determinación y mostrarse obstinado. En el terreno amoroso es un gran sentimental, amante de la tranquilidad del hogar, que sólo pide a su compañera que le aporte paz, seguridad y estabilidad, y de tanto en tanto le deje sólo para meditar apaciblemente.

HISTORIA   Entre los celtas, Brighid era la diosa del fuego. Mucho más corriente en tierras escandinavas y germánicas, apenas si entra en las regiones mediterráneas hasta hace muy poco.

    Santa Brígida, fue una princesa sueca que se instaló en Roma al quedar viuda; fundadora de la orden del Santo Salvador, a la vez que notable profetisa, fue consejera de papas y reyes, muriendo en Roma en 1373 al regreso de un viaje a Tierra Santa. Por su parte, san Bricio fue un obispo de Tours.

    En cuanto a celebridades, aparte de la Brígida del Tenorio, apenas si podemos destacar a las actrices Brigitte Bardot y Brigitte Fossey.

NÚMEROS   Brígida: 1 + 5 = 6   Bricio: 7 + 6 = 4

Bruno

ETIMOLOGÍA Del germánico *brun*: escudo, coraza.

CARÁCTER   **Bruno** posee una fuerte individualidad, capacidad de mando y dirección, imaginativo y de rápidas decisiones es el hombre ideal para asumir responsabilidades; sin embargo, bajo su aspecto más bien rudo y viril se esconde una gran emotividad y mucha sensibilidad. Sin embargo no es un hombre de medias tintas, por lo que la vida tanto puede encumbrarlo como hundirlo, pues su número íntimo 2 procede de 11, lo que le añade una gran ambición, con lo cual sus cualidades pueden convertirse en defectos, ya que dicha ambición puede impulsarle a lanzarse a fondo sin antes reflexionar la forma correcta de actuar, ni de calcular las posibles consecuencias; No obstante, lo que sí es seguro es que Bruno nunca pasa desapercibido. Sentimentalmente necesita de una pareja, un hogar y una familia, en la que también se reflejarán sus cualidades y defectos.

HISTORIA   Bruno era uno de los sobrenombres del dios Odín, y un antiguo pueblo nórdico recibió el nombre de los Brunos. Frecuente en la Edad Media, fue decayendo hasta rebrotar actualmente.

San Bruno fue el fundador de la orden de los cartujos y un famoso comentarista de los salmos. Muchos otros bienaventurados tuvieron el mismo nombre, lo mismo que cuatro arzobispos de Colonia, un duque de Sajonia, el director de orquesta Bruno Walter, el actor Bruno Cremer y el psicólogo y escritor Bruno Bettelheim.

NÚMEROS   2 (de 11) + 8 = 1

Buenaventura

ETIMOLOGÍA   En un deseo medieval de buen augurio que se ha empleado como nombre propio, como deseando suerte a quien lo lleve.

CARÁCTER   Es imprevisible, pues íntimamente ansía la estabilidad y el matrimonio, y dado que posee una buena habilidad manual y facilidad de palabra, está muy bien dotado para la vida cotidiana familiar y laboral. Sin embargo, su número activo, el 5, es excesivo (posee cinco sobre un total de 12 letras), por lo cual también se convierte en excesivo su deseo de querer hacerlo todo, cambiarlo todo, su curiosidad y la necesidad de sentirse libre, con lo cual la inestabilidad y la superficialidad pueden hacerle cambiar excesivamente de trabajo, de domicilio, de amigos e incluso de pareja. Es necesario que comprenda la necesidad de no empezar una tarea sin haber terminado la anterior; que antes de hacer un cambio, sea en el terreno que sea, lo consulte primero con la almohada. En el terreno sentimental es apasionado, tierno y sensible a pesar de su aire fanfarrón, y desearía una perfecta simbiosis con su pareja.

HISTORIA   Entre los nombres propios que expresan el deseo de buena suerte en la vida, como Bonifacio, Benigno y Amado por ejemplo, sólo Buenaventura ha permanecido constante hasta el siglo pasado, quizás debido a la fama de san Buenaventura, el seráfico doctor de la Iglesia, ministro general de los Franciscanos y amigo personal de santo Tomás de Aquino. Pero actualmente ha caído en desuso y apenas si podemos mencionar como personajes conocidos al cuentista francés Buenaventura Despériers, el poeta catalán Bonaventura Carles Aribau, y al dirigente anarquista Buenaventura Durruti.

NÚMEROS   2 + 3 = 5

amilo

Camilo, Camila

ETIMOLOGÍA *Camilos* era la divinidad padre de los cabirios. Y en Roma se llamaba *camillus* al niño de familia noble que ayudaba en los sacrificios a los dioses.

CARÁCTER Muy seguro de sí mismo, fuerte, reservado, independiente, activo y emprendedor, pragmático y con los pies bien asentados en el suelo, el interés primordial de **Camilo** se centra en sí mismo y en su bienestar material. Pero también presenta otra faceta, la de su 9 activo, que le impulsa a ser compasivo, abnegado, altruista e interesado en formar parte de grupos o sociedades que compartan sus mismos ideales. Pero sin embargo, que nadie se engañe, pues incluso dentro de dichas actividades siempre será el mismo, siempre sobresaldrá su fuerte personalidad y espíritu práctico. Como el Don Camilo de Guareschi, mucha bondad y sentimiento, pero la estaca bajo el brazo. En el terreno sentimental se muestra de la misma forma, duro, leal, franco y fiel, generoso y pródigo, pero que su pareja no le engañe, que conocerá hasta donde puede llegar su ira.

Exteriormente, **Camila** es casi tan fuerte y ruda como Camilo, pero más frágil y débil interiormente, compensando su emotividad y vulnerabilidad mediante su facilidad de expresión, adaptabilidad y capacidad creadora. Su temperamento y capacidades son fuertes, pero irregulares. Y dado que teme la soledad, necesita sentirse amada y comprendida; en el terreno emocional existe una dualidad entre su necesidad de amor y estabilidad y su deseo de independencia

HISTORIA San Camilo de Lellis, tras malgastar su juventud y sus bienes en la frivolidad y el juego, encontró la fe gracias a una úlcera incurable en la pierna; enfermero en Roma y escandalizado por la miseria y abandono de los hospitales, fundó la orden de los Camilos, antepasada directa de la Cruz Roja.

A partir del siglo XVIII proliferaron los Camilos, como el periodista Desmoulins, el pintor Pisarro, el músico Saint-Saens, el astrónomo Flamarion y muchos otros; pero luego este nombre se ha hecho cada vez más raro, y sólo la novela de Guareschi lo reavivó un tiempo, pero su boga vuelve a decrecer, y como actual sólo podemos mencionar al cantante Camilo Sesto.

NÚMEROS Camilo: 8 + 1 = 9   Camila: 1 + 2 = 3

Carina

ETIMOLOGÍA Es muy controvertida, pues tanto se la hace derivar del griego *xarino*: gracioso, como del latino *carus*: querido; del irlandés *caur*: héroe, como del nórdico *kar*, radical que participa en las palabras guerreras como en las de inspiración poética.

CARÁCTER **Carina** es una mujer con la que se puede contar; a pesar de la sonoridad acariciante de su nombre, es seria y austera, más interesada en los demás que en sí misma y que se realiza siendo útil; sin embargo posee grandes ambiciones, le gustaría promover un mundo mejor y ocuparse de los desheredados, todo ello, claro está, si responde a la influencia del 11, su número íntimo. Pero en caso contrario, si se limita al 2, no pierde su marcada sensibilidad y sentido asociativo, pero se limitará a un terreno más próximo, el del amor, el matrimonio, o las asociaciones profesionales o benéficas. En el amor es una romántica sentimental, que pone sobre un pedestal al ser amado, con todos los riesgos de decepción que esto puede comportar.

HISTORIA   Santa Carina murió en Ankara en el siglo IV, martirizada en compañía de su marido y su hijo por el emperador Juliano el Apóstata.

Es un nombre que sólo ha sido popular en Italia y en los países nórdicos, donde a menudo se ha confundido con Karen y Katarina (Catalina). En Alemania e Inglaterra se introduce entre las dos guerras mundiales y modernamente pasó a Francia y España. Como célebre sólo podemos mencionar a la cantante Carina.

NÚMEROS   2 (de 11) + 9 = 2

Carlos

Carlos, Carla, Carlota, Carolina, Carol

ETIMOLOGÍA   Del germánico *karl*: viril, latinizado posteriormente en *Carolus*.

CARÁCTER   Enérgico y viril, valiente y combativo, Carlos sueña en mandar y dirigir; imaginativo, rápido, obstinado y muy reservado, su objetivo es el poder y los bienes materiales, y para conseguir sus objetivos sabe actuar y reaccionar con sorprendente eficacia. No soporta la supeditación y si debe aceptarla se convierte en impulsivo e irritable, siendo muy difícil que reconozca sus errores. Muy audaz, sigue el impulso del momento llevado por su afán y capacidad de mando y suele inclinarse por la política, la milicia, o las finanzas. En amor es apasionado, exigente, celoso y posesivo.

Carla se debate entre dos tendencias, la del 9 que la impele a la espiritualidad, al interés por los demás y a tomar parte en asociaciones humanitarias o sociales, pero también con las relacionadas con lo extraño; y la del 7, más egocéntrica, artística e independiente que la impulsa a dejarse llevar por las circunstancias sin implicarse directamente, y cuando no puede, a encerrarse en sí misma. Como es natural, unas tendencias tan contradictorias la convierten en imprevisible según cuál sea la tendencia que domine en aquel momento. Sólo el amor y el matrimonio son capaces de procurarle la tranquilidad y estabilidad que íntimamente desea.

Carlota posee una voluntad y decisión comparable a la de Carlos, pero carece de su agresividad y ambición; para conseguir sus fines y asegurar su libertad personal se limita a usar las armas de la feminidad y su facilidad en adaptarse a todas las circunstancias. Es muy curiosa y amante de los cambios, y a pesar de su inestabilidad posee una religiosidad innata que la impulsa a ser útil a los demás. También en el amor le gusta llevar la voz cantante, si bien muchas veces su misma inestabilidad no le permite saber lo que realmente quiere, y se expone a perderlo.

Carolina es una mujer muy engañosa, pues es atractiva y sofisticada, cuidando mucho su apariencia y mostrándose encantadora, simpática, seductora y muy comunicativa, pero que a primera vista puede parecer superficial. Sin embargo, bajo dicha apariencia existe un fondo de idealismo y religiosidad, poseyendo además mucha habilidad, buena mentalidad, sentido artístico y capacidad de destacar en cualquier actividad que se proponga. En el terreno amoroso es muy coqueta pero a la vez práctica y posesiva.

Carol posee un aspecto reservado y como secreto gracias a su timidez, a la vez que se muestra deseosa de agradar y repudia la violencia. Atraída por los factores familiares, sociales y afectivos, es muy prudente y gusta de aceptar las responsabilidades de la vida práctica, para lo cual está muy capacitada. Sus únicas dudas residen en cómo resolver la dualidad que existe entre su tendencia a la vida familiar y la necesidad de mantener su independencia y triunfar en el mundo apoyándose en sus dotes personales y artísticas, cosas que por otra parte son perfectamente compatibles

HISTORIA   En la mitología escandinava, Heimdallr, el dios de la luz, tuvo tres hijos, siendo Karl el primero y el más libre.

Después de la Edad Media toda Europa se llenó de reyes y emperadores tanto con el nombre de Karl, Carlos, Carolus, como sus derivados, por ejemplo, Carlomagno. De hecho, han existido siete emperadores de Occidente, nueve reyes de Francia, cuatro reyes de España (sin contar los pretendientes carlistas), y muchos otros en el resto de Europa.

Y lo mismo podemos decir de Carlota, muy abundante en reinas y princesas. También en la actualidad sigue siendo un nombre muy común y, al azar, nombraremos a Dickens, Montesquieu, Baudelaire, Arniches, Darwin, Chaplin, De Gaulle, Jaspers, Marx, Carlota Corday, Carlota de Baviera, Carlota de Nasau, Carolina Murat, Carolina de Mónaco y tantos otros y otras cuya relación sería interminable.

NÚMEROS   Carlos: $8 + 9 = 8$ Carla: $2 + 7 = 9$ Carlota: $9 + 5 = 5$ Carolina: $9 + 3 = 3$
Carol: $8 + 7 = 6$

Carmen

Carmen, Carmina, Carmelo, Carmela, Menchu

ETIMOLOGÍA   Proviene del monte Carmelo, en Galilea, cuyo nombre primitivo era de *karm-El*: viña de Dios.

CARÁCTER   **Carmen** posee una autoridad natural y una gran fuerza de persuasión, armas que le permiten conseguir la independencia y su necesidad de mandar y dirigir, lo que casi siempre consigue a base de esfuerzo y paciencia; pero una vez conseguidos sus objetivos sabe mantenerlos y estabilizarse. Es bastante sociable y le gusta sentirse admirada, pero sabe mantener la distancia conveniente con los demás con la suficiente destreza para que no se note. En el terreno sentimental se muestra selectiva e idealista, pero cuando encuentra al que ha de ser el hombre de su vida, no lo deja escapar y si peca de algo es de ser demasiado exclusiva y no hallarse nunca plenamente satisfecha.

Carmina es muy semejante, pero algo más hogareña y necesitada de tranquila estabilidad, siendo feliz en su vida cotidiana rodeada de su familia. Es trabajadora y paciente, organizada y metódica y, por lo general, a pesar de ser algo autoritaria lleva una vida apacible. Sin embargo, cuando es capaz de responder al 11 de su número íntimo, se le despierta la ambición y el deseo de hacer grandes cosas, y entonces sale al exterior su capacidad de mandar y dirigir. En el amor, ya hemos dicho que la vida familiar es el objetivo de su vida, y suele ser una magnífica ama de casa.

Carmelo es ordenado y práctico y su seriedad, capacidad de trabajo y resistencia física hacen que sea apreciado por cuantos le rodean, quienes sólo pueden reprocharle que en ocasiones se muestre algo retraído; sin embargo, le gusta asumir sus responsabilidades, especialmente en lo que se refiere al entorno afectivo y familiar. Algunos Carmelos son capaces de responder a la influencia 11 de su número de realización, y entonces se despierta su ambición y deseos de originalidad, lo cual puede redundar en detrimento de su vida familiar, que en cualquier caso no suele estar al nivel de sus aspiraciones, ya sea por una falta de diplomacia o un exceso de autoridad, o porque su exceso de emotividad le impide saber bien qué es lo que realmente espera de su pareja.

Carmela es más emotiva y abnegada, con un profundo sentido de la justicia y siempre dispuesta a echar una mano a quien lo necesite. Sin embargo, sus tres números clave son ausentes en su rejilla, con lo cual difícilmente conserva los pies bien asentados en el suelo, y unido a su número de realización (11) la convierte en excesivamente idealista, soñadora y con enormes aspiraciones generalmente irrealizables, cayendo fácilmente en los mundos de lo extraño, de la espiritualidad o de los paraísos artificiales. Su vida sentimental también es difícil, pues, romántica e hipersensible, espera demasiado y no suele ser comprendida, dependiendo muchas veces su relativa felicidad de que sepa dirigir su abnegación y espíritu de sacrificio hacia la maternidad.

Menchu, la forma familiar más común de Carmen, es laboriosa, tenaz y con una buena resistencia física; sin embargo, por dentro es una soñadora idealista que desea ser útil a los demás. En su vida se abren dos posibilidades: responder a la influencia del 11, su número activo, o limitarse al 2. En el primer caso hace gala de un carisma personal que le permite sobresalir y convertirse en norte y guía espiritual de los demás, pero si sólo responde al 2, limitará sus ambiciones al ámbito familiar o al de los negocios, pues lo que destacará será su capacidad de cooperación y conciliación y de cuanto tenga relación con la pareja y los asociados. En el amor es sensible, cariñosa y apasionada.

HISTORIA   Siempre ha sido uno de los nombres más usados en nuestro país y ha sido considerado en el extranjero como el exagerado prototipo de la mujer española gracias a la heroína de Mérimée que Bizet convirtió en ópera.

Como Cármenes célebres podemos citar a Carmen Sylva, seudónimo literario de la reina Elisabeth de Rumanía, la escritora Carmen Laforet, la bailaora Carmen Amaya y la actriz Carmen Sevilla.

NÚMEROS   Carmen: 6 + 4 = 1   Carmina: 2 (de 11) + 4 = 6   Carmelo: 4 + 2 (de 11) = 6
Carmela: 7 + 2 (de 11) = 9   Menchu: 9 + 2 = 11 = 2

Catalina

Catalina, Cathy, Karen, Katia

ETIMOLOGÍA   Del griego *katharos*: puro. De aquí el nombre de los cátaros, que ante todo predicaban la pureza.

CARÁCTER   **Catalina** posee un carácter apasionado, enérgico, obstinado, algo reservado y deseosa de poder y bienes materiales. Autoritaria y decidida, pero también capaz de asimilar las experiencias de la vida para sacarles un posterior provecho, independiente y sociable, y a la vez curiosa, activa y enemiga de la rutina. Sin embargo, el 3 y el 1 son dominantes en su rejilla, siendo a su vez el 3 su número íntimo; esto incrementa la fuerza de su ego y el deseo de mandar y dirigir, de ser demasiado impetuosa y caer a veces en un exceso de superficialidad. En el amor sigue siendo muy independiente, poco suave y cariñosa, pero extremadamente celosa y posesiva, puede transformarse en una tigresa al menor desliz de su pareja.

Cathy, la forma familiar anglosajona de Catalina, posee una personalidad llena de contrastes, pues el 4 y el 5 son antagónicos; por una parte es sociable, abierta, comunicativa, simpática, curiosa, amante de los cambios, los viajes, de verlo y conocerlo todo; pero por otra parte seria, reservada, trabajadora, fiel y necesitada de paz y estabilidad. Es imprevisible saber cuál de las dos personalidades logrará imponerse o si la vida será un constante cambio de humor y conflictos internos; lo que si es cierto, es que si responde a la influencia del 22, dicha dualidad se resolverá en la tendencia a la creatividad, pudiendo congeniar los viajes con el trabajo, la curiosidad con el estudio, y traducir en realidades tangibles su afán de crear y construir. En lo sentimental busca el cambio dentro de la continuidad, para ella el amor no sólo es seguridad, sino también imaginación y juego.

Karen, la forma danesa de Catalina, también es valiente y autoritaria, quiere hacerlo todo, conocerlo todo y ser la mejor; en su personalidad es el 5 el que domina, lo que la impulsa al cambio y a la adaptabilidad, para ella lo importante es su libertad y espera conseguirla gracias a su rápida inteligencia y capacidad de reacción, e íntimamente está convencida de lograr cuanto se propone, aun cuando en la realidad sus realizaciones no estén a la altura de la energía dispensada. En el terreno sentimental busca en su pareja una cierta posición social, y mejor todavía si es hombre de posibilidades, pues desea un hogar confortable y agradable para recibir a sus numerosas amistades. De todos modos, Karen no es precisamente un ejemplo de castidad.

Katia, la forma familiar rusa de Catalina, posee una personalidad muy peculiar y considera que lo más importante es su vida interior, la reflexión e incluso la fe. Muchas veces da la impresión de ser distante e insensible, cuando en realidad es una tímida que se esconde tras una sonrisa irónica, una pose elegante y su facilidad en aceptar la vida tal y como venga. Si es capaz de responder a la influencia de su número íntimo 11, lo que se despierta es el deseo de hacer grandes cosas y para ello cuenta además con una notable ambición. En el amor es mucho más tierna y apasionada de lo que parece, y siente la necesidad de un amor que la estabilice y le dé seguridad. Sin embargo, si responde al 11 será ella quien lleve las riendas del matrimonio.

HISTORIA   Reinas, emperatrices o artistas famosas, las Catalinas y sus variantes se han impuesto en todo el mundo a partir del siglo XV y no parece que por ahora pierdan popularidad.

En el santoral también abundan las Catalinas: Catalina de Alejandría; Catalina de Siena; Catalina de Suecia y Catalina Labouré, por citar algunas. Y entre las celebridades modernas, podemos citar a las actrices Catherine Deneuve y Katherine Hepburn; y a la escritora Katherine Mansfield.

NÚMEROS   Catalina: $3 + 5 = 8$ Cathy: $1 + 4$ (de 22) $= 5$ Karen: $6 + 8 = 5$
Katia: 2 (de 11) $+ 5 = 7$

Cecilia

Cecilio, Cecilia, Celia, Sheila

ETIMOLOGÍA   Se pretende que proviene del latín *caecus*: ciego, pero en realidad es de origen etrusco e ignoramos su significado.

CARÁCTER   **Cecilio** es simpático, sociable, comunicativo y adaptable, por lo que se siente cómodo en cualquier ambiente en que se encuentre. Con facilidad de palabra, seducción e inventiva, podría parecer superficial y vanidoso si no fuera por la ingenuidad y simpatía que desprende y la forma en que intenta ser útil a los demás. Sin embargo, el exceso de 3 en su rejilla, número también íntimo y activo, puede hacer que se exceda en su verborrea y se muestre superficial con el peligro de cometer errores y dispersarse en exceso. En el terreno sentimental es tierno, emotivo, sensible y generoso, pero la fidelidad no es su fuerte, lo que disimula mostrándose celoso.

Cecilia es una mujer nacida para amar, seducir y repartir paz y armonía. Sabe aceptar sus responsabilidades y es ordenada y metódica en su vida práctica, especialmente en cuanto se refiere al hogar y el entorno familiar. El exceso de 3 en su rejilla (tres entre 6 letras), facilita la comunicación, la sociabilidad y la emotividad –a veces incluso demasiado– lo que puede conducirla a un exceso de superficialidad y verborrea, del mismo modo que su imaginación tiende a desbordarse y evadirse de las realidades de la vida en sueños más o menos quiméricos; tanto más cuando su 6 ausente (a menos que dicha falta quede compensada por el número hereditario) le hace desear tanto la perfección que termina por no hallarla ni en sí misma ni en los demás. En el terreno amoroso es sensual, sentimental y tierna, esperando quizás demasiado de su pareja, lo cual dificulta su elección.

Celia, su forma familiar, es muy extrovertida y necesita verse rodeada de gente; es hábil, ordenada, metódica y con un notable sentido detallista, lo que unido a su facilidad de expresión le permite situarse en un primer plano para exponer y discutir sus ideas y pensamientos, y a la vez criticar los ajenos. Su único inconveniente –al igual que en Cecilia– es que el 6, su número íntimo y de expresión, es ausente, complicando con ello su vida, especialmente la sentimental, pues su deseo de perfección es excesivo, y le hace difícil el hallar una pareja que responda a dichas exigencias.

Sheila es una antigua adaptación irlandesa de Celia que empieza a abrirse camino entre nosotros gracias a su sonoridad. Es noble, seductora, sencilla, ambiciosa y trabajadora, siendo capaz de mostrar una gran paciencia y tenacidad en todos los avatares de la existencia, sabiendo que el tiempo trabaja a su favor. Muy conservadora, oportunista y algo testaruda, está capacitada para asumir responsabilidades y cargos directivos, y a pesar de ser posesiva también sabe ser generosa, aún cuando a causa de su fuerte personalidad pueda resultar algo brusca y autoritaria; sin embargo, busca la paz y se muestra conciliadora con todo el mundo. Su número íntimo, el 6, es ausente, lo que la convierte en perfeccionista, quizás demasiado. En el terreno sentimental es exigente y elitista a la hora de elegir pareja, por lo que duda mucho antes de decidirse; sin embargo, una vez hallado este ser ideal, es una buena esposa y madre de familia ejemplar.

HISTORIA   Muy corriente en Europa a partir de la Edad Media, y honrada en el siglo II por santa Cecilia, que permaneció cantando las alabanzas a Dios mientras la martirizaban, estos nombres se han conservado hasta nuestros días, siendo abundantes en el País Valenciano, especialmente Celia.

Son célebres como Cecilios el colonizador Cecil Rhodes, el escritor Cecil Saint-Laurent y el físico Cecil F. Powell. En cuanto a Cecilias, empezaremos con Cecilia Vasa, hija de Gustavo I de Suecia, y modernamente, la escritora Fernán Caballero, cuyo verdadero nombre era Cecilia Bohl de Faber, y las actrices Cecilia Sorel y Cecilia Aubry.

NÚMEROS   Cecilio: 3 + 9 = 3   Cecilia: 6 + 9 = 6   Celia: 6 + 6 = 3   Sheila: 6 + 4 = 1

Celeste

Celeste, Celestino, Celestina

ETIMOLOGÍA   Del latín *caelum*: cielo, derivado en *caelestis*: celeste o divino.

CARÁCTER   **Celeste** posee una poderosa y carismática personalidad; es enérgica, obstinada con una gran ambición y deseos de poder y riqueza. Es reservada, activa y original, por lo que puede ser una excelente mujer de negocios, pero necesita sentirse motivada y ver claro su objetivo para lanzarse apasionadamente a la tarea, pues su 6 ausente le causa cierta dificultad en decidirse. Dado que es perspicaz e intuitiva, no hay quien la engañe; sin embargo, cuando no responde a la influencia del 11, y se limita al 2, sus ambiciones quedan muy moderadas y se conforma con trabajar en equipo, aun cuando siga deseando mantenerse en un primer plano. Sentimentalmente necesita seducir y conquistar y aspira a conseguir un hogar confortable y a poder ser lujoso; y en cuanto a seleccionar a su cónyuge es muy exigente, siendo necesario que tenga en cuenta que la perfección no existe.

Celestino es discreto y reservado y exteriormente proporciona una sensación de equilibrio, seguridad y armonía. Pero dicha reserva y discreción se mezclan con una timidez que a pesar de su facilidad de expresión muchas veces le hace sentir incómodo entre la gente y piensa que más vale estar solo que mal acompañado; y como desea conservar su independencia y triunfar en el mundo material por su propio esfuerzo, sabe ser prudente y asumir sus responsabilidades, aun cuando a veces esto último le resulte difícil a consecuencia de su 6 ausente; del mismo modo que su 8, también ausente, puede hacerle pasar con facilidad y alternativamente de la dilapidación a la avaricia, por lo cual debería tener presente la necesidad de saber administrarse. En el amor también es complicado y contradictorio, pues a pesar de su necesidad de contar con un buen ambiente familiar y afectivo, es capaz de pasar de una aparente indiferencia a unos celos extremados; a desear y rehuir.

Celestina, a pesar de ser pasiva, algo perezosa y soñadora, sabe escuchar y observar; es tímida y discreta y desea preservar su intimidad e independencia a pesar de su carácter abnegado y su interés por los problemas humanos, tanto los cercanos como los remotos, y se muestra valiente y decidida cuando se trata de hacer algo en este sentido, a ser posible tomando parte en asociaciones benéficas o humanitarias. Su principal problema reside en que se encuentra dividida entre dichas tendencias humanitarias (el 9 activo) y un cierto escepticismo, independencia y egocentrismo (el 7 de realización), y ante un 2 íntimo, muchas veces se refugia en una soledad interior, incluso dentro del ambiente familiar para encontrar la estabilidad y el amor que tanto necesita.

HISTORIA   El nombre de Celeste, portado por un arzobispo de Metz en el siglo IV, sólo recientemente se ha convertido en nombre exclusivamente femenino.

En cuanto a Celestino cuenta con varios papas, entre los que cabe destacar a san Celestino I, feroz combatiente de las herejías y san Celestino V, un ermitaño que fue elegido papa contra su voluntad, y a los ochenta años, tras uno de pontificado, reemprendió su vida de ermitaño fundando la orden de los Celestinos.

Sin embargo, estos nombres resucitados, por así decirlo, en el siglo XIX, no gozan de gran predicamento, si bien actualmente parece que quieran resurgir.

NÚMEROS   Celeste: 6 + 2 (de 11) = 8   Celestino: 8 + 7 = 6   Celestina: 2 + 7 = 9

César

ETIMOLOGÍA   Del latín *caesar*: melenudo, y también quizás de *caecaedere*: cortar, de donde procedería el nombre de cesárea, operación según la cual se dice nació Julio Cesar, el primero de esta línea de emperadores.

CARÁCTER   Es abierto, jovial, amistoso, entusiasta y exuberante, lo cual lo convierte en simpático. Es un hombre brillante que se impone por su sensibilidad, inteligencia, habilidad y adaptabilidad, cualidades que le permiten destacar en todas las actividades relacionadas con la creatividad y la comunicación. Es organizado, metódico, detallista y muy curioso; sin embargo, debería dominar su tendencia al narcisismo, ser más tolerante y quizás también más trabajador, dado que a pesar de su autoritarismo y necesidad de figurar, tiende a buscar el camino más fácil (el 6 es ausente). En el terreno amoroso es muy exigente, buscando el cónyuge perfecto que a lo mejor no puede encontrar; más que sentimental es sensual y amante de toda clase de placeres.

HISTORIA   Después de Julio César, de cuyo nombre se han derivado los apelativos de poder como káiser y zar, son numerosos los soberanos y triunfadores de dicho nombre, como el célebre y amoral César Borgia y César de Vendôme, hijo de Enrique IV de Francia.
Es un nombre que ha ido decayendo a partir del siglo XVIII, pudiendo sin embargo citar todavía al músico César Franck y al historiador y político César Cantú.

NÚMEROS   6 + 6 = 3

Chantal

ETIMOLOGÍA Del occitano *cantal*: piedra.

CARÁCTER   Cuando **Chantal** responde a la influencia del 22, su número de realización, se convierte en el arquetipo de la belleza apasionada, del entusiasmo por las causas nobles a las que se entrega por completo, con ambición y con deseos de ser conocida. En caso contrario, si sólo responde al 4, si bien sigue siendo ambiciosa y apasionada, se limita y es consciente de que el éxito no siempre es brillante ni llega de pronto, sino que debe conseguirlo a base de trabajo y paciencia. Pero en ambos casos es una mujer ordenada, metódica y muy capaz de asumir sus responsabilidades, ya sea en el trabajo o en el hogar. En lo sentimental está hecha para amar apasionadamente, para fundar una familia y ser fiel de por vida.

HISTORIA   En realidad, el nombre de Chantal es el de una localidad francesa, cuna de Juana Frémyot, baronesa de Chantal y canonizada con el nombre de Juana de Chantal; en el siglo XVII fundó la orden de las Visitadoras junto con san Francisco de Sales.

Fue un nombre rarísimo hasta la primera mitad de nuestro siglo, pero a partir de los 50 empezó a popularizarse en Francia y Bélgica, y en la actualidad se está introduciendo en España. Es famosa la cantante francesa Chantal Nobel.

NÚMEROS   2 + 4 (de 22) = 6

Cintia

Cintia, Cynthia

ETIMOLOGÍA   Del griego *Kynthia*, gentilicio de *Kynthos*, el monte de Delos donde la leyenda sitúa el nacimiento de Apolo y Artemisa.

CARÁCTER   **Cintia** es seductora, agradable, comunicativa y comprensiva, segura de sí misma y muy independiente. Es práctica, adaptable, inteligente y con buena memoria, lo que le permite destacar en cuanto se relacione con la comunicación, la expresión, los idiomas y la creatividad en general. Cuando Cintia es capaz de responder a la influencia de su 11 de realización, se incrementa su ambición y todavía se convierte en más imaginativa y original, siendo capaz de destacar en su profesión que antepondrá a todo. En cambio, si sólo responde al 2, a pesar de su carácter independiente se limitará mucho en sus pretensions y no desdeñará el trabajo en equipo. Para ella la vida sentimental y la maternidad son muy importantes, pero no esenciales; por esta causa, cuando responde al 11 sacrificará su vida afectiva a la profesional; y si lo hace al 2, deseará compartir ambas cosas, lo cual la pondrá en más de un dilema.

Cynthia posee mayor personalidad y capacidad de decisión que Cintia, lo que ya es mucho decir, y adora desempeñar un papel preponderante en la vida, ser admirada, popular y dar ejemplo; y tanto si lo consigue como si no, nunca pasa desapercibida. No se permite debilidades ni fracasos, y para ella la vida es dedicarse a un ideal que le permita ser útil a los demás, pero siendo ella quien organice, dirija y administre. Sin embargo, no por ello deja de ser una mujer sensible y emotiva que anhela encontrar el amor de su vida para colocarlo en un pedestal y admirarlo; pero si su pareja le decepciona, lo arrojará del pedestal y todo habrá terminado para siempre.

HISTORIA   Cintia fue popular entre las mujeres romanas, pero luego decayó de tal manera que es muy difícil encontrar ejemplos. Ha sido a partir del inicio de los ochenta que ha vuelto a resurgir importada en su forma de Cynthia desde los Estados Unidos, donde goza de notable popularidad y ahora empieza a extenderse entre nosotros.

NÚMEROS   Cintia: 1 + 2 (de 11) = 3   Cynthia: 1 + 9 = 1

Clara

ETIMOLOGÍA   Del latín *clarus*: claro, limpio, ilustre.

CARÁCTER   Es una mujer muy compleja que no se siente a gusto en un mundo dirigido por los hombres, a los cuales se considera igual o superior, pues su ego es muy fuerte (tres 1 en su rejilla más un 7 de realización), lo que la conduce al autoritarismo, la testarudez y el ansia de independencia. Por otro lado, es tímida y no puede vivir sin amor y estabilidad emocional (2 íntimo); por lo que procura parecer fría y distante para disimular su vulnerabilidad, pues cuando sufre un desengaño amoroso se hunde en el pesimismo. Pero por si fuera poco, su 9 activo incrementa su emotividad y le hace interesar por las cuestiones sociales y humanitarias. El resultado final es que si no puede compaginar estas tendencias asumiendo la dirección de alguna asociación benéfica, social, humanitaria o religiosa, terminará dispersándose o encerrándose en sí misma, o quizás trasladando toda su complejidad al mundo del arte, para el que posee suficiente sensibilidad.

HISTORIA   Son numerosas las Claras que alcanzaron la santidad, pero la más conocida es santa Clara, nacida en Asís, donde conoció y fue conquistada (espiritualmente) por san Francisco, y que después de residir en un convento Benedictino salió para fundar la seráfica orden de las Damas Pobres, es decir, de las Clarisas.

Luego, este nombre ha sufrido muchas desapariciones y muchos retornos a partir del siglo XVII, y parece que poco a poco vuelve a abrirse camino hacia la popularidad. Como Claras célebres podemos citar a Clara Schuman, Clara Malraux y la escritora Clara de Vergennes, condesa de Remusat, historiadora de Napoleón.

NÚMEROS   2 + 7 = 9

Claudia

Claudio, Claudia

ETIMOLOGÍA   Del latín *claudius*: cojo.

CARÁCTER   **Claudio** es un hombre emotivo y sensible a pesar de que su apariencia haga sospechar todo lo contrario. De hecho es serio, razonable, responsable, servicial y disciplinado, muy activo y decidido, algo mandón y obstinado; pero también sabe organizarse muy bien en la vida y el trabajo, en el que se muestra muy concienzudo, cuidando hasta el menor detalle. Pero al mismo tiempo su inteligencia innata le impulsa a establecer amistades y contactos para intercambiar ideas y conocimientos, y entonces es capaz de sorprender con una extroversión y sociabilidad de la que parecía carecer. Es como si en él convivieran dos personalidades, una introvertida y otra extrovertida que aparecen y se intercambian según las circunstancias. Emotivamente es fiel y estable, quizás con una moral demasiado rígida y carente de fantasía.

Claudia es menos complicada, más estable y segura de sí misma, aún cuando peque algo de introvertida, pues para ella lo más importante es su vida privada; en el fondo siente la necesidad de buscar algo que la llene, y si no lo encuentra se refugia en la fe. En la vida práctica es muy reflexiva y antes de tomar una decisión se lo piensa mucho, a veces incluso demasiado, careciendo de espontaneidad, pues todo debe pasar por la censura de la razón o de sus afinidades intelectuales y espirituales. De esta forma, tanto puede mostrarse escéptica como apasionarse por el dominio del misticismo y lo irracional. Su vida sentimental es tan importante para ella que exige la perfección a su pareja, y como la perfección no existe, corre el riesgo de quedarse para vestir santos.

HISTORIA Este apodo de un emperador cojo que se ha convertido en nombre, empieza con Claudio I el desgraciado esposo de Mesalina y posteriormente de Agripina, que consiguió envenenarle, y se continúa con Claudio II que se distinguió luchando contra los bárbaros.

Otros Claudios famosos han sido Monet, Monteverdi, Debussy, Bernard, Brasseur, Lelouch, por citar sólo algunos; y entre las Claudias destaca la esposa de Francisco I, Claudia de Francia, y más cerca de nosotros, la actriz Claudia Cardinale y la modelo Claudia Schiffer.

NÚMEROS Claudio: 3 + 1 = 4   Claudia: 6 + 1 = 7

Clemente

Clemente, Clementina

ETIMOLOGÍA Del latín *clemens*: clemente, misericordioso.

CARÁCTER **Clemente** es uno de estos seres seguros y enemigos de complicaciones que desea vivir en paz y armonía con todo el mundo, pues en su vida los sentimientos juegan un gran papel. Es el ejemplo de lo que debe ser un buen amigo: generoso, abnegado y hospitalario; estas condiciones le llevan a participar en cualquier clase de proyecto humanitario o social que se le proponga, pues le gusta abrirse al mundo, tanto al terreno como a los desconocidos. Y para cumplir con estos buenos propósitos cuenta con un espíritu metódico y bien organizado. Sin embargo, cinco 5 y tres 3 en su rejilla son muchos y pueden conducirle a un exceso de versatilidad, de querer acudir a demasiados sitios a la vez, cayendo en la dispersión de esfuerzos y la inestabilidad. El terreno sentimental es un factor determinante en la vida de quien vive abocado al amor y la entrega, pero con un corazón tan grande, en el que cabe todo el mundo, el problema reside en la elección de una sola pareja; sin embargo, si consigue superar la dificultad que representa el gusto por el cambio, es un esposo y padre amantísimo.

Clementina posee muchos de los rasgos de Clemente, y si carece de su abnegación y emotividad, también es muy afectiva, inestable y versátil (cuatro 5 más el del número de realización), de tal modo que a pesar de su afectividad casi nunca sabe expresar sus emociones; además, al ser reflexiva e introspectiva, le es muy difícil tomar decisiones. Sin embargo, es sociable, curiosa y adaptable, y a pesar de sus problemas internos ante todo desea lograr una estabilidad, que tras dudas y vacilaciones seguramente sólo podrá hallar en el seno de su familia, en la que se mostrará una mujer apasionada, tierna y maternal.

HISTORIA Quince papas, dos antipapas y muchas otras celebridades ilustran el nombre de Clemente, especialmente entre los siglos XII y XVIII. Pero en el XIX empieza a perder su popularidad mientras se incrementa la de Clementina; actualmente son nombres que parecen mantenerse con fuerza.

También debemos mencionar a Clemente de Chartres, el pintor de vidrieras que fue el primero en firmarlas, el poeta Clemente Marot, el romántico Clemente Brentano, y el estadista inglés Clemente Attle.

NÚMEROS   Clemente: 6 + 9 = 6   Clementina: 2 + 5 = 7

Clotilde

ETIMOLOGÍA   Del germánico *hlod*: gloria, y *hild*: combate, es decir, luchador o guerrero glorioso.

CARÁCTER   Es una mujer con una fuerte individualidad, dinámica, hábil, inteligente jovial, simpática, acogedora y deseosa de hacer amistades y establecer contactos con quien compartir ideas y chismorreos (su 3 íntimo figura cuatro veces en su rejilla). A veces muestra deseos de aparentar, de ser dueña de su propia vida, mientras que otras busca la facilidad y el dejarse llevar por las circunstancias de la vida. En lo sentimental y a pesar de su apariencia decidida, es algo tímida y desconcertante, siendo muy difícil saber lo que realmente desea.

HISTORIA   Santa Clotilde era la esposa de Clodoveo, rey de los Francos, que en la batalla de Tolbiac exclamó: «Dios de Clotilde, si me concedes la victoria creeré en ti». Vencedor, su conversión y la de sus tres mil guerreros instaló el catolicismo en Francia.

Otra Clotilde famosa es Clotilde de Saboya, la hija de Víctor Manuel de Italia y esposa de Jerónimo Bonaparte, el hermano de Napoleón.

NÚMEROS   3 + 7 = 1

Concepción

Concepción, Conchita, Concha

ETIMOLOGÍA   Del latín *conceptio*: concepción, generación, en referencia directa a la Sagrada Concepción de la Virgen María.

CARÁCTER   **Concepción** es una mujer con una acusada personalidad, activa, dinámica y emprendedora que adora estar en el escenario de la vida para representar su papel, tener un público y sentirse admirada. A pesar de su individualismo su ideal la lleva a superarse, siendo capaz de organizar, dirigir y administrar; pero también es muy sensible y emotiva, capaz de servir a un fin elevado, sentir y entregarse abnegadamente al servicio de una causa, siempre y cuando pueda ocupar un lugar destacado. Su único problema reside en que dos de sus números clave son 1, y que el mismo 1 sea ausente, con lo cual en el fondo no se siente tan segura como aparenta. En el terreno sentimental necesita a un hombre que esté a su altura y al que pueda amar y admirar; y si no fuese tan autoritaria, sería la mujer ideal.

Conchita es agradable, sociable y encantadora; en su naturaleza coexisten la necesidad de destacar y triunfar en actividades relacionadas con la comunicación y la creatividad, lo que le es fácil gracias a su inteligencia, habilidad y adaptabilidad; y su reserva innata a causa de su timidez, prudencia o desconfianza. Si es capaz de responder al 22 de su número de realización, dominará la parte positiva de su personalidad haciendo que se entregue totalmente a su misión en la vida; si sólo responde al 4, seguirá deseando triunfar, pero sabiendo que le será difícil y sólo lo conseguirá a base de esfuerzo y entrega. En el terreno afectivo es más materialista que sentimental, y lo que busca en el matrimonio es, ante todo, la seguridad y la estabilidad.

Concha es altiva, decidida, independiente, voluntariosa y autoritaria. Pero debajo de dicho exterior se esconde una mujer muy emotiva, abnegada, muy humana y vulnerable. Esta mezcla de egocentrismo y de altruismo, de fuerza y fragilidad puede resultar desconcertante incluso para ella misma. En el amor es honesta, franca y abnegada, pero capaz de sacar las uñas si se cree traicionada.

HISTORIA Es un nombre típicamente español y de los países de lengua hispana, pero prácticamente desconocido en el resto del mundo.

Por ello que pocas celebridades podemos mencionar, siendo quizás las más conocidas la socióloga Concepción Arenal, y las actrices y cantantes Concha Piquer y Concha Velasco.

NÚMEROS Concepción: 1 + 9 = 1 Conchita: 8 + 4 (de 22) = 3 Concha: 8 + 1 = 9

Conrado

ETIMOLOGÍA Del germánico *kuon*: valiente, audaz, y *rad*: consejo, consejero.

CARÁCTER Es un hombre sólido, estable y determinado, con una fuerte individualidad e independencia y dotes de mando; es decir ideal para hacer frente a toda clase de responsabilidades; trabajador y paciente sabe que en esta vida el triunfo sólo puede llegar a base de esfuerzo y constancia, pero se encuentra más a gusto organizando y dirigiendo que ejecutando. Sin embargo, y a pesar de la gran paciencia con que afronta las cuestiones importantes, puede mostrarse brusco e impaciente en los pequeños hechos de la vida cotidiana. En el terreno emotivo, sueña con el amor y la felicidad, siempre dispuesto a ser conciliador, amante y buen cabeza de familia; pero es muy exigente al buscar compañera pues necesita que tanto a él como a su pareja se les respete y admire.

HISTORIA Conrado es el heredero de Konrungr, el primer rey de la mitología escandinava, por cuyo motivo es muy corriente en Alemania y los países nórdicos, bastante en los anglosajones y escaso en los mediterráneos, donde empieza a expandirse.

San Conrado fue un obispo que distribuyó todos sus bienes entre los pobres, construyó iglesias y abadías, y después de peregrinar tres veces a Tierra santa, murió en 975.

Tras él muchos otros santos y bienaventurados llevaron este nombre; y además, emperadores germánicos, reyes de Jerusalén, un príncipe polaco, y actualmente el escritor Joseph Conrad, que en realidad se llamaba Konrad Kozeniowski, el canciller de Alemania Konrad Adenauer y el premio Nobel Konrad Lorenz.

NÚMEROS 6 + 4 = 1

Constante

Constante, Constanza, Constantino

ETIMOLOGÍA   Del latín *constans*: constante.

CARÁCTER   Pocos nombres se adaptan tan bien a su etimología como el de Constante, pues ésta es su principal cualidad: constante y seguro. Posee mucha perspicacia y su inteligencia es muy penetrante; sin embargo, más que emplearla en la vida competitiva prefiere hacerlo en la reflexión, la meditación, la búsqueda de los orígenes e incluso de qué es lo que existe más allá de esta vida terrenal. Por dicho motivo antes de tomar una decisión o suscribir un compromiso, necesita pensárselo mucho. Posee facilidad de palabra y habilidad manual, con lo cual a pesar de sus dudas y vacilaciones es seguro que se abrirá camino en la vida, lento pero seguro. En el amor, sigue siendo constante; un esposo fiel y cariñoso, quizás algo monótono, pero no hay que temer se descarrile.

Constancio y **Constancia** también pertenecen a la familia de los Constantes, sin embargo no los estudiaremos pues actualmente se hallan prácticamente extinguidos, y sólo Constanza sigue con una cierta actualidad.

Con tres 9 en sus números clave, y figurando el 9 en su rejilla, **Constanza** ha de ser una mujer fuera de lo común. Es de todo o nada, excesiva en todo; por eso su vida tanto puede llegar a lo más alto como hundirse por completo. Todo la impulsa hacia los demás y de una manera desinteresada, tanto si se refiere a asuntos públicos como privados, e incluso muchas veces puede impulsarla a viajar y conocer otros ambientes, aún cuando su principal búsqueda muchas veces se encamina por senderos místicos o religiosos. En el amor es tan imprevisible como en todo; muy romántica y fantasiosa, se entrega demasiado a sus emociones, sensaciones y ambientes, abandonando muchas de sus obligaciones familiares.

Constantino es un hombre fuerte y dominante, ambicioso y confiado en sus propias fuerzas y, ante todo, en mantener su libertad e independencia personal. Sabe ser amable y agradable, y cuando es necesario no duda en lanzarse a cambios, aventuras y nuevas experiencias impelido por su curiosidad, idealismo y vitalidad. Sin embargo, esta necesidad de cambios y aventuras no se manifiesta en su vida sentimental, pues ama la paz, la armonía y el confort del hogar, donde le gusta hacer arreglos y componendas deseando hacerlo todo a su manera. Un solo pero: que nadie intente limitar sus prerrogativas de cabeza de familia.

HISTORIA   Constantino el Grande fue considerado un santo por las Iglesias de Oriente, pues tras una existencia de lo más movida y disipada, en su vejez se convirtió al cristianismo siendo el primero de los emperadores cristianos; tras él, otro emperador romano, dos emperadores de Oriente, once emperadores bizantinos, y reyes y príncipes de Bulgaria, Grecia y Rusia fueron Constantinos.

También de Constantes hubo un emperador romano y un emperador de Oriente, y de Constanzas podemos citar a la esposa de Jaime III y a dos reinas de Sicilia.

NÚMEROS   Constante: $4 + 3 = 7$ Constanza: $9 + 9 = 9$ Constantino: $6 + 8 = 5$

Crispín

Crispín, Crispiniano

ETIMOLOGÍA   Del latín *crispus*: crespo, rizado.

CARÁCTER   **Crispín** es ambicioso, autoritario y lleno de vitalidad; sin embargo a veces se vuelve orgulloso y arrogante. Idealista, desea militar en movimientos artísticos, humanitarios o sociales en los cuales procura situarse en un primer plano, es decir, hacer lo que tanto le gusta: mandar y dirigir sintiéndose útil. Sentimentalmente es muy exigente, pero su saber hacer y su tacto disimulan su autoritarismo. Sin embargo su pareja puede estar segura de su fidelidad y de su interés por la familia.

    Crispiniano es abierto, simpático, sociable y activo. Muy curioso y extrovertido le gusta cambiar a menudo de actividades pues adora la libertad, los cambios y los viajes, y como es muy rápido y adaptable, pero a la vez ordenado y metódico, se desenvuelve bien en cualquier lugar y trabajo. Su único inconveniente es la facilidad con que pierde el interés por lo que está haciendo y lo adquiere por otro distinto, con lo cual desaprovecha muchas de sus oportunidades y se dispersa inútilmente. En el amor es encantador y familiar, desea fundar un hogar, necesita seguridad y algo que lo ate y estabilice; pero esto es algo difícil para él, tan difícil como la eterna fidelidad.

HISTORIA   San Crispín y san Crispiniano eran dos zapateros inseparables que vivieron en el siglo IX y partieron de Roma para evangelizar la Galia, pero sus numerosas conversiones no escaparon a la vigilancia de las autoridades romanas y fueron martirizados.

    Estos nombres gozaron de cierto predicamento en la antigüedad, pero actualmente van decayendo cada vez más.

NÚMEROS   Crispín: 9 + 1 = 1   Crispiniano: 8 + 6 = 5

Cristián

Cristián, Cristina

ETIMOLOGÍA   Del latín *christianus*: discípulo de Cristo.

CARÁCTER   **Cristián** es ordenado y metódico en las cosas prácticas de la vida, con iniciativa, capacidad de mando y decisión; agradable y encantador, le gusta ejercer su autoridad, pero en el fondo es un idealista que aspira a vivir libremente y sueña con grandes proyectos. Los sentimientos juegan un gran papel en su vida y es frecuente que se vea afectado, en bien o mal, por su familia. Exigente y autoritario, bajo su aspecto tranquilo es capaz de accesos de cólera cuando se le impide realizar sus deseos. En el amor es elitista y puede dudar mucho antes de comprometerse definitivamente; la elegida de su corazón deberá ser perfecta; y aún así, no será nada extraño que de tanto en tanto le sea infiel.

    El femenino de **Cristián** es **Cristiana**, pero actualmente ha sido sustituido totalmente por **Cristina**, originariamente un diminutivo de **Crista**, otro nombre ya olvidado.

Cristina es el doble femenino de Cristián, pues sus números clave son los mismos y posee sus mismas cualidades y virtudes; su única diferencia reside en la vida sentimental, pues en el amor quiere ser ella quien lleve la voz cantante y siempre encuentra algún defecto a su pareja, y lo que es peor, se lo dice, con lo que se complica la vida al exigir lo imposible.

HISTORIA   San Cristián evangelizó Polonia en el siglo II y santa Cristiana vivió en el siglo IV.

Los nombres de Cristián, Cristiana y Cristina alcanzan su apogeo en la Edad Media impulsados por las cruzadas: Destacan Cristián de Troyes en el siglo XII, autor de relatos de caballería y propagador de las leyendas celtas; reyes y reinas de los países escandinavos, una de las cuales, Cristina de Suecia, fue inmortalizada por Greta Garbo. Sin embargo, no se hacen populares hasta la primera mitad del siglo XX, especialmente Cristina. Como celebridad actual podemos citar a Cristina Onasis.

NÚMEROS   Cristián: 5 + 1 = 6   Cristina: 5 + 1 = 6

Cristóbal

ETIMOLOGÍA   Del griego *khristophoros*: el que lleva a Cristo.

CARÁCTER   Franco y directo, de **Cristóbal** se desprende una acusada contradicción interna: por un lado busca la seguridad, la estabilidad, el orden y el rigor; por el otro, siente la necesidad de ir siempre adelante, de triunfar y progresar contando con su facilidad de aprender sobre la marcha. Por este motivo es capaz de esforzarse y luchar con orden y constancia hasta el momento en que le invada la necesidad de ir más allá, de ir más deprisa, de cambiar de objetivo. Es que interiormente no tiene nunca plena seguridad, por más que exteriormente lo aparente; sus tres números clave son ausentes, por lo que sus posibilidades son potenciales y sólo se desarrollarán en uno u otro sentido si su número hereditario (los apellidos) lo permite. Sentimentalmente es demasiado directo, carece de romanticismo y es muy poco sentimental.

HISTORIA   Según la leyenda san Cristóbal se dedicaba a ayudar a la gente para atravesar un torrente (otras versiones dicen un fuego) cargándolos sobre sus espaldas; pero una vez cargó a un niño cuyo peso estuvo a punto de desplomarlo: este niño era Jesús. La leyenda es muy bonita, pero carece de base histórica.

En realidad han existido cuatro Cristóbales que han gozado de la santidad, como por ejemplo, san Cristóbal de Córdoba; pero fueron los cruzados quienes introdujeron el nombre en Europa y Cristóbal Colon lo popularizó con sus hazañas. A partir de entonces no ha dejado de emplearse y en nuestros días es el patrón de los automovilistas.

NÚMEROS   8 + 5 = 4

Damián

ETIMOLOGÍA   Del griego *Damia*, que era un sobrenombre de la diosa de la fertilidad, es decir, de Cibeles.

CARÁCTER   Es serio y estable, ordenado y metódico, trabajador y paciente, siendo uno de sus fines primordiales formar un hogar sólido que le sirva de base y punto de apoyo para lanzarse a colmar sus grandes ambiciones, sabiendo de antemano que no le será fácil. Esto cuando responde al 11 de su número íntimo, pero si sólo responde al 2, sus ambiciones serán mucho más limitadas y se concentrará en cumplir con sus obligaciones cotidianas, en hacerlo todo lo mejor que sabe y, ante todo, lograr que su hogar sea estable y duradero, pues en esta vida para él lo más importante es el amor, la paz y armonía, los hijos y el incremento del patrimonio familiar.

HISTORIA San Damián y su hermano Cosme eran médicos cristianos que cuidaban gratuitamente en tiempos del emperador Diocleciano. Fueron martirizados y torturados: atados de pies y manos y como permanecían invulnerables a todos los tormentos, finalmente fueron decapitados y se les venera desde el siglo V.

No es un nombre que haya sido muy popular, pero se ha ido manteniendo a lo largo de los siglos hasta el final de los años setenta, a partir de los cuales goza de un mayor predicamento.

NÚMEROS   2 (de 11) + 4 = 6

Daniel

Daniel, Dani

ETIMOLOGÍA   Del hebreo *dan*: juicio, y *El*, contracción de Elhoim, uno de los nombres de Dios; es decir, justicia de Dios.

CARÁCTER   **Daniel** es un idealista que desea que todo el mundo sea feliz a su lado; seductor, sociable y comunicativo, posee una inteligencia ordenada y metódica y una habilidad manual que le permiten solucionar cualquier problema que se le presente. Muy curioso, todo le interesa y divierte, lo que le lleva a abordar muchos temas, incluso los relacionados con el mundo de lo extraño; sin embargo, los que más le atraen son los relacionados con cuestiones sociales, políticas o humanitarias. En el terreno afectivo es dulce y amable, considerando esencial fundar una familia y disponer de un hogar confortable, y para lograrlo es capaz de todos los sacrificios. Pero es exigente y duda mucho antes de encontrar a la mujer de su vida, si es que la encuentra.

En su forma familiar de **Dani** posee una fuerte personalidad, siendo muy estricto, autoritario y dominador, pero en el fondo es tierno, emotivo, generoso, hipersensible y profundamente religioso, por lo que sólo se siente realizado cuando se siente útil a los demás, tanto personalmente como tomando parte en sociedades de carácter humanitario. Muy independiente y oportunista, con destacadas dotes de mando, no es extraño hallarle en algún cargo directivo, ya sea en el trabajo o en alguna asociación benéfica. En el amor es muy exigente y le cuesta hallar la pareja adecuada, que ante todo debe admirarlo; pero en el matrimonio se muestra sensual, generoso y amante de los niños.

HISTORIA   Los dos grandes iniciadores de la dinastía son el profeta Daniel del Antiguo Testamento y san Daniel el Estilita, en el siglo V.

A partir del siglo XI es un nombre que se ha perpetuado, no con gran popularidad pero si con regularidad hasta que en los años treinta de nuestro siglo sufrió un notable relanzamiento, especialmente Francia.

En cambio, su femenino **Daniela** nunca ha sido popular, excepto en Francia donde sigue vigente como **Danielle**, y en la actualidad lo es en España en su forma familiar de **Dani** y en Estados Unidos como **Danny**.

Son célebres el explorador americano Daniel Boone, el escritor Daniel Defoe, el estadista Daniel O'Donnell, el actor Danny Kaye y la actriz Danielle Darrieux.

NÚMEROS   Daniel: 6 + 3 = 9   Dani: 1 + 9 = 1

David

ETIMOLOGÍA   Del hebreo *dauod*: amado.

CARÁCTER   Muy influenciado por el 4 (dos en su rejilla a los que se suma su número de realización), número de trabajo, regularidad y paciencia, David es un constructor seguro de sí mismo, de su valor y la bondad de sus ideas, que desea ser el mejor en todo y lograr su independencia personal. Pero su número activo es el 5, lo que implica mucha curiosidad y necesidad de cambios; esto comporta cierta contradicción con su necesidad de estabilidad; sin embargo, su capacidad de adaptación es considerable y le permite comportarse de una u otra forma según las circunstancias y sin perder su autodominio. Sentimentalmente busca la estabilidad de un hogar, pero también un amor que huya de la monotonía y, ante todo, que nadie discuta su autoridad de cabeza de familia.

HISTORIA   Vencedor del gigante Goliat, su reino inicia el apogeo de Israel.

Es un nombre que se extendió por Europa a finales de la Edad Media, pero especialmente en los países celtas y anglosajones; en éstos últimos todavía sigue manteniendo su popularidad que decayó en el resto para renacer de sus cenizas a partir de los años sesenta.

Como personajes podemos citar dos emperadores de Trebisonda (en Turquía), dos reyes de Escocia, cinco reyes de Georgia y más modernamente, al trampero Davy Crockett, el pintor David Teniers, el explorador David Livingstone y el estadista David Ben Gurion.

NÚMEROS   1 + 4 = 5

Debora

Debora, Debbie

ETIMOLOGÍA   Del hebreo *deborah*: abeja.

CARÁCTER   **Debora** es más bien introvertida y cerebral, inquieta y con una cierta reserva instintiva; atenta, tierna y receptiva, tiende ante todo a protegerse, a evitar problemas y dificultades, pues siendo muy sensible e impresionable se siente herida con gran facilidad y desea mantener reservada su intimidad e independencia; sin embargo en la práctica de la vida cotidiana sabe desenvolverse con habilidad para hallar la estabilidad material y anímica que precisa. En el amor es afectuosa, aun cuando le cuesta mucho expresar sus sentimientos y emociones y si bien no debemos esperar se muestre romántica, en cambio podemos confiar en una fidelidad de por vida.

   Debbie, su variante anglosajona, se está popularizando entre nosotros y es mucho más enérgica, obstinada y ambiciosa, pero tanto o más reservada que Debora, pues también es muy sensible y emotiva, lo que no es obstáculo para que sea más abierta al mundo y sus problemas, y precisamente por su emotividad, siempre se halla dispuesta a ayudar a quien lo necesite, aún cuando incluso en esta tarea humanitaria se muestre algo mandona, decidida y con muy buenos reflejos. En el amor tiende a idealizar al ser amado, a ponerle en un pedestal, con todos los riesgos de decepción que ello comporta.

HISTORIA   En la Biblia, Debora, es la nodriza de Rebeca que en los momentos difíciles de Israel es a la vez mujer, juez, profetisa y estratega.

   Olvidada luego durante siglos, reaparece en la Inglaterra del siglo XVII, desde donde pasa a Estados Unidos y finalmente entre nosotros, donde empieza a ser común. Como representantes modernas podemos citar a las actrices Debora Kerr, Debora Paget y Debbie Reynolds.

NÚMEROS   Débora: 7 + 4 = 2   Debbie: 8 + 1 = 9

Delfín

Delfín, Delfina

ETIMOLOGÍA   Del griego *delfis*: delfín.

CARÁCTER   **Delfín** es un conquistador y un seductor; su extrema curiosidad le impele a probarlo todo, conocerlo todo y si es necesario ir adonde sea, pues para él lo más importante es la libertad y el cambio; es por esto que cuando gracias a su habilidad y adaptabilidad ha conseguido lo que ansiaba, lo abandona para buscar un nuevo objetivo y seguir su eterna búsqueda. Es un idealista soñador que no soporta la soledad ni la monotonía y ante las dificultades prefiere huir a afrontarlas. Pero al ser muy emotivo y abnegado, siempre está dispuesto a echar una mano cuando se le necesita o a colaborar en obras y empresas humanitarias, lo cual no le impide seguir buscando nuevas cosas que hacer o conocer. En el amor es seductor y algo libertino, y la fidelidad no figura entre sus virtudes.

Delfina es el reverso de Delfín: equilibrada, agradable, servicial, conciliadora y algo coqueta; convencida de sus dotes de organización y metódica en la práctica, es muy meticulosa en cuanto hace y de su persona se desprende una impresión de calma y dulzura. En lo único que concuerda con Delfín es en su emotividad y abnegación, en su apertura al mundo y a sus necesidades. En el amor es sensual, sentimental y todo lo espera del amado; su ideal es la vida en pareja.

HISTORIA   Prácticamente abandonado al finalizar el mundo clásico, los condes de Albón lo convirtieron en apellido en el siglo XII y luego los condes de Viennois lo usaron como título; de aquí procede el nombre de la región francesa del Delfinado, y cuando se unió a la corona de Francia se concedió el título de Delfín al primogénito del rey. Posteriormente, se reactivó con el romanticismo para volver a decaer, y a partir de los años sesenta vuelve a renacer.

NÚMEROS   Delfín: 5 + 9 = 5   Delfina: 6 + 9 = 6

Desirée

Desiderio, Desirée

ETIMOLOGÍA   Del latín *desideratus*: deseado.

CARÁCTER   **Desiderio** es un hombre con grandes contradicciones internas, pues sus números representativos son opuestos entre sí; en efecto, su 1 activo lo hace independiente, autoritario y oportunista. Si responde al 11 de su número de realización todavía se exalta más su ambición y extroversión, pero si sólo responde al 2 –que es lo más frecuente– lo que anhelará será la estabilidad, la dependencia y el cooperar con los demás; por consiguiente su vida será un continuo alternar de dichas tendencias, pero además su 8 íntimo es ausente, lo cual (a menos que su número hereditario lo compense) le hace perder la proporción entre el querer y el tener, lo que puede hacerle pasar de épocas de negligencia a otras de actividad, y del despilfarro a otras de avaricia. También en el amor se manifestará dicha dualidad, y dependiente de su pareja, de la que espera soporte y afecto, al mismo tiempo también deseará ser el macho dominante.

En su forma femenina sólo se mantiene en su versión francesa: **Desirée**, que es la que comentaremos.

Desirée es una mujer que parece inaccesible por su porte altivo y su capacidad de mantenerse distanciada. Sin embargo, nunca pasa desapercibida, y su aspecto externo responde a su necesidad de crear un mundo privado y secreto en el que refugiarse cuando las circunstancias no son las que desea; introvertida, sabe dejarse llevar por los acontecimientos involucrándose lo menos posible en ellos y preservando su independencia, de la que es muy celosa. Sensible y emotiva posee un buen sentido estético y una elegancia natural, y si debe escoger una profesión preferirá las relacionadas con el arte, la moda, la decoración, o similares. Su único problema puede residir en el exceso de 5 en su rejilla, que puede impulsarla a la inestabilidad, a la tendencia a cambiar demasiado de amigos, de trabajo e incluso de pareja. Siendo una gran sentimental, amar y ser amada es el fin primordial de su vida, pero su 6 ausente le ocasionará dificultades para encontrar la pareja ideal que desea.

HISTORIA   San Desiderio era el guardián del sello real de los reyes Clotario y Childeberto; a la muerte de san Arcadio fue nombrado obispo de Bourges, donde murió en el año 850.

Olvidado luego casi totalmente, sólo Desirée se mantiene gracias a Desirée Clary, primero prometida de Napoleón y posteriormente casada con el general Bernadotte, que la convirtió en reina de Suecia.

NÚMEROS   Desiderio: $8 + 2$ (de 11) $= 1$ Desirée: $6 + 7 = 4$

Diana

ETIMOLOGÍA   Del latín *diviana*: divina, nombre aplicado a la diosa lunar, la Diana cazadora, «reina de los montes y los bosques profundos» según Catulo.

CARÁCTER   Nos hallamos ante una fuerte personalidad, humana, altruista y muy intuitiva, pero a la vez muy sensible y emotiva, que ambiciona colaborar activamente en construir un mundo mejor (cuando responde al 11 íntimo); o de una forma más pasiva y personal (cuando sólo responde al 2), con inclinaciones místicas y humanitarias. Pero en cualquiera de los dos casos, posee un indudable sentido práctico de la vida e incluso a veces de los negocios. La vida familiar le es imprescindible pues es romántica y soñadora, pero también una buena ama de casa que desea un hogar sólido y estable, una maternidad que la llene y un cónyuge que la adore.

HISTORIA   La bienaventurada Diana nació en Bolonia a principios del siglo XIII y fundó un pequeño convento de Dominicanas donde murió en 1236.

Diana ha sido siempre un nombre de heroína o de princesa durante el Renacimiento, luego, caído en el olvido, fue patrimonio casi exclusivo de la aristocracia. Actualmente goza de gran predicamento en Canadá, Estados Unidos e Inglaterra, y no dudamos lo tendrá entre nosotros.

Como Dianas célebres podemos citar a Diana de Poitiers favorita de Enrique II, y la hija de éste último, Diana de Francia. Otras Dianas famosas son las actrices Diana Dors y Diana Durbin, pero actualmente es la princesa Diana de Gran Bretaña quien ocupa la máxima popularidad.

NÚMEROS 2 (de 11) $+ 9 = 2$

Dionisio

ETIMOLOGÍA   Del griego *dionusus*: hijo de Dios. Dyonisios era el dios griego de la viña y el vino, al que los romanos denominaron Baco, y a sus fiestas, bacanales.

CARÁCTER   Solitario e introvertido, siempre dudando y haciéndose preguntas, reservado y tímido, Dionisio esconde su inquietud existencial, su búsqueda del sentido de la vida y de la fe, tras una sonrisa irónica y un aspecto despegado. Es un idealista y un soñador, y también un místico potencial por la presencia de tres 9 en su rejilla, que sin eliminar su inquietud existencial ni sus dudas, lo hacen muy abnegado y servicial. Si sólo responde a su 2 de realización, intentará alejarse de sus dudas mediante el trabajo, pero si lo hace al 11, todavía será más soñador, original e incomprendido. En lo que a su vida sentimental se refiere, el matrimonio convencional le aterra, pues puede significar el fin de su libertad, una intromisión en su secreto mundo interior; por esto lo más frecuente es que permanezca soltero.

HISTORIA   Existen muchos santos y bienaventurados con dicho nombre; mártires de los primeros siglos cristianos después del primer obispo de la Iglesia de Atenas en el siglo I; entre otros san Dionisio, obispo de París, decapitado en el siglo III.

Y ya, menos santos, Dionisio el tirano de Siracusa, el filósofo Diderot, la escritora Denise Robins y Papin, el inventor de la máquina de vapor.

NÚMEROS   5 + 2 (de 11) = 7

Dolores

Dolores, Lola, Lolita, Dolly

ETIMOLOGÍA   Del latín *doleo*: sufrir. Es un nombre alusivo a los Siete Dolores de la Virgen.

CARÁCTER   **Dolores** es una mujer contradictoria, pues existe una lucha interna entre sus números íntimo y de realización (1) que le otorgan dinamismo, autoridad, iniciativa e independencia, y el activo (2) que la inclina a la pasividad y la dependencia; esta circunstancia hace que su vida se desarrolle en la alternancia de dichas cualidades, oscilando entre la abnegación y el egocentrismo. Sin embargo, también existen casos en que todo esto puede armonizarse en un resultado final que podríamos definir con aquello de «guante de seda en mano de hierro». En lo sentimental es muy sensible y emotiva, pero tiende a ocultar sus emociones, pues no desea parecer vulnerable. Por los mismos motivos el matrimonio le produce una cierta insatisfacción, pues en el hogar se revela contra la dependencia de su cónyuge, mientras que si se lanza a la vida activa profesional, será en detrimento de su vida familiar.

Lola, la forma familiar de Dolores, es mucho más sociable aún cuando sigue teniendo contradicciones internas, pues es sociable, encantadora, servicial y entusiasta, pero a veces exterioriza una independencia y una ruda espontaneidad que sorprende por lo inesperado y que depende del humor del momento, de su motivación o de sus intereses, pues desea hacerlo todo, ser la mejor y triunfar en la vida, y a pesar de su adaptabilidad precisa de un cambio continuo y una libertad sin trabas. En amor es una mujer sensual que desea sentirse libre, pero que por su parte es celosa y posesiva.

En su diminutivo de **Lolita**, todavía es más emotiva y explosiva; muy generosa, íntegra y enemiga de medias tintas, carece de diplomacia; aspirando conseguir el poder y los bienes materiales; su necesidad de acción no le permite estar inactiva, y su actividad se dirigirá a cuanto se relacione con cuestiones humanitarias, sociales, políticas o relacionadas con la gente, y profesionalmente desea ser conocida y admirada. En el amor es muy compleja, una mezcla de posesividad y de celos, pero para ser feliz necesita hallar un hombre luchador que le demuestre quien manda; si lo halla, se rendirá a sus pies.

Dolly, el diminutivo anglosajón de Dolores nos presenta a una mujer secreta y reservada, introvertida y dubitativa que siempre se está haciendo preguntas. Con un buen sentido crítico y un profundo sentido de la justicia, necesita ocupar su mente con actividades intelectuales apoyándose mucho en su desarrollada intuición, pues suele tener premoniciones y presentimientos a los que hace caso. Tímida y emotiva, está interesada por la psicología, el esoterismo, el mundo de lo maravilloso y cuanto se sale de lo ordinario, pero al menor contratiempo se repliega sobre sí misma. Es por ello que se siente atraída por los movimientos u organizaciones que comparten sus mismos ideales. Sentimentalmente vive tanto de quimeras y utopías que no sabe lo que realmente desea y muchas veces sufre la soledad, a menos de que no consiga una pareja con sus mismos ideales e inquietudes.

HISTORIA Es un nombre típicamente español que trasladado a la América Hispana pasó a Estados Unidos, transformándose posteriormente en Dolly, diminutivo que se está introduciendo entre nosotros, y que junto a Lola y Lolita está desplazando a Dolores.

Son famosas Lola Montes, Dolores Ibarruri, Dolores del Río, Lola Flores y su hija Lolita y, cómo no, la Lolita de Nabokov.

NÚMEROS Dolores: $1 + 1 = 2$ Lola: $8 + 6 = 5$ Lolita: $8 + 9 = 8$ Dolly: $7 + 9 = 7$

Domingo

Domingo, Mingo

ETIMOLOGÍA Del latín *dominicus*: del Señor.

CARÁCTER En **Domingo** se enfrentan dos influencias, la del 7, que lo convierte en cerebral, reflexivo e introvertido (quizás demasiado pues el 7 es excesivo e inclina al aislamiento), y el 5, que lo hace soñador, idealista y con ansias de libertad. Esto se traduce en un carácter cambiante, lleno de dudas y contrastes, sobre un fondo de inadaptación, siendo susceptible de caer en la agresividad o en la abulia. Pero si sabe encaminar su idealismo hacia derroteros espirituales, es más fácil que pueda superar sus contradicciones internas. En el amor, le es difícil comprometerse seriamente, pues teme sufrir las consecuencias.

Mingo, su forma familiar, también posee un carácter contradictorio; por una parte (el 5) posee una naturaleza aventurera, excesiva, amante del cambio y la libertad, mientras que por la otra (el 7) es de naturaleza cerebral, reflexiva, introspectiva y con un profundo sentido de la justicia; pero este 7 es excesivo, lo que lo conduce a la exageración de dichas cualidades que se convierten en defectos: tendencia a aislarse, a separarse de los demás e incluso a veces de la misma realidad; por esto le fascinan las especulaciones intelectuales, la ciencia ficción, la astrología y cuanto se salga de lo común y pueda desarrollar en soledad. Sentimentalmente es apasionado, pero no sabe expresar sus sentimientos, ya sea por timidez, por inconformismo o por no coartar su libertad atándose a otra persona.

HISTORIA Muy popular en la Edad Media y famoso por el benedictino santo Domingo de Silos y por san Domingo de Guzmán, fundador de la orden Benedictina, Domingo arraiga en la cuenca mediterránea, especialmente en España y el sur de Francia, donde se mantiene estable hasta los años cincuenta, en que toma un mayor impulso y popularidad.

NÚMEROS Domingo: $5 + 2 = 7$ Mingo: $7 + 7 = 5$

Dorotea

Doroteo, Dorotea, Dora, Doris

ETIMOLOGÍA   Del griego *doron*: regalo, don, y *Theos*: Dios.

CARÁCTER   **Doroteo** es otra persona contradictoria por la combinación del 7 y el 8, contrarios entre sí; es una mezcla en la que se combinan la pasión, la exageración, la hiperactividad, la impulsividad y la extroversión, con la reserva, la reflexión, la introversión, la sensibilidad y la pasividad. De aquí que Doroteo pueda pasar sin la menor transición de una actividad competitiva a una búsqueda mística o metafísica. Sin embargo, el 7 es excesivo en su rejilla, por lo que prevalecerá la tendencia a la introversión, a alejarse de la gente e incluso a veces de la realidad material; si a esto añadimos que el 8 es ausente, existe un desequilibrio entre el querer y el poder, por lo que debería aprender a administrar sus bienes, si no quiere encontrarse al final con las manos vacías En lo sentimental existe la misma contradicción, pues tanto es apasionado y generoso como posesivo y celoso, por lo que no es raro que al final de su vida se encuentre sólo.

Dorotea posee una fuerte personalidad: muy sensible y emotiva, no por ello deja de ser capaz de asumir toda clase de responsabilidades y decidir cuál debe ser su propia vida, y si de algo peca, es de ser poco diplomática. Es una individualista para quien la emancipación de la mujer es algo real, al menos en lo que a ella se refiere. Fiera y orgullosa, nerviosa y oportunista, imaginativa y de excelentes reflejos, más que una intelectual es una mujer de acción con un elevado sentido práctico. En cambio, en el amor busca la estabilidad, como si el hogar fuese la base sólida que pueda servirle de rampa de lanzamiento. Cuando ama, es ardiente, apasionada y posesiva.

Dora es una forma familiar de Dorotea, pero también de Teodora, Leonora y demás nombres con dicha terminación. Su temperamento es franco y directo, impulsivo y autoritario, pero con una extraña mezcla de reserva, autocontrol, constancia y de amor a la faena bien hecha, y como posee gran facilidad en asimilar conocimientos y experiencias, suele triunfar en el mundo material pues ama el poder y el dinero, aun cuando a veces sus cambios de humor desconcierten a quienes la rodean. En el amor es difícil de comprender y soportar, pues quiere mandar y administrar sin admitir se le contradiga en nada. Si existe un hombre capaz de soportar todo esto, se dará cuenta de que se ha unido a una mujer en la que se puede confiar por completo.

Doris, la variante anglosajona de Dora, es una mujer inquieta y nerviosa que cultiva su espíritu, y si ofrece una impresión de ser poco sociable es debido a ser muy reservada y desea reflexionar y mantener secreta su intimidad, del mismo modo que respeta la de los demás y posee un elevado sentido de la justicia. Pero es una mujer que necesita moverse y actuar, que ejerce la autocrítica y considera la libertad, tanto personal como de acción, como un bien inalienable, y la soledad no le asusta lo más mínimo. Sentimentalmente es muy inestable, sin saber lo que realmente desea; por ello, su vida amorosa es una sucesión de aventuras poco convencionales que no le impiden mantener su libertad.

HISTORIA   Santa Dorotea fue decapitada fines del siglo III no sin convertir antes a las dos mujeres y al abogado que la conducían al patíbulo; la leyenda es hermosa pero incierta, por lo que la Iglesia la ha retirado del nuevo santoral.

Sin embargo otras santas y santos compartieron dicho nombre: san Doroteo, un oficial de Diocleciano convertido al cristianismo y martirizado en el año 303; san Doroteo de Tebas, ermitaño del siglo IV; santa Dorotea de Alejandría que se retiró a morir en el desierto; santa Dorotea patrona de Prusia que vivió en el siglo XIV.

Y modernamente, las actrices Doris Day y Dorothy Lamour.

NÚMEROS   Doroteo: 8 + 3 = 7   Dorotea: 2 + 8 = 1   Dora: 8 + 5 = 4   Doris: 7 + 7 = 5

Edgar

ETIMOLOGÍA   Del germánico *ed*: riqueza, y *gari*: lanza.

CARÁCTER   Es un hombre seductor, agradable, social y comunicativo, idealista, algo reformista y mandón; muy emotivo y abnegado, desearía que todo el mundo fuese feliz y pone por su parte cuanto puede, incluso tomando parte en empresas de carácter humanitario y social en las que puede hacer gala de sus capacidades organizativas, su habilidad manual y su sentido comunicativo, cualidades que también usa en su vida práctica. Muy curioso, todo le atrae y divierte, incluso lo relacionado con el mundo de lo extraño, y a veces quiere hacer tantas cosas que corre peligro de dispersarse. Es tierno, sensible y amante y su vida afectiva le es tan importante que cuando se siente rechazado o incomprendido se desmorona, pues sueña en fundar una familia para la cual será capaz de los mayores sacrificios y desvelos; su único inconveniente es ser muy exigente con su pareja.

HISTORIA   San Edgar el Pacífico, rey anglosajón del siglo X, combatió el paganismo y reinó pacíficamente. Pero en realidad, Edgar es una variante inglesa de Eduardo adaptada posteriormente al castellano.

Es un nombre que fue muy popular en Inglaterra hasta la conquista normanda en que pasó al olvido, pero en el siglo XVII reapareció con fuerza gracias a Shakespeare (en el *Rey Lear*) y a continuación se expandió por Europa y América.

Como celebridades citaremos a Edgar Degas, Edgar Allan Poe, Edgar Faure y Edgar Caice.

NÚMEROS   6 + 3 = 9

Edita

Edita, Edith

ETIMOLOGÍA   Del germánico *ed*: riqueza, y *gyth*: lucha.

CARÁCTER   Cuando **Edita** es capaz de responder a la influencia de su número activo 22, es una mujer que parece inaccesible pero que no deja indiferente gracias a su carisma personal. Introvertida, intuitiva, clarividente, metódica y con capacidades organizativas, es muy prudente y sabe adaptarse a las circunstancias de cada momento, dejándose llevar por la corriente cuando le conviene, pues desea mantenerse independiente y dueña de sus actos (de aquí su aspecto distante y reservado) y sus objetivos se dirigen a desarrollar al máximo su creatividad, especialmente en cuestiones artísticas o humanitarias. Quizás su mayor defecto reside en ser poco comunicativa, en desear ser comprendida sin poner la parte que le corresponde, y cuando no lo consigue se siente decepcionada. Cuando sólo responde a la influencia del 4, sus metas son muy inferiores, y entonces es como una hormiguita que va haciendo su camino con orden, rigor y constancia; más sensible y emotiva, carece del espíritu de lucha del caso anterior. En el amor, es una gran sentimental cuya mayor preocupación es amar y ser amada, pero también que su pareja le proporcione un hogar confortable y a ser posible, bello.

Actualmente la forma anglosajona de **Edith** ha sustituido casi totalmente a Edita, y como a tal se nos presenta mucho más vulnerable y asequible; amante de la compañía, depende mucho del ambiente en que se mueve, especialmente el familiar; esta dependencia hace que pueda pasar con gran facilidad de la indolencia a la hiperactividad, y a pesar de ser ordenada y metódica en las cosas prácticas –especialmente en las relacionadas con el hogar– es idealista y soñadora, especialmente cuando responde a la influencia del 11 activo. Pero en ambos casos lo más importante para ella lo constituyen el amor y la vida familiar, en la que espera que su pareja le proporcione seguridad y protección.

HISTORIA   Santa Edith era la hija de san Edgar y nació en 961, pasando su corta vida en el monasterio de Wiltton, donde murió en 984.

Es un nombre que no se hizo popular hasta el siglo XI, expandiéndose luego por el resto de Europa; así, por ejemplo, Carlomagno tuvo una Edith entre sus esposas. Sin embargo pronto cae en el olvido y sólo modernamente vuelve con fuerza.

Como celebridades citaremos a la cantante Edith Piaf y a la Primera Ministra de Francia, Edith Cresson.

NÚMEROS   Edita: 6 + 7 = 4 (de 22)   Edith: 5 + 6 = 2 (de 11)

Edmundo

ETIMOLOGÍA   Del germánico *ed*: riqueza, y *mund*: protector.

CARÁCTER   Es un hombre agradable del que se desprende un fuerte magnetismo y una sensación de fuerza. Es ordenado, metódico y capaz de asumir toda clase de responsabilidades; muy imaginativo y con buenos reflejos físicos y mentales, sabe reaccionar ante la vida con rapidez y eficacia. Otra notable faceta de su carácter es su sentido de la justicia y el deseo de evolucionar en todos los planos de la vida, especialmente en los más íntimos. Entre los Edmundos existen dos destinos distintos, pues mientras unos son ambiciosos y más bien materialistas, existen otros con una tendencia más filosófica y reflexiva, por no decir mística. Esto dependerá de su número hereditario, de si éste compensa el exceso de 4 en su rejilla (posee 4 en 7 letras), pues de lo contrario primará el lado material, pudiendo llegar a ser rutinario, rígido y capaz de perderse en los detalles en lugar del conjunto de la tarea. Emocionalmente busca la calma y la soledad, especialmente en la seguridad del hogar; poco comunicativo, le cuesta expresar sus sentimientos, pero es un hombre tierno y deseoso de fundar una familia.

HISTORIA   San Edmundo nació en Nuremberg en 840; soberano de un pequeño reino fue asesinado por los daneses en Thetford en 870. Otros Edmundos han sido santos o bienaventurados, como san Edmundo Rich, arzobispo de Canterbury.

Es un nombre que luego cayó en el olvido hasta el siglo XIX en que reaparece, pero su popularidad está decreciendo de nuevo. Como celebridades citaremos Goncourt, Rostand, de Amicis y Manet.

NÚMEROS $7 + 8 = 6$

Eduardo

ETIMOLOGÍA   Del germánico *ed*: riqueza, y *ward*: guardián.

CARÁCTER   Enérgico, viril, combativo y obstinado, pero siempre elegante y distinguido, Eduardo sueña con mandar y dirigir, lograr poder y riqueza, por lo que no soporta la supeditación. De hecho, es concreto, práctico, poco intelectual, reservado y deseando ser útil, ya sea en la mística, el deporte o la política. Muy estricto, leal, franco y directo, no tolera ni el disimulo ni la falsedad. En el amor es apasionado, exigente, celoso y posesivo, y su brusquedad puede hacerle perder más de una ocasión; sin embargo, debemos reconocer que en el fondo es tierno y emotivo.

HISTORIA   En el siglo X san Eduardo, el Mártir, fue asesinado por su madrastra apenas cumplidos los 16 años. Otros santos también usaron dicho nombre, como san Eduardo el Confesor en el siglo XI, que debe su apodo a su gran piedad; su reinado fue tan apacible que resultó desastroso, pues ser rey y santo a la vez es algo incompatible.

Después de su éxito en la Edad Media empezó a declinar y no es hasta el siglo XVIII que vuelve a gozar de popularidad. Llevan dicho nombre ocho reyes de Inglaterra, un rey de Portugal, un conde de Saboya y celebridades como Manet, Grieg, Herriot, Daladier, Branly, Frei, Kennedy, Heath y Balladur.

NÚMEROS $8 + 9 = 8$

Elena

Helenio, Helena, Elena

ETIMOLOGÍA   Del griego *helan*: antorcha, o de *hele*: luminosa.

CARÁCTER   **Helenio** es un hombre sociable, agradable y sensible a la belleza; discreto y reservado, ofrece una sensación de equilibrio y seguridad. Pero dicha discreción y reserva vienen mezcladas con tal timidez que se siente incómodo entre la gente a pesar de su facilidad de expresión. Dado que desea conservar su independencia y triunfar por su propio esfuerzo sabe ser prudente y asumir sus responsabilidades, aún cuando a veces esto último le resulte difícil si su número hereditario no compensa su 6 ausente; del mismo modo que su 5 dominante puede conducirle a un exceso de cambios y de superficialidad. En el amor es muy complicado e imprevisible, tanto en su vida sexual como en la meramente afectiva, pues es capaz de dar un paso adelante y dos atrás, de desear y de huir, pasar de indiferente a celoso.

Helena se debate entre dos tendencias, la del 9 que la impele a la espiritualidad, a un interés por los demás que puede llegar a la abnegación, y la del 7, más egocéntrica, artística e independiente que la impulsa a dejarse llevar por los acontecimientos sin implicarse directamente. Pero por si fuera poco, su exceso de 5 en la rejilla pueden conducirla al cambio constante, ya sea de trabajo, de residencia e incluso de amor, es decir, en superficial e imprevisible. Sólo el amor y el matrimonio son capaces de proporcionarle la estabilidad que íntimamente desea, aun cuando la constancia no sea su mayor virtud.

Elena es una mujer afectuosa y sentimental que busca el amor y la vida en pareja, aún cuando a veces su 2 y 8 ausentes le jueguen la mala pasada de incrementar en exceso su emotividad y la hagan pasar de un extremo al otro sin la menor diplomacia. Además, como todos los nombres de esta familia, el exceso de 5 (tres en su rejilla de cinco letras) puede conducirla al exceso de cambios y a la superficialidad, por lo que es frecuente que su vida sea movida e inestable, a menos que responda a la influencia de su 11 íntimo, en cuyo caso la ambición puede ayudarla a dirigir su interés de una forma más concreta. En el amor también es emotiva e inestable, por lo que necesita un hombre que la domine y estabilice; que le dé seguridad.

HISTORIA   Santa Helena era sirvienta de posada y concubina de Constancio Cloro, que la repudió al llegar a emperador, no sin antes darle un hijo: Constantino I, el primer emperador romano convertido al cristianismo. Se dice que descubrió las reliquias de la Santa Cruz, y por ello la Iglesia la santificó.

Muy popular en Oriente y en la Europa central, Elena no tardó en extender su popularidad, especialmente en Inglaterra, donde le han dedicado nada menos que 35 iglesias, y a partir de entonces no ha cesado de ser uno de los nombres más populares.

Como celebridades modernas citaremos la escritora Helen Keller, la fundadora de la Sociedad Teosófica, Helena P. Blavatski, y la actriz Helen Hayes.

NÚMEROS   Helenio: 8 + 7 = 6   Helena: 2 + 7 = 9   Elena: 2 (de 11) + 8 = 1

Eleonor

Eleonor, Eleonora, Leonor, Nora

ETIMOLOGÍA   Del griego *eleos*: compasión, o del árabe *Ellinor*: Dios es mi luz.

CARÁCTER   **Eleonor** es una mujer nacida para seducir, amar y repartir paz, armonía y belleza. Dotada de un espíritu metódico y un gran sentido del detalle, sabe aceptar sus responsabilidades, ya sean las del hogar o las de un reino, mostrándose conciliadora, afectuosa y, cómo no, algo coqueta, lo cual se acentúa por su 5 dominante, que la hace versátil. Su emotividad y su imaginación son muy desarrolladas, al igual que su intuición, y necesita que su vida posea una finalidad a la que pueda entregarse abnegadamente de lleno, ya sea de carácter humanitario, político o social, e incluso algunas veces místico o esotérico. Sensual, sentimental y tierna, espera mucho del príncipe encantador que la enamore, aún cuando a veces no sabe cuál escoger.

Eleonora es reservada y secreta, una introvertida que no para de hacerse preguntas, de aquí que a veces esté angustiada y otras veces inquieta, pero siempre sobre temas de interés artístico, filosófico, metafísico o espiritual, pues posee un agudo sentido de la justicia y procura respetar los derechos de los demás; sin embargo es muy celosa de su libertad y en los momentos difíciles de la vida, unas veces prefiere doblarse como el bambú y seguir luego como si nada, y otras se repliega sobre sí misma. Sentimentalmente está llena de sueños quiméricos que muchas veces le impiden concretar su verdadero ideal masculino, lo que puede conducirla a la soledad.

Activa, dinámica y emprendedora, **Leonor** posee una acusada personalidad y adora estar en el escenario de la vida, para representar su papel, tener un público y ser admirada, y a pesar de su individualismo, su ideal la lleva a superarse, siendo capaz de organizar, dirigir y administrar; pero también es sensible, intuitiva y emotiva, capaz de servir a un fin elevado, de sentir y entregarse abnegadamente al servicio de una causa siempre y cuando pueda ocupar un lugar destacado. Su único peligro, con dos 5 y dos 7 en su rejilla, es el de la dispersión o el de aislarse en su torre de marfil. En el amor necesita un hombre que esté a su altura, al que pueda amar y admirar, y si no fuese tan autoritaria sería la esposa ideal.

Nora es la forma familiar de Leonora, y es una mujer infinitamente sociable, encantadora espontánea, espíritu refinado y conciliador. Sin embargo cuando desea verdaderamente algo su personalidad cambia por completo y trata de obtenerlo a base de seducción y obstinación, y si no lo consigue aparece su lado malo: impulsiva, excesiva y ruda. Necesita apasionarse por algo, en cuyo caso es superactiva y entusiasta, pero cuando carece de estímulos, puede resultar indolente e incluso perezosa. En el amor busca una perfección que no existe y nunca se encuentra satisfecha con su pareja; además es celosa, sensual y amante de la libertad, por lo cual no suele ser demasiado fiel.

HISTORIA   En el siglo XII Eleonor llegó a Europa a través de los árabes y la sedujo. Santa Eleonora de Provenza tuvo una vida muy movida: casada con Enrique III de Inglaterra a los 14 años, mal aconsejada, poco dotada para la política y demasiado compasiva, no supo impedir la rebelión popular contra la corona. Sin embargo, exiliada en Francia y prisionero el rey, demostró un coraje insospechable volviendo al frente de un ejército para restablecer la situación. Al enviudar se encerró en la abadía de Ambresbury donde murió en 1292 como una simple benedictina.

Tras ella han existido numerosas princesas y reinas de dicho nombre: Eleonor de Aquitania, esposa de Luis VII de Francia, Leonor de Castilla, Leonor de Habsburgo casada primero con Manuel I de Portugal y luego con Francisco I de Francia, Leonor Teles, reina de Portugal. Y más actualmente, la pintora y escritora Leonora Carrington y las actrices Eleonor Parker y Eleonora Duse.

NÚMEROS   Eleonor: 6 + 9 = 6   Eleonora: 7 + 9 = 7   Leonor: 1 + 9 = 1   Nora: 8 + 6 = 5

Elías

ETIMOLOGÍA   Del hebreo *El*: Dios, y *Yha*: Dios.

CARÁCTER   Metódico, organizado, elegante y con gran facilidad en asimilar conocimientos y experiencias, es adaptable y maleable, pero sabe hacer valer sus ideas con firmeza. Otra de sus cualidades es su sentido de la cooperación y de los negocios, en los que no duda en asociarse cuando lo considera necesario para obtener mejor provecho, y a pesar de su gran intuición lo hace pasar todo bajo el tamiz de la lógica y el sentido práctico. Sentimentalmente es muy exigente y perfeccionista, pide demasiado a su pareja y en él se realiza el adagio de que lo mejor es enemigo de lo bueno, y por buscar lo mejor pierde lo bueno, exponiéndose a quedarse solo.

HISTORIA   Se inicia con el profeta Elías del Antiguo Testamento, de quien se dice subió al cielo en un carro de fuego, no sin antes pasar la antorcha de la profecía a su discípulo Eliseo.

Siempre ha sido un nombre popular en los medios israelitas y protestantes, pero mucho menos en los demás. Como celebridades podemos citar al historiador del arte Elías Faure, al escritor Elías Wiressel, al cineasta Elia Kazan y el estadista Elie Decazes.

NÚMEROS $6 + 5 = 2$

Elisa

Eliseo, Elisa, Elisenda, Elsa

ETIMOLOGÍA   Del hebreo *Elyasa*: Dios ayuda.

CARÁCTER   En **Eliseo** existe una extraña mezcla de influencias antagónicas, las del 5 y el 8, que lo hacen reservado, enérgico, con gran confianza en sí mismo y deseos de triunfar, y la del 4, que le inclina a la desconfianza, la prudencia y la reflexión, al amor al detalle, lo que puede paralizarle y hacerle perder muchas ocasiones. Sobre cuál de las dos tendencias predomine en cada caso particular dependerá del número hereditario. Sin embargo, lo que no puede negársele es su mentalidad, su rápida comprensión de las cosas. En el terreno amoroso necesita mucha comprensión, pues suele ser celoso, brusco y poco sentimental; pero sin embargo siempre puede contarse con él en los momentos difíciles.

Elisa es una mujer elegante y adaptable que sabe sacar provecho de todas las circunstancias, tanto en lo positivo como en lo negativo. Su sensibilidad y su sentido de la cooperación son muy acusados, ya sea para formar parte de asociaciones profesionales, humanitarias o simplemente lúdicas. Sin embargo, y a menos que su número hereditario lo compense, su 6 ausente puede incitarla a evitar responsabilidades y hacerle difícil elegir entre varias soluciones o posibilidades. Su misma emotividad le hace desear el matrimonio o la vida en pareja, pero también aquí es posible surjan las dudas y vacilaciones y no sepa a quien elegir.

Elisenda es una variante medieval de Elisa y nos muestra a una mujer discreta, tímida y reservada; inquieta y nerviosa, suele dudar de sus capacidades y tiende a encerrarse en sí misma a pesar de que su 5 dominante la impulse a luchar por su libertad e independencia personal, a adaptarse y desenvolverse en cuanto requiera capacidades organizativas; pero además, su 7 ausente le hace temer la soledad incrementando su timidez y una cierta tendencia a la depresión. La vida sentimental le es muy importante, y se revela como emotiva y maternal, siendo en la vida en pareja donde puede hallar la estabilidad.

Elsa es una forma familiar que tanto puede proceder de Elisa como de Elisabeth, lo cual a efectos numerológicos es indiferente.

De las mujeres de esta familia, **Elsa** es la que posee una personalidad más fuerte y vigorosa, capaz de imponerse sobre los demás. Es ambiciosa y llena de proyectos, de ideas y de sueños, lo que no impide que a veces dude de si vale la pena aceptar sus responsabilidades, pero normalmente sigue adelante. Cuando no es capaz de responder a la influencia de su 11 activo y sólo lo hace al 2, su ambición disminuye mucho, y será más sensible e inclinada al matrimonio y a la vida familiar.

HISTORIA   Ante todo debemos aclarar que existe la tendencia a asimilar a Elisa con Elisabeth o Isabel, lo cual no es cierto, pues son tres nombres originariamente independientes.

Elisa y Elisenda muy populares hasta hace un par de siglos, han decaído notablemente, excepto en Estados Unidos en donde permanece en su forma familiar de Elsa, que ahora empieza a penetrar en España.

Como celebridades citaremos a Elisenda de Montcada, la mujer de Jaime II, y la periodista americana Elsa Maxwell.

NÚMEROS   Eliseo: 8 + 5 = 4   Elisa: 6 + 5 = 2   Elisenda: 2 + 5 = 7   Elsa: 6 + 5 = 2 (de 11)

Elisabet

Isabel, Elisabet, Elisabeth, Liz, Lisa

ETIMOLOGÍA   Del hebreo *Eli-zabad*: Dios da, de *Eli-scheva*: Dios es mi promesa, o de *El*: Dios, *isha*: salvación, y *beth*: casa.

CARÁCTER   Cuando **Isabel** es capaz de responder a la influencia de su número activo, el 22, es una mujer de porte altivo y apariencia casi inaccesible, con un carisma personal que no puede pasar desapercibido. Prudente, metódica y bien organizada, sabe dejarse llevar por las circunstancias para conservar su independencia, y cuando no le es posible se encierra en su torre de marfil para soñar en sus futuros logros. Intuitiva y clarividente, sueña con lograr un papel destacado en algo creativo e importante, ya sea una empresa o un imperio. Quizás su mayor defecto reside en su deseo de ser comprendida sin poner nada de su parte, lo que no es tan fácil como parece y le ocasiona muchas decepciones. En el terreno sentimental su mayor preocupación es amar y ser amada, pero su autoestima y deseo de perfección le hace difícil hallar a alguien a que posea cuanto exige, de aquí muchas decepciones e incluso cambios de pareja. Si no es capaz de responder al 22 y sólo lo hace al 4, sus carisma personal y sus ambiciones son mucho más modestas, y va haciendo su camino con orden, rigor y constancia; pero en contrapartida, su vida matrimonial es más estable, y puede conseguir un amor que la llene y un hogar confortable y bello.

Elisabet posee una apariencia fuerte y segura, a pesar de que en realidad es frágil y muy emotiva; lo que ocurre es que sabe compensar este punto débil mediante su facilidad de expresión, adaptabilidad, espíritu de iniciativa y, sobre todo, su poder de seducción. Muy curiosa –especialmente en lo artístico–, inteligente y creativa, es capaz de sobresalir como actriz, como relaciones públicas o en cualquier profesión relacionada con la comunicación. Sin embargo teme la soledad y desea la estabilidad, que suele buscar en el matrimonio, aun cuando muchas veces se crea un conflicto entre la profesión y el matrimonio.

En su forma antigua de **Elisabeth**, que sigue vigente en los países anglosajones, es algo contradictoria por la dualidad entre el 1 y el 2; entre el dinamismo, espíritu de iniciativa y el deseo de mandar y decidir, y la pasividad y dependencia, Sin embargo, es muy adaptable, comunicativa y creativa, lo que dulcifica su autoritarismo y la hace más dulce y seductora, aficionada al estudio y a cuanto se relacione con la comunicación y el espectáculo. En el terreno sentimental se debate entre el egocentrismo y su necesidad de amor; entre su vida profesional y la familiar, por lo que muchas veces no se casa sin haber consolidado antes su situación profesional.

En su forma familiar anglosajona de **Lisa**, es activa, dinámica e independiente, ordenada y metódica y muy capaz de hacer frente a los problemas y responsabilidades de la vida. Con un temperamento artístico y necesitada de paz y armonía, hace cuanto puede para rodearse de un ambiente tranquilo y reposado, y su aire apacible resulta reconfortante. Sin embargo, es nerviosa, activa y emotiva, y a causa de su impulsividad a veces se precipita cometiendo errores; es que cuando desea algo despliega una energía inusitada y a veces se pasa. En el amor es afectuosa, responsable y capacitada para la vida familiar; pero le gusta ser ella quien lleve los pantalones, por lo que le cuesta hallar pareja, y no pocas veces renuncia al matrimonio por no perder su libertad.

En su otra forma familiar anglosajona de **Liz**, es una mujer muy engañosa, pues es atractiva y sofisticada, cuidando mucho su apariencia y mostrándose encantadora, simpática, seductora y muy comunicativa, por lo que a primera vista puede parecer superficial. Sin embargo, bajo esta apariencia existe un fondo de idealismo y religiosidad, poseyendo además mucha habilidad, buena mentalidad, sentido artístico y capacidad de destacar en cualquier actividad que se proponga. En el terreno amoroso es muy coqueta, pero a la vez práctica y posesiva.

HISTORIA   El más antiguo de estos nombres es el de Elisabeth del cual han derivado los demás, incluso el de Isabel que actualmente posee entidad propia en los países de lengua hispana y portuguesa.

Zacarías y Elisabeth, demasiado mayores para engendrar un hijo, tuvieron la dicha de que el ángel Gabriel les anunciara el nacimiento del que sería san Juan Bautista, el predicador de la llegada del Mesías. Luego, otra docena de santas compartieron también dicho nombre.

En la Edad Media, después de extenderse por toda Europa se convierte en uno de los nombres más populares hasta finales del siglo XIX. Sin embargo, en su periplo, en España se convierte en Isabel y en Portugal en Isabela, mientras que en Francia coexisten ambas formas: Isabel y Elisabeth. En Estados Unidos también alcanza gran predicamento, y se multiplican los diminutivos y formas familiares: Babet, Bette, Bet, Liza, Lisa, Liz, etc., de los cuales hemos analizado los dos más conocidos, Lisa y Liz.

Como celebridades podemos citar a una reina de Francia, otra de Bélgica, dos de España, dos de Hungría, una de Rumania, cuatro de Inglaterra, una emperatriz de Austria y dos de Rusia. Y dejando la realeza nos hallamos con Betty Hutton, Bette Davis, Liz Taylor, Elisabeth Arden, Elisabeth Browning, Liza Minnelli e Isabel Preysler, por citar algunas.

NÚMEROS   Isabel: $6 + 7 = 4$ (de 22)   Elisabet: $2 + 1 = 3$ Elisabeth: $2 + 9 = 2$ (de 11)
Lisa: $1 + + 5 = 6$ Li$\neq$z: $9 + 3 = 3$

Ella

ETIMOLOGÍA   Del hebreo *El*: Dios, y *yah*: señor.

CARÁCTER   Es una mujer extrovertida con gran facilidad para destacar en cualquier actividad relacionada con la creatividad, la seducción o la expresión, pues es hábil, ordenada y metódica, con un buen sentido crítico y detallista. Encantadora y elegante, necesita hallarse rodeada de gente para divertirles y sentirse viva. Su único inconveniente, es que el 6, su número íntimo y de realización, sea ausente, por lo que a menos que su número hereditario lo compense, la convierte en demasiado perfeccionista y exigente. La vida sentimental es muy importante en una mujer a quien gusta dedicarse a los demás; sin embargo, también en dicho terreno su 6 ausente puede complicarle mucho las cosas, haciéndole difícil encontrar pareja, o perderla cuando la tiene.

HISTORIA Santa Ella, esposa del conde Guillermo de Salisbury, acompañó a su marido a las cruzadas; luego, una vez viuda fundó el monasterio de Laycock.

Originariamente, en la Inglaterra del siglo VI, Ella era un nombre masculino antes de serlo femenino. A pesar de ser un nombre con entidad propia, en casi toda Europa se considera actualmente como un diminutivo de Eleonor, Elena o Elisabeth.

Como celebridad citaremos a la cantante Ella Fitzgerald.

NÚMEROS 6 + 6 = 3

Eloy

Eloy, Eloísa

ETIMOLOGÍA Del latín *eligius*: elegido.

CARÁCTER **Eloy** es un enemigo de la monotonía y de la estabilidad; dinámico, tenaz, adaptable, buen conversador y con una buena resistencia física, posee gran capacidad de acción, aun cuando se muestra muy irregular, pues es un curioso al que lo que más le importa en la vida es conocer nuevos paisajes y vivir nuevas experiencias; es decir, vivir la vida de instante en instante; por ello, una de sus mejores cualidades es su sentido del humor, muy acentuado a pesar de la contradicción entre su 2 realizador y su 5 activo, que lo convierte en algo ciclotímico e impaciente; en capaz de cambiar de humor sin transición. En el amor es encantador, agradable, sensual y algo celoso a pesar de que personalmente le cuesta mucho resistir las tentaciones (cuando las resiste).

Eloísa es emotiva, sensible, nerviosa, soñadora e idealista, y cuando responde a la influencia de su 22 íntimo, busca la apertura al mundo, tanto aquel en el que vive como al de lo extraño y oculto, pues desea realizarse en todos los niveles de su ser, pudiendo mostrarse muy abnegada y amante de participar en cuestiones humanitarias y sociales, pero siempre que esto no suponga la menor traba a su libertad e independencia, de las que se muestra muy celosa. Cuando sólo responde al 4, sin dejar de mostrarse abnegada y humanitaria, sus miras no son tan altas, y sale a flote la contradicción interna entre este 4 conservador, práctico y ordenado, con su 5 de realización que la inestabiliza e impulsa a buscar nuevas experiencias y conocimientos que asimilará y utilizará posteriormente en provecho propio. De aquí una cierta insatisfacción interna, una alternancia entre el querer y el temer, entre el sueño y la realidad, entre el orden y el desorden. En el terreno afectivo, es romántica e idealista, pero sensual, por lo que también aquí puede surgir la ambivalencia entre el deseo y el pudor, lo que desemboca en un cierto temor a la entrega.

HISTORIA San Eloy era orfebre, y dice la leyenda que cuando Clotario II le confió una cierta cantidad de oro para que le labrase un trono, le hizo otro con el sobrante, mostrando así su honradez. También dice la leyenda que para herrar un caballo le cortó la pata, la herró y se la volvió a pegar sin que se notase.

Como célebre sólo podemos citar a la protagonista de los amores de Abelardo y Eloísa. En realidad son nombres en decadencia.

NÚMEROS   Eloy: 3 + 2 (de 11) = 5   Eloísa: 4 (de 22) + 5 = 9

Elvira

ETIMOLOGÍA   Del germánico *athal*: noble, y *wara*: protección.

CARÁCTER   Es una mujer nacida para amar, seducir y repartir paz y armonía. Es responsable y metódica en la vida práctica, pero quizás excesivamente detallista, aunque de vez en cuando le asalta la tentación de la aventura; sin embargo, su emotividad y abnegación la conducen muy a menudo a tomar parte en asociaciones que compartan su mismo ideal humanitario o social. En el terreno amoroso es sensual, sentimental y tierna, esperando quizás demasiado de su pareja, lo cual dificulta su elección.

HISTORIA   De origen visigótico fue adoptado en España donde fue muy popular en la Edad Media, llevándolo una de las hijas del Cid Campeador. También en el siglo XII existió una santa Elvira, abadesa del monasterio de Oerhen en Alemania.

Actualmente es otro nombre en recesión.

NÚMEROS   6 + 9 = 6

Emanuel

Emanuel, Manuel, Manolo, Emma, Imma, Manuela

ETIMOLOGÍA   Del hebreo *emmanu-El*: Dios está con nosotros.

CARÁCTER   **Emanuel** es de un trato muy agradable, seductor, elegante, sociable, alegre y comunicativo. Es de naturaleza idealista y posee una mente abierta y capaz, pero con un cierto espíritu reformista, pues al ser metódico y ordenado le gusta analizar lógicamente cuantas cuestiones se le presentan antes de decidirse. También es muy curioso y desea conocerlo todo; emotivo y abnegado se interesa especialmente por cuestiones humanitarias y sociales, e incluso por el más allá, pero un exceso de 5 en su rejilla puede conducirle a una cierta dispersión, pues apenas iniciada una cuestión o tarea pronto la abandona para iniciar otra, a menos que su número hereditario compense este defecto. En el amor es tierno, dulce, amante y deseoso de fundar un hogar, aún que a veces le cueste mucho decidir si la mujer que le atrae posee las cualidades que desea; pero si la encuentra, será capaz de cuantos sacrificios sean necesarios para conservarla.

Emma, el femenino de Emanuel, es una mujer que desea hacerlo todo y ser la mejor, pues está convencida de sus capacidades organizativas, de su mente rápida y de su rapidez de reacción y adaptabilidad a cualquier circunstancia de la vida. Sin embargo, su curiosidad y necesidad de cambio la convierte en algo inestable, en amante de su libertad e independencia. Su único defecto es que dos 4 en una rejilla de cuatro letras son excesivos y sin coartar su adaptabilidad pueden acortar su amplitud de miras y convertirla en rutinaria. Afortunadamente, en la mayoría de los casos el número hereditario compensa este exceso. En el amor desea hallar una pareja que le asegure material y socialmente, cosa que resulta algo difícil al no ser precisamente un modelo de castidad y fidelidad.

Imma, variante de Emma, puede parecer más dura de lo que es realidad, pues es valiente, decidida, detesta la injusticia y es perfectamente capaz de mandar y dirigir; sin embargo, es hipersensible y muy vulnerable, especialmente en el terreno afectivo. En su interior existe una lucha entre su lado egocéntrico y autoritario (el 1 íntimo) y su lado altruista y abnegado (el 9 activo), dependiendo de las circunstancias cuál de ellos dominará. En el amor es sensual, fiel, leal y franca, pero dominante, y exige ser correspondida en la misma forma.

Manuel no es más que una abreviación de Emanuel que se ha popularizado en nuestro país. Es un hombre independiente, seguro de sí mismo y original, en el que una extraña mezcla antagónica entre el 4 activo y el 3 realizador lo impulsan a buscar la facilidad, el placer y la diversión, pero sin olvidar el trabajo bien hecho; es por ello que necesita hallar una profesión que le llene, que más que un trabajo sea un placer. En el caso de que llegue a responder a la influencia de su 22 activo, todo esto queda magnificado y sin dejar de gozar de la vida sus metas son mucho más altas, deseando realizar cosas sólidas y con futuro. Para el amor posee un gran encanto, pero también en dicho aspecto quizás le sea más importante el placer que los sentimientos.

Manolo es la forma familiar más frecuente de Manuel, y numerológicamente es idéntico a Emanuel, por lo cual sirve cuanto hemos dicho para este último; si bien es más estable y constante al carecer del exceso de 5 que dispersaba a Emanuel.

Manuela es seductora y comunicativa, hábil y adaptable, no gusta de la vida rutinaria, sino que ama aquello que se sale de la normalidad, como el viajar y descubrir nuevos horizontes y conocimientos, pero ante todo sentirse viva, libre e independiente. Cuando responde a la influencia de su 11 íntimo, su imaginación y ambición se desbordan, su carisma se exalta y es capaz de realizaciones importantes; si sólo responde al 2, se produce una íntima contradicción entre este 2, introvertido y estable y el 5 activo y extrovertido, con lo cual su carácter es extremado, pudiendo pasar con gran facilidad de la risa a las lágrimas, del entusiasmo al temor y la timidez. Pero en ambos casos es apasionada, ardiente y a la vez romántica. Necesita amor y seguridad, sin lo cual llega a deprimirse. Pero también es desconcertante: tanto puede mostrarse impúdica, libertina y fantasiosa, como convertirse de golpe en tímida, pacata y glacial.

HISTORIA Emanuel es el nombre con el que el profeta Isaías designó al Mesías setecientos años antes de que san Mateo lo identificase con el Cristo.

Sin embargo, históricamente el que domina es el femenino, desde santa Emma en el siglo X, hija de un rey sajón, hasta santa Manuela, fundadora en Madrid de una congregación en el siglo XIX.

Es un nombre que siempre se ha mantenido vigente, si bien actualmente está cediendo la preferencia a Emma e Imma.

Citaremos como célebres a Kant, Swedenborg, Grouchy, Abadal, de las Casas, de Arriaga, Linares Rivas, García Prieto y de Falla.

NÚMEROS Emanuel: $6 + 3 = 9$ Manuel: $1 + 3 = 4$ (de 22)   Manolo: $6 + 3 = 9$
Emma: $6 + 8 = 5$ Imma: $1 + 8 = 9$ Manuela: 2 (de 11) $+ 3 = 5$

Emilio

Emilio, Emilia

ETIMOLOGÍA   Del griego *aimilios*: amable.

CARÁCTER   Emilio impone por su autoridad innata, su aspecto sobrio y reservado y la energía que emana de su persona. Unas veces dinámico, extrovertido, alegre, optimista y entusiasta, y otras distante, secreto, introvertido y dejándose llevar por la corriente, lo que no impide posea una gran vitalidad y capacidad de trabajo aun cuando sea irregular a causa de su carácter impulsivo. Es independiente, orgulloso, creativo e inspirado. Brillante intelectualmente, es sociable y capaz de mostrarse inagotable cuando un tema le apasiona. A veces epicúreo, a veces sobrio, lo mismo le da rodearse de amigos alrededor de una buena mesa como encerrarse en soledad. En el amor es igualmente contradictorio, tanto atento y apasionado como reservado y poco expresivo.

Emilia es introvertida y tiende a encerrarse a soñar dentro de su torre de marfil cuando las circunstancias le son adversas, pues, sensible y emotiva, no está bien dotada para la lucha y se estresa con facilidad. Posesiva y ahorradora, ordenada, metódica y muy cuidadosa con los detalles, le gusta almacenar y conservar, pues siente la atracción del pasado, de la historia y las antigüedades. Sin embargo, su mayor defecto es su falta de comunicación: necesita que adivinen lo que quiere o espera, y se siente frustrada cuando no lo consigue. En el terreno sentimental, necesita amar y ser amada, y dado su sentido estético, desea un hogar elegante y confortable rodeado de cosas bellas. Sin embargo, con su 6 ausente, aún teniéndolo todo se sentirá insatisfecha, pues exige demasiado de los demás.

HISTORIA   Emilia era el nombre de una gran familia romana, a la que pertenecieron el cónsul Emilio y su hijo Escipión Emiliano; también el cónsul Emilio Lépido dio su nombre a la vía Emilia, que une el Po al Adriático.

En cuanto a santos, san Emilio fue torturado junto a san Casto y obligado a abjurar de su fe, pero una vez libre volvió a proclamarse cristiano y fue inmolado en la hoguera. Santa Emilia de Córdoba fue martirizada en el siglo IX.

Desde Italia, Emilio se expande por Europa, primero en España y Francia, luego a Inglaterra y desde allí a Estados Unidos donde proliferan las Emily. Pero en nuestro país siempre ha sido popular.

Como celebridades masculinas citaremos a Littré, Zola, Castelar, Alcalá Galiano, Louvet, Marconi, Colombo; y como femeninas a Emily Dickinson, Emilia Pardo Bazán y Emily Brontë.

NÚMEROS   Emilio: 3 + 7 = 1   Emilia: 6 + 7 = 4

Enrique

Enrique, Enriqueta

ETIMOLOGÍA Del germánico *haim*: casa, hogar, y *rik*: rey.

CARÁCTER **Enrique** es sensible, emotivo, más bien flemático, soñador e idealista, aspira a vivir libremente y no es realmente dinámico ni emprendedor, pues ordenado y metódico se pierde fácilmente en los detalles; muy sensible al ambiente que le rodea, puede pasar de la indolencia o de la pereza a la hiperactividad cuando se siente motivado. Su sentido de la amistad, la cooperación y su buena mano izquierda palian en cierto modo su pereza, a la que debe añadirse una cierta dispersión a causa de la preponderancia del 5 en su rejilla. Pero si es capaz de responder a la influencia del 11 activo, adquirirá suficiente carisma y ambición para realizarse en alguna tarea humanitaria, en convertir sus sueños en realidades y ser capaz de afrontar sus responsabilidades. En el amor es muy afectivo, pero suele ser muy dependiente de su pareja (excepto si responde al 11).

Enriqueta es una mujer agradable, servicial y afectuosa; muy ordenada y metódica, sabe hacer frente con éxito a sus obligaciones y responsabilidades, mayoritariamente si son de carácter familiar, pero también profesionales cuando es necesario; su emotividad e imaginación son poderosas, y aprecia sobremanera el mundo de las formas y los colores, de la belleza en general. Su capacidad de entrega hace que sienta la necesidad de dar sentido a su existencia y es feliz sintiéndose útil. En el terreno sentimental es sensual, tierna y sueña esperando al príncipe azul que le haga feliz.

HISTORIA Nombres de origen sajón, Enrique y Enriqueta muy pronto se popularizaron en toda Europa, y del siglo XII al XV figuran entre los más usados, y la verdad es que a partir de entonces nunca han dejado de serlo, incluso en la actualidad.

San Enrique, duque de Baviera, fue coronado por el papa como emperador del Sacro Imperio Germánico; casado con santa Cunegunda respetó su voto de castidad y llevó una vida piadosa velando por la fe de sus vasallos.

Otros santos llevaron el nombre de Enrique, y también siete emperadores germánicos, cuatro reyes de Francia, cuatro de Castilla, ocho de Inglaterra y muchos otros príncipes y miembros de la nobleza. Como más recientes podemos citar a Heine, Bergson, Montherland, Matisse, Fermi, Caruso, Granados y el nefasto Heinrich Himmler.

NÚMEROS Enrique: 5 + 6 = 2 (de 11)   Enriqueta: 6 + 9 = 6

Erico

Erico, Eric, Erica

ETIMOLOGÍA   Es muy controvertida, pues tanto puede ser del germánico *ewa-rik*: rey eterno, como de *aina-rik*: rey total o único, o de *ehere-rik*: honor de rey.

CARÁCTER   **Erico** es muy complejo, pues bajo una apariencia tranquila y sosegada se esconde un hombre muy nervioso, cerebral e intelectual, curioso, crítico, analítico y algo escéptico. Pero además, la contradicción entre sus números 3 y 4 hace que mientras interiormente ansía ver, conocer y moverse, exteriormente debe esforzarse y trabajar pacientemente, contradicción en la que colabora el 7 activo que lo hace más introvertido e indeciso; de su número hereditario dependerá que se incline en uno u otro sentido. Ni que decir tiene que sentimentalmente vive las mismas contradicciones internas, y su pareja –cuando la tenga– no sabrá nunca a qué atenerse.

En su variante de **Eric** es un hipersensible con los nervios a flor de piel; incluso cuando parece tranquilo y calmado sólo lo es en apariencia, y ante los avatares de la vida se encierra en sí mismo o se escapa de la realidad en sueños fantasiosos gracias a su portentosa imaginación; a menos que su evasión se concrete en viajes a lugares lejanos donde empezar de nuevo. Idealista y amante del poder, posee un fuerte sentido social y sabe mostrarse cordial, caritativo y abnegado. Unas veces introvertido, soñador, lento y reflexivo, y otras extrovertido, entusiasta y emprendedor, puede desconcertar por su carácter ciclotímico, pero no lo puede evitar y necesita vivir ambas facetas de su personalidad. En el terreno sentimental es afectuoso y sensual, pero necesita que le concedan plena confianza y libertad, no pudiendo soportar que su pareja sea celosa o posesiva.

Erica todo y siendo reservada posee una personalidad muy sólida, sabe dominar sus emociones y es ambiciosa e individualista buscando desempeñar en la vida un puesto directivo pues es consciente de sus cualidades de método y organización. Disciplinada y testaruda no es fácil hacerla variar de opinión ni de proyectos. Sin embargo, también sabe ser generosa y abierta cuando es necesario. En el amor es muy exigente, tanto que muchas veces no halla el hombre que se ajuste a sus deseos; pero si logra hallarlo, puede ser una esposa ejemplar.

HISTORIA   Eric Jedverdsson (Eric IX de Suecia y Dinamarca) está considerado en su país como un mártir no canonizado, y el aniversario de su muerte es una fiesta nacional.

En el resto de Europa, especialmente en la cuenca mediterránea apenas si ha cuajado, aun cuando a partir de los años sesenta penetró con fuerza en Francia y ahora empieza a sonar en nuestro país, especialmente Erica.

Como celebridades mencionaremos catorce reyes de Suecia, seis de Dinamarca, el noruego Erik el Rojo, el jefe del estado mayor alemán Erich Ludendorff, y el actor Eric von Stroheim.

NÚMEROS   Erico: 3 + 4 = 7   Eric: 5 + 4 = 9   Erica: 6 + 4 = 1

Ernesto

Ernesto, Ernestina

ETIMOLOGÍA   Del germánico *ernest*: serio, o *ernust*: combate.

CARÁCTER   **Ernesto** posee una fuerte personalidad y dinamismo, pero es algo reservado, con muchos deseos de triunfar y capaz de asumir toda clase de responsabilidades. Sin embargo, cuando sólo responde a su 2 de realización, es más laborioso, tenaz y dispuesto a la cooperación y el trabajo en equipo, aun cuando el exceso de 5 en su rejilla y el 8 ausente puedan predisponerle a la dispersión, al exceso de cambios, e incluso a veces de abulia, que le perjudican e impiden su verdadera realización, por lo que en la búsqueda de seguridad, tanto afectiva como material, dependerá mucho más de lo que desearía del medio en que se desenvuelve; sin embargo, cuando responde al 11, gozará de mayor amplitud de miras. Estos defectos se encerrarán en su mundo interior y exteriormente será capaz de llevar a término proyectos más o menos ambiciosos que le conferirán ascendiente sobre los demás. Emotivamente es muy ambivalente, unas veces muy dependiente de su pareja, a la que exige amor y sostén, y otras autoritario y exigente, pero siempre le es muy difícil expresar sus sentimientos.

El femenino de Ernesto es **Ernesta**, y el de **Ernestino** es **Ernestina**; pero curiosamente tanto Ernesta como Ernestino han desaparecido virtualmente, con lo cual Ernestina se ha convertido en el femenino de Ernesto.

Ernestina es una mujer prudente, algo coqueta y con un buen sentido estético que intenta salvaguardar su independencia a todo precio, aun cuando deba aparentar una altivez y frialdad que en realidad no posee, pues se sabe emotiva y vulnerable, especialmente en el terreno afectivo; deseosa de estabilidad material, no siempre la consigue, pues su 5 excesivo la impulsa a cambios e inestabilidades que difícilmente puede dominar, a menos que el 5 sea ausente en su número hereditario. En el amor, ya hemos dicho que además de afecto y ternura busca la seguridad, y suele revelarse como una abnegada y excelente madre de familia.

HISTORIA   San Ernesto, abad de Zwiefalten, en Wurtemberg, abandonó su abadía para acompañar en las cruzadas al emperador de Alemania Conrado III, creyéndose que murió en combate en 1147.

Han llevado el nombre de Ernesto algunos duques de Sajonia, el rey de Hannover Ernesto-Augusto I, y también los escritores Renán, Hemingway, Jünger, Bozzano, y el guerrillero «Che» Guevara.

NÚMEROS   Ernesto: 8 + 2 (de 11) = 1   Ernestina: 2 + 7 = 9

Esperanza

ETIMOLOGÍA   Del latín *spes*: esperanza.

CARÁCTER   Es una mujer dinámica y emprendedora, jovial, simpática que se interesa por multitud de cosas, tanto en el terreno intelectual como en el creativo o incluso simplemente lúdico. Su verdadera naturaleza es autoritaria, pero algo dispersa a pesar de que antes de tomar una decisión necesite pensárselo mucho y sopesar pros y contras. A pesar de su aparente extroversión lo que más le importa en realidad es su vida interior. En el amor es complaciente y saca a relucir sus mejores cualidades, pero es tímida y ante el menor contratiempo, o cuando se siente herida, se encierra en sí misma.

HISTORIA   Santa Esperanza, hija de santa Sofía, tuvo tres hijas y fue martirizada en el siglo II.

Es un nombre típicamente hispano que no ha gozado de popularidad fuera de nuestras fronteras, aún cuando aparece en Rusia como Nadia y en Francia como Nadine, especialmente entre 1940 y 1970.

Como célebres podemos citar a la gimnasta Nadia Comaneci y la escritora Nadine Gordiner.

NÚMEROS   3 + 7 = 1

Esteban

Esteban, Estefanía, Fanny

ETIMOLOGÍA   Del griego *stephanos*: coronado.

CARÁCTER   Apasionado y lleno de vitalidad, a **Esteban** le gusta el riesgo y la aventura y le atrae lo desconocido, pero una vez conseguido lo que desea lo olvida y busca algo nuevo. Impulsivo e impaciente, idealista y soñador, sensible, sociable, simpático y siempre dispuesto a cooperar en lo que sea, necesita sentirse rodeado de gente para sentirse vivo y demostrar su habilidad manual y su facilidad de palabra. Con un 5 activo y otros tres en su rejilla, su mayor defecto es el de la dispersión, el no saber estarse quieto en ninguna parte. No obstante, si es capaz de responder a la influencia del 11 íntimo se exalta su intuición y carisma, y puede integrarse en movimientos sociales, humanitarios o esotéricos. En el amor es tierno, sensual, buen conocedor del alma femenina, por lo que es un excelente amante..., lástima que tarda muy poco en ceder a las tentaciones.

Estefanía es una mujer independiente, muy segura de sí misma y que quiere vivir su vida sin cortapisas, lo cual no obsta para que sepa desempeñar cualquier responsabilidad cuando es necesario; muy hábil, ingeniosa, con cierto sentido artístico y de rápida inteligencia, sabe dejarse llevar por los acontecimientos y esperar el momento propicio para recuperar el dominio de la situación. Es muy sensible, aun cuando no lo aparenta por su talante indisciplinado y con ráfagas de mal humor cuando no consigue lo que desea. Sentimentalmente es mucho más compleja de lo que parece, pues sensual, abierta y tolerante puede parecer fácil, pero sabe parar los pies con energía y suavidad. Sin embargo, cuando se enamora, aparece su lado autoritario y prefiere llevar la iniciativa.

Fanny es la forma familiar anglosajona de Estefanía, aun cuando algunas veces también se ha usado para Francisca. Es mucho más reservada y prudente que Estefanía, y antes de iniciar algo necesita informarse y sopesar los pros y contras de su decisión a pesar de que interiormente es independiente y segura de sí misma. Cerebral e introvertida, es mejor oyente que comunicadora y de tanto en tanto necesita la soledad, donde se siente a sus anchas. En el amor es tímida y reservada y a pesar de ser una sentimental, le cuesta mucho expresar lo que siente, resultando desconcertante en su querer y temer.

HISTORIA   De origen griego, Esteban se extiende rápidamente por toda Europa, y a partir de san Esteban, el primer mártir del cristianismo, nos hallamos con nueve papas, el primero de ellos santificado, cinco reyes de Hungría, uno de Polonia y otro de Inglaterra; y además con personalidades como las de Murillo, Montgolfier, Arago, Zweig, Foster, Hawkins; actores como Steve McQueen y, cómo no, con la princesa Estefanía de Mónaco.

NÚMEROS   Esteban: 2 (de 11) + 3 = 5   Estefanía: 3 + 7 = 1   Fanny: 1 + 6 = 7

Ester

Ester, Esther, Stella

ETIMOLOGÍA   De la diosa babilónica *Isthar*, de la que deriva *ester*: estrella, tanto en persa como en hebreo.

CARÁCTER   **Ester** resulta misteriosa y enigmática, siempre algo distante; refinada y elegante, metódica y ordenada, en su interior desea sentirse independiente, lo cual se le hace muy difícil a causa de su 7 ausente que le causa inseguridad y falta de confianza en sus propias cualidades; pero además es muy reservada e indecisa, siendo más propensa a la vida interior, la reflexión, la búsqueda, e incluso la fe, siendo muchas veces esta búsqueda interna su puerta de escape y realización. En el amor es una extraña mezcla de narcisismo y de pudor, con lo cual resulta desconcertante, y al ser tan indecisa, le es muy difícil hallar una pareja que la llene.

Esther es más segura, escrupulosa y perfeccionista; ordenada y metódica en cuanto se refiere a las cosas prácticas de la vida, con un buen sentido estético y algo coqueta, y a pesar de ser muy celosa de su libertad e independencia es una mujer nacida para la vida familiar y hogareña, en la que se muestra dominante y maternal, pero su 6 ausente le hace temer la soledad e incluso a veces puede ser algo depresiva; las desavenencias familiares le son muy penosas y difíciles de superar.

En su forma americana de **Stella**, es enérgica y emprendedora, obstinada, reservada y muy segura de sí misma, y aunque a veces pueda dudar de sus capacidades, reacciona inmediatamente haciendo frente a las circunstancias. Es por ello que necesita motivarse y entregarse plenamente a una empresa donde pueda mostrarse práctica, eficaz, bien organizada y dotada para el trabajo en equipo. Sin embargo, su 6 ausente le causa cierta dificultad en decidirse, y su 8, también ausente, la hace demasiado perfeccionista. Además, el exceso de 3 (tres en seis letras) hace que sus cualidades a veces se desaprovechen a causa de un exceso de superficialidad. Cuando es capaz de responder a la influencia del 11 adquiere un gran carisma y ambición, desapareciendo el lado débil de su carácter. En el amor es mucho más tierna y afectiva de lo que parece, pues sabe disimular sus sentimientos mostrándose exigente, pero es una buena esposa y madre.

HISTORIA   El Antiguo Testamento dedica todo un libro a Ester, la esposa judía de Asuero, rey de Persia, que logró salvar la vida a su pueblo.

Nombre muy estimado por los judíos, fue redescubierto por los protestantes en el siglo XVII, siendo importado a Estados Unidos por los puritanos ingleses, y ahora empieza a popularizarse entre nosotros en su grafía de Esther.

Como ejemplo citaremos a Ester Williams, la náyade de los años cuarenta.

NÚMEROS   Ester: 1 + 6 = 7   Esther: 1 + 5 = 6   Stella: 6 + 2 (de 11) = 8

Eugenia

Eugenio, Eugenia, Xenia

ETIMOLOGÍA   Del griego *eu*: bien, y *genos*: engendrado.

CARÁCTER   De **Eugenio** se desprende un cierto encanto y seducción; muy cuidadoso de su apariencia física, es capaz de mostrarse ingenioso, inteligente y comunicativo, y si a todo esto unimos su espíritu conciliador y su habilidad manual, no debe extrañarnos que sea apreciado por quienes le tratan. Si algún defecto podemos señalar, es el de la dispersión, pues a pesar de su aptitud para asumir responsabilidades e intentar ser ordenado y metódico le pierde su curiosidad, por lo que muchas veces no termina lo que empieza. En el terreno sentimental es un seductor capaz de desplegar mucho tacto y convicción, lo cual le facilita sus conquistas, si bien lo que desea de verdad es conseguir un hogar confortable y familiar en el que se sienta querido y, a poder ser, admirado; si a pesar de todo tiene algún desliz, no hay que tenérselo en cuenta.

Eugenia es muy parecida, y casi todo lo dicho para Eugenio puede aplicársele, si bien es más idealista, emotiva e incluso abnegada, y su curiosidad se extiende a temas más profundos, más humanos e incluso más esotéricos. En el amor es más fiel pero también más exigente, más amante de los detalles y busca un hombre tan perfecto que muchas veces no lo encuentra, o una vez hallado nunca queda plenamente satisfecha.

Xenia es una variante creada por el escritor Eugeni d'Ors, que firmaba Xenius, y lo creó para la heroína de su novela *La Ben Plantada*. Es una variante que actualmente se está popularizando mucho.

Xenia es emotiva, intuitiva, receptiva y llena de encanto y sensualidad; pero bajo una apariencia de superficialidad se esconde una idealista, casi una utópica que busca hallar un sentido a la vida, ya sea tomando parte en asociaciones de carácter social, político, artístico o altruista, o si ello no le es posible, en sueños fantasiosos y quiméricos, o se dirige al mundo de lo oculto y misterioso, pues a pesar de tener una mente bien organizada no ha nacido para una vida prosaica y rutinaria. Su ambición suele ser grande, especialmente en el terreno sentimental, por lo que el hombre que quiera hacerla suya deberá poseer muchas cualidades y posibilidades.

HISTORIA   Tanto Eugenio como Eugenia han proporcionado a la cristiandad más de una veintena de santos y santas, cuatro papas y siete reyes de Escocia. Sin embargo, hay que esperar al siglo XIX para que lleguen a ser populares y decaer luego en el XIX; sin embargo parece que ahora vuelven a resurgir.

Como celebridades empezaremos con Eugenia de Montijo, la esposa de Napoleón III, y seguiremos con Delacroix, Sue, Grasset e Ionescu.

NÚMEROS   Eugenio: 3 + 3 = 6   Eugenia: 6 + 3 = 9   Xenia: 6 + 3 = 9

Eulalia

Eulalia, Laia

ETIMOLOGÍA   Del griego *eu-lalos*: elocuente.

CARÁCTER   **Eulalia** es una persona desbordante de vitalidad, alegría de vivir e incluso coqueta, lo que no impide que cuando le conviene se muestre reservada, enérgica, obstinada y ambiciosa; a pesar de ser generosa e interesarse por quienes la rodean, es muy consciente de las realidades de la vida y sabe mostrarse práctica y eficaz. Pero la verdadera finalidad de su vida es el amor, necesita amar y sentirse amada, fundar una familia sólida y estable, un hogar bello y acogedor.

Laia, la forma familiar catalana de Eulalia es más abierta, más amiga de comunicarse, de mostrar su inteligencia, ingenio y habilidades, que son su mejor arma para triunfar en la vida. Normalmente, cuando responde a su 2 íntimo, siente los mismos deseos de estabilidad y de fundar un hogar que Eulalia, pero al ser excesivamente activa y soñadora le es difícil conseguirlo, lo que le produce una contradicción interna que le hace pasar de la risa a las lágrimas, de la timidez a la audacia. Pero si llega a responder a la influencia del 11, sus ambiciones se desbordan, adquiere un notable ascendente sobre los demás y le espera un futuro prometedor. En lo sentimental sueña con el amor y la vida en pareja, pues ardiente, apasionada y soñadora, a veces impúdica y a veces reservada, sin amor se siente perdida y su vida carece de sentido.

HISTORIA   Santa Eulalia, martirizada en el siglo IV, es la patrona de Barcelona siendo muy popular en nuestro país; introducida en la Galia gracias a la «Cantinela de santa Olaya», el más antiguo poema conocido en lengua de Oïl (una antigua lengua del norte de Francia), no ha conseguido popularizarse fuera de nuestra patria e incluso entre nosotros poco a poco a ido perdiendo mucho de su brillo, si bien parece que quiere retornar en su forma de Laia.

Como celebridad citaremos a Eulalia Vintró.

NÚMEROS   Eulalia: 2 + 6 = 8   Laia: 2 (de 11) + 3 = 5

Eva

Eva, Evelina, Evelyn

ETIMOLOGÍA   Del hebreo *hiyya*: fuente de vida.

CARÁCTER   **Eva** posee una fuerte y elegante personalidad, y bajo su apariencia dúctil y maleable, es activa y dinámica, sabiendo hacer valer sus derechos y sus opiniones con suavidad y diplomacia, pero si así no lo consigue saca a relucir su firmeza. Es muy amante de la paz, pero cuando es necesario sabe luchar y hacer gala de un espíritu metódico y una mente bien organizada que le permite sacar provecho de las enseñanzas de la vida. Cuando responde a su 2 activo, su sentido de la cooperación y del trabajo en equipo le facilita dedicarse a negocios o tareas en las que deba compartir trabajo o responsabilidades, pero si lo hace al 11, su intuición y su carisma personal se aguzan mucho, no siendo raros los casos en que llega a convertirse en una especie de guía espiritual o moral. Su único defecto es que a veces se dispersa demasiado malgastando energías sin provecho. Sentimentalmente tanto puede buscar la estabilidad de la vida en pareja y ser una amante madre de familia, como por el contrario, un exceso de perfeccionismo pueda hacerle perder muchas ocasiones y finalizar su vida en soledad.

Evelina suele considerarse una variante de Eva, aun cuando hay quien considera que posee entidad propia. Se trata de una mujer ordenada y metódica en las cosas prácticas de la vida y muy capaz de asumir responsabilidades, siendo sus mejores cualidades la paciencia y la capacidad de trabajo. Muy tranquila, reposada y sin prisas, su meta es conseguir la tranquilidad y la estabilidad, a ser posible en la vida conyugal, en la que además sabe mostrar su valía como esposa y madre.

Evelyn es la forma anglosajona de Evelin que actualmente se está introduciendo entre nosotros. También es una mujer estable, bien organizada y ordenada, pero más detallista, enérgica e independiente; a pesar de poseer mucha facilidad de expresión y de comunicación –incluso escrita–, nunca se entrega por completo, guardando para sí sus vivencias íntimas. Su único defecto, a menos que lo compense su número hereditario, es el gran exceso de 5 (cinco de seis letras) que la puede conducir a toda clase de excesos, de cambios y de versatilidad, lo cual al chocar con sus deseos de estabilidad puede ocasionarle muchos conflictos internos. En el amor sigue la misma dualidad: es posesiva y dominante, desea ser querida y admirada, pero cuando el 5 aprieta, más vale alejarla de las tentaciones.

HISTORIA   Se inicia con la Eva bíblica, madre de la humanidad, y el significado de su nombre «fuente de vida» hizo que en la Edad Media surgiese la creencia de que las Evas vivían más que las demás mujeres, con lo cual se hizo muy popular; sin embargo su uso fue decayendo hasta hace pocos años, en que empezó a resurgir tanto en su forma de Eva como en la de Evelyn.

Sólo conozco una santa Eva, patrona de la ciudad de Dreux, en Francia, pero el recuerdo de sus hechos y de su martirio parece haberse perdido.

Como Evas famosas podemos citar a Eva Lavallière, Eva Bartok, Eva Curie, Eva Braun y Eva Perón.

NÚMEROS   Eva: 6 + 5 = 2 (de 11)   Evelina: 2 + 4 = 6   Evelyn: 1 + 3 = 4

Fabio

Fabio, Fabián, Fabiola

ETIMOLOGÍA   Del latín *faba*: haba, que dio origen a la importante familia romana de los Fabius.

CARÁCTER   **Fabio** es un personaje contradictorio a causa de la oposición entre el 7 y el 8 de sus números representativos; por el 7 es pasivo, reflexivo, sensible, algo místico y contemplativo, mientras que por el 8 es activo, dinámico, impulsivo y amante del poder y la riqueza. De aquí que en su vida se manifiesten insospechadas alternancias entre ambas tendencias, pudiendo pasar de una actividad frenética, ya sea en los negocios, la política o el deporte, a una actividad de investigación mística, metafísica o artística. Pero siempre enérgico y obstinado, imaginativo y rápido, es un hombre justo que desea evolucionar y superarse, teniendo muy claros cuales son sus derechos y deberes. Esta misma dualidad hace que en el amor unas veces sea apasionado, impaciente y demostrativo, y otras cerrado, celoso, posesivo e incluso violento.

En **Fabián** no existe esta dualidad; es ordenado, metódico y muy afectivo, sabiendo tomar en serio sus responsabilidades y obligaciones, que cumple esforzadamente y con mucha paciencia, por lo que no es extraño que tarde o temprano llegue a conseguir una situación desahogada. Sólo soñará con alcanzar mucho más y mucho más rápido si responde a la influencia de su 11 íntimo, que estimulará su ambición. Pero donde se encuentra más a gusto es en el entorno familiar, pues necesita sentirse rodeado de paz, amor y tranquilidad para mostrarse un esposo y padre modélico.

Fabiola es un ser excepcional pues lo son sus números clave: dos 11 y un 9 que le proporcionan una fuerte personalidad, humana y altruista, con una intuición desarrollada y una gran sensibilidad a la que se une un lado místico y abnegado, sueña con promocionar un mundo mejor y ocuparse de los desheredados. Cuando no es capaz de responder a sus 11, y sólo lo hace a los 2, sigue siendo hipersensible, a veces incluso demasiado, pero sus ambiciones se limitan al hogar y la familia, siendo la abnegación y el soñar despierta las válvulas de escape que le permiten paliar su excesiva sensibilidad, su fragilidad emocional y su dependencia. Sentimentalmente es una romántica idealista, tierna, afectuosa y maternal que vivirá para los suyos, aun cuando a veces se sienta desilusionada ante la cruda realidad de la vida.

HISTORIA Santa Fabiola era una aristócrata romana que al enviudar hizo caso a san Jerónimo y al regreso de un viaje a Tierra Santa abrió en Roma un hospital para indigentes en el que invirtió toda su fortuna.

En cuanto a san Fabián, fue nombrado papa siendo todavía laico, conservando su tiara durante catorce años y muriendo mártir en el año 250.

A consecuencia de las invasiones bárbaras, estos nombres desaparecieron prácticamente para resurgir durante el Renacimiento y volver a decaer hasta principios del siglo XX, en que ha renacido gracias a la popularidad de la reina Fabiola de Bélgica.

NÚMEROS Fabio: $8 + 8 = 7$ Fabián: 2 (de 11) $+ 4 = 6$ Fabiola: $9 + 2$ (de 11) $= 11 = 2$

Fátima

ETIMOLOGÍA Del árabe *fata*: joven, deriva *fatoma*: doncella.

CARÁCTER Es una mujer hogareña y necesitada de tranquila estabilidad, siendo muy feliz en la vida cotidiana cuando se halla rodeada de su familia. Es trabajadora y paciente, organizada y metódica y, por lo general, a pesar de ser algo autoritaria desea llevar una vida apacible. Cuando responde a la influencia del 11 íntimo se le despierta la ambición y sueña con realizar grandes cosas, y es entonces cuando se hacen más evidentes sus capacidades de trabajo, organización y mando. En el amor ya hemos dicho que la vida familiar es el objetivo de su vida, y que suele ser una magnífica ama de casa.

HISTORIA Hija del profeta Mahoma, Fátima se casó con su primo Alí y tuvo tres hijos dando nombre a la familia de los Fatimitas en el norte de África.

Por dicho motivo es uno de los nombres más estimados en todos los países islámicos. Fátima también se introdujo con fuerza en la cristiandad a partir de 1917 gracias a las apariciones de la Virgen en la ciudad portuguesa de dicho nombre.

NÚMEROS   2 (de 11) + 4 = 6

Federico

Federico, Federica

ETIMOLOGÍA   Del germánico *fried*: paz o reposo, y *rik*: rey o poderoso.

CARÁCTER   Autoritario, franco, directo y elegante, **Federico** es un hombre ambicioso y algo desconfiado que además de ser muy reservado necesita pruebas palpables de la bondad de un asunto antes de emprenderlo, y lo mismo le ocurre con las personas, a las que no otorga su confianza hasta conocerlas a fondo. Su mentalidad es excelente y se muestra ordenado y metódico en todas sus cosas; sin embargo, la oposición entre el 4 activo y el 5 realizador hace que se mueva entre dos tendencias, una conservadora, ordenada y estable, y otra expansiva, ambiciosa y adaptable, por lo cual no es de extrañar que tras un período de estabilidad sienta el impulso de cambios y novedades; que pase de un período de ahorro y acumulación a otro de dilapidación y generosidad. Sentimentalmente es celoso y posesivo, pero al ser directo, enemigo de las complicaciones, poco romántico e incapaz de comprender los intrincados vericuetos de la mentalidad femenina, su vida sentimental resulta bastante complicada.

Federica es muy semejante, con similares contradicciones internas, pues por un lado siente la necesidad de cambios y nuevas experiencias, y por otro su sentido de la estabilidad, su necesidad de una vida interior e incluso de una búsqueda más espiritual le ocasionan inesperados cambios de humor y de conducta, pudiendo pasar de la exaltación y el entusiasmo a la pasividad, las dudas y vacilaciones. En el amor se muestra sentimental y maternal, pero también aquí aparece la dualidad entre su necesidad de independencia y su dependencia de un hombre que le dé seguridad.

HISTORIA San Federico era obispo de Utrech en el siglo IX y se permitió anatematizar la conducta de Judit, la esposa del emperador Luis, que no dudó ni un instante en ordenar su muerte.

Desde este origen germánico, Federico no tardó en ser uno de los nombres más populares en toda Europa, y sigue siéndolo, mientras que Federica lo ha sido mucho menos, incluso en la actualidad.

Llevaron dicho nombre tres emperadores germánicos, varios reyes de Prusia, Dinamarca y Noruega e innumerables condes, duques y nobles; pero también otras celebridades como Chopin, Mistral, Arriaga, Soler, Nietzsche, Schiller, Hegel, Engels, García Lorca, Fellini, Astaire y Bahamonde; como Federica citaremos a Federica Montseny.

NÚMEROS   Federico: 8 + 5 = 4   Federica: 2 + 5 = 7

Felipe

ETIMOLOGÍA   Del griego *philos*: amigo, e *hippos*: caballo.

CARÁCTER   **Felipe** desprende una sensación de fuerza, de confianza y posee un fuerte magnetismo personal, pero en el fondo es tierno y sensible. El 1 y el 8 lo hacen autoritario, mandón y algo vanidoso; pero el 9 le impulsa a ser útil a los demás, ya sea en la mística, el deporte, la política o cualquier actividad o asociación de tipo humanitario. Su sensibilidad y su emotividad son intensas, por lo que tanto es capaz de actos generosos como de reaccionar con violencia. Las dificultades le estimulan, y a pesar de su fuerte individualismo, necesita de los demás para poder realizarse, para saberse superior, pero si toma parte en asociaciones (políticas, deportivas, sociales o humanitarias), ha de ser a condición de liderarlas, de ser el jefe incontestable. En el amor es apasionado y celoso, y a pesar de su egocentrismo es atento y desea complacer a su pareja; sensual y más sentimental de lo que parece, no siempre es capaz de resistir las tentaciones.

HISTORIA   San Felipe fue discípulo de san Juan Bautista antes de convertirse en uno de los primeros Apóstoles y evangelizar el territorio de los escitas, es decir, lo que luego sería la Rumania. Se supone que murió martirizado en Hierápolis. Otros veinte santos y bienaventurados llevaron el nombre de Felipe.

Popular entre los griegos, hasta el siglo XII no se expandió por toda Europa, entrando en España con Felipe el Hermoso, el esposo de Juana la Loca.

Han sido Felipes cuatro emperadores latinos, cinco reyes de Macedonia, cinco reyes de España y seis de Francia, a los que debemos añadir otras muchas celebridades, como el príncipe Felipe de Edimburgo, el mariscal Petain, el príncipe Felipe de Lieja, el príncipe Felipe de Borbón, el escritor Philippe Daudet y el general Leclerc.

NÚMEROS $1 + 8 = 9$

Félix

Félix, Felisa, Feliciana

ETIMOLOGÍA   Del latín *felix*: feliz.

CARÁCTER   **Félix** es un ser idealista, original y excéntrico al que no le gusta andar por senderos trillados, y cuyo carácter contradictorio puede resultar desconcertante. Por una parte es activo, dinámico, seductor, alegre e incluso superficial, a veces inestable y enemigo de toda clase de sujeciones, amante de la libertad, del cambio, de la acción y la aventura; pero por otra parte posee otra faceta aparentemente opuesta y mucho más seria: su afición al estudio, su adaptabilidad y su capacidad de destacar en cualquier actividad creativa, artística o relacionada con los medios de comunicación. Cuándo se manifieste una u otra faceta de su carácter dependerá de las circunstancias de cada momento. En el amor tiene mucho éxito, pues es encantador y convincente, sensual y epicúreo, pero tras esta apariencia se esconde un hombre pudoroso que reserva para sí sus sentimientos más íntimos.

Felisa es enérgica y emprendedora, obstinada, reservada y sólida, muy segura de sí misma, y deseosa de conseguir poder y riqueza, y aunque a veces pueda dudar de sus capacidades, reacciona inmediatamente haciendo frente a las circunstancias. Es por esto que necesita motivarse y entregarse plenamente a una empresa donde pueda mostrarse práctica, eficaz, bien organizada y dotada para el trabajo en equipo. Cuando responde a la influencia del 11 todavía se muestra más activa y ambiciosa, pero también más original. En el amor es mucho más afectiva y tierna de lo que parece, pues disimula sus sentimientos bajo una apariencia de brusquedad mostrándose exigente, pero roto el hielo deja florecer sus sentimientos y se convierte en una buena esposa y madre.

Feliciana es imaginativa, con una mente rápida y eficaz, sabiendo hacer frente a las realidades de la vida, pero también posee un acusado sentido de la justicia y una profundidad interior, una capacidad de reflexión y análisis que a veces la conduce a interesarse por la psicología, la parapsicología o la sociología. Sentimentalmente es muy selectiva y exigente, lo cual le dificulta la elección de pareja, pero cuando encuentra la que le conviene sabe mostrarse amante y responsable convirtiendo el hogar en un nido confortable y tan lujoso como le sea posible.

HISTORIA   San Félix de Nola abandonó la milicia por el sacerdocio; fue perseguido, hecho prisionero y martirizado, pero falleció de muerte natural hacia el año 260.

Tras él se llamaron Félix cuatro papas y un antipapa, siendo un nombre popular hasta mediados del siglo XIX en que empezó a decaer y actualmente se va manteniendo modestamente.

Han sido Félix célebres el escritor Lope de Vega, el compositor Mendelsshon, el presidente Faure, el ciclista Gimondi y el cantante Leclerc.

NÚMEROS   Félix: 5 + 7 = 3   Felisa: 6 + 2 (de 11) = 8   Feliciana: 7 + 8 = 6

Fermín

ETIMOLOGÍA   Del latín *fimus*: firme.

CARÁCTER   Es un hombre secreto y reservado, algo tímido y siempre a la defensiva. Pero esta tendencia está contrarrestada por otra que le impulsa a comunicarse, a exteriorizarse, a compensar sus dudas y su inquietud con un comportamiento más bien altivo y provocador. Curiosamente, de sus tres números clave sólo el 5 es dominante, mientras que el 3 y el 7 son ausentes; por ello –a menos que no lo compense su número hereditario–, a pesar de su afición al estudio y de sus capacidades creativas, le costará expresarse, comunicarse y convencer, lo que sólo conseguirá con un esfuerzo de voluntad; del mismo modo que le costará mucho hacer realidad sus anhelos de libertad e independencia, por lo que de tanto en tanto mostrará cierta tendencia a la depresión. En el fondo es soñador, idealista, y capaz de adaptarse a las circunstancias de la vida. En el amor es sensual, pero reservado, por lo que muchas veces se siente incomprendido al costarle expresar sus sentimientos y ser excesivamente púdico.

HISTORIA   San Fermín, obispo de Amiens, fue martirizado en el siglo IV, habiéndose convertido en el patrón de Amiens y de Navarra.

Si bien en los primeros siglos ha dado numerosos santos y obispos, ha ido cayendo es desuso en estos dos últimos siglos, por lo que es difícil hallar celebridades modernas con dicho nombre; para citar alguna mencionaremos al atleta español Fermín Cacho.

NÚMEROS $5 + 7 = 3$

Fernando

Fernando, Fernanda, Fernán, Hernán

ETIMOLOGÍA   Dos son las etimologías que se proponen para Fernando, ambas de origen germánico: la primera lo hace derivar de *frad*: inteligente, y *nand*: atrevido, valiente, que daría lugar a Fradenand y al latín Ferdinand; la segunda deriva de *fridu*: paz, pacificador, y *nand*: atrevido, valiente.

CARÁCTER   **Fernando** es perspicaz y de una inteligencia aguda y penetrante que más que aplicarla a la vida competitiva y profesional prefiere hacerlo en la reflexión, la meditación y la búsqueda de los orígenes, e incluso en lo que existe más allá de la vida terrenal. Por dicho motivo, antes de tomar una decisión o suscribir un compromiso necesita pensárselo mucho, pero poseyendo facilidad de palabra y habilidad manual es seguro que se abrirá camino en la vida, lento pero seguro. Sin embargo, todas estas cualidades pueden verse desaprovechadas por el exceso de 5 en su rejilla (3 en 7 letras), que –a menos que su número hereditario lo compense– añade un exceso de versatilidad que le hace cambiar a menudo de objetivos, profesión e incluso de amistades; es decir, que cuando empieza a recoger los frutos de sus desvelos, lo hecha todo a perder por la necesidad interna de cambio. En el terreno sentimental, es un amante cariñoso y afectuoso, pero también existe el peligro de que de tanto en tanto necesite cambiar de pareja.

Fernanda es muy semejante, incluso con el exceso de 5, pero todo lo que Fernando tiene de lento, ella lo tiene de dinámica, enérgica, voluntariosa e independiente, pero también de maleable y adaptable. El 3 de realización le añade habilidad manual, sentido de la comunicación y una apariencia de superficialidad y coquetería, por no decir sofisticación. Por el contrario, el 7 íntimo la impele a desarrollar su naturaleza interior, a la discreción y la reserva. Esto la convierte en una mujer compleja y contradictoria que pasa de fases en las que necesita mezclarse con la gente, con otras en las que necesita reflexionar, meditar y especular sobre cuestiones trascendentales. En el trabajo es activa y eficiente, pero muy irregular, dependiendo mucho de las circunstancias y de su estado de ánimo. En el terreno sentimental se muestra reservada y aparentemente fría, lo cual no impide que sea fiel, si bien desea una pareja que responda a sus exigencias y afinidades culturales, intelectuales o espirituales, por lo que a veces no la encuentra y debe finalizar sus días en soledad.

Fernán es turbulento, autoritario, ambicioso, apasionado, inteligente e imaginativo, con una sorprendente rapidez de reflejos mentales y físicos que le permiten salir con bien de los numerosos problemas que él mismo se busca, pues a pesar de que cuando quiere es ordenado y metódico, es inestable y dado a cambios bruscos, no sólo de objetivos, trabajos o amistades, sino también de humor, pudiendo pasar repentinamente de amable y agradable a irritable, agresivo e incluso violento. Los sentimientos ocupan un lugar preferente en su vida, siendo quizás aquí donde es más estable, pues después de mariposear bastante en su juventud, luego desea fundar un hogar confortable donde reina la paz y la armonía; sin embargo, que nadie intente limitar sus prerrogativas de cabeza de familia.

Hernán parece poseer dos personalidades distintas; por una parte, el 7 lo hace introvertido, mientras que el 1 y el 6 le impulsan a la extroversión; y por si fuera poco, posee el mismo exceso de 5 que toda esta familia de nombres, que los hace inestables y versátiles. Es por ello que unos días le veremos impaciente, impulsivo e irritable, y al día siguiente atento, tranquilo y afectuoso; tanto servicial, incluso en exceso, como retraído, indiferente y casi glacial. En el amor necesita de mucha ternura y es muy sensual, pero su compleja naturaleza le pone las cosas difíciles.

HISTORIA   Los visigodos expandieron Fernando por toda Europa, principalmente en España. Hijo de Alfonso IX, san Fernando III (1199-1252), rey de Castilla y León reconquistó gran parte de España a los árabes, siendo canonizado en 1671 por Clemente X.

También fueron Fernandos tres emperadores germánicos y uno de Austria, un zar de Bulgaria, dos reyes de Aragón y Sicilia, siete de España y varios de Portugal y Rumania así como numerosos miembros de la nobleza europea. Otras celebridades son Hernán Cortés, el mariscal Foch, Lesseps, de los Ríos, Alarcón y Arrabal.

NÚMEROS   Fernando: 4 + 3 = 7   Fernanda: 7 + 3 = 1   Fernán: 6 + 8 = 5   Hernán: 6 + 1 = 7

Fidel

ETIMOLOGÍA   Del latín *fidelis*: fiel o creyente.

CARÁCTER   Es un hipersensible, con los nervios a flor de piel; incluso cuando parece tranquilo y calmado, sólo lo es en apariencia, y ante los reveses de la vida se encierra en sí mismo o se escapa de la realidad en sueños fantasiosos gracias a su poderosa imaginación, a menos que su evasión se concrete en viajes a lugares lejanos donde empezar de nuevo. Idealista y amante del poder, posee un fuerte sentido social y sabe mostrarse cordial, caritativo y abnegado. A veces introvertido, soñador, lento y reflexivo; y otras extrovertido, entusiasta y emprendedor, ·puede desconcertar por su carácter ciclotímico, pero no lo puede evitar y necesita vivir ambas facetas de su personalidad. En el terreno sentimental es afectivo y sensual, pero necesita que le concedan plena confianza y libertad, no pudiendo soportar que su pareja sea celosa o posesiva.

HISTORIA   Entre los siglos XVI y XVII, san Fidel de Siegmaringen doctor en filosofía, entró en la orden de los Capuchinos y murió asesinado mientras trataba de evangelizar a los protestantes.

Como personaje célebre citaremos al dictador cubano Fidel Castro.

NÚMEROS   5 + 4 = 9

Fiona

ETIMOLOGÍA   Del galés *fionn*: limpio.

CARÁCTER   Enérgica, autoritaria y ambiciosa, desea imponer sus puntos de vista de tal modo que su talante autoritario, egocéntrico y reservado no siempre es bien aceptado por los demás; de hecho, existe una contradicción entre el 1 activo, autoritario y mandón, y el 2 de realización, que intenta convertirla en laboriosa, paciente y más bien pasiva. No obstante, al ser el 2 un número ausente y estar apoyado el 1 por el 8 íntimo, también ambicioso, hará que esta dicotomía interna se decida casi siempre por el lado autoritario y ambicioso; y mucho más todavía si responde al 11, en cuyo caso su ambición se exalta y adquiere matices de originalidad. En el terreno sentimental es celosa, caprichosa y posesiva, pero franca y directa exigirá lo mismo de su pareja, y dado que su 2 es ausente, su falta de diplomacia hará muy difícil convivir con ella.

HISTORIA   Surgida de la nada, Fiona es una creación de William Sharp en el siglo XIX, por lo que no tiene historia y no ha sido hasta los años ochenta de nuestro siglo que ha sido recuperado por los amantes de nombres que suenen bien y está empezando a extenderse entre nosotros.

NÚMEROS   8 + 2 (de 11) = 1

Flora

Flora, Florencia, Florencio, Florián

ETIMOLOGÍA   del latín *Flora*, la diosa de las flores.

CARÁCTER   **Flora** es activa, voluntariosa, autoritaria y muy independiente; sin embargo, bajo su aspecto fiero y decidido se esconde una mujer humana, reservada, sensible y vulnerable que ante las contrariedades de la vida se repliega en sí misma o se protege bajo una coraza de dureza; y si puede mostrarse egocéntrica y arrogante, siempre está dispuesta cuando se la necesita. Es que en ella existe una mezcla de egocentrismo y altruismo, de tal modo que mientras lucha por triunfar en el mundo material, puede estar formando parte de asociaciones humanitarias y benéficas. En el amor es franca, honesta amante y abnegada, pero también autoritaria.

Florencia es tranquila, reservada y a veces distante; seria y profunda es tímida, honesta y dotada de elevadas cualidades morales. Introvertida, no teme la soledad prefiriendo tener pocos amigos pero de calidad. Poco espontánea, emotiva e hipersensible no quiere que los demás se den cuenta de su vulnerabilidad, prefiriendo ser ella misma quien solucione sus problemas. Trabajadora y paciente, tanto se interesa por el pasado como por el presente, deseando ser útil tanto a quienes lo necesiten como formando parte de asociaciones de fines elevados, pues en su interior bulle algo de misticismo, especialmente cuando es capaz de responder a su 22 íntimo, en cuyo caso desea realizarse en un plano universal. En el amor busca la seguridad, y a pesar de su fidelidad a toda prueba, le cuesta manifestar sus sentimientos.

Florencio posee una fuerte personalidad, siendo muy estricto, autoritario y dominador, pero en el fondo es tierno, emotivo, generoso, hipersensible y profundamente religioso, por lo que sólo se siente realizado cuando se sabe útil a los demás, tanto personalmente como integrándose en sociedades de tipo humanitario. Muy independiente y oportunista y con destacadas cualidades para el mando, no es de extrañar hallarle en algún cargo directivo, ya sea en el trabajo o en alguna asociación benéfica. En el amor es idealista y al ser muy exigente le cuesta hallar la pareja adecuada, que ante todo debe admirarlo; pero en el matrimonio se muestra sensual, generoso y amante de los niños.

Florián es muy curioso, le gusta hacerlo todo y ser el mejor, adaptándose a todas las circunstancias de la vida, pero necesita sentirse libre y a ser posible viajar y cambiar a menudo de ambiente; sin embargo, cuando quiere se muestra metódico, detallista, reservado y con deseos de triunfar; lástima que su 8 ausente –a menos que su número hereditario lo compense– haga que a veces no sepa conservar cuanto ha conseguido. En el amor es encantador, deseoso de fundar una familia que le proporcione seguridad y estabilidad, y a pesar de ser celoso y apasionado no siempre es fiel, pues le tienta la aventura.

HISTORIA   A pesar de su ascendencia pagana, Flora se ha extendido tanto en variantes (Flor, Flora, Florente, Florencio, Florentino, Florián, Floriberto, etc.; sólo hemos analizado los más corrientes) como en santos y bienaventurados: santa Flora, martirizada en Córdoba; santa Flor religiosa de san Juan de Jerusalén; santa Florencia, hermana de san Isidoro de Sevilla y mártir en el Languedoc; san Florentino, abad de san Pedro de Arlés; san Florente, el séptimo abad de Estrasburgo; san Florián, oficial del ejército romano convertido al cristianismo y martirizado; y todavía podríamos alargar la lista.

Esta abundancia explica el porqué estos nombres siempre han estado presentes en Europa a partir del Renacimiento. Sin embargo, no han dado celebridades de primera fila, y sólo algunas relativamente conocidas, como la enfermera Florence Nightingale, el compositor Florente Schmitt, el fabulista francés Florián y la fotógrafa Florence Enstwille.

NÚMEROS   Flora: $8 + 1 = 9$ Florencia: 4 (de 22) $+ 9 = 4$ Florencio: $1 + 9 = 1$
Florián: $8 + + 6 = 5$

Francisco

Francisco, Paco, Francisca, Francina

ETIMOLOGÍA   Del italiano *Francesco*, apodo dado por Juan Bernardone de Asís a su hijo Juan por su dominio de la lengua francesa.

CARÁCTER   **Francisco** es un hombre dotado de gran resistencia física, laborioso, tenaz, con una fuerte individualidad y sentido de la independencia al que le gusta mandar y dirigir, pues es, y se sabe, con suficiente capacidad, oportunismo y ambición para triunfar; sin embargo, existe en él una dualidad interna entre la extroversión, el dinamismo y el autoritarismo del 1 con la pasividad del 2, que tiende a hacerlo reservado e introvertido, por lo cual siempre está tenso y oscilando entre las dos tendencias, y como además el 8 íntimo es ausente, nos hallamos ante un hombre expuesto a todos los extremos, tanto en lo material como en lo espiritual, pudiendo pasar de la espiritualidad al materialismo; de la acción valiente y decidida a la introversión y búsqueda interna. En el amor también es extremado, siendo unas veces amante, posesivo, apasionado y celoso, y otras demasiado independiente para aceptar atarse con los vínculos matrimoniales.

En su forma familiar de **Paco** es exactamente igual que Francisco, pero es menos extremado y más ambicioso y pagado de sí mismo.

Francisca es reservada e introvertida, pues todos sus números son pasivos y el 4 es ausente. Muy emotiva y sensible, intenta ocultar al máximo sus emociones, y se muestra desconfiada y susceptible; escéptica y pesimista no cree en la suerte y por ello se excede en el trabajo, en el que se muestra detallista, perfeccionista y voluntaria. Reflexiva, prudente, egocéntrica y con un gran sentido de la economía, es una mujer estricta y de principios. Pero bajo esta apariencia se esconde una mujer frágil, sumisa, tímida, dependiente e incluso a veces con un sentido de inferioridad. Sólo si es capaz de responder al 11, lo cual ocurre raras veces, sus ambiciones serán mucho más elevadas y quizás llegue a convertirlas en realidades. En la vida sentimental no suele tener mucha suerte, pues es excesivamente púdica y reservada, siendo además muy posesiva, a pesar de su dependencia de la pareja.

Francina, la variante más popular en el norte de Cataluña y sur de Francia, es exactamente igual a Francisca, pues sus números clave son los mismos.

HISTORIA   Ya hemos citado que proviene de san Francisco de Asís, pero es un nombre que ha calado tan profundamente en todo el mundo, que se ha convertido en uno de las más usados en su innumerable variedad de formas e hipocorísticos, pues además de los reseñados se unen los de Paca, Paquita, Quico, Francis, Frances, Pancho, Curro, etc. sobre los que no podemos extendernos.

Después de san Francisco de Asís existieron más de sesenta santos y nueve santas. Y también dos emperadores germánicos, el emperador Francisco-José de Austria, dos reyes de Francia y el archiduque Francisco asesinado en Sarajevo.

En cuanto a celebridades son innumerables: Bacon, Carco, Picabia, Sinatra, Schubert, Listz, Rabelais, Fenelon, Mauriac, Mitterrand, Maspero, Kafka, Villon, Sagan, Pizarro, Quevedo, Goya, Cambó, Petrarca, Arago, Ayala, Capra, Coppola, Cossiga, Maciá...

NÚMEROS   Francisco: $8 + 2 = 1$ Paco: $8 + 2$ (de 11) $= 1$ Francisca: 2 (de 11) $+ 2 = 4$
Francina: 2 (de 11) $+ 2 = 4$

Gabriel

Gabriel, Gabriela

ETIMOLOGÍA   Del hebreo *gabar*: fuerza, o de *gabri*: héroe, y *El*: Dios.

CARÁCTER   **Gabriel** es un hombre fuerte, determinado, estable, serio y capaz de asumir cargos de responsabilidad; sin embargo, introvertido, tranquilo, reservado y sencillo, posee cierto encanto natural y desea ser admirado, por lo que suele cuidar su imagen. Trabajador y amante del detalle, es un excelente profesional dotado de mucha paciencia y más inclinado a las actividades creativas que a las simplemente manuales, confiando en lograr una situación envidiable, aun cuando sabe que sólo lo conseguirá haciendo gala de su espíritu metódico, capacidad organizadora, tiempo y esfuerzo. Pero esta paciencia que demuestra en el ámbito profesional o en las cosas importantes de la vida le falta en las pequeñas contrariedades, que le sacan de quicio. Deseoso de fundar una familia y un hogar armónico y tranquilo en el que no falten los hijos, es muy exigente pues necesita admirar y respetar a su pareja, y duda mucho antes de decidirse a dar un paso tan trascendental.

Gabriela es seria, tranquila y estable; sensible y emotiva, se muestra reservada y algo inhibida. Su capacidad de trabajo es grande, pero le gusta llevarlo a cabo de forma paciente y concienzuda, sin prisas, pues sabe que el tiempo trabaja a su favor. Respetuosa con las leyes y con un gran sentido de la justicia, posee un espíritu analítico y escéptico que la capacita para cualquier forma de trabajo, negocio o estudios, pues además es conciliadora y amante del trabajo en equipo. La verdad es que a pesar de parecer rígida y distante, se puede confiar en ella. Sentimentalmente es tímida y púdica, procurando dominar sus sentimientos y emociones, por lo que nunca da el primer paso; pero cuando acepta unirse, es una compañera fiel, segura y buena madre de familia.

HISTORIA   San Gabriel es uno de los tres arcángeles bíblicos, pero además es el mensajero divino encargado de anunciar las inesperadas llegadas de san Juan Bautista y de Jesús.

Como nombres Gabriel y Gabriela gozaron de gran popularidad en la Edad Media, no introduciéndose en Inglaterra hasta finales del siglo XVI, sin embargo, no es hasta el XVII que se extiende definitivamente, y a finales de los años cincuenta Gabriela se convierte en uno de los nombres más populares en la República Federal Alemana, y Gabriel entre los negros americanos.

Han sido célebres los poetas y escritores d'Annuncio, Celaya, García Márquez y Colette; las actrices Morlay y Dorziat; la modista Cocó Chanel y el general Gamelin.

NÚMEROS   Gabriel: 4 + 6 = 1   Gabriela: 4 + 7 = 2

Gaspar

ETIMOLOGÍA   Es rica y variada, desde el latín *gaspardus*, derivado del sánscrito *gathaspa*: el que viene a ver, hasta el hebreo *ghaz*: tesoro y *bar*: gestionar, o el persa *kansbar*: tesorero.

CARÁCTER   Es hipersensible, emotivo e intuitivo, y su timidez le hace depender de los demás, a entregarse altruísticamente en cuerpo y alma a su servicio. Buen cooperador, negociante y conciliador, aún que a veces aflore esporádicamente el egocentrismo y la testarudez de su 1 excesivo (tres de seis letras), seguirá siendo un hombre pasivo y relativamente dependiente, que sólo es feliz dentro de algún grupo o sociedad que colme sus aspiraciones fraternales y su sentido de la solidaridad. Sentimentalmente es servicial y atento, buscando un alma delicada con la que pueda fundirse para fundar un hogar en el que no falten los hijos.

HISTORIA   Después del rey mago de dicho nombre, Gaspar no fue un nombre popular hasta la Edad Media y se fue sosteniendo hasta principios del siglo XX, especialmente en Francia; luego ha decaído notablemente y si bien parece querer resurgir, dudo que lo consiga.

En cuanto a celebridades, quizás debamos limitarnos al enigmático Gaspar Hauser, cuya vida plasmó Tomas Mann y llevó a la pantalla Werner Herzog.

NÚMEROS   2 + 9 = 2

Gema

Gema, Gemma

ETIMOLOGÍA Del latín *gemma*: gema, piedra preciosa.

CARÁCTER **Gema** es enérgica y emprendedora, obstinada, reservada y sólida, segura de sí misma y deseosa de conseguir poder y riqueza, aunque algunas veces dude interiormente de sus capacidades (sus tres números clave son ausentes); sin embargo pronto se sobrepone y se muestra capaz de reaccionar y hacer frente a las contrariedades o hechos imprevistos. Algo perezosa en el fondo, necesita sentirse motivada, en cuyo caso se entrega plenamente y demuestra que es una mujer práctica, eficaz, perfeccionista, bien organizada y dotada para el trabajo en equipo. Posee un gran sentido de la amistad y cuando es necesario sabe mostrarse generosa y segura, lo que no es obstáculo para que su temperamento sea algo colérico y a veces poco tolerante –especialmente con aquellos a quien ama– aun cuando haga todo lo posible para mostrarse abierta y conciliadora. Cuando responde a la influencia del 11 todavía se muestra más activa y ambiciosa, pero también más original. En el amor es mucho más afectiva y tierna de lo que parece, pues disimula sus sentimientos bajo una apariencia de brusquedad; es muy exigente, pero roto el hielo deja florece su ternura y se convierte en buena esposa y madre.

Gemma, es extrovertida, hábil, adaptable, ordenada y metódica, con un notable espíritu crítico y muy detallista. Para sentirse a gusto necesita rodearse de gente ante la que pueda hacer gala de su alegría, don de gentes y capacidad de seducción. Es capaz de destacar en cualquier actividad relacionada con la creatividad, la expresión y la comunicación. Sin embargo, y al igual que Gema, sus números clave son ausentes, por lo cual y a pesar de todas sus cualidades, en su interior no es tan segura como parece, aun cuando sabe disimularlo. En el amor es muy tierna y afectiva siendo la vida sentimental la base de su vida; no obstante, es exigente y le cuesta mucho decidirse, pero cuando lo hace es una esposa amante y una madre abnegada.

HISTORIA Nombre poco usado hasta que la estigmatizada Gemma Galgani fue canonizada en 1940; a partir de entonces se fue popularizando, más en su grafía catalana e italiana de Gemma que en la española de Gema. De momento no conocemos otras Gemas famosas.

NÚMEROS Gema: 6 + 2 (de 11) = 8   Gemma: 6 + 6 = 3

Genoveva

Genoveva, Jennifer

ETIMOLOGÍA Del germánico *geno*: raza, y *wifa*: mujer.

CARÁCTER **Genoveva** vive una íntima contradicción difícil de superar: su número activo, el 4 que debería convertirla en ordenada, constante, detallista, seria, estable y disciplinada, es ausente, lo cual hace que dichas cualidades sólo consiga hacerlas realidad gracias a un esfuerzo y una educación bien dirigida; su 9 íntimo la convierte en idealista, abnegada y con un profundo sentido místico o religioso que la impulsa a entregarse al servicio de los demás. Pero de las ocho letras de su nombre, cinco son 5, lo cual la hace extremadamente versátil e inestable, neutralizando en la práctica sus buenas cualidades pues no es capaz de finalizar nada de lo que emprende. Sólo si fuese capaz de responder a la influencia del 22 realizador –lo que es muy difícil– podría realizarse en tareas creativas y alcanzar elevadas cotas de entrega e incluso de santidad. A pesar de su necesidad de una vida sentimental, se siente dividida entre su idealismo y versatilidad y la estabilidad que requiere una vida en pareja, lo cual es realmente difícil de armonizar.

Jennifer, la forma familiar anglosajona de Genoveva, posee una acusada personalidad e individualismo, siendo capaz de servir a un fin elevado, de sentir y entregarse abnegadamente al servicio de una causa que considere justa y humanitaria; sin embargo, le gusta ser el centro de la atención y sentirse admirada e incluso en sus más abnegadas acciones, siempre escoge el lugar más visible y destacado. Su mayor defecto es su exceso de 5 (cuatro en ocho letras) que la conduce a la dispersión y versatilidad. En su vida sentimental necesita hallar a un hombre al que pueda amar y admirar, que la domine y estabilice en lo posible, en cuyo caso y si consigue dominar su autoritarismo, puede llegar a ser una buena esposa.

HISTORIA   Se dice que santa Genoveva, nacida en 420 de noble cuna, salvó dos veces a la ciudad de París, una de Atila y la otra de los francos, por lo que es la patrona de la capital de Francia.

Durante la Edad Media fue uno de los nombres más famosos, llegando a extenderse a España y los países mediterráneos, aun cuando actualmente está decreciendo a favor de su forma familiar anglosajona de Jennifer.

Como celebridad podemos nombrar a Genoveva de Bravante, que acusada de adulterio por su esposo el príncipe Sigfrido, pasó seis años en el exilio antes de ser declarada inocente; su historia dio el argumento y el nombre a la ópera de Schumann. Como actuales citaremos a la actriz Jennifer Jones y la tenista Jennifer Capriati.

NÚMEROS   Genoveva: 9 + 4 (de 22) = 4   Jennifer: 1 + 9 = 1

Gerardo

Gerardo, Geraldo, Geraldina

ETIMOLOGÍA   Del germánico *ger*: lanza, pica, y *hard*: duro.

CARÁCTER   **Gerardo** es franco, directo y valeroso, y cuando debe tomar una decisión importante lo hace sin vacilar y se crece ante las dificultades. Dotado de un espíritu luchador y de notable ambición, se realiza mediante el trabajo en el que se muestra paciente y esforzado. En su carácter se mezclan dos tendencias, la del 4, que lo hace ponderado y reflexivo, y la del 8, más dinámica y ambiciosa, siendo por lo general esta última la que predomina, dado que con tres 1 en su rejilla, su ego es muy fuerte y le conduce al autoritarismo y la tozudez. En el amor es fiel y seguro, pero poco sentimental y romántico, por lo que a veces peca de brusquedad y falta de tacto.

Geraldo también posee una fuerte personalidad y es capaz de grandes y prolongados esfuerzos, pues es un trabajador metódico y paciente en el que se puede confiar; sin embargo es reservado y sabe esperar la ocasión de lograr su autonomía, de sentirse independiente o de alcanzar algún puesto directivo y tarde o temprano suele conseguirlo. Su único peligro es su 6 ausente, que de no ser compensado por su número hereditario, puede hacer que a veces rehúya sus responsabilidades o se vuelva tan perfeccionista que nunca dé por terminado lo que está haciendo. En el amor, es púdico y reservado y a veces le cuesta manifestar sus sentimientos, siendo celoso, posesivo e incluso algo autoritario con los suyos.

Geraldina es una mujer muy emotiva y sentimental, activa y abnegada, que cuando se siente contrariada o herida tiende a encerrarse en sí misma o a descargar su frustración trabajando intensamente, a poder ser en equipo, y mejor todavía si puede ser en tareas con un fondo social o humanitario, pues posee un elevado sentido de la justicia, y como busca su propia evolución interior sabe que la mejor manera de conseguirlo es la abnegada entrega a una buena causa; si algo se le puede reprochar es falta de diplomacia, pues su 2 ausente incrementa su emotividad y le resta autocontrol. Su vida sentimental suele ser complicada, pues romántica y sensible desearía hallar un alma gemela con la que poder fundirse, lo que no es tan fácil como cree, y todavía menos cuando más que comunicarse lo que desea es ser adivinada. Sin embargo, es una madre excelente.

HISTORIA   San Geraldo, monje de la abadía de Moissac en el siglo IX fue un hombre sabio que a petición del obispo de Toledo vino a España a poner orden en la Iglesia española, tarea que también le fue solicitada por el obispo de Braga, en Portugal. En el siglo X a san Gerardo, demasiado humilde y contemplativo, tuvieron que forzarle para que aceptara ser obispo.

A partir de la Edad Media son dos nombres que se han utilizado sin interrupción hasta nuestros días a pesar de que los femeninos Gerarda y Geralda nunca han sido populares, habiendo desaparecido en la actualidad, mientras que Geraldina se está incrementando cada vez más.

Como celebridades citaremos a los escritores Gerardo de Cremona, Gerardo de Nerval, Gerardo Diego, Gerard Durrell y Gerard Bauer; al actor Gerard Depardieu, al presidente Gerald Ford y a las actrices Geraldine Page y Geraldine Chaplin.

NÚMEROS   Gerardo: 4 + 4 = 8   Geraldo: 4 + 6 = 1   Geraldina: 7 + 2 = 9

Gisela

ETIMOLOGÍA   Del germánico *gisil*: flecha.

CARÁCTER   Es muy emotiva e intuitiva, llena de encanto y sensualidad; con una inteligencia muy viva y facilidad de palabra, parece la encarnación del eterno femenino que cantan los poetas; pero bajo esta apariencia superficial se halla una utópica idealista que busca un sentido a su vida, ya sea en asociaciones de carácter altruista, humanitario, social o artístico. Cuando no logra realizarse de dicha forma, vive su ideal a través de sueños fantasiosos y quiméricos o se dirige al mundo de lo extraño y oculto, pues a pesar de su habilidad manual y su mente bien organizada, no está hecha para la vida prosaica y rutinaria. Sentimentalmente sus aspiraciones son tan elevadas que difícilmente puede encontrar un hombre que las colme, por lo cual su ardor e ilusiones se consumen rápidamente, a lo que contribuye su 6 íntimo ausente, con lo que a su deseo de perfección une muchas dudas y vacilaciones internas.

HISTORIA   La bienaventurada Gisela era la hija de Enrique II de Baviera y esposa de Esteban, rey de Hungría.

　　　Fue un nombre muy popular en Francia a partir de que Isberga, una hermana de Carlomagno lo adoptó como segundo nombre; sin embargo fue decayendo para renacer en la primera mitad del siglo XX, y ahora, con la moda de buscar nombres exóticos, está ganando terreno en nuestro país.

　　　Como celebridades podemos citar a Gisele Halimi y Gisele Pascal.

NÚMEROS　　6 + 3 = 9

Gloria

ETIMOLOGÍA　　Del latín *gloria*: fama.

CARÁCTER　　Es una mujer afectiva, pero también enérgica y ambiciosa; de hecho existe una dicotomía en su carácter debido a la oposición entre el 1, activo, autoritario, individualista, egocéntrico, tenso y oportunista, y el 2, estabilizador, paciente, laborioso y pasivo; de aquí que a la vez necesita mandar y sentirse protegida, lo cual es bastante incompatible. Pero además, el 8 íntimo la hace reservada y ambiciosa; y siendo el 2 y el 8 ausentes, carece de diplomacia y tiende a los excesos, a la falta de equilibrio. Por todo esto, suele ser caprichosa y posesiva. Sólo si responde a la influencia del 11 realizador, su ambición y la originalidad de su carácter se incrementarán, adquiriendo una mayor y más estable personalidad y relevancia. En el terreno sentimental es celosa y posesiva, pero franca, directa e independiente, lo que unido a su variabilidad hace difícil convivir con ella.

HISTORIA　　En realidad es un nombre cristiano alusivo a la Pascua de Resurrección o Domingo de Pascua, que convertido en nombre propio es muy popular en nuestro país y poco conocido fuera del mundo hispánico.

　　　Como celebridades citaremos a la actriz Gloria Swanson y la rica heredera Gloria Vanderbilt.

NÚMEROS　　8 + 2 (de 11) = 1

Gracia

Gracia, Engracia, Gracián, Graciela

ETIMOLOGÍA　　Del sánscrito *gurta*: agradable, que pasó al latín *gratia*: gracia.

CARÁCTER　　**Gracia** es uno de los escasos nombres con tres números maestros, lo que debería otorgarle un carácter y destino excepcionales si fuese capaz de responder a su influencia, pues son sinónimos de grandeza, de elevadas aspiraciones y de entrega absoluta. Es un destino que podría conducirla a realizaciones muy importantes, tanto materiales, como humanitarias o creativas. Pero todo tiene su contrapartida, y consciente de sus posibilidades se hallará bajo una presión excesiva, siempre con los nervios a flor de piel a pesar de tratarse de una persona paciente y obstinada. Pero si no es capaz de responder a tan elevadas influencias, se limitará al 2 y al 4 y será muy emotiva, trabajadora, constante, bien organizada, con mucho amor al detalle y a la estabilidad, especialmente familiar, pues sólo se sentirá realizada dentro de la vida conyugal o en el trabajo en equipo, y a pesar de cierto autoritarismo (tres 1 en seis letras) depende mucho de los demás. En el amor necesita mucha ternura y que su pareja le proporcione la seguridad de que carece (sus números clave son pasivos), y al ser tímida y reservada le cuesta mucho manifestar sus sentimientos.

De **Engracia** emana un aura de misterio, de incertidumbre; es que se mueve entre dos tendencias, la del 5 que la convierte en extrovertida, independiente, variable y deseosa de hacerlo todo y a su manera, y la del 7, introvertida, cerebral e inclinada a dejarse llevar por las circunstancias. Sin embargo, tres 1 y dos 5 hacen que predomine la tendencia activa, extrovertida y variable, con un cierto interés por los temas heterodoxos, y de tanto en tanto existirán momentos en que necesitará tranquilidad y soledad. La vida sentimental no le será fácil pues se la complica con sus alternancias de carácter.

Gracián es un ser tierno, sensible, idealista e interesado en cuanto se refiera a los temas éticos, estéticos, humanos y humanitarios. Busca abrirse al mundo, tanto en lo que se refiere a la aventura como al universo de lo extraño y de lo oculto. Prudente y reservado, desea conseguir la estabilidad material y procura hacer todo lo posible para conservar su independencia aun cuando sea a cambio de ceder o hacerlo ver. Cuando es capaz de responder a la influencia del 11 íntimo, se incrementa su ambición y es capaz de conseguir logros importantes. En el amor es bueno, sensible y amante del hogar, aun cuando a veces le gusta mostrar su sentido de la autoridad.

Graciela –diminutivo de Gracia– es comunicativa, adaptable, seductora, elegante, muy hábil y capaz de destacar en cuanto se refiera a la creatividad o la comunicación, y además posee la capacidad de aprovechar las lecciones de la experiencia en vistas al mañana. Siendo una mujer celosa de su independencia, no por ello deja de sentir un profundo sentido de la justicia y sabe respetar los derechos de los demás. Externamente alegre y optimista, en el fondo es seria y reflexiva. Todo ello forma un carácter muy complejo y lleno de facetas que no dejan de sorprender a quienes la rodean. En el amor también existen dichas facetas desconcertantes, pues tanto es secreta y misteriosa como lanzada y apasionada.

HISTORIA   Zaida era una musulmana española del siglo XII que al convertirse al cristianismo se hizo bautizar con el nombre de Gracia consiguiendo la santidad con su martirio.

Es una familia de nombres que nunca han sido muy populares, y sólo en el siglo XIX adquirieron algún relieve gracias a la novela de Lamartine; tras un paréntesis de olvido, parece volver a renacer, quizás por la influencia de la princesa Grace de Mónaco.

NÚMEROS   Gracia: 2 (de 11) + 2 (de 11) = 22 = 4   Engracia: 7 + 7 = 5   Gracián: 2 (de 11) + 7 = 9
Graciela: 7 + 5 = 3

Gregorio

Gregorio, Goyo

ETIMOLOGÍA   Del griego *egregorien*: vigilante, despierto.

CARÁCTER   **Gregorio** es introvertido, enérgico y obstinado, algo tímido, prudente y reservado, que duda mucho antes de decidirse a emprender algo, pero cuando se decide no hay nada que pueda detenerlo, siendo una de sus mayores ambiciones el conseguir su parcela de poder e independencia. Sin embargo, cuatro 7 en ocho letras (además del realizador) son demasiados, y desembocan en la tendencia a aislarse, a desligarse de la gente e incluso de la realidad; también existe un cierto peligro de caer en el fanatismo o el sectarismo. En el terreno afectivo es ardiente y apasionado, pero poco sentimental y desconocedor de la psicología femenina, suele ser celoso y posesivo, a menos que escoja el celibato.

En su forma familiar de **Goyo** es más sensible, emotivo, flemático y soñador; aspira a vivir libremente y no es realmente dinámico ni emprendedor, sino más bien un idealista que muchas veces se pierde en los detalles y se olvida de lo esencial. Sin embargo, sus tres números clave son ausentes, y a menos que no lo compense su número hereditario, su vida será muy complicada pues chocará siempre con la dura realidad; y si a esto añadimos que tres de sus cuatro números son 7; la tendencia al aislamiento, a desligarse de la realidad y al sectarismo, serán muy marcadas. En el amor, es muy sensual y afectivo, pero suele depender demasiado de su cónyuge.

HISTORIA   San Gregorio Magno fue el papa que acometió la reforma del canto litúrgico que constituyó lo que llamamos canto gregoriano. Además de él existieron otros dieciséis papas del mismo nombre y cuatro patriarcas de Armenia, aparte de numerosos santos y bienaventurados.

Expandido por toda Europa, todavía es popular en Rusia, Alemania, Estados Unidos e incluso en Francia y España. Como celebridades citaremos a Gregori Rasputín, a Gregor Mendel, Gregorio Marañón y Gregory Peck.

NÚMEROS   Gregorio: 1 + 7 = 8   Goyo: 5 + 6 = 2

Guadalupe

Guadalupe, Lupe, Lupita

ETIMOLOGÍA   Del árabe *wadi-al-lub*: río de cantos negros, o de *wadi-lupi*: río de lobos.

CARÁCTER   **Guadalupe** posee una personalidad bien definida, pues es noble, seductora y sencilla. Es ambiciosa y trabajadora, siendo capaz de mostrar una gran paciencia y tenacidad en todos los avatares de la existencia sabiendo que el tiempo trabaja a su favor. Muy conservadora, oportunista y algo testaruda, está capacitada para asumir responsabilidades y cargos directivos, y a pesar de ser bastante posesiva, también sabe ser generosa, aun cuando a causa de su fuerte personalidad pueda resultar algo brusca y autoritaria; sin embargo, busca la paz y se muestra conciliadora, deseando mantener relaciones cordiales con todo el mundo. Su numero íntimo, el 6, es ausente, lo que la convierte en perfeccionista, quizás demasiado. En el terreno sentimental es exigente y elitista a la hora de escoger pareja que desea sea casi perfecta, por lo que duda mucho antes de decidirse; sin embargo, una vez hallado este ser ideal, es una esposa y madre de familia ejemplar.

En su forma familiar de **Lupe** carece de la energía y fortaleza de Guadalupe, pero en cambio es más humana y altruista, con una gran sensibilidad a la que se une un lado místico y abnegado, soñando colaborar en crear un mundo mejor, y mientras no lo consiga se esforzará en ayudar a cuantos lo necesiten. Pero cuando no responde a la influencia de su 11 realizador y sólo lo hace 2, sus ambiciones son menores y se limitan casi exclusivamente al terreno del hogar y la familia, siendo la abnegación y el soñar despierta las válvulas de escape que le permiten paliar su exceso de emotividad, su fragilidad emocional y su dependencia. En el amor es una sentimental, tierna e idealista que sólo vivirá para los suyos.

En su otra forma familiar de **Lupita** es muy espontánea e impulsiva. Adaptable, idealista, independiente y soñadora, sabe usar su encanto personal y su elegancia innata mostrándose mucho más femenina de lo que es en realidad, pues en el fondo es enérgica, egocéntrica y desea ser la primera en todos los terrenos; su mente es rápida y oportunista y sabe aprovecharlo todo para conseguir lo que se propone; sus defectos son la impaciencia y la inestabilidad. En realidad es un diablillo vivaracho e imprevisible. En el amor es apasionada y tempestuosa, pues siendo provocadora y libertina le gusta seducir y mariposear.

HISTORIA En realidad Guadalupe es el nombre del santuario de dicho nombre que existe en Extremadura, y debe su nombre a los lobos que abrevaban en el río cercano. Con los conquistadores pasó a México, donde se convirtió en su patrona y quizás en el más popular de los nombres femeninos.

NÚMEROS Guadalupe: 6 + 4 (de 22) = 1   Lupe: 9 + 2 (de 11) = 2   Lupita: 5 + 5 = 1

Guillermo

Guillermo, Guillermina, Vilma

ETIMOLOGÍA Del germánico *will*: voluntad, y *helm*: protección.

CARÁCTER **Guillermo** es enigmático y difícil de catalogar. Muy introvertido, es un ser inquieto que se atormenta buscando respuestas a su angustia vital, pues su vida está llena de dudas y vacilaciones y nunca se decide sin haber sopesado largamente el pro y el contra de las cosas. Muy emotivo e hipersensible, se protege bajo una máscara de frialdad, de distanciamiento e incluso a veces de ironía y cinismo. Amante de la justicia siente gran respeto por los derechos de los demás a quienes desea otorgar protección y ayuda. Es un hombre que va madurando poco a poco, volviéndose filósofo en su madurez. En el amor es muy difícil, pues al ser cerrado y poco comunicativo no sabe expresar sus sentimientos.

Guillermina es activa, dinámica e independiente, ordenada y metódica y muy capaz de hacer frente a los problemas y responsabilidades de la vida. Con un temperamento artístico y necesitada de paz y armonía, hace cuanto puede para rodearse de un ambiente tranquilo y equilibrado, y su aire apacible resulta reconfortante; sin embargo, es nerviosa y muy activa y a causa de su impulsividad y emotividad a veces se precipita y comete errores, pues cuando desea algo sabe desplegar una energía insospechable y a veces se pasa. En el terreno sentimental es afectuosa, responsable y capacitada, pero le gusta ser ella quien lleve los pantalones, por lo que le cuesta hallar pareja y no pocas veces renuncia al matrimonio para no perder su libertad.

En su forma familiar de **Vilma**, cuando puede responder a la influencia de su 22 activo es una mujer fuera de lo corriente, y de ella se desprende una impresión de fuerza, carisma, encanto y reserva; su creatividad, autodominio, ambición, voluntad y capacidad de trabajo pueden conducirla a escalar cotas muy altas. Cuando sólo responde al 4 es otra mujer, perseverante, prudente, reflexiva, estable y con sentido del deber, pero también a veces llena de dudas y vacilaciones. Su voluntad es firme y es capaz de llevar a buen término empresas que requieran paciencia y constancia. En el amor posee muchas cualidades, es fiel, honesta y buena administradora, pero como es amante del lujo, desea que su pareja no sólo la ayude financieramente, sino también en las faenas del hogar. De lo contrario, las crisis matrimoniales estarán a la orden del día.

HISTORIA   San Guillermo era hijo del conde de Nevers y sobrino de Pedro el Ermitaño. Ingresado en los cistercienses de Pontigny, llegó a ser obispo de Bourges.

Tras él más de cincuenta santos y bienaventurados honran este nombre, además de dos emperadores de Alemania, diez duques de Aquitania, tres reyes de Holanda (incluyendo a Guillermina I), cuatro de Inglaterra, tres de Sicilia y numerosos poetas, trovadores y cronistas medievales.

Siempre ha sido muy popular en los países germánicos, y especialmente a partir del siglo IX nunca ha dejado de ser popular en toda Europa, si bien en Francia decae a partir del siglo XVI y se regionaliza en la Bretaña y todo el Sudoeste, desde donde entra en Cataluña y sólo modernamente en el resto de España.

Su boga actual acentuada a partir de los años sesenta ha tenido como consecuencia la desaparición de Guillerma sustituida por Guillermina, y modernamente empieza a popularizarse el de Vilma, quizás gracias a unos célebres dibujos animados.

Como celebridades modernas citaremos a los escritores Apollinaire, Flaubert, Burroughs y Faulkner, a los científicos Marconi y Crookes, al presidente Clinton y al príncipe Guillermo de Gran Bretaña.

NÚMEROS   Guillermo: $7 + 9 = 7$ Guillermina: $1 + 5 = 6$ Vilma: $1 + 3 = 4$ (de 22)

Gustavo

ETIMOLOGÍA   Del germánico *gustav*: próspero.

CARÁCTER   Es muy sensible y dependiente del entorno familiar, afectivo o amical, especialmente en su juventud. Aun cuando es hábil, de excelentes reflejos físicos y mentales, de rápida inteligencia y un buen comunicador, es difícil decir si es introvertido o extrovertido, pues su 8 es ausente, lo que a veces le desequilibra, y su 2 activo le inclina a la pasividad, la reflexión y la introversión, por lo que ambos aspectos de su personalidad pueden alternarse o hacer que a veces se quede como bloqueado. A pesar de ser un intelectual, no es realmente un pensador o un filósofo, sino un hombre con un buen sentido de la cooperación y los negocios. En el terreno sentimental es franco, viril, apasionado y fiel, deseoso de fundar una familia donde mostrarse buen esposo y padre.

HISTORIA San Gustavo era paralítico de pies y manos y fue curado milagrosamente por san Martín, consagrando luego su vida a la difusión de la fe y fundando el monasterio de Brives, en Francia.

Antiguo nombre germánico, Gustavo ha conocido una popularidad ininterrumpida a partir de la Edad Media, especialmente en Suecia, alcanzando su cota más alta en el siglo XIX.

Fueron Gustavos seis reyes de Suecia, los pintores Courbet y Moreau, el grabador Doré, los músicos Mahler y Charpentier, el poeta Bécquer, el metapsíquico Geley y el canciller alemán Bauer.

NÚMEROS 3 + 8 = 2

Gwendoline

ETIMOLOGÍA Del celta *gwenn*: blanco, feliz, y *dolyn*: círculo.

CARÁCTER Caracterizan a **Gwendoline** el encanto, la feminidad, la sensibilidad la intuición, la imaginación y la facilidad de expresión y comunicación, y cuando responde al 11 activo tiene la posibilidad de hacer realidad sus aspiraciones, que se centran en un ideal elevado o en una ambición material o social. Pero todo ello junto a una gran tensión nerviosa, entusiasmo y apasionamiento. Pero cuando sólo responde al 2, muy tierna y femenina, hipersensible y emotiva, afectuosa, sociable y dependiente, pero desconfiada y prudente cuando no se siente a gusto, buscará la seguridad de la vida en pareja en la que además se mostrará tierna y sensual.

HISTORIA Nacidos de Gwenn, la forma céltica de la diosa Venus, surge toda una constelación de nombres derivados: **Gwenn**, **Gwenna**, **Gwnael**, **Guendoline**, **Gwenda**, **Gwenole**, etc, que han atravesado las fronteras a partir de los años setenta y se han expandido por el resto del mundo.

En castellano han sido adaptados como Gundelina, Gundelinda, Guvendolina, etc. Sin embargo, sólo Gwendoline, uno de los más antiguos nombres irlandeses, se mantiene y cada vez se hace más popular gracias a su exotismo y sonoridad.

En cuanto a santos son muy poco conocidos fuera de su lugar de origen; así, conocemos a una santa Gwenn esposa de san Fragan y madre de santa Gwenole; un san Gwenael fundador de un monasterio en la isla de Groix. Y en la leyenda, el rey Arturo se enamora del hada Gwendolen, y la mujer del mago Merlín se llama Gwendolyn.

NÚMEROS 8 + 3 = 2 (de 11)

éctor

ETIMOLOGÍA   Del griego *ektor*: prudente.

CARÁCTER   **Héctor** es sociable, entusiasta, extrovertido y con facilidad de expresión, y como además es dulce, pacífico, sensible y humanitario, cae muy bien a la gente y no le cuesta hacer amistades. Cuando se siente motivado es capaz de realizar grandes esfuerzos, mostrándose metódico, ordenado y muy detallista, pero como es muy nervioso a veces puede caer en un exceso de movilidad y dispersarse. En el terreno sentimental es seductor, encantador, sensual e hiperemotivo, por lo cual es muy fácil herirlo sentimentalmente, ante lo cual es incapaz de reaccionar como no sea huyendo. Y como la carne es débil, su fidelidad también lo es.

HISTORIA   No existe ningún san Héctor, pues se trata de un nombre mitológico. Es el héroe de la guerra de Troya en la que tuvo en jaque durante diez años a los asaltantes griegos, hasta el día en que mató a Patroclo y al enterarse Aquiles, lo mató a su vez.

Nombre redescubierto en el siglo XVIII, no ha dejado de usarse hasta ahora, si bien modestamente, aunque en los últimos tiempos se está volviendo a emplear cada vez más.

Son célebres Héctor Malot y Héctor Berlioz.

NÚMEROS   3 + 6 = 9

Hilario

Hilario, Hilarión

ETIMOLOGÍA   Del latín *hilaris*: alegre.

CARÁCTER   **Hilario** es un hombre viril y leal, pero también intuitivo, acogedor y generoso, del que se desprende un carisma personal que lo distingue y sabe utilizar para mostrar su superioridad y ejercer un papel directivo o preponderante. Es abierto, curioso, algo coqueto y un buen comunicador al que todo le interesa; Sin embargo es reservado y secreto sobre sus planes y cuestiones personales, pues es ambicioso y desearía ser un líder, ya fuese en cuestiones materiales o espirituales. Sin embargo, poseer un número maestro como el 11 entraña sus inconvenientes, que se centran en la tendencia a los excesos, que pueden ir de un exceso de bondad y entrega a la megalomanía. Cuando sólo responde al 2, su carisma y ambiciones se reducen, se hace más sensible y humano y descarga todo su potencial en el trabajo o los negocios. En cuestiones sentimentales es franco, directo y leal y busca en el matrimonio la estabilidad y el bienestar.

En su diminutivo de **Hilarión** es mucho más contradictorio, pues la oposición entre el 7 y el 8 da lugar a una combinación entre la pasión, exageración e impulsividad, con la reserva, reflexión, introversión, sensibilidad y pasividad. De aquí que Hilarión pueda pasar de golpe de una actividad competitiva e incluso agresiva, a encerrarse en una búsqueda filosófica o metafísica. También en el terreno sentimental se manifiestan estas contradicciones, pues puede ser alternativamente apasionado y generoso o posesivo y celoso.

HISTORIA   San Hilario fue obispo de Poitiers en el siglo IV; se distinguió por su lucha contra los arrianos y sus escritos tuvieron una notable influencia sobre san Agustín. San Hilarión fue un discípulo de san Antonio. Otros santos y bienaventurados se llamaron Hilario, entre otros un obispo de Arlés y un papa.

Fueron dos nombres muy corrientes en los primeros siglos del cristianismo pero luego han ido decayendo y actualmente están desapareciendo.

NÚMEROS   Hilario: $8 + 3 = 11 = 2$ Hilarión: $8 + 8 = 7$

Honorio

Honorio, Honorina, Honorato

ETIMOLOGÍA   Del latín *honorius*: honorable.

CARÁCTER   **Honorio** es inteligente, enérgico, reservado y obstinado, y su fin primordial es el poder y los bienes materiales; hábil, ingenioso e inteligente, desea expresarse y comunicar, y dada su elegancia natural y su facilidad en sacar provecho de todas las experiencias, tanto buenas como malas, no es raro que llegue a triunfar en la vida. Sin embargo, tímido e inquieto, a veces llega a dudar de sus propias capacidades, lo que compensa desplegando una gran actividad. En algunos casos, y a menos que su número hereditario lo compense, el 7 excesivo puede invertir esta última tendencia, haciendo que se encierre en sí mismo, desligándose de la gente e incluso a veces de la realidad. En el terreno sentimental basa su vida familiar en la mutua confianza, el respeto y la autenticidad.

Honorina aparenta ser fría y orgullosa, lo que unido a sus ansias de libertad y a que siempre pone la suficiente distancia entre su persona y la gente que la rodea, hace que sus amistades íntimas sean muy escasas. Para ella, lo más importante es preservar su vida interior, aislarse, reflexionar y buscar cuáles deben ser sus objetivos; para alcanzarlos cuenta con su espíritu metódico y un acusado sentido del detalle que a veces puede ser excesivo y convertirse en manía. La vida sentimental es algo muy importante para ella, pero con su carácter muchas veces termina su vida en soledad.

Honorato es simpático, encantador, seductor y distinguido. En realidad es muy emotivo y ante todo desea la seguridad, la calma y la estabilidad, siendo capaz de destacar en profesiones relacionadas con la creatividad y la comunicación. En su interior coexisten dos tendencias opuestas: la del 3 y la del 4, por lo que a veces aparecerá como un ser superficial y disperso, mientras que en otras sorprenderá con su esfuerzo, dinamismo y disciplina. Sin embargo, cuando sea capaz de responder a la influencia del 22, no es de extrañar que llegada la madurez elimine sus contradicciones internas y llegue a adquirir gran confianza y seguridad en sí mismo, siendo capaz de grandes realizaciones.

HISTORIA   Empieza en el año 395 con Flavio Honorio, que a la muerte de su padre el emperador Teodosio se repartió el Imperio Romano con su hermano Arcadio, quedándose con el Imperio de Occidente. Tras él, fueron Honorios cinco papas y un antipapa.

San Honorato, obispo de Arlés, fundó el monasterio de Lerins; otro san Honorato fue obispo de Amiens. Santa Honorina, mártir del siglo IV, murió ahogada en el Sena.

Como celebridades podemos citar además a cinco príncipes de Mónaco, al escritor Honorato de Balzac y el pintor Honorato Daumier.

NÚMEROS   Honorio: 5 + 3 = 8   Honorato: 4 (de 22) + 8 = 3   Honorina: 6 + 1 = 7

Hugo

ETIMOLOGÍA   Del germánico *hugh*: inteligencia, juicio.

CARÁCTER   **Hugo** es enérgico y obstinado, ambicioso y reservado, metódico, ordenado y detallista; pero también es capaz de mostrarse amable, atento y diplomático cuando le conviene, pues en él existe una dualidad desconcertante; en efecto, normalmente aparece la faceta amable, servicial y simpática de su carácter; pero cuando se enfrenta a alguna crítica o hecho injusto, reacciona con extremada violencia, pues se despierta su lado duro y enérgico. Porque en el fondo es un sentimental para el que la palabra tiene más valor que un contrato y no tolera el engaño ni la deshonestidad. Sin embargo, cuando es capaz de responder a la influencia del 11, su ambición se incrementa y es capaz de alcanzar cierta notoriedad. En el terreno sentimental es tierno, comprensivo y muy necesitado de afecto, y cuanto desea es la paz y estabilidad de la vida cotidiana, aunque algunas veces se muestre algo rudo.

HISTORIA   San Hugo, obispo de Grenoble durante más de cincuenta años contra su voluntad, y otra quincena de otros santos y bienaventurados protegen este nombre que todavía sigue usándose discretamente, especialmente en Francia y quizás algo menos en España.

Como celebridades empezaremos con Hugo Capeto, fundador en el siglo X de la dinastía de los Capetos, a la que se debe la popularidad que el nombre de Hugo gozó durante siglos; pero la mala reputación de los hugonotes (que no tenían nada que ver con el nombre de Hugo) le fueron fatales y casi condujeron a su extinción.

NÚMEROS   2 (de 11) + 6 = 8

**da**

ETIMOLOGÍA   Del germánico *idis*: mujer.

CARÁCTER   Para **Ida** la libertad es algo inalienable y no una simple palabra. Individualista y enemiga de cualquier tipo de ataduras, muchas veces su impulsividad la lleva más lejos de lo que se proponía. Cuando se siente motivada es capaz de desarrollar una enorme capacidad de trabajo, pero siendo capaz de organizar, mandar y dirigir, en cambio no sabe obedecer. Lo que le importa es sentirse el centro del Universo y hacer lo que le parezca. En el amor es una seductora, una tigresa violenta y celosa; pero su fidelidad siempre será una incógnita.

HISTORIA   Santa Ida (1040-1113) era hija de Godefroy IV el Barbudo, esposa de Eustaquio II conde de Bolonia y madre de los intrépidos Godefroy de Bouillon y Balduino I, rey de Jerusalén que ostentaron el mando de la primera Cruzada. Otra santa Ida fue la madre de santa Gertrudis.

Es un nombre que a pesar de su sonoridad nunca ha gozado del favor de la gente, manteniéndose siempre en una cota de popularidad bastante baja.

Como celebridad apenas si podemos mencionar a la danzarina y mecenas rusa Ida Rubinstein.

NÚMEROS   1 + 4 = 5

Indalecio

ETIMOLOGÍA   Del euskera *inda*: fuerza.

CARÁCTER   Es disciplinado, discreto, franco, decidido, trabajador y capaz de notables esfuerzos; oportunista, siempre tenso e individualista, posee la capacidad de asumir responsabilidades de mando y dirección, a menos que su 6 ausente lo haga demasiado perfeccionista y deba esforzarse mucho antes de tomar alguna decisión importante. Dotado de un espíritu científico le importa mucho realizar algo en esta vida que resulte perdurable, pues posee el sentido de la historia, y a la vez que le gusta estudiarla desearía dejar algo que también la tuviera. Sin embargo, cuando sus realizaciones no están a la altura de sus ambiciones o se siente herido en su amor propio, reacciona con arrogancia y violencia. En el terreno sentimental ama la seguridad del hogar y de la vida familiar; es posesivo y celoso, pero púdico y reservado, le cuesta expresar sus sentimientos, que por otra parte suelen estar dominados por el sentido práctico.

HISTORIA   Es un nombre típicamente español que no ha salido de nuestras fronteras y carece prácticamente de historia, pues tampoco ha sido muy popular y no nos extrañaría que terminara desapareciendo. Como celebridad citaremos al político Indalecio Prieto.

NÚMEROS   4 + 6 = 1

Inés

ETIMOLOGÍA   Del griego *agne*: pureza.

CARÁCTER   Es una mujer extrovertida e idealista que sueña con grandes proyectos y gozar de entera libertad; y como además es elegante, hábil, inteligente, adaptable, con sentido artístico y buena comunicadora, suele destacar no sólo en sociedad, sino también en cualquier profesión relacionada con el arte, la comunicación o la creatividad. Si algo puede reprochársele es un exceso de versatilidad e inestabilidad a causa de su necesidad de cambios, ya sea de trabajo, de residencia e incluso de pareja (dos 5 en cuatro letras). En el terreno sentimental necesita amor y pasión, pero no está hecha para una vida convencional que se aparte de la rutina, y a causa de su necesidad de cambios, no es tan fiel como debiera.

HISTORIA   Santa Inés es una de las mártires más populares porque a los 13 años prefirió el martirio a la pérdida de su virginidad, siendo para la Iglesia el símbolo de la pureza.
   Popular en todo el mundo, es uno de los nombres más populares de todos los tiempos en España y Gran Bretaña, y a partir de los años cincuenta, también se está incrementando su boga en Francia.
   Como celebridades citaremos a Agnès de Francia, emperadora de Bizancio, Agnès de Méranie, esposa de Felipe Augusto de Francia, Agnès Sorel, favorita de Carlos VII de Francia, y a Inés de Castro, esposa del Infante Pedro de Portugal.

NÚMEROS $6 + 4 = 1$

Ingrid

ETIMOLOGÍA   De *Ing*, la diosa germánica de la fertilidad.

CARÁCTER   Es una mujer nacida para triunfar, enérgica, obstinada, imaginativa y de rápidos reflejos, pero además con una gran fuerza interior, reflexiva, sólida, constante y más bien práctica que intelectual. Quizás le falte algo de espontaneidad, pero es una idealista con un fondo de religiosidad innata que desea ser útil y hallar una finalidad en la vida, por cuyo motivo no vacila en luchar por aquello que cree justo. Pero todo esto lo oculta bajo una apariencia dura, brusca, rebelde, impaciente e irritable. En el amor es una mezcla de brusquedad, exigencia, intolerancia y posesividad, pasión y celos, todo ello junto con algo que podría considerarse romanticismo.

HISTORIA   Santa Ingrid fue la fundadora de un monasterio en Skäningue, Suecia.
   Es un nombre muy popular en los países escandinavos, Gran Bretaña, Austria y Alemania; pero en cambio no ha llegado a penetrar en los países latinos, donde sólo actualmente empieza a tomarse en cuenta, quizás gracias a la popularidad de sus modernas representantes, las actrices Ingrid Bergman e Ingrid Caven.

NÚMEROS $9 + 8 = 8$

Inmaculada

Inmaculada, Inma

ETIMOLOGÍA   Del latín *in-macula*: sin mancha.

CARÁCTER   **Inmaculada** es emprendedora, activa y valiente, con una poderosa personalidad y cualidades de mando y dirección. Suele ser nerviosa, orgullosa y altiva, despreciando la mediocridad y las situaciones de dependencia. Por ello, cuando sufre algún fracaso se torna agria, amargada e intolerante; pero afortunadamente se le pasa muy pronto y sabe aprovechar al vuelo las oportunidades que salen a su encuentro. Sensible a la estética, no sólo cuida la suya personal, sino que también desea alcanzar un nivel de vida elevado y con cierto lujo. Sin embargo, y a pesar de sus ambiciones materiales, de tanto en tanto le gusta tener momentos de aislamiento y soledad que le permitan reflexionar y meditar con tranquilidad. En el terreno sentimental suele dudar entre la profesión y el matrimonio y a veces la elección se le hace difícil, y desearía realizarse en alguna profesión liberal antes de casarse.
En su forma familiar de **Inma** es activa dinámica, emprendedora y con una acusada personalidad, siendo capaz de organizar, dirigir y administrar; pero también le gusta representar un papel en la vida para sentirse admirada y reconocida. A pesar de su individualismo, es sensible, intuitiva, emotiva y capaz de servir a un ideal elevado, de entregarse abnegadamente al servicio de una causa siempre y cuando pueda ocupar un lugar destacado. Con dos números clave 1, su único defecto reside en el autoritarismo, la intransigencia y la tozudez. En el terreno sentimental necesita hallar un hombre que esté a su altura, al que pueda amar y admirar; y si no fuese tan autoritaria sería la esposa ideal.

HISTORIA   Es un nombre típicamente español alusivo a la Inmaculada Concepción de la Virgen, por lo que no ha traspasado las fronteras del mundo hispánico.

NÚMEROS   Inmaculada: $7 + 1 = 8$ Inma: $1 + 9 = 1$

Íñigo

Íñigo, Ignacio, Nacho

ETIMOLOGÍA   Del griego *enekoos*: que oye despierto, derivó el nombre **Enecón**, ya en desuso, y de él **Eneko**, también en desuso, que se transformaría en **Íñigo** y luego en **Ignacio**. De aquí que muchos autores confundan su origen con el latino *ignis*: fuego, cuando es muy anterior al latín.

CARÁCTER   **Íñigo** es tranquilo, secreto, enigmático y excesivamente emotivo, lo que procura ocultar. Paciente y trabajador, hace las cosas sin prisas, sabiendo que el tiempo trabaja a su favor, y muy curioso se interesa por cuanto se refiera a sus orígenes y a los de la humanidad en general, y con su fuerte sentido de la justicia y la necesidad de una evolución interior, siempre se está cuestionando sobre temas filosóficos, metafísicos o religiosos, pero corre el riesgo de sistematizarlo todo y rayar a veces en el autoritarismo, pues su 11 activo le concede carisma y ascendiente sobre los demás y puede convertirle en un líder. Si sólo responde al dos, sin dejar de plantearse las mismas cuestiones, se limitará a rumiarlas en soledad. En el terreno sentimental es bastante complicado, pues nunca da el primer paso a causa de su timidez; pero luego es fiel, estable y muy consciente de sus responsabilidades.

Ignacio es simpático, abierto, sociable, activo y dinámico, deseando hacerlo todo y ser el mejor. Muy curioso y amante de los cambios, diversifica sus actividades y sabe adaptarse a todas las circunstancias con tal de lograr lo que desea, pues le es muy importante preservar su libertad e independencia. Sin embargo, existe otra cara de su carácter que lo hace ordenado metódico y detallista. A causa de dicha duplicidad interna no es raro que empezando las cosas a conciencia se desmotive con facilidad y cambie de objetivos. En el terreno sentimental desea fundar un hogar que le procure amor y seguridad; sin embargo, celoso y apasionado, le gustan demasiado los cambios para ser tan fiel como debiera.

Nacho, la forma familiar de Ignacio, es discreto y reservado, dando una sensación de equilibrio, seguridad y armonía. Pero dicha reserva y discreción se mezclan con una timidez que a veces le hace sentirse incómodo entre la gente y le inclina a la soledad; pero como desea conservar al máximo su independencia y triunfar en el mundo material por su propio esfuerzo, sabe ser prudente, adaptarse a las circunstancias y asumir sus responsabilidades, aun cuando a veces esto último le resulte difícil a causa de su 6 ausente. En el terreno sentimental es un esposo y padre de familia amante, fiel y responsable.

HISTORIA Al estudiar la etimología ya hemos visto su complicada evolución hasta llegar a Íñigo, y el paso a Ignacio es debido a que Íñigo López de Recarte, el fundador de los jesuitas, fuese canonizado como Ignacio de Loyola. Sin embargo, ya en el siglo II existió un san Ignacio, obispo de Antioquía martirizado en Roma el año 107.

Muy populares en España tanto Íñigo (especialmente en Euskadi) como Ignacio, en la actualidad están decayendo entre nosotros paralelamente a la influencia de la Iglesia y especialmente de los jesuitas.

Como celebridades podemos citar al músico y político polaco Paderewski, al compositor austriaco Pleyel, al pintor Zuloaga, al general del Castillo, al oftalmólogo Barraquer y al bailarín Nacho Duato.

NÚMEROS   Íñigo: $4 + 7 = 11 = 2$ Ignacio: $8 + 6 = 5$ Nacho: $8 + 7 = 6$

Irene

ETIMOLOGÍA Del griego *eirene*: paz.

CARÁCTER Es reservada y prudente, y antes de iniciar algo necesita informarse y sopesar los pros y los contras a pesar de que interiormente se siente segura e independiente; no obstante, cerebral e introvertida es mejor oyente que comunicadora y de tanto en tanto necesita retirarse en una tranquila soledad donde se sienta más a sus anchas. Sin embargo, y a menos que su número hereditario lo compense, tres 5 en una rejilla de cinco letras son excesivos, con lo que corre el peligro de dejarse arrastrar por un exceso de versatilidad y amor al cambio en todos los ámbitos de la vida. En el terreno sentimental es tímida y reservada y a pesar de ser una sentimental le cuesta mucho expresar lo que siente, resultando desconcertante con su querer y temer. Pero cuando sale a flote el exceso de 5 los amores poco le duran.

HISTORIA Santa Irene y sus hermanas Agape y Chionia fueron quemadas vivas por poseer libros santos, pero Irene fue exhibida desnuda en un lupanar antes de llevarla a la hoguera.

Es un nombre que siempre ha sido popular en Europa, especialmente de los siglos XVIII al XX.

Como celebridades citaremos tres emperatrices de Oriente, la primera de las cuales fue santificada por la Iglesia Ortodoxa, las actrices Irene Papas e Irene Dunne y la científica Irene Curie.

NÚMEROS   1 + 6 = 7

Irma

ETIMOLOGÍA   Del germánico *irmin*: magestuosidad o totalidad.

CARÁCTER   Es una mujer nacida para el hogar y la familia; es activa, dinámica y muy ordenada en la vida práctica, siempre dispuesta a asumir sus propias responsabilidades. Sin embargo, bajo un aspecto tranquilo y flemático se esconde un temperamento nervioso e independiente que se exterioriza mediante una gran actividad. Cuando dicha salida no le es posible, con dos 1 en su rejilla de cuatro letras (más el 1 íntimo) le acometen inesperados arrebatos de violencia; sin embargo, es incapaz de guardar rencor y pronto se le pasan. En el terreno sentimental ya hemos dicho que ha nacido para el hogar y la familia, pero es también donde suele mostrarse más dominante y no se puede resignar a mantenerse en un segundo plano.

HISTORIA   Irmin fue un dios de los antiguos pueblos germánicos, y un inmenso árbol sagrado que simbolizaba el árbol del mundo se llamaba Irminsul, siendo abatido por Carlomagno en el año 722.

En el siglo VIII, santa Irmina, hija del buen rey Dagoberto, fue la benefactora de san Wilibaldo; y en el 1900, la bienaventurada Irma fue masacrada por los bóxers.

Sin embargo es un nombre poco usado en nuestras latitudes a pesar de que la moda de nombres exóticos puede hacerlo reverdecer.

NÚMEROS   1 + 5 = 6

Isaac

ETIMOLOGÍA   Del hebreo *Izhak*: Él ríe.

CARÁCTER   Es un hombre enigmático aparentemente frío, reservado y misterioso para quien lo más importante es su vida interior, la reflexión, la búsqueda del porqué de la vida y, por qué no, de la fe. Por ello es introvertido y cerebral y se lo piensa mucho antes de decidirse a pesar de su inteligencia y facilidad en aprender de las experiencias propias y ajenas. Pero lo que realmente desea es la tranquilidad y la seguridad, pues de sus números clave sólo el 2 figura en su rejilla. Sin embargo, cuando es capaz de responder al 11, parece despertar de su letargo meditativo, le crece la ambición, por elevada que sea, y se desvive por hacerla realidad. Los sentimientos ocupan un lugar preferente en su vida y a pesar de ser tímido y reservado, es capaz de mostrarse tierno y delicado, con un profundo sentido del matrimonio, la paternidad y la familia.

HISTORIA   Se inicia con el patriarca Isaac, hijo de Abraham y Sara. Otros siete santos y bienaventurados llevaron dicho nombre ampliamente extendido en los mundos judío y protestante.

Como celebridades podemos citar a Isaac Newton, Isaac Stern, Irzaq Rabín, Isaac Albeniz, Isak Dinesen e Ike Eisenhower.

NÚMEROS   2 (de 11) + 5 = 7

Isidoro

Isidoro, Isidro, Isidora

ETIMOLOGÍA   Del griego *Isis-doron*: don de Isis.

CARÁCTER   **Isidoro** se mueve entre dos contradicciones internas: por una parte es activo, dinámico, alegre, comunicativo y amante de cambios y aventuras, y por la otra es cerebral y algo pesimista e inclinado a hacerse preguntas sobre el sentido de la vida. Pero su comprensión es rápida, su espíritu vivo y analítico y si a veces se inclina por el estudio, la comunicación y la creatividad, al ser ausente su 3 activo, lo más frecuente es que se decida por la acción, la autonomía y la libertad. En el terreno sentimental suele tener éxito, pues es encantador y sensual, y le gusta disfrutar de los placeres de la vida; pero a veces se siente incomprendido cuando en su íntima dualidad no sabe expresar sus sentimientos.

Isidro es una variante posterior conseguida latinizando Isidoro para diferenciar a san Isidoro de Sevilla del patrono de la capital de España.

En cierto modo es muy parecido a Isidoro, con parecidas contradicciones internas entre la necesidad de cambios, independencia y curiosidad, y la reflexión, el estudio y la vida interior. En Isidro, lo que domina es la reflexión y la búsqueda de valores internos, lo que no impide que de tanto en tanto aflore la vena curiosa y aventurera. En el amor, es un apasionado en el que parece que la sexualidad sea más importante que los sentimientos, pero lo que ocurre es que le cuesta mucho exteriorizarlos.

Isidora es una mujer sociable que sabe moverse con desenvoltura, que cuando desea algo hace lo imposible por conseguirlo, ya sea mediante sus cualidades de seducción, o a base de obstinación, impulsividad e incluso de rudeza. De hecho es una mujer independiente que cuando se siente motivada se muestra apasionada e hiperactiva, pero cuando le falta dicha motivación se convierte en perezosa e indolente. Tanto es capaz de pasar horas enteras en su cuidado estético, como descuidar su apariencia. Es por ello que resulta desconcertante con dichas alternancias agravadas por un cierto autoritarismo e intransigencia. En el amor es sensual, posesiva y celosa, pero muy amante de su libertad, nunca encuentra al hombre perfecto que busca y quizás por ello le cuesta rechazar las tentaciones.

HISTORIA   San Isidoro, arzobispo de Sevilla, ejerció una profunda influencia en el desarrollo de la Iglesia española.

Es un nombre de gran predicamento en nuestro país, al extremo de que, como hemos dicho, otro Isidoro, un simple agricultor casado y con un hijo, era tan piadoso que a su muerte hacia 1130 proliferaron los milagros sobre su tumba, convirtiéndose en san Isidro Labrador.

También existen otros diez santos Isidoros, aparte de Isidoro de Mileto, uno de los constructores de la catedral de Santa Sofía en Constantinopla, de la escritora Isidora Ducasse y la danzarina Isadora Duncan.

NÚMEROS   Isidoro: 5 + 7 = 3   Isidro: 7 + 7 = 5   Isidora: 8 + 6 = 5

Jacinto

Jacinto, Jacinta

ETIMOLOGÍA   Del griego *hyacinthos*: jacinto.

CARÁCTER   **Jacinto** es franco, leal, trabajador, conciliador y siempre dispuesto a cooperar en lo que haga falta. Aunque no lo parece, es sensible y emotivo, lo que intenta ocultar bajo una apariencia ruda y quizás algo autoritaria y distante. Muy curioso y comunicativo, todo le interesa y a pesar de ser muy reservado y secreto sobre su intimidad, siempre está dispuesto a compartir ideas y conocimientos; también es ambicioso y busca triunfar, para lo cual se apoya mucho en su habilidad manual, su facilidad de expresión y su sentido de los negocios, en los cuales no duda en asociarse cuando lo cree conveniente. En el terreno sentimental es franco y directo, muy amante del matrimonio y de la vida familiar.

Jacinta es una mujer seductora, curiosa e independiente que no sabe estarse quieta y odia la monotonía y la rutina; dotada de habilidad manual y bastante autoritaria, siempre desearía poder hacerlo todo y mejor que nadie, pero muchas veces su impaciencia le impide terminar lo que está haciendo. Sin embargo, en el fondo es muy sensible, emotiva y tímida (especialmente en su juventud), a la vez que deseosa de conseguir una mayor estabilidad, aunque con su 2 ausente le cueste conseguirla. Esto hace que se muestre contradictoria y pase fácilmente a los extremos, ya sea de la risa a las lágrimas, como de la timidez a la provocación. Pero en aquellos casos en que es capaz de responder a la influencia del 11, se incrementa su carisma y ambiciones y es capaz de superar estas íntimas contradicciones. En el terreno sentimental es ardiente, apasionada y romántica; en el fondo, lo que busca es conseguir la tranquilidad y estabilidad que le falta.

HISTORIA   La mitología afirma que Apolo mató a un efebo al que amaba mientras le enseñaba a lanzar un disco. Al morir, se convirtió en una flor, a la que dio el nombre de *hyacinthos*.

Muy en boga en la Edad Media e incluso hasta el siglo XVIII, pero hoy en decadencia, Jacinto goza de una doble protección: la del san Jacinto polonés fundador de conventos en Gdank (la antigua Dantzig) en el siglo XIII, y la de santa Jacinta de Mariscoti, venerada en Italia.

Como celebridades podemos citar a los escritores Jacinto Benavente y Jacinto Octavio Picón, al pintor Jacinto Rigaud, y a Jacinthe Giscard d'Estaing.

NÚMEROS   Jacinto: 8 + 3 = 2   Jacinta: 2 (de 11) + 3 = 5

Jacob

Jacobo, Jaime, Jaume, Jacqueline, Santiago, Diego

ETIMOLOGÍA   Del hebreo *yakob*: el segundo, o de *yah-hacob*: suplantador.

CARÁCTER   **Jacobo** es un hombre social, amable y extrovertido del que emana una sensación de tranquila seguridad reflejo de sus cualidades de método, orden, espíritu analítico y bien organizado. Como además es hábil, mañoso y creativo, no es raro que entre sus aficiones exista alguna relacionada con el bricolaje o el arte. Le gusta hablar, discutir e intercambiar opiniones; quizás por esta necesidad de contacto con la gente suele ser un buen comerciante o lingüista. En el terreno afectivo es afectuoso, tierno y paternal, pero también sensual y epicúreo.

Jaime es metódico, organizado, cuidadoso de su aspecto físico y con facilidad para asimilar conocimientos y experiencias. Una de sus mejores cualidades es su sentido de la cooperación y los negocios, en los que prefiere trabajar asociado, pues a pesar de ser algo autoritario considera que el trabajo en equipo es más rentable. A pesar de ser adaptable y maleable, sabe hacer valer sus ideas con firmeza, y a pesar de su intuición no se fía de la misma y lo hace pasar todo bajo el tamiz de la lógica y el sentido práctico. En el terreno sentimental se siente muy unido a la familia, pero demasiado exigente y detallista, le es muy difícil encontrar una compañera a su medida, y muchas veces termina por no encontrarla.

En su variante catalana de **Jaume** es activo, dinámico, independiente, ordenado, metódico y muy capaz de hacer frente a los problemas y responsabilidades de la vida. Con un temperamento artístico y necesitado de paz y armonía, hace cuanto puede para rodearse de un ambiente tranquilo y equilibrado, y su aire apacible resulta reconfortante, por lo que es el amigo ideal que consuela, apoya y tiene cuidado cuando se le necesita; sin embargo, es nervioso y muy activo, y a causa de su impulsividad cuando desea algo despliega una energía insospechable, y a veces se precipita y comete errores. Con frecuencia es perfeccionista e incluso algo maniático en algunas cuestiones, ya sea en el vestir, en el trabajo, o en cualquier otra cosa. También es amante del cambio y la aventura, lo cual puede conducirle a una vida algo errática e irregular, oscilando entre la hiperactividad y la pereza. En el terreno sentimental es un hombre encantador, seductor y muy sensual, pero le gusta ser él quien mande y decida, y es feliz, si además de que le quieran le admiren; sin embargo, no siempre es tan fiel como debiera.

Santiago es una variante típicamente española procedente del grito de guerra medieval «Sancte Jacobe», cuya abreviatura dio lugar a **Sant Yago** y posteriormente, por sucesivas contracciones, a **Santiago** y **Diego**.

Santiago ha nacido para mandar, dirigir y organizar. Mucho más práctico que intelectual, es emprendedor, activo y dinámico. En el fondo es un idealista siempre dispuesto a luchar por causas o principios que considere útiles a los necesitados o a la sociedad en general. En la vida práctica es alérgico a toda clase de autoridad y jerarquía, a pesar de que personalmente es enérgico y obstinado; nunca pierde de vista el provecho que puede sacar de las oportunidades que se le presentan, para lo cual es rápido y eficaz. En el amor incorpora a su idealismo y romanticismo una buena dosis de exigencia, pasión y celos.

Diego es vivo, alerta, hábil, ingenioso y de rápida inteligencia; físicamente es fuerte, resistente y capacitado para el trabajo en equipo o en asociaciones, ya sean políticas, sociales o comerciales. Sin embargo, es muy independiente y amante de la aventura, por lo cual sólo se asocia cuando no coartan su libertad personal. Cuando responde al 11, su vida puede convertirse en tan apasionante como su ambición. Su mayor peligro reside en los dos 7 de su rejilla, que pueden despertar la tendencia a aislarse, a separarse de los demás e incluso, en casos extremos, de la realidad. En el amor es un apasionado expuesto a flechazos y locuras, pero la llama amorosa no le dura, pues ignora qué es fidelidad.

Como femenino de Jaime se ha impuesto prácticamente en todo el mundo la forma francesa de **Jacqueline**. Es una mujer emotiva, inteligente e intuitiva, llena de encanto y sensualidad que bajo su apariencia superficial y coqueta esconde a una idealista que intenta hallar un sentido a su vida formando parte de sociedades altruistas, humanitarias o sociales, y cuando ello no le es posible se evade en sueños fantasiosos y quiméricos, o se dirige al mundo de lo oculto y misterioso, pues a pesar de tener una mente muy bien organizada, no ha nacido para una vida rutinaria y prosaica. Su ambición suele ser muy grande, especialmente en el terreno sentimental, por lo que el hombre que quiera hacerla suya debe poseer muchas cualidades y posibilidades, pues si comprueba que carece de las mismas su amor e ilusiones no tardan en apagarse, a lo que contribuye su 6 ausente, que a su deseo de perfección une muchas dudas y vacilaciones internas.

HISTORIA   Se inicia con dos apóstoles, el Mayor, el primero de los doce en sufrir el martirio que se venera en Compostela, y el Menor, que a veces es designado como «el hermano del Señor». Tras ellos más de sesenta Jacobos, Jaimes y Santiagos han sido santificados, además de una santa Jacqueline, noble y rica romana protectora de san Francisco de Asís, cuyo cuerpo reposa junto a la tumba de san Francisco en su misma basílica.

A partir del siglo IX, Jacobo desaparece prácticamente en favor de Jaime y Diego en España, de Jacques en Francia y de James en Inglaterra, extendiéndose por todo el mundo hasta 1850 en que sufren un corto paréntesis hasta 1900, para volver a renacer con fuerza a partir de 1930, y actualmente es Jacqueline el que sube con mayor ímpetu. En su forma de Jaume, sigue siendo uno de los nombres más populares en Cataluña.

Como celebridades citaremos tres reyes de Inglaterra, siete de Escocia, dos de Aragón, tres de Mallorca. Y famosos en Europa, como Boehme, Bossuet, Offenbach, Lacan, Monod, Sternberg, Martínez Barrios, Balmes, Rusinyol, Ramón y Cajal, Brel, Anquetil y Delors; y en América, Jackie Coogan, James Cagney, James Coburn, Jimmy Carter y Jacqueline Kennedy-Onassis.

NÚMEROS   Jacobo: 6 + 6 = 3   Jaime: 6 + 5 = 2   Jaume: 1 + 5 = 6   Santiago: 9 + 8 = 8
Diego: 3 + 2 (de 11) = 5   Jacqueline: 6 + 3 = 9

Javier

Javier, Xavier, Javiera

ETIMOLOGÍA   Del euskera *etxe-berri*: casa nueva.

CARÁCTER   **Javier** es reservado, prudente, algo desconfiado e incluso a veces algo pesimista y escéptico. Intelectual y cerebral, metódico y detallista, prefiere apoyarse en su propio juicio, capacidad de trabajo, organización y disciplina, lo cual no es obstáculo para que también sea adaptable y oportunista. Es hombre de principios, muy independiente, bastante autoritario y de una moralidad estricta. También siente una cierta atracción por el pasado y la historia, e incluso por el arte. Sin embargo, deberá luchar mucho en la vida, pues sus tres números clave son ausentes. En el amor busca ante todo paz y seguridad, siendo fiel, tranquilo, servicial y siempre dispuesto a echar una mano en las faenas domésticas.

En su forma catalana de **Xavier** es un hombre fuerte, determinado, estable, serio y capaz de asumir cargos de mando y responsabilidad; sin embargo, introvertido, tranquilo, reservado y sencillo, posee cierto encanto natural y desea ser admirado, por lo que suele cuidar su imagen. Trabajador y amante del detalle, es un excelente profesional dotado de paciencia y más inclinado a las tareas creativas que a las simplemente manuales, confiando en conseguir una posición envidiable, aun cuando sabe que sólo lo logrará haciendo gala de su espíritu metódico, capacidad organizadora, tiempo y esfuerzo. Pero esta paciencia que demuestra en el ámbito profesional o en las cosas importantes de la vida, le falta en las pequeñas contrariedades, que le sacan de quicio. Deseoso de fundar una familia y un hogar armónico y tranquilo en el que no falten los hijos, es muy exigente, pues necesita admirar y respetar a su pareja, y duda mucho antes de dar un paso tan trascendental.

Javiera es nerviosa e inquieta, no sabe estarse quieta y necesita acción y cambio incesante. Exteriormente aparece como distante y poco sociable, adoptando a veces una pose crítica y marginal que le permite preservar su independencia y personalidad, o porque no se encuentra a gusto consigo misma. Sin embargo, su exceso de 1 (cuatro en siete letras) la convierte en autoritaria y algo agresiva, y como su 7 íntimo y representativo es ausente, a todo ello se añade una íntima inseguridad, y si bien no teme a la soledad, esta contradicción interna la hace inestable, atormentada e impaciente. Tampoco el amor es fácil para ella, tanto en lo afectivo como en lo sexual, pues sus inhibiciones le impiden una franca comunicación y se siente incomprendida.

HISTORIA   Francisco de Azpilicueta nació en el castillo familiar que recibía el nombre de *etxe-berri*, que se fue transformando primero en *achaverri*, luego en *jeverri* y finalmente en **Javier**, por cuyo motivo a Francisco de Azpilicueta se le conoce con el nombre de san Francisco Javier.

Santa Francisca Javiera Cabrini es una santa moderna nacida en Italia en 1850 y canonizada en 1946, treinta años después de su muerte. En 1889 abandonó Italia trasladándose a Estados Unidos donde fundó 67 centros religiosos y trabajó intensamente en orfanatos, cárceles y hospitales.

Actualmente, lo mismo que la segunda parte de otros nombres compuestos, Javier y Javiera han adquirido entidad propia como nombres de pila. Como celebridades citaremos a Xavier de Maistre, Xavier Leroux, Xavier de Montepin, Xavier Rupert de Ventós, Javier Clemente y Xabier Arzalluz.

NÚMEROS   Javier: 6 + 7 = 22 = 4   Xavier: 6 + 4 = 1   Javiera: 7 + 7 = 5

Jerónimo

ETIMOLOGÍA   Del griego *hieros*: sagrado, y *onoma*: nombre.

CARÁCTER   Seductor, comunicativo, abierto y comprensivo, es capaz de destacar en cualquier actividad creativa, especialmente en las relacionadas con la expresión y la comunicación, siendo un trabajador paciente, tenaz e incansable, pero en su interior existe una dicotomía entre el 1 que le impulsa a la extroversión, la independencia, al deseo de mandar y dirigir, y la pasividad, laboriosidad y dependencia del 2. Y a pesar de dominar el 1, al ser ausente el 2 se produce un exceso de emotividad que muchas veces le hace mostrarse impaciente, impulsivo y poco diplomático. Sin embargo, en aquellos casos en que es capaz de responder a la influencia del 11, desaparece todo el aspecto pasivo de su carácter, se dispara su ambición y es capaz de grandes logros, especialmente en la segunda parte de su vida. En el amor es tierno, sensual y seductor.

HISTORIA   San Jerónimo nació en Dalmacia hacia el año 345, primero fue ermitaño y luego secretario del papa Dámaso, que le confió la traducción de la Biblia al latín, muriendo a los 91 años.

Es un nombre que sólo ha sido famoso en Europa hasta finalizada la Edad Media, haciéndose extremadamente raro hasta nuestro siglo, en el que parece volver a renacer.

Como celebridades citaremos a Jerónimo de Moravia, el autor del más antiguo tratado de música que se conoce; al visionario pintor de lo extraño Hieronimus Bosch, el filósofo Jerome Cardán, al cura Merino y, cómo no, al famoso jefe indio Gerónimo.

NÚMEROS   1 + 2 (de 11) = 3

Jessica

ETIMOLOGÍA   Del hebreo *Yisyah*: Dios existe, o de *Yiska*: Él mira.

CARÁCTER   Es una mujer curiosa, inteligente y adaptable que quiere hacerlo todo y ser la mejor, pero que pasa con facilidad de un tema a otro sin llegar nunca al fondo de las cosas. Ama el cambio y la libertad, lo que la convierte en algo inestable. Y si además añadimos que es temperamental y algo autoritaria, no es de extrañar que sea una feminista convencida, quiera imponerse en la vida y realizar grandes cosas, aún cuando los resultados casi nunca se ajustan a sus esperanzas. Sin embargo, lo prefiere a una vida rutinaria y monótona, pues su ansia de vivir es insaciable. En el amor desea hallar una pareja que la asegure material y socialmente, cosa que resulta algo difícil al no ser precisamente un modelo de fidelidad y castidad.

HISTORIA   Jessica es el diminutivo femenino de **Jesse**, el padre de David. Sin embargo en Escocia se considera erróneamente como una variante de Jesse (Juana), lo cual se presta a confusiones.

Es un nombre típicamente anglosajón que a inicios de los años ochenta ocupaba el segundo lugar en popularidad en Estados Unidos, y desde allí también está penetrando con fuerza en nuestro país. Como celebridad citaremos a la actriz Jessica Lange.

NÚMEROS   6 + 8 = 5

Jesús

ETIMOLOGÍA   Del hebreo *Yehoshuah*: Dios salva.

CARÁCTER   Para **Jesús** la libertad y la independencia son lo más importante; muy adaptable, elegante y con una inteligencia capaz de asimilar ideas, conceptos e incluso sacarle provecho a las experiencias de la vida, y como además posee una curiosidad fuera de lo común, se considera capaz de hacer cuanto puedan hacer los demás, y si le apuran, mejor que ellos. Sin embargo en su interior existe un fondo de espiritualidad e idealismo por el que es capaz de sacrificar parte de su independencia cuando puede sentirse útil ayudando a los demás. En el terreno sentimental es sensual, sensible y emotivo. Lástima que es tan inconstante.

HISTORIA   En realidad Jesús es una derivación de Joshua y de Josué. Ha sido un nombre considerado sagrado en los primeros tiempos del cristianismo, e incluso hoy día todos los países del mundo rehúsan púdicamente utilizarlo como nombre de pila, excepto en España y en Hispanoamérica, donde es muy popular. Como celebridad citaremos al periodista Jesús Hermida.

NÚMEROS   9 + 5 = 5

Joaquín

Joaquín, Joaquina

ETIMOLOGÍA   Del hebreo *Yehoyaqim*: Dios construye.

CARÁCTER   **Joaquín** es sociable, entusiasta, extrovertido y con facilidad de expresión, y como además es dulce y pacífico, sensible y muy humanitario, cae muy bien a la gente y no le cuesta hacer amistades. Cuando se siente motivado es capaz de realizar grandes esfuerzos, mostrándose metódico, ordenado y muy detallista, pero como es muy nervioso, a veces puede caer en un exceso de movilidad y dispersarse. En el terreno amoroso es seductor, encantador, sensual e hiperemotivo, siendo muy fácil herirlo sentimentalmente, ante lo cual es incapaz de reaccionar como no sea huyendo. Y como la carne es débil, su fidelidad también lo es.

Joaquina es mucho más fuerte; directa, franca, independiente y oportunista, autoritaria y siempre dispuesta a mandar y dirigir, a asumir toda clase de responsabilidades. Metódica, ordenada y detallista no le teme al trabajo duro y es capaz de realizarlo con paciencia y constancia. Si algo se le puede reprochar es su ambición y egocentrismo, que la hacen reaccionar violentamente cuando se siente criticada u ofendida; pero por lo general sabe controlarse y le gusta vivir en paz con todo el mundo. En aquellos casos que es capaz de responder a la influencia del 22, sus ambiciones se amplían y subliman, intentando realizarse en un plano universal. En el amor se muestra púdica y reservada, quizás poco comunicativa, y como es muy práctica, lo que busca en el matrimonio es la ayuda material y la seguridad emocional.

HISTORIA   Joaquín era el padre de la Virgen María, y quizás por respeto su nombre no fue usado por los primitivos cristianos hasta el siglo XIV, en que empezó a popularizarse por toda Europa, especialmente en España. Sin embargo son varios los santos a que dio lugar, como el místico italiano san Joaquín de Flore.

Como celebridades citaremos dos reyes de Judea, tres príncipes electores de Brandeburgo, Murat, Sorolla, Mir, Dicenta, Alvarez Quintero, Bartrina, Costa y Blume.

NÚMEROS   Joaquín: 3 + 6 = 9   Joaquina: 4 (de 22) + 6 = 1

Joel

ETIMOLOGÍA   Del hebreo *Yo'El*: Iahve es Dios.

CARÁCTER   **Joel** es muy complejo, pues bajo su apariencia tranquila y sosegada se esconde un hombre nervioso, cerebral e intelectual, curioso, crítico, analítico y algo escéptico. Pero además, la contradicción entre sus números 3 y 4 hace que mientras interiormente ansía ver, conocer y moverse, exteriormente debe esforzarse y trabajar pacientemente; contradicción en la que colabora el 7 activo, que lo hace más introvertido e indeciso. De su número hereditario dependerá que domine una u otra faceta de su carácter. Ni que decir tiene que sentimentalmente vive las mismas contradicciones internas, y su pareja –cuando la tenga– no sabrá nunca a qué atenerse.

HISTORIA   Joel era el hijo mayor de Samuel allá por el siglo V a. de C., siendo uno de los doce pequeños profetas.
　　Es un nombre muy raro hasta los años treinta en que hace su aparición en Francia, donde se inventa el femenino de Joelle; en España Joel empieza a sonar, mientras que Joelle no nos ha llegado todavía.
　　Como celebridades citaremos al cantante Joel Holmes y al poeta Joel Bousquet.

NÚMEROS   3 + 4 = 7

Jonatan

Jonatan, Jonathan

ETIMOLOGÍA   Del hebreo *Jo-nathan*: don de Dios.

CARÁCTER   Para **Jonatan** la libertad y la independencia son algo sagrado; adaptable, elegante, muy curioso y con una inteligencia capaz de asimilar ideas y conceptos, e incluso de sacarle provecho a las experiencias de la vida, se considera capaz de hacer cuanto puedan hacer los demás y, si le apuran, mejor que ellos. Sin embargo, debe dominar su excesiva tendencia al cambio y la versatilidad que pueden convertir su vida en inestable. En su interior existe un fondo de espiritualidad e idealismo por el que es capaz de sacrificar parte de su independencia cuando puede sentirse útil ayudando a quien lo necesite. En el terreno sentimental es sensible, sensual y emotivo; lástima que sea tan inconstante.
　　Jonathan, la forma original que han conservado los anglosajones, es un hombre que aunque parezca flemático, altivo y distante, en realidad es tranquilo y reservado, serio, profundo y algo autoritario y tozudo; pero también algo tímido, honesto, ordenado y concienzudo. Sin embargo, con dos 4 en sus números clave y ninguno en su rejilla, a veces duda de sus capacidades y se repliega sobre sí mismo. Íntimamente es idealista, algo místico, amante de lo natural y enemigo de artificios y sofisticaciones. Cuando es capaz de responder a la influencia del 22, supera muchos de sus problemas, se vuelve más ambicioso y es capaz de realizar grandes cosas. En el terreno sentimental es tímido y romántico, pero poco emotivo y deseoso de formar una familia tranquila y estable.

HISTORIA   Jonathan, hijo del rey Saúl habría sido sacrificado por su padre al final de una batalla perdida si el ejército no se hubiese decidido a salvarlo.

Es un nombre desconocido en Europa pero muy apreciado en Estados Unidos, donde simboliza a los emigrantes, del mismo modo que el tío Sam representa su expansión; sin embargo, en los años setenta se introduce en Francia donde llega a ser uno de los nombres más frecuentes a partir de 1985, aun cuando su popularidad empieza a decrecer; de allí nos está llegando actualmente y no podemos saber si su éxito será duradero.

Como célebre citaremos al escritor Jonathan Swift.

NÚMEROS   Jonatán: 9 + 5 = 5   Jonathan: 9 + 4 (de 22) = 4

Jorge

Jorge, Jordi, Georgia, Georgina

ETIMOLOGÍA   Del griego *ge-ergon*: trabajador de la tierra.

CARÁCTER   **Jorge** es muy simpático, entusiasta, comprensivo, encantador y lo que se dice un hombre de mundo. Sin embargo, es superficial, coqueto y algo narcisista, cuidando mucho su aspecto exterior. De rápida inteligencia, hábil y adaptable, cuando se lo propone es capaz de destacar en cualquier profesión relacionada con la comunicación, la expresión y la creación, ya sea en el arte, la literatura, la música o el teatro. Pero la constancia no figura entre sus virtudes, por lo cual lo mejor de sus cualidades corre el peligro de perderse por un exceso de curiosidad y cambios. Siempre se muestra satisfecho de sí mismo, pero cuando los resultados no se corresponden con sus aspiraciones, no duda en exagerarlos e hincharlos a los ojos de los demás, lo cual no es obstáculo para que en el fondo sea un idealista que quiere ser útil a los demás. En el amor es sentimental, generoso, seductor, sensual, amante del placer y de la diversión; y si a esto añadimos su necesidad de cambio, no es difícil adivinar los resultados.

Jordi, su forma catalana, es introvertido, reservado y muy observador, con una naturaleza algo desconfiada y prudente. Por dicho motivo a veces puede parecer frío distante e incluso superioridad, cuando en realidad lo que esconde es su pudor y timidez, a la vez que su tranquilidad externa también contiene una buena dosis de nerviosismo interno. Lento y paciente, posee una fuerte determinación y cuando decide hacer algo se muestra obstinado y testarudo, y no ceja hasta que lo consigue. No es hombre de muchos amigos, pues sabe escogerlos, y cuando está seguro de su valer, deja de lado su aspecto duro y deja salir a flote sus muchas cualidades, y lo hace de una forma sencilla y agradable. También le gusta disponer de momentos de tranquilidad, de apartarse del mundo, para meditar y reflexionar. En el amor es un sentimental que se ata de por vida, aunque peque de poco demostrativo, solicitando de su pareja que sea una buena cocinera y le aporte paz, seguridad y estabilidad.

Georgia es la otra cara de la moneda, pues es directa, franca, decidida y autoritaria, pero a la vez prudente, responsable y oportunista. En el trabajo es ordenada, metódica y cuidadosa con los detalles. Si algo busca en esta vida es el orden, la seguridad y la estabilidad. Cuando es capaz de responder a la influencia del 22, su ambición se idealiza y agranda, deseando llegar a realizar algo que sea perdurable. Y a pesar de ser demasiado perfeccionista y autoritaria, necesita formar un hogar en el que reine la armonía y la felicidad, siendo muy tradicional en lo referente a valores morales, e incluso se pasa de púdica y reservada, de poco comunicativa con su pareja.

De **Georgina** se desprende calma y tranquilidad; seria, consciente de sus deberes, animada por el deseo de agradar y siempre dispuesta a colaborar con los demás, ya sea en el trabajo en equipo o en alguna asociación cultural o lúdica, siempre está presente cuando se la necesita, lo cual no es obstáculo para que sea muy selectiva en sus amistades. Perfeccionista y refinada, puede llegar a convertirse en una maniática del orden y la limpieza. Ante todo busca la seguridad y la estabilidad, pues a pesar de sus innegables cualidades y sólida apariencia, en el fondo es algo insegura, y si ha llegado a conseguirlas le ha costado lo suyo consolidarlas, pues sus tres números clave son ausentes. Pero cuando es capaz de responder a la influencia del 22, adquiere mayor seguridad, idealismo y ambición, siendo capaz de alcanzar metas elevadas En el amor también busca la estabilidad, y a veces su lado sentimental choca con su perfeccionismo, siéndole difícil hallar al hombre que desearía; en todo caso, cuando la vida matrimonial la decepciona sabe compensarlo con su entrega a la maternidad.

HISTORIA   San Jorge fue un soldado de Capadocia que al convertirse al cristianismo fue condenado a muerte por Diocleciano; tras él, otros veintiocho Jorges han sido santificados.

Pero la caballeresca leyenda de san Jorge y su lucha con el dragón influyó decisivamente en los Cruzados y luego en toda Europa, lo que explica que tantos países lo adoptaran como santo patrón: Cataluña, Aragón, Inglaterra, Irlanda, Portugal, Georgia y Sicilia.

Y en cuanto a celebridades existen once reyes de Georgia, seis de Inglaterra, dos de Bulgaria y Grecia, uno de Bohemia, y grandes duques y príncipes de Rusia y Sajonia. Y además una pléyade de celebridades: Danton, Byron, Cuvier, Clemenceau, Washington, Marchais, Seguy, Bizet, Bernanos, Brassens, Gurdjieff, Gagarin, Lucas, Gershwin, Arrese, Pujol...

NÚMEROS   Jorge 3 + 9 = 3,   Jordi 7 + 6 = 4,   Georgia 4 (de 22) + 6 = 1,
Georgina 4 (de 22) + 2 = 6.

José

José, Josefa, Josefina, Fina, Pepito, Pepe, Pepita

ETIMOLOGÍA   Del hebreo *Yosephyah*: Dios añade.

CARÁCTER   De **José** se desprende una sensación de encanto y armonía; cuidadoso de su aspecto físico, siempre está dispuesto a desplegar encanto, seducción y don de gentes; inteligente, hábil, muy curioso y comunicativo es un buen conversador que sabe como deleitar a quienes le rodean. Por otra parte en su trabajo es ordenado, metódico y responsable, lo cual le crea una dualidad o contradicción en su carácter pues su extroversión y deseo de brillar intelectualmente muchas veces va en perjuicio de la calidad de su trabajo y puede crearle complicaciones. En el amor, sabe desplegar tacto y seducción, y las responsabilidades del hogar y la familia contribuyen a paliar su tendencia a la dispersión.

Josefa es tranquila y reservada, honesta, paciente, estable y voluntariosa, pero su timidez hace que a veces dude de sus propias capacidades y se muestre intranquila e insegura. Introvertida, no gusta de hacer demasiadas amistades ni de una vida superficial o movida, prefiriendo la soledad y resolver sus problemas por sí sola, sin solicitar ayuda; y más racional y práctica que intelectual se apoya siempre en la lógica y el sentido común, y si a veces sueña, no tarda en regresar a la realidad. Cuando es capaz de responder a la influencia del 22 desaparecen muchas de sus limitaciones y puede llegar a realizar grandes cosas. La vida sentimental no siempre es fácil para una mujer introvertida y reservada; sin embargo cuanto desea es seguridad, no importándole que la vida familiar sea rutinaria o monótona si tiene en quien apoyarse y sentirse amada.

Josefina es emotiva, sensible, nerviosa, soñadora e idealista, y cuando es capaz de responder a la influencia de su 22 íntimo, busca abrirse al mundo y realizarse en todos los niveles de su personalidad, pudiendo mostrarse abnegada y decidida en participar en tareas humanitarias o sociales, pero siempre que ello no redunde en detrimento de su libertad personal, de la que se muestra muy celosa. Cuando sólo responde al 4, sin dejar de mostrarse abnegada y humanitaria, sus miras no son tan altas y sale a flote la contradicción interna del 4 conservador, práctico y ordenado, con el 5 de realización que la inestabiliza e impulsa a la búsqueda de nuevas experiencias que asimilará y utilizará posteriormente en su propio provecho. De aquí una cierta alternancia entre el querer y el temer, entre el sueño y la realidad, entre el orden y el desorden. En el amor es romántica y sensual, por lo que también aquí puede aflorar la ambivalencia entre la sensualidad y el pudor.

Fina es una forma familiar de Josefina, Serafina y en general de todos los nombres con dicha terminación, pero se usa preferentemente para Josefina. Es una mujer práctica, adaptable, seductora, comprensiva y muy independiente; pero además es inteligente y con una memoria que le permite destacar en cualquier profesión relacionada con la expresión, la comunicación y la creatividad, no importándole trabajar en equipo o asociada con otros. Cuando es capaz de responder a la influencia de su 11 de realización, su ambición se incrementa y se hace más creativa y original siendo capaz de destacar en cuanto emprenda. Para ella la vida sentimental y la maternidad son importantes, pero no esenciales; por dicho motivo, cuando responde al 11 sacrificará su vida afectiva a la profesional, pero si sólo responde al 2, deseará compartir ambas cosas, lo que le acarreará más de una complicación pues su 2 es ausente.

Entre las muchas formas familiares de José, los más usados son los de **Pepito** y **Pepe**, por lo que prescindiremos de los demás.

Pepito es serio, responsable y disciplinado, quizás algo mandón y obstinado; pero también sensible y emotivo, y su innata inteligencia le impulsa a buscar amistades para intercambiar opiniones y conocimientos, mostrando una extroversión que contrasta con su apariencia seria y adusta. Podremos decir que en él coinciden dos personalidades, una introvertida (por el 4) y otra extrovertida (por el 3) que aparecen y se intercambian según las circunstancias. En el amor posee un código moral bastante rígido, por lo que es fiel y estable, aun cuando esto último a veces se le haga difícil por su 4 ausente.

Pepe es un enigma viviente, pues es enérgico, obstinado reservado, prudente, independiente, ambicioso de poder y bienes materiales, seguro de sí mismo, de su valer y de la bondad de sus ideas. Pero frente a todas estas buenas cualidades nos hallamos con que su rejilla sólo contiene dos 8 y dos 5, de los cuales el 8 es también su número activo, y esto lo descontrola todo. En efecto, un 5 excesivo aboca a la inestabilidad y al exceso de cambios, mientras que el 8 tiende a los excesos, al arribismo, al engaño y la agresividad, tanto hacia los demás como contra él mismo. Por todo esto, y a menos que su número hereditario sea amplio y variado, todas las buenas cualidades pueden quedar reducidas a potenciales, a promesas malogradas. En el terreno afectivo es ardiente y apasionado, pero poco sentimental y desconocedor de la psicología femenina, suele ser celoso y posesivo, a menos que escoja el celibato.

Pepita es voluntariosa, autoritaria e intolerante, haciéndolo pasar todo por el tamiz de su fría razón o de sus ideales. Por esto parece incluso más fría y orgullosa de lo que es en realidad, sabiendo poner la necesaria distancia entre sus sentimientos personales y el mundo y la gente que la rodea, lo que unido a sus ansias de libertad e independencia le impide gozar de los placeres que proporcionan las amistades íntimas. Para ella lo más importante es preservar su vida interior, poder aislarse, reflexionar y buscar cuál debe ser su camino y sus objetivos; para lograrlo cuenta con un espíritu metódico y un acusado sentido del detalle que a veces puede rozar con la manía. Su vida sentimental es importante, quizás demasiado, pues exige mucho y no perdona nada al elegido de su corazón; quizás por ello las parejas pueden durarle poco o finalizar sus días en solitario.

HISTORIA Empieza con san José, el esposo de la Virgen y padre putativo de Jesucristo; luego, más de cuarenta santos han honrado este nombre, entre los que podemos mencionar a san José de Copertino y san José de Arimatea.

Siempre ha sido un nombre popular, pero cuando realmente llega a la cima es a partir de 1870, en que Pío IX lo nombró patrono de la Iglesia Universal. Dan fe de su presencia masiva, incluso en nuestros días, los numerosos nombres compuestos que del mismo se han derivado.

Como celebridades citaremos dos emperadores y un archiduque de Austria, un rey de Portugal, el fugaz rey de Nápoles y España José Napoleón; y además, José Balsamo (Paracelso), Haydin, Verdi, Iturbi, Kessel, Stalin, Losey, Conrad, Sternberg, Montgolfier, Echegaray, Garibaldi, Pereda, Amador de los Ríos, Canalejas, etc., y como Josefinas, a Josefina de Beauharnais, la gran duquesa Josefina de Luxemburgo y la danzarina Josephine Baker.

NÚMEROS José: $3 + 3 = 6$ Josefa: $4 + 9 = 22 = 4$ Josefina: 4 (de 22) $+ 5 = 9$
Fina: $1 + 2$ (de 11) $= 3$ Pepe: $1 + 7 = 8$ Pepito: $3 + 1 = 4$ Pepita: $6 + 1 = 7$

Juan

Juan, Juana, Ian, Iván

ETIMOLOGÍA Del hebreo *Yohanam*: Dios es misericordioso.

CARÁCTER **Juan** es un hombre tranquilo, emotivo, sensible, conciliador, quizás algo flemático e influenciable por el ambiente que le rodea; normalmente (cuando responde al 2 activo) es dinámico y emprendedor, pero sin excederse, y pensando que más vale dejar los problemas urgentes para mañana en lugar de resolverlos con prisas. Gracias a ser metódico, ordenado y detallista, suele ser un buen negociante o un buen socio, pues además le gusta trabajar en equipo, o al menos en contacto con la gente. Sin embargo, en muchos casos salen a relucir sus anhelos de vivir libremente, de ser independiente, y es feliz gozando de amplia libertad de acción. En el fondo es un idealista, y cuando es capaz de reaccionar al 11, sus cualidades mejoran notablemente y adquiere carisma e intuición, pudiendo destacar en cuanto emprenda. En el amor es tierno, sensual y bastante dependiente de su pareja; y el camino más corto para llegar a su corazón pasa por su estómago.

Juana es una mujer elegante, seductora y extrovertida a la que le gusta hablar, comunicarse e intercambiar ideas y experiencias, pues además de ser inteligente y muy creativa, es hábil, adaptable, ordenada y metódica, sabiendo sacar provecho de todas las circunstancias de la vida. Su único problema reside en su ego, excesivamente fuerte que la convierte en algo mandona y autoritaria. En el terreno sentimental es seductora y necesitada de un ambiente familiar afectivo y tranquilo, pero su 6 ausente la hace muy perfeccionista y le cuesta mucho decidirse antes de dar el sí.

Actualmente están penetrando con fuerza en España la forma escocesa de **Ian** y la rusa de **Iván**, por lo que procederemos a analizarlos numerológicamente.

Ian suele ser agradable y encantador, elegante y distinguido, ordenado y metódico y muy capaz de asumir sus responsabilidades, tanto en el trabajo como en el hogar, pues además posee gran facilidad para asimilar conocimientos y experiencias, e íntimamente se siente seguro de sí mismo y deseoso de lograr una posición independiente. Sin embargo, hemos dicho «suele» porque en nombres tan cortos (tres letras) el número hereditario adquiere una importancia superior a lo ordinario, pudiendo sobreponerse y modificar totalmente las cualidades descritas. La vida sentimental y el placer también le son importantes, si bien no destaca por su fidelidad.

Iván es muy contradictorio, pues sus números clave 1 y 2 son opuestos, y el exceso de 5 en su rejilla contribuye a incrementar dicha contradicción. En efecto, por el 1 es independiente, autoritario, activo y extrovertido, mientras que por el 2 es dependiente, conciliador y pasivo; y el 5 lo convierte en inestable, versátil y amante de los cambios. De aquí que –a menos que el número hereditario lo compense, lo cual no es difícil con un nombre de sólo cuatro letras– se origine un carácter ciclotímico en el que fases de febril actividad se sucedan a otras de pereza y abulia; que el entusiasmo dé paso a dudas y vacilaciones, o a la inversa. Sin embargo, existen casos en que dichas tendencias se armonizan y le confieren una gran riqueza interior; es lo que se ha denominado «mano de hierro en guante de seda». Sentimentalmente existen las mismas contradicciones y alternancias, por lo que su pareja deberá ser muy comprensiva y paciente.

HISTORIA   Empieza con los dos Juanes bíblicos: el Bautista y el Evangelista. Pero a ellos siguen más de 300 santos y bienaventurados, lo que por sí solo ya da una idea de la popularidad de dicho nombre en todos los tiempos.

Pero además de los santos podemos citar a 23 papas y un antipapa, siete emperadores de Oriente y cuatro de Trebisonda, dos reyes de Francia, uno de Jerusalén, dos de Hungría, uno de Inglaterra, tres de Navarra, tres de Suecia; y los incontables condes, duques y demás nobleza, amén de tantas personalidades que ocuparían todo un volumen.

NÚMEROS   Juan: $5 + 6 = 11 = 2$ Juana: $6 + 6 = 3$ Ian: $1 + 5 = 6$ Iván: $1 + 1 = 2$

Judit

Judit, Judith, Judy

ETIMOLOGÍA   Del hebreo *jehudit*: judía.

CARÁCTER   **Judit** es simpática, agradable seductora y comunicativa. Sociable y extrovertida, es una mujer hecha para expresar, comunicar y divertirse, gustándole verse rodeada de amigos y de oyentes; provista de una exuberante imaginación sabe reaccionar con inusitada rapidez incluso en circunstancias imprevistas. Sin embargo, a veces resulta desconcertante al moverse entre dos influencias opuestas, pues a la extroversión del 3 activo se opone el 4 íntimo, pasivo, conservador, serio y concreto. Por ello, a pesar de su apariencia superficial y frívola, es una mujer práctica, trabajadora, firme, paciente y materialista, que no pierde de vista el aspecto financiero de las cosas, al extremo que algunas veces peca por un exceso de meticulosidad. En el amor busca la tranquilidad, la seguridad y la estabilidad; es por ello que necesita que su pareja además de distinguido sea serio y trabajador.

En su grafía original de **Judith** que han conservado los anglosajones, es introvertida y cerebral, con una cierta reserva instintiva; inquieta, tierna y receptiva, muy sensible e impresionable, se siente herida con gran facilidad, por lo que tiende a protegerse, a evitar problemas o dificultades, a preservar al máximo su intimidad e independencia. No obstante, sabe desenvolverse bien en la vida cotidiana, buscando la estabilidad material y anímica que necesita. En el amor es muy tierna, sentimental y afectuosa, aun cuando le cuesta mucho expresar sus sentimientos, y si bien no podemos esperar que se muestre romántica, al menos podemos contar con su fidelidad.

Judy, su forma familiar anglosajona, posee un carácter fuerte, de aquellos que son más propios de un hombre que de una mujer. Es enérgica, reservada y obstinada, muy trabajadora y paciente y con la meta clara y fija de conseguir poder y riqueza. Dos números clave 4, y otros dos 4 en su rejilla son muchos cuatros, lo que –si el número hereditario no lo compensa– puede convertirla en una maniática del detalle, en demasiado rígida y rutinaria. En el amor no es romántica ni sentimental, a lo que se añade su dificultad en expresar lo que siente. Pero fiel, posesiva y fiera, puede convertirse en una tigresa si se siente abandonada o algo amenaza su amor o su familia.

HISTORIA   Ya en la Biblia Judit se muestra fiera y luchadora, pues salva al pueblo hebreo seduciendo al general babilónico y decapitándolo.

Pero la santa del mismo nombre fue mucho más pacífica, viviendo y muriendo recluida en una celda del monasterio de Ober Altaich en el siglo IX; y conocida a veces como Jutta, fue la patrona de Prusia.

Como celebridades citaremos a Judit de Baviera, a la actriz Judith Magre y la modelo Judit Mascó.

NÚMEROS   Judit: $4 + 8 = 3$ Judith: $4 + 7 = 2$ Judy: $4 + 4 = 8$

Julia

Julio, Julia, Julieta, Julita, Jill

ETIMOLOGÍA   Del legendario *Iulius*, hijo de Eneas, del cual se consideraba sucesora la familia romana Julia.

CARÁCTER   **Julio** es un hombre serio, ordenado, metódico y capacitado para asumir toda clase de responsabilidades, y como posee mucha capacidad de trabajo suele triunfar en la vida aunque deba luchar dura y pacientemente. Es como una hormiguita que poco a poco va llenando su granero. Sus mayores necesidades se centran en la paz y la tranquilidad, especialmente emocional, y como su sentido del matrimonio es muy tradicional, desea llegar a ser un esposo fiel y un padre protector de una familia numerosa y bien avenida.

Julia es reservada y discreta, materialista y pragmática. No se distingue por su rapidez o versatilidad, sino por todo lo contrario, pues es trabajadora, voluntariosa, paciente y eficaz, lo que a larga es muy provechoso y le permite mantener su independencia personal. Sin embargo, y aunque no lo parezca, es una mujer idealista y de principios, emotiva, abnegada y humanitaria, por lo que no es raro hallarla formando parte de asociaciones sociales o benéficas. En el amor es fiel y estable, buena administradora y muy emotiva, pero también posesiva y celosa; pero le cuesta mucho expresar sus sentimientos.

En su diminutivo de **Julieta** se muestra enérgica, autoritaria y egocéntrica; prudente e independiente se sabe dejar llevar por los acontecimientos cuando no es capaz de dominarlos. Sin embargo, en su interior existe un poso de inquietud e inseguridad, pues siendo reflexiva, cerebral y analítica, también es materialista y concreta, lo cual en ocasiones es difícil de compaginar, pues a veces hay que escoger entre lo teórico y lo práctico. Con un carácter tan fuerte y a veces explosivo, no puede considerarse como un modelo de ama de casa, y su necesidad de admirar a su pareja, pero también de dominarlo, hará bastante difícil convivir con ella.

En su otro diminutivo de **Julita** –menos usado– es una mujer extrovertida e idealista que sueña con grandes proyectos y gozar de entera libertad; y como además es inteligente, hábil, adaptable, con sentido artístico y buena comunicadora, suele destacar en cualquier profesión relacionada con la expresión, la comunicación o la creatividad. En el terreno sentimental necesita amor y pasión, pero al ser demasiado independiente, no le gusta atarse y cuando lo hace no suele ser tan fiel como debiera.

En su forma familiar anglosajona de **Jill**, que empieza a popularizarse entre nosotros, es discreta y algo misteriosa, quizás por aparecer fría y distante, pues muy emotiva e incluso hipersensible, procura ocultar su fragilidad bajo una apariencia irónica y escéptica. Su complicado carácter tanto la lleva al análisis, la crítica y el escepticismo, como a interesarse por lo espiritual e irracional. Por ello, su naturaleza lógica y racional, unida a su interés por las cuestiones espirituales, la impulsa a la búsqueda de las verdades fundamentales, las realidades profundas del ser. Es una persona inquieta y nerviosa que dudando de sí misma y de los demás, quiere conocer las razones. En el amor es una romántica idealista que sueña demasiado, y al ser muy púdica a veces termina sintiéndose incomprendida y desilusionada.

HISTORIA   ¿Quién no conoce la historia de Julio César, general, cónsul y dictador vitalicio asesinado por Bruto? Y si con él empieza la historia de los Julios, se sigue con tres papas, el primero santificado por su defensa de la ortodoxia y de la Santa Trinidad; con santa Julia, patrona de Córcega; y con santa Julieta, cristiana denunciada por un banquero que deseaba sus bienes.

Es un nombre que no tardó en extenderse por toda la cuenca Mediterránea; sin embargo, ha conocido muchos altibajos y tras siglos en que pasa a un segundo término, renace con fuerza y se democratiza en el siglo XVIII para volver a decrecer en el XIX y renacer de nuevo en el XX. Actualmente, son las formas femeninas las que proliferan.

Como celebridades citaremos a Mazarino, Michelet, Renard, Romains, Verne, Massenet, Cortázar, Bretón, Evola, Álvarez del Vayo, Caro Baroja y el inevitable Julio Iglesias. Y en femenino, Madame de Recamier, Julie Christie, Julie Andrews, Juliette Greco y Julieta Massina.

NÚMEROS   Julio: 2 + 4 = 6   Julia: 5 + 4 = 9   Julieta: 1 + 7 = 8   Julita: 5 + 7 = 3
Jill: 9 + 7 = 7

Julián

Julián, Juliana

ETIMOLOGÍA   Del latín *Iulianus*: de la familia Julia.

CARÁCTER   **Julián** es un seductor al que su extrema curiosidad le impele a verlo todo, probarlo todo e ir a conocerlo todo pues es un enamorado de la libertad, el cambio y la aventura. Con semejante carácter no es extraño que apenas haya conseguido lo que deseaba, pierda su interés y lo abandone en pro de un nuevo objetivo y seguir su eterna búsqueda. Idealista y soñador, pero inconstante, no soporta la soledad ni la rutina, y ante las dificultades opta por eludirlas en lugar de afrontarlas. Sin embargo, emotivo y abnegado, siempre está dispuesto a echar una mano a quien lo necesite y a colaborar en cualquier clase de asociaciones sociales, humanitarias o benéficas. En el terreno sentimental es un empedernido seductor y algo libertino, por lo cual la fidelidad es una virtud que desconoce.

Juliana es una mujer equilibrada, servicial, agradable, conciliadora y algo coqueta; podría decirse que ha nacido para amar, seducir y repartir paz y armonía. Pero no por ello es menos consciente de sus responsabilidades y sabe cumplir con ellas, siendo ordenada y metódica en su vida práctica, especialmente en cuanto se refiere al hogar y el entorno familiar. Al igual que Julián, es muy emotiva y abnegada, siempre dispuesta a echar una mano y a colaborar en actividades sociales y humanitarias. Pero como nadie es perfecto, Juliana peca de autoritaria y quiere ocupar los primeros puestos. En el terreno amoroso es sentimental, sensual y su ideal es la vida en pareja.

HISTORIA Es la leyenda la que nos da a conocer a san Julián el Hospitalario que tras matar por error a un familiar se entrega desinteresadamente a ayudar a la gente que necesita atravesar un río tumultuoso; Durante una terrible tempestad es un leproso quien solicita su ayuda, lo que no duda en hacer incluso con grave peligro de su vida. El leproso era Cristo.

Otros treinta y cinco santos y bienaventurados llevaron el nombre de Julián, además de una quincena de Julianas, entre las que figuran santa Juliana de Mont-Cornillón, y santa Juliana Falconieri.

Los nombres de Julián y Juliana han seguido una historia muy parecida a la de Julio, pero alternándose con ella; así, Julián se populariza en el Renacimiento para ceder el puesto a Julio en el siglo XVIII y luego declinar juntos. Modernamente el primero en renacer es Julián, pero a poco le sigue Julio.

Como celebridades citaremos a Julien Green, Julien Clerc, Julien Viaud (más conocido como Pierre Loti), Julián Besteiro y la reina Juliana de Holanda.

NÚMEROS   Julián: 5 + 9 = 5   Juliana: 6 + 9 = 6

Justo

Justo, Justín, Justino, Justina

ETIMOLOGÍA   Del latín *iustus*: justo, íntegro, leal.

CARÁCTER   **Justo** es fuerte y viril, enérgico y obstinado, ambicioso reservado y con un fuerte magnetismo. Metódico, ordenado y estricto, su visión del mundo es algo maniquea: todo es blanco o negro, bueno o malo, sin matices; por ello su capacidad de trabajo la emplea en realizaciones concretas y materiales, siempre pensando en su rendimiento. Pero a pesar de ser perfeccionista y susceptible, no le molesta trabajar en equipo y colaborar con otras personas siempre que ello redunde en favor de la calidad y el provecho de su trabajo. Pero cuando no es capaz de responder a la influencia del 11 íntimo, sus ambiciones y magnetismo son mucho menores, conformándose con una posición sólida, estable y, a poder ser, holgada. En el terreno amoroso es fiel, honesto, leal y mucho más tierno y afectuoso de lo que podría esperarse.

El femenino de **Justo** es **Justa**, pero ha desaparecido de la vida práctica sustituido por Justina, a pesar de que Justín, Justino y Justina no son diminutivos, sino gentilicios de Justo y Justa.

Justino es sensible, emotivo y muy intuitivo. Sin embargo es capaz de dominar esta emotividad dando una apariencia de calma y tranquilidad y quizás también de reserva. Laborioso, tenaz y con una buena resistencia física, en su interior existe una dualidad entre su necesidad de compañía, seguridad y estabilidad, y una ambición soterrada que le impulsa a la acción y la necesidad de triunfar. Pero si no responde a la influencia del 11 y se limita al 2; su vida será tranquila y sosegada, sin problemas ni más ambiciones que las normales en todo el mundo. El amor y la vida familiar le son imprescindibles, no sólo por su gran emotividad, sino porque cuidar y mantener la estabilidad familiar es algo que le llena y colma sus ambiciones.

Justín –la variante que se está imponiendo sobre Justino– es muy parecido, quizás más ordenado y metódico en las cosas prácticas de la vida, y también más estable y capaz de asumir responsabilidades. Le gusta trabajar en equipo y gozar de compañía y amistades, a pesar de lo cual es bastante reservado, y cuando le entra la curiosidad suele interesarse más por el mundo del pasado que no por el del futuro. Al igual que Justino, cuando es capaz de responder al 11 se dispara su ambición y la necesidad de triunfar, con lo cual se vuelve más activo y dinámico. En su vida sentimental también es muy emotivo, sensual, necesitado de amor y estabilidad, de saberse el centro de un hogar y de una familia por la que luchar e intentar incrementar al máximo su patrimonio.

Justina es tranquila, sosegada, tímida y reflexiva, al extremo de llegar a la indecisión de tanto meditar el pro y el contra de las cosas y las personas. En el fondo es una soñadora amante de la libertad que quiere ser original y que esconde su inquietud existencial, su búsqueda del sentido de la vida, tras una sonrisa irónica. Si sólo responde a su 2 de realización, ahogará sus dudas e inquietudes mediante el trabajo, a poder ser en equipo o rodeada de gente; pero si lo hace al 11, todavía será más soñadora, original y activa. En el amor, teme al matrimonio convencional, porque puede significar el fin de su libertad, una intromisión en su secreto mundo interior; y si no consigue una unión libre, permanecerá soltera.

HISTORIA   En el siglo II, san Justino, después de pasar por todas las doctrinas filosóficas de su tiempo, se convirtió al cristianismo siendo un ferviente evangelista hasta el año 166 en que fue martirizado y decapitado. Santa Justina, virgen y mártir del siglo IV es la patrona de la ciudad de Pádua.

Otros seis santos llevaron el nombre de Justino, diecisiete el de Justo y ocho santas el de Justina. Sin embargo son nombres muy apreciados en los primeros siglos del cristianismo que luego han ido decayendo, y sólo modernamente, quizás gracias a las escandalosas heroínas de Sade y de Durrell, empieza a ponerse de moda Justina y es muy posible que arrastre consigo a Justín.

Como celebridades citaremos a dos emperadores de Oriente, a Saint-Just, el amigo de Robespierre, y a fray Justo Pérez de Urbel, el portavoz cristiano del franquismo.

NÚMEROS   Justo: 2 (de 11) + 6 = 8   Justín: 4 + 2 (de 11) = 6   Justino: 2 + 2 (de 11) = 4
Justina: 5 + 2 (de 11) = 7

Laura

Lauro, Laura, Lorna, Laureano

ETIMOLOGÍA   Del latín *laurus*: laurel, que en Roma era el símbolo del triunfo.

CARÁCTER   **Lauro** es muy complejo, pues bajo una apariencia tranquila, sosegada y algo autoritaria, se esconde un hombre nervioso, cerebral, curioso, crítico, analítico y algo escéptico. La contradicción entre sus números 3 y 4 hace que mientras interiormente ansía ver, conocer, viajar y moverse, en su vida diaria, de cara al exterior, debe esforzarse y trabajar pacientemente. Contradicción en la que colabora el 7 activo que lo hace más introvertido e indeciso. Sin embargo, en nombres con pocas letras, el número hereditario puede inclinar la balanza de uno u otro lado disminuyendo o aumentando los problemas. Sentimentalmente vivirá las mismas contradicciones internas y su pareja nunca sabrá a qué atenerse.

Laura posee una autoridad natural y una gran fuerza de persuasión, armas que le permiten la independencia y colmar su necesidad de mandar y dirigir, lo que casi siempre consigue a base de esfuerzo y paciencia; pero una vez conseguidos sus objetivos sabe mantenerlos y estabilizarse. Es bastante sociable y le gusta sentirse admirada, pero a pesar de ello sabe mantener las distancias con la suficiente destreza para que no se note. Su mayor problema reside en los tres 1 de su rejilla además del activo, con lo cual siempre existe el peligro de un ego excesivamente fuerte que puede conducir al autoritarismo, el egocentrismo y la testarudez. En el amor se muestra selectiva e idealista, y cuando encuentra al hombre de su vida no lo deja escapar, y si peca de algo es de ser demasiado exclusiva y no hallarse nunca plenamente satisfecha.

En su forma familiar anglosajona de **Lorna** es una mujer de carácter, ambiciosa, corajuda, impaciente e incluso autoritaria. Franca, directa, brusca y orgullosa, testaruda y leal, desconoce lo que son el tacto, la tolerancia o la debilidad. Muy apasionada, necesita hallar un sentido a la vida; de aquí su necesidad de triunfar. Pero en su interior es emotiva y sensible, por lo que cuando se siente herida tiende a encerrarse en sí misma. Y a pesar de su materialismo y amor al dinero, es generosa y capaz de sacrificarse por quienes ama o por aquellas causas que considera lo merecen. En el amor sabe lo que quiere, posesiva, celosa y exigente, no suele ser dócil ni ahorradora.

Laureano, con sus tres 9, es un ser excesivo y temperamental que pasa de uno a otro extremo sin términos medios. Emotivo y abnegado, se interesa por cuanto se relacione con cuestiones humanitarias, políticas, sociales e incluso esotéricas, pues posee una religiosidad innata y el deseo de ser útil a los demás. Pero siempre con grandes conflictos internos, pues el 9 no figura en su rejilla, y con tres 1 todo lo realiza impulsivamente y muchas veces su autoritarismo desmerece sus buenas acciones. Es por ello que suele pasar por varias fases antes de alcanzar su verdadera personalidad, por inestable que sea. En el amor sigue siendo extremado, y cuando no se siente realizado y comprendido –lo que no es fácil– emprende la fuga.

HISTORIA   Santa Laura fue martirizada en Córdoba en el siglo IX. Estos nombres nunca han sido muy populares; sin embargo, a partir de los años setenta, Laura y Lorna se están consolidando en los países anglosajones, con lo que no dudamos también lo harán entre nosotros.

Como celebridades citaremos a Laura de Noves, la musa de Petrarca, y al político Laureano López Rodó.

NÚMEROS   Lauro: 3 + 4 = 7   Laura: 6 + 4 = 1   Lorna: 8 + 9 = 8   Laureano: 9 + 9 = 9

León

León, Leo, Lea

ETIMOLOGÍA   Del latín *leo*: león.

CARÁCTER   **León** es muy sensible y dependiente de su entorno, ya sea familiar, afectivo o simplemente de amistad, pues es conciliador, hábil, inteligente e imaginativo, gustándole establecer contactos y amistades con las que intercambiar opiniones y experiencias. Posee un fuerte sentido de los negocios y no le desagrada establecer colaboraciones o asociaciones. Su único problema es que el 2 y el 8 son ausentes y el 5 excesivo, lo cual incrementa su emotividad, puede inestabilizarle y hacerle propenso a cambios inesperados. Sin embargo, en nombres tan cortos como los de León y Lea, el número hereditario juega un gran papel y casi siempre puede compensar las ausencias. En el amor es directo, franco, leal y apasionado, pero necesita sentirse correspondido.

En su forma familiar de **Leo**, cada vez más popular, es un hombre encantador, muy cuidadoso de su apariencia externa, y como es ingenioso, inteligente, comunicativo y, por si fuera poco, muy mañoso, no es extraño que sea muy apreciado por cuantos le conocen. Su único defecto es la dispersión, pues a pesar de ser metódico y ordenado es pura energía y su curiosidad le pierde, por lo que a veces no termina lo que empieza en su impaciencia por empezar otra cosa. En el terreno sentimental es un seductor nato, pero lo que realmente desea es formar un hogar confortable en el que se sienta querido y, a poder ser, admirado. Y si algún día tiene un desliz no hay que tenérselo en cuenta.

Lea es emotiva, intuitiva, receptiva, llena de encanto y sensualidad; pero a pesar de aparentar superficialidad, en el fondo es una idealista que busca darle un sentido a la vida, por lo que es frecuente encontrarla formando parte de asociaciones de tipo altruista, benéfico, político, artístico, e incluso a veces de carácter esotérico, en las que suele destacar por su espíritu metódico y capacidad organizativa. En el amor es sensual y apasionada, pero exigente y perfeccionista, por lo que duda mucho antes de formalizar las cosas.

HISTORIA   El papa san León I el Grande salvó dos veces a Roma del ataque de los bárbaros, y tras él otros 27 santos y bienaventurados honraron este nombre; entre ellos 13 papas, seis emperadores de Constantinopla, y seis reyes y príncipes de Armenia. Santa Lea, rica viuda romana, fue discípula de san Jerónimo y fue martirizada en Ostia en 384.

León y Lea fueron nombres muy famosos en toda la cuenca mediterránea hasta el siglo X, en que fueron eclipsados por Leonardo y sus derivados hasta el siglo XVIII, cuando empieza a renacer León para alcanzar sus mayores cotas entre 1850 y 1920. Lea y Leo pasan casi desapercibidos hasta 1980 en que entran con fuerza no sólo en Europa, sino también en América.

Como celebridades podemos citar a León Tolstoi, León Daudet, León Bloy, León Blum, León Trotski, Leo Delibes, Leo Lagrange y Leo Ferré.

NÚMEROS   León: 3 + 8 = 2   Leo: 3 + 3 = 6   Lea: 6 + 3 = 9

Leonardo

ETIMOLOGÍA   Adaptación germánica del latín *leo*: león, añadiéndole el sufijo *hard*: fuerte.

CARÁCTER   **Leonardo** es muy ordenado, metódico y capacitado para asumir toda clase de responsabilidades, y como posee mucha capacidad de trabajo suele triunfar en la vida aunque deba luchar dura y pacientemente; y como sabe que el tiempo trabaja a su favor, no se apresura nunca. Es como una hormiguita que poco a poco va llenando su granero. Sus mayores necesidades se centran en paz y tranquilidad, especialmente emocional, y como su sentido del matrimonio es muy tradicional, desea llegar a ser un esposo fiel y un padre protector dentro de una familia numerosa y bien avenida.

HISTORIA   De san Leonardo poco se sabe, aparte de que era ermitaño, vivió en el siglo VI y fundó un monasterio en Noblac. Lo único cierto es que fue muy venerado por los cruzados y sólo en Inglaterra le han consagrado más de 150 iglesias; luego, otros siete Leonardos han sido santificados; pero quien mayor fama le dio fue Leonardo da Vinci.

Es un nombre cuyo mayor apogeo se centra entre el siglo X y el XVIII, y que luego se ha ido apagando paulatinamente. Como celebridades citaremos a Leonardo de Pisa, el introductor de la numeración arábiga en Europa; a los poetas Bartolomé Leonardo de Argensola y Leonard Cohen; al músico Leonard Bernstein y al matemático Leonard Euler.

NÚMEROS   2 + 4 = 6

Leopoldo

Leopoldo, Leopoldina

ETIMOLOGÍA   Del germánico *leud-bald*: pueblo valiente.

CARÁCTER   **Leopoldo** es enérgico y viril, valiente y combativo; imaginativo, rápido, obstinado y muy reservado, sueña con mandar y dirigir, pues su objetivo primordial es el poder y los bienes materiales; para conseguirlos sabe esperar su ocasión y actuar con sorprendente eficacia. De hecho es concreto, práctico, reservado y desea ser útil, ya sea en la mística, el deporte o la política. Su mayor defecto reside en que con tres 7 en su rejilla cuando las cosas no salen como espera o se siente contrariado, tiende a aislarse, e incluso a veces llega a convertirse en algo sectario. En el amor es apasionado, exigente, celoso y posesivo, y a pesar de su brusquedad, muy tierno y emotivo.

Leopoldina es enigmática y algo paradójica, pues tímida, discreta y reservada a veces se muestra inquieta y nerviosa, dudando de sus propias capacidades y sopesando el pro y el contra de las cosas antes de decidirse y replegándose en sí misma al menor contratiempo. Pero estas características correspondientes a su 7 activo se hallan en contradicción con su necesidad de conocer y asimilar nuevas experiencias y conocimientos, lo cual la impulsa a exteriorizarse. De aquí su exterior paradójico, pues pasa de un extremo al otro sin solución de continuidad. En el amor es muy sentimental y maternal, pero también contradictoria, pues tanto desea sentirse protegida como ser ella quien dispense su protección.

HISTORIA   San Leopoldo, casado con la hermana del emperador de Alemania de la que tuvo 18 hijos, fue margrave de Austria y gobernó santamente protegiendo a los humildes y fundando monasterios.

Ha sido un nombre muy popular en la Edad Media, pero casi olvidado, ha vuelto a renacer en nuestro siglo gracias a los tres soberanos belgas de dicho nombre. Además de ellos citaremos como celebridades a dos emperadores germánicos, un príncipe de Baviera y muchos otros nobles austriacos. Y modernamente, al escritor Leopoldo Alas, al poeta y jefe de estado senegalés Leopold Sedar Sanghor, a Leopoldina Mozart y al que fue presidente de gobierno, Leopoldo Calvo Sotelo.

NÚMEROS   Leopoldo: 8 + 9 = 8   Leopoldina: 2 + 5 = 7

Leticia

ETIMOLOGÍA   Del latín *laetitia*: alegría.

CARÁCTER   Es una mujer nacida para amar, seducir y derramar alegría a su alrededor, pues a pesar de ser coqueta, desprende una sensación de paz, calma y tranquilidad. Pero ello no quiere decir que no sepa hacer frente a sus responsabilidades, pues en el trabajo se muestra ordenada, meticulosa y perfeccionista, y como además le gusta servir, se siente feliz cuando halla un sentido a su existencia y considera que puede ser útil o aportar un poco de alegría a quienes lo necesiten. Es sensible, emotiva y con mucha imaginación, por lo que cuando se da cuenta ya está soñando despierta, aunque a veces lo hace para evadirse de la realidad. Con tres 3 en su rejilla sus capacidades expresivas y sociables se ven muy incrementadas, al igual que su creatividad, pudiendo destacar en actividades relacionadas con la comunicación o el arte y lo único que puede perjudicarle es un exceso de verborrea. En el terreno sentimental es muy tierna y sensual, y espera al príncipe encantador que la haga feliz.

HISTORIA   Aun cuando en Francia se celebra su onomástica el 18 de agosto, la verdad es que no conocemos ninguna santa Leticia.

Es un nombre que hizo famoso Leticia Ramolino, la madre de Napoleón, pero que ya era usado por las damas romanas, y que a partir de los siglos XII y XIII, entró en Inglaterra y Escocia y se popularizó en sus variedades de Lettie, Lettice y Letyce, y a pesar de haber caído en el olvido todavía se sigue usando moderadamente en Escocia, mientras que en el resto de Europa desaparecía casi totalmente a partir de 1850. Sin embargo, una canción de Serge Gainsbourg la puso de moda, llegando a ocupar un lugar destacado en Francia a partir de 1980, y ahora empieza a penetrar en España.

Como celebridades, aparte de la madre de Napoleón y de Leticia Knollys, esposa del conde de Essex, apenas si podemos citar a la presentadora de televisión Leticia Sabater.

NÚMEROS   6 + 9 = 6

Lidia

Lidia, Lydia

ETIMOLOGÍA   Del griego *lydia*, originario de Lyd, antiguo nombre de la comarca de Lidia, en Asia Menor.

CARÁCTER   **Lidia** es enérgica, autoritaria y egocéntrica, pero como es muy prudente, sabe dejarse llevar por las circunstancias cuando no puede dominarlas, pues lo que le interesa es preservar su independencia al precio que sea. Sin embargo, en su interior existe un fondo de inquietud e inseguridad, pues siendo reflexiva, cerebral y analítica, también es muy materialista y concreta, por lo que en ocasiones se le hace muy difícil compaginar ambas tendencias cuando hay que elegir entre lo teórico y lo práctico. Con un carácter tan fuerte y a veces explosivo, no puede considerarse como un modelo de ama de casa, y su necesidad de admirar a su pareja, pero también de dominarlo, hará difícil convivir con ella.

Lydia es ordenada y metódica, pero refinada y elegante se muestra misteriosa y enigmática, quizás para ocultar la contradicción interna entre su 7 activo y su 1 íntimo, entre su necesidad de meditar y reflexionar, de sopesar siempre el pro y el contra de las cosas y problemas que le hace difícil decidirse, y su necesidad de afirmarse de forma independiente. En muchos casos, su única salida reside en la búsqueda interna de algo superior. En el amor es una extraña mezcla de pudor y narcisismo, de querer y temer, y además, a pesar de ser una sentimental necesitada de un entorno afectivo y familiar, le cuesta mucho expresar lo que siente.

HISTORIA   Procedente del Asia Menor, Lydia estuvo representada en Roma por una amante del poeta Horacio, y en la cristiandad por santa Lydia, una griega convertida al cristianismo que albergó a san Lucas y san Pablo en el siglo I.

Es un nombre que tras pasar prácticamente desconocido hasta el siglo XVIII, luego se mantiene con discreción y constancia hasta la segunda mitad de nuestro siglo, cuando se dispara su popularidad.

NÚMEROS   Lidia: 1 + 7 = 8   Lydia: 1 + 6 = 7

Lorena

ETIMOLOGÍA   Del francés *Lorraine*: Lorena.

CARÁCTER   Lorena es tranquila y reservada, honesta, paciente, estable y voluntariosa, pero su timidez hace que a veces dude de sus capacidades y se muestre intranquila e insegura. Introvertida, no gusta de hacer demasiadas amistades ni llevar una vida superficial o movida, prefiriendo la soledad y resolver sus problemas por sí sola, sin solicitar ayuda; y más racional y práctica que intelectual, se apoya siempre en la lógica y el sentido común, y si a veces sueña, no tarda en volver a la realidad. Cuando responde a la influencia del 22, desaparecen mucha de sus limitaciones y puede llegar a realizar grandes cosas. La vida sentimental no siempre es fácil para una mujer introvertida y reservada; sin embargo, cuanto desea es seguridad, no importándole que la vida familiar sea rutinaria o monótona, si se siente amada y tiene en quien apoyarse.

HISTORIA   Por ahora no existe ninguna santa de dicho nombre, pues en realidad se trata de un nombre evocador de la Virgen de Lorena, patrona de esta antigua comarca francesa.

Es un nombre moderno que aparte de su comarca de origen es muy raro incluso en Francia, y en nuestro país sólo ha empezado a introducirse desde hace pocos años, pero con bastante fuerza, y de momento no conocemos ninguna celebridad.

NÚMEROS $4 + 9 = 22 = 4$

Lorenzo

Laurencio, Lorenzo, Lorenza, Lauren

ETIMOLOGÍA   Del latín *Laurentius*, gentilicio de la ciudad de Laurentum, denominada así, según Virgilio, por un famoso laurel. Por extensión pasó a significar coronado de laurel; es decir, victorioso.

CARÁCTER   **Laurencio** es un hombre muy cuidadoso de su apariencia del que se desprende un carisma que le hace destacar; es fuerte, autoritario, leal y a la vez generoso, acogedor y algo coqueto. Curioso, abierto y comunicativo, todo le interesa y disfruta compartiendo cuanto sabe, pero reservado sobre lo que le atañe personalmente. Es ambicioso y desearía llegar a ser un líder, ya fuese en cuestiones materiales o espirituales. No obstante, poseer un número maestro como el 11 también tiene sus riesgos, y como en este caso el 2 y el 8 son ausentes existe el peligro de un exceso de emotividad y la tendencia a desequilibrarse, a pasar del materialismo a la espiritualidad, o viceversa. Cuando sólo responde al 2, su carisma y ambiciones se reducen, se hace más humano y descarga todo su potencial en el trabajo. En el amor es franco, directo y leal, quizás poco diplomático, buscando en el matrimonio estabilidad y bienestar.

Lorenzo es una variante evolucionada de Laurencio que poco a poco lo ha ido desbancando.

Es un hombre con una fuerte personalidad, estricto, autoritario y dominador, pero en el fondo es tierno, emotivo, generoso, muy sensible y con un fondo de religiosidad o misticismo que hace que sólo se sienta realizado siendo útil, ya sea personalmente o formando parte de grupos o asociaciones de tipo social o humanitario. Sin embargo, es muy independiente y oportunista y, como hemos dicho, autoritario y dominante, por lo que no es extraño verle ocupando cargos directivos, tanto en su faceta laboral como en la humanitaria. En el amor es idealista, pero también exigente, por lo que le cuesta hallar la pareja que desea; sin embargo se muestra sensual, generoso y amante de los niños. Pero que no pongan en duda quién manda en casa.

Lorenza es tranquila y reservada, paciente, honesta y voluntariosa, pero a veces duda de sus capacidades y se muestra tímida e insegura. Muy introvertida, es amante de la soledad y desea ser ella misma quien resuelva sus problemas sin solicitar ayuda de nadie; quizás es por esto que no suele tener demasiadas amistades y no lleva una vida superficial. Más cerebral y práctica que intelectual, sus armas son la lógica y el sentido común, y si a veces sueña despierta no tarda en regresar a la realidad. La vida sentimental no es fácil para una mujer tímida e introvertida; pero no le importa llevar una vida rutinaria y monótona si tiene quien la ame y apoye, pues cuanto desea es tranquilidad y seguridad.

Lauren es una forma familiar anglosajona que tanto se aplica a Lorenzo como a Lorenza, y como sus números son los mismos de Lorenzo, cuanto hemos dicho para él sirve igualmente para Lauren; la única diferencia consiste en que el 1 activo de Lorenzo proviene de 37, que destaca sus facetas amicales y humanitarias, mientras que el 1 de Lauren proviene de 19, por lo que se ve reforzada su necesidad de brillar y de actuar paternalmente (o maternalmente, según el caso).

HISTORIA   Bajo Sixto II, san Lorenzo era el depositario de los bienes de la Iglesia, y cuando el emperador Valeriano le exigió se los entregara, san Lorenzo se presentó con una cohorte de mendigos, diciendo que los bienes de la Iglesia pertenecían a los pobres, y que estos que le acompañaban eran el más auténtico tesoro de la Iglesia. Fue tostado vivo en una parrilla. Otros 22 santos y santas le siguieron.

Muy popular durante el Renacimiento, Lorenzo ha ido decayendo progresivamente. Como celebridades citaremos a Lorenzo de Médicis, Lawrence Durrell, Lawrence de Arabia, Laurent Fabius y Lauren Bacall.

NÚMEROS   Laurencio: $8 + 3 = 11 = 2$ Lorenzo: $1 + 9 = 1$ Lorenza: $4 + 9 = 4$
Lauren: $1 + 9 = 1$

Lourdes

Lourdes, Lurdes

ETIMOLOGÍA   Del euskera *lorde*: altura costera.

CARÁCTER   **Lourdes** es voluntariosa, dinámica y emprendedora y algo deportista, con una fuerte personalidad que la impulsa a mandar y dirigir. Muy discreta y reservada, es una mujer en la que se puede confiar cuando se trata de guardar un secreto, pues siente un gran respeto por los derechos de los demás, y por la justicia en general. Sensible a la estética, no sólo cuida la suya personal sino que al ser ambiciosa desea alcanzar un nivel de vida elevado y con cierto lujo. Sin embargo, a pesar de su ambición y extroversión, de tanto en tanto le gusta disfrutar momentos de tranquilidad para aislarse y meditar, pues siente la necesidad de evolución interior. En el terreno sentimental su 8 ausente la inestabiliza de tal forma que duda entre la profesión y el matrimonio, entre la ambición y la vida interior; lo más frecuente es que procure realizarse en alguna profesión liberal antes de casarse.

Lurdes –la variante españolizada– es más enérgica y autoritaria; altiva, independiente y orgullosa, busca la perfección, y gracias a su dinamismo y capacidad de mando es capaz de asumir cualquier tipo de responsabilidades, por lo que es frecuente verla en puestos directivos. Su carácter apasionado le cuesta más de un disgusto, pues con dos 1 en sus números clave, es extremista, y sus cóleras suelen ser terribles. Sin embargo, existe otra faceta muy distinta en su personalidad: cuando no necesita mostrarse fuerte, en su intimidad profunda, es una mujer altruista a quien le importan mucho los valores humanos y el bienestar de los demás, aunque quizás más que defenderlos lo que hace es imponerlos. En el terreno amoroso es una romántica sentimental, posesiva y egocéntrica; no la basta vivir intensamente su profesión, sino que además necesita un corazón amante en el que cobijarse.

HISTORIA   Como en Juan Bautista, Francisco Javier, y demás nombres compuestos cuya segunda parte se individualiza y adquiere valor propio, también en Bernadette Soubirous ocurre lo mismo, pero lo que adquiere calidad de nombre propio es el lugar donde tuvo sus visiones: la ciudad de Lourdes. Por lo tanto todavía es un nombre cuya historia es escasa y carente de celebridades.

NÚMEROS   Lourdes: 7 + 1 = 8   Lurdes: 9 + 1 = 1

Lucas

Lucas, Luciano, Lucía, Lucy

ETIMOLOGÍA   Del latín *lucius*: luminoso.

CARÁCTER   **Lucas** aspira a ser independiente, sueña con grandes proyectos y es un idealista que quiere hacerlo todo mejor que nadie. Para ello cuenta con su sentido del orden, de la organización, de la constancia y de su amor al detalle. Sin embargo, y aunque parezca paradójico, también es amante de la variación y el cambio; pero siempre que sea dentro de un orden, pues de lo contrario se sentiría perdido a pesar de su facilidad en asimilar conocimientos y experiencias. En el terreno sentimental le cuesta decidirse; se le puede reprochar que le cueste demasiado demostrar lo que siente, pero nunca de que olvide sus responsabilidades familiares.

  Luciano es curioso, vivo, alerta, hábil, ingenioso y de rápida inteligencia, pero con los nervios siempre a flor de piel. Posee una buena resistencia física y está capacitado para trabajar en equipo o en asociación. Sin embargo, le gusta hacerlo todo y ser el mejor, por lo que junto a su espíritu independiente y su amor a la aventura sólo se asocia cuando ello no coarta su libertad personal. Sin embargo, cuando es capaz de reaccionar a la influencia del 11, predominará la ambición y la originalidad, y no es raro que su vida se convierta en apasionante. En el amor es un sentimental expuesto a flechazos y locuras de las que luego se arrepiente, pues lo que realmente desea es un hogar apacible.

  Lucía es mucho más vulnerable y asequible, dependiendo extraordinariamente del ambiente en que se desenvuelve, especialmente el familiar. En el fondo es una idealista que sueña con grandes proyectos, y a pesar de ser ordenada y metódica en las cosas prácticas, especialmente las relacionadas con el hogar, esta dualidad entre la independencia soñada y la dependencia vivida, hace que pueda pasar por fases muy contradictorias. Pero en cualquier caso lo realmente importante en su vida lo constituyen el amor y la vida familiar, en la que espera que su pareja le proporcione la seguridad y estabilidad de que carece.

  En su forma familiar anglosajona de **Lucy**, también sigue siendo muy emotiva, pero no por ello deja de tener los pies firmemente asentados. Es capaz de concretar, organizar y poner en marcha sus proyectos, y a pesar de aparentar una cierta ligereza o superficialidad posee gran facilidad para asimilar nuevas ideas y experiencias, sintiéndose atraída por la música, la poesía, las causas humanitarias y el mundo de lo oculto e irracional, por lo que de tanto en tanto se deja arrastrar por sueños quiméricos e incluso en su vida diaria existen momentos en que se la ve como distante, como si mentalmente estuviera en otra parte. Sentimentalmente es ambivalente: romántica, sensual e idealista, una mezcla de temor y pudor pueden hacer que a veces parezca fría y distante, aun cuando sea todo lo contrario.

HISTORIA   San Lucas era un médico pagano que se encontró con san Pablo, se convirtió y lo siguió, siendo el autor del tercer evangelio. Santa Lucía fue martirizada en Siracusa. Y san Luciano fue el primero que tradujo la Biblia al griego. Tras ellos han existido otros santificados cuya relación sería interminable.

Lucas y sus derivados se han usado siempre, si bien con alternancias; Lucas de la Edad Media al siglo XVIII; Luciano entre 1850 y 1930; Lucía se mantiene siempre con discreción hasta finales del siglo XIX y principios del XX, en que vuelve a decaer.

Como celebridades mencionaremos a tres papas, al filósofo griego Luciano de Samosata, a Luciano Bonaparte, al sabio monje Lucas de Achety, al pintor Luc Merson, a los ciclistas Lucien Aymar y Lucien van Impe, y la actriz Lucille Ball. Y, cómo no, al inefable héroe juvenil Luky Lucke.

NÚMEROS   Lucas: $5 + 8 = 4$ Luciano: $3 + 2$ (de 11) $= 5$ Lucía: $5 + 6 = 2$ Lucy: $4 + 5 = 9$

Lucrecia

ETIMOLOGÍA   Del latín *lucrator*: ganador.

CARÁCTER   Es una mujer en la que se manifiesta una contradicción entre sus números íntimo y de realización (1) y su número activo (2). Es decir, un conflicto entre la independencia y el dinamismo, con la dependencia y la pasividad. Esta circunstancia hace que su vida sea un cambio continuo de unas a otras cualidades. No obstante, hay ocasiones en las que ambas condiciones pueden armonizarse hasta cierto punto, apareciendo en la vida social como seductora, tranquila, afable y protectora, mientras que en su vida privada es dura como el acero. En el amor es sensible y emotiva, pero tiende a ocultar sus emociones que considera debilidades; por dicha causa su vida matrimonial casi nunca resulta satisfactoria en su lucha interna entre la dependencia de su pareja y el ansia de libertad. Casi siempre gana esta última.

HISTORIA   Santa Lucrecia fue ejecutada en Córdoba por los musulmanes en el año 859. Es un nombre que nunca fue popular hasta el Renacimiento, en que la popularizó Lucrecia Borgia, la hija del papa Alejandro VI; pero luego ha ido decayendo. En cuanto Lucrecio, sólo aparece en Roma con el poeta de dicho nombre, y actualmente ha desaparecido por completo, por cuyo motivo no lo hemos estudiado.

NÚMEROS $1 + 1 = 2$

Luis

Luis, Luisa

ETIMOLOGÍA Del germánico *hluot-wig*: combate glorioso, que derivó primero en *Clodovicus*, posteriormente en *Ludovicus*, y finalmente en Luis.

CARÁCTER **Luis** es un hombre tierno y cálido, para el que lo más importante son los sentimientos; pero en el fondo es nervioso e inquieto, eminentemente cerebral y con gran imaginación, lo cual unido a su elegancia innata y su facilidad en asimilar nuevos conocimientos y experiencias para adaptarlas posteriormente, le permite triunfar en la vida y detentar una parcela de poder que le dé la estabilidad que necesita. Sin embargo, se encuentra dividido entre su necesidad de orden, método, estabilidad y seguridad, con su necesidad de fantasía y cambio, especialmente en la primera mitad de su vida, pues luego, con su 5 de realización ausente, poco a poco irá dominando el deseo de estabilidad e incluso de rutina. De hecho es hipersensible, emotivo y abnegado, interesándose por cuanto se relaciona con las cuestiones sociales y humanitarios, pero también lo relacionado con el mundo de lo oculto y misterioso. En el amor es un romántico sentimental, al que a veces un cierto pudor y timidez le impide expresar todo lo que siente.

Luisa es una verdadera diablesa, toda ella fuego, impulsividad y espontaneidad, pues con dos números clave 5 es la inestabilidad y el movimiento convertidos en mujer. Muy curiosa, adaptable y rápida como el rayo, vive la vida a tope, sin importarle los peligros. Sin embargo, y a pesar de su poder de seducción, más que femenina es feminista, pues es enérgica, egocéntrica, oportunista y siempre apresurada, pero capaz de asumir responsabilidades de mando y dirección. Pero todo tiene su contrapartida, y en este caso se centra en su impaciencia, impulsividad, inestabilidad, incapapacidad de reconocer sus errores, e incluso agresividad. En el amor, lo que le gusta es mariposear, seducir y gozar de la vida. Provocadora y libertina, apasionada y tempestuosa, la estabilidad del matrimonio no se ha hecho para ella.

HISTORIA San Luis IX, el más santo de los reyes, vivía ascética y piadosamente, siendo tan sabio que los príncipes vecinos venían a pedirle consejo. Pero pesar de su amor a la paz, fue a las cruzadas, muriendo de la peste cerca de Cartago en el curso de la segunda. Santa Luisa tuvo como maestros a san Francisco de Sales y san Vicente de Paúl, y fundó la congregación de las Hijas de la Caridad.

Mas de treinta santos y cuatro santas honraron este nombre; pero también cuatro emperadores de Occidente, un rey de España, dieciocho de Francia, cuatro de Sicilia, dos de Baviera, dos de Hungría y una reina de Prusia, otra de Portugal, otra de Polonia, otra de Suecia, e infinidad de otras celebridades entre las que citaremos a Pasteur, Braille, Armstrong, Beethoven, Lewis Carroll, Pauwells, Aragon, Lumière, Pirandello, Althusser, Broglie, Einaudi, Companys, Goytisolo, Llach y un largo etcétera.

NÚMEROS   Luis: $4 + 5 = 9$ Luisa: $5 + 5 = 1$

Magdalena

Magdalena, Magda, Lena

ETIMOLOGÍA   Del hebreo *migdal*: torre, del que se deriva *Magdala*, el nombre de la ciudad en que nació María Magdalena.

CARÁCTER   **Magdalena** es franca y directa, pero en su carácter existe una extraña mezcla de reserva y control, pero también de impulsividad, autoritarismo e incluso a veces de agresividad que suele desconcertar a quienes la tratan, pues un día se presenta cuidadosa e incluso meticulosa, y al siguiente de cualquier manera; un día tímida, y al otro osada. Sin embargo es una mujer fuerte, determinada y ambiciosa que cuando ha decidido algo es inútil hacerla cambiar de opinión, y como es lo suficientemente inteligente para sacar lecciones a las experiencias de la vida, suele conseguir lo que quiere. Sentimentalmente no es una esposa fácil de manejar ni comprender, pues le falta adaptabilidad y en cambio es posesiva, queriendo mandar y administrar; sin embargo es una mujer en la que se puede confiar.

En su forma familiar de **Magda** es una persona decidida, desbordante de vitalidad, energía de vivir y que cuando le conviene se muestra reservada, obstinada y ambiciosa, lo que no es obstáculo para que sea femenina, maternal e incluso algo coqueta, y a pesar de ser generosa e interesarse por quienes la rodean, es consciente de las realidades de la vida y sabe mostrarse práctica y eficaz. Pero la verdadera finalidad de su vida es el amor; necesita amar y ser amada, fundar una familia sólida y estable, un hogar bello y acogedor.

Lena es otra forma familiar de Magdalena que también suele emplearse para Elena y demás nombres con dicha terminación.

También es dinámica y autoritaria; quiere hacerlo todo, conocerlo todo y ser la mejor. En su personalidad domina ampliamente el 5, pues además de ser su número activo, posee otros dos en su rejilla, lo que la impulsa al cambio y la libertad, que espera conseguir con su rápida inteligencia y capacidad de reacción; sin embargo se dispersa demasiado y es inconstante, por lo cual difícilmente llegará a consolidarse en esta vida. En el terreno sentimental desea una pareja que le proporcione una cierta posición social y económica, un hogar agradable para recibir a sus numerosas amistades. Pero no nos engañemos, Lena no es precisamente un modelo de fidelidad.

HISTORIA   Empieza con las tres Magdalenas de los Evangelios y se sigue por una veintena de otras santas. Es un nombre que no ha declinado nunca y siempre se ha mantenido en los primeros lugares si exceptuamos un ligero eclipse a mediados del siglo XIX.

Como celebridades podemos citar a Magdalena de Francia, regente de Navarra, a Madame de La Fayette, la marquesa de Parabere, la actriz Madeleine Carrol y la bailarina Marge Champion.

NÚMEROS   Magdalena: 8 + 5 = 4   Magda: 2 + 6 = 8   Lena: 6 + 8 = 5

Mar

ETIMOLOGÍA   Del hebreo *marah*: amargura.

CARÁCTER   **Mar** es activa, dinámica e independiente, ordenada, metódica y muy capaz de hacer frente a problemas y responsabilidades. Con un temperamento artístico y necesitada de paz y armonía, hace cuanto puede para rodearse de un ambiente tranquilo y equilibrado y su aire apacible resulta reconfortante. Sin embargo es nerviosa, activa y emotiva, a la vez que egocéntrica, autoritaria y testaruda (de sus tres letras dos son 1), y a causa de su impulsividad a veces se precipita cometiendo errores; es que cuando desea algo despliega una energía insospechada y a veces se pasa. Sin embargo, debemos tener en cuenta que en un nombre tan corto, la influencia del número hereditario es decisiva. En el terreno sentimental es afectuosa, responsable y capacitada para la vida familiar, pero le gusta ser ella quien lleve los pantalones, por lo que le cuesta hallar pareja y no pocas veces renuncia al matrimonio para no perder su libertad.

HISTORIA   Es un nombre típicamente español que evoca a Nuestra Señora del Mar, patrona de la gente marinera. Es por ello que carece de historia y de celebridades.

NÚMEROS   1 + 5 = 6

Marcelo

Marcelo, Marcela, Marcelino, Marcelina

ETIMOLOGÍA   Del latín *marcellus*, diminutivo de *Marcus*: Marcos.

CARÁCTER   **Marcelo** es un hombre ordenado y metódico en las cosas prácticas de la vida, y muy capaz de asumir cualquier clase de responsabilidades. Laborioso y detallista, le gusta trabajar en equipo, pues considera que puede obtenerse un mayor rendimiento, hacer amistades y gozar de su compañía. Sus mejores cualidades son la paciencia y la perseverancia; está convencido de que el tiempo juega a su favor y que tarde o temprano llegará a triunfar en la vida. Sin embargo, en aquellos casos que es capaz de responder a la influencia del 11 su ambición se dispara, pero no se apresura, lo que hace es ampliar sus metas y gozar de mayores oportunidades. En su vida sentimental es muy emotivo, sensual y necesitado de amor y estabilidad, de saberse el centro de un hogar y una familia por la que luchar e incrementar al máximo su patrimonio.

Marcela es una mujer emotiva y sentimental, que cuando se siente contrariada o herida tiende a encerrarse en sí misma o a descargar su frustración en el trabajo, a poder ser en tareas de carácter social o humanitario, pues como busca su propia evolución interior, sabe que la mejor manera de conseguirlo es la abnegada entrega a una buena causa. Cuando responde a la influencia del 11, todavía se vuelve más idealista y soñadora, con ambiciones irrealizables. Su vida sentimental también es difícil, pues romántica e hipersensible espera demasiado, y sólo puede llegar a ser feliz si su amor y abnegación sabe dirigirlo hacia la maternidad.

Marcelino –gentilicio de Marcelo (*Marcellinus*: de la familia de Marcelo)– es tímido, introvertido y reservado, y quizás por ello muy elitista en la elección de sus amistades, pues considera que más vale vivir solo que mal acompañado. Es amante de la tranquilidad, la simplicidad y lo natural, detestando lo sofisticado y mundano, y como es muy prudente cuando no puede controlar una situación prefiere adaptarse o dejarse llevar por la misma antes de luchar en contra, pues desea llevar una vida tranquila y estable, aunque resulte algo monótona y rutinaria. No obstante, si es capaz de responder a la influencia de sus dos números maestros, 11 y 22, desarrollará un gran carisma y fuerza interior, que junto a su intuición e inspiración le harán capaz de realizar grandes cosas, especialmente de carácter humanitario o social. En el amor es muy emotivo y afectuoso, aun cuando le cuesta manifestar sus sentimientos; pero es fiel y seguro.

Marcelina es nerviosa e inquieta, y exteriormente parece distante y poco sociable, ya sea para preservar su intimidad e independencia o porque no se encuentra segura de sí misma. La realidad es que se mueve entre dos tendencias, la del 5 que la convierte en extrovertida, independiente, variable y deseosa de hacerlo todo a su manera, y la del 7, introvertida, cerebral y tendente a dejarse llevar por las circunstancias. De aquí su inestabilidad y sus cambios de humor y de carácter. En el amor la vida sentimental no le será fácil, pues se la complica con sus alternancias de carácter.

HISTORIA   San Marcelo fue papa en el siglo IV bajo el reinado de Majencio que lo mandó al exilio, donde murió en el año 309; tras él, otros 18 santos llevaron su mismo nombre. San Marcelino fue un exorcista al que Diocleciano hizo decapitar en el año 304. Santa Marcelina, hermana de san Ambrosio, fue un ejemplo de piedad y caridad en el siglo IV.

Son nombres que a partir de la Edad Media han sufrido continuas alternativas y se popularizan en el siglo XIX, manteniéndose con fuerza hasta mediados del XX, en que han empezado a decrecer de nuevo. Como Marcelos célebres citaremos a Proust, Pagnol, Aymé, Cerdán, Mastrioanni, Duhamel, Duchamp y Marceau. Y como Marcelinos, a Pleyret, Berthelot y Menéndez Pelayo.

NÚMEROS   Marcelo: 4 + 2 (de 11) = 6   Marcela: 7 + 2 (de 11) = 9
Marcelino: 4 (de 22) + 7 = 11 = 2   Marcelina: 7 + 7 = 5

Marcos

Marco, Marcos, Marcia, Marsha

ETIMOLOGÍA   El griego *martikos*: consagrado a Marte, se latinizó en el nombre de *Marcus*, que además significa martillo.

CARÁCTER   **Marco** es una persona contradictoria a causa de la oposición entre sus números representativos 7 y 8. Por el 7 es pasivo, reflexivo, sensible, algo místico y contemplativo, mientras que por el 8 es activo, dinámico, impulsivo y amante del poder y la riqueza. De aquí que en su vida se manifiesten insospechadas alternancias entre ambas tendencias, pudiendo pasar de una actividad frenética, ya sea en la política, el deporte o los negocios, a otra de investigación, mística, metafísica o artística. Pero siempre enérgico, obstinado, imaginativo, rápido y autoritario, es un hombre justo que desea evolucionar y superarse teniendo muy claros cuáles son sus derechos y sus deberes. Esta misma dualidad hace que en el amor a veces sea apasionado, impaciente y demostrativo, y otras cerrado, celoso, posesivo e incluso a veces, violento.

Marcos es fuerte, reservado, independiente, activo y emprendedor, pragmático y con los pies bien asentados en el suelo, su interés primordial se centra en sí mismo y en su bienestar material. Pero a estas cualidades que le proporcionan el 1 y el 8, se une otra faceta, la del 9 activo, que le impulsa a ser compasivo, abnegado, altruista e interesado en tomar parte en agrupaciones o sociedades que compartan sus mismos ideales. Pero que nadie se confunda, pues siempre y por encima de todo sobresaldrá su fuerte personalidad y sentido práctico. En el amor sigue siendo duro, leal, franco, fiel y generoso; pero si se siente engañado su furia será la del Marte que le dio nombre.

Marcia es una mujer que puede poseer dos personalidades muy distintas: cuando sólo responde al número de realización 2, y las que llegan a responder al 11. En la primera, la coexistencia del 1 y del 2 como números clave puede ser el origen de un carácter en el que períodos de entusiasmo e hiperactividad alternen con otros de pasividad o abandono. En la segunda, más constante, el 11 le confiere carisma y ascendiente sobre los demás. Pero en ambos casos se trata de mujeres con gran personalidad; más que intelectuales son mujeres de acción con un buen sentido práctico; no obstante, carecen del sentido de los matices, lo cual puede convertirlas en intolerantes. En el amor es emotiva e inestable, por lo que necesita un hombre que la domine y estabilice; que le dé seguridad.

Marsha, la forma anglosajona de Marcia que empieza a extenderse, es una mujer desbordante de vitalidad, alegría de vivir e incluso coqueta, lo que no impide que cuando le conviene se muestre enérgica, obstinada y ambiciosa; a pesar de ser generosa e interesarse por quienes la rodean, es muy consciente de las realidades de la vida y sabe mostrarse práctica y eficaz. Pero la verdadera finalidad de su vida es el amor; necesita amar y ser amada, fundar una familia sólida y estable, un hogar bello y acogedor.

HISTORIA   A pesar de no pertenecer al grupo de los Apóstoles, Marcos fue un evangelista. Otros treinta santos y bienaventurados también honraron dicho nombre, entre ellos un papa.

Casi caído en el olvido en la Edad Media, Marcos volvió a resurgir en el Renacimiento, pero sin mucha fuerza, hasta nuestro siglo en que vuelve a popularizarse. Como celebridades citaremos a los romanos Marco Antonio y Marco Aurelio, al aventurero Marco Polo, y ya modernamente, a Mark Twain, Marc Chagall y Marc Eyskens.

NÚMEROS   Marco: 8 + 8 = 7   Marcos: 8 + 1 = 9   Marcia: 2 (de 11) + 8 = 1   Marsha: 2 + 6 = 8

Margarita

Margarita, Marga, Margot, Magalí, Greta, Rita, Peggy

ETIMOLOGÍA   Del persa *margiritis* al latín *margarita*, pasando por el griego *margiritis*, todos ellos con el significado de perla.

CARÁCTER   **Margarita** es independiente, segura de sí misma y quiere vivir su vida sin cortapisas, lo cual no obsta para que cuando sea necesario sepa desempeñar cualquier tipo de responsabilidades; muy hábil, ingeniosa, con sentido artístico y de rápida inteligencia, sabe dejarse llevar por los acontecimientos y esperar el momento propicio para recuperar el dominio de la situación. Si algún defecto se le puede achacar es su exceso de autoritarismo, su egocentrismo y su testarudez. Sentimentalmente es mucho más compleja de lo que parece, pues sensual, abierta y tolerante puede parecer fácil, pero sabe parar los pies con energía, y cuando se enamora aparece su lado autoritario y es ella quien lleva la iniciativa.

En su forma familiar de **Marga** es simpática, franca, directa y comunicativa, desea gustar y relacionarse socialmente. Es muy rápida y apresurada en todo cuanto hace, y como es hábil manualmente, pronto se saca el trabajo de encima y tanto puede vérsela cosiendo, como bricolando o realizando algún trabajo artístico. Sin embargo, no sabe estarse quieta, todo quiere verlo, conocerlo y probarlo; lo que no tolera es el menor impedimento a su libertad personal, pues quizás su mayor defecto sea el egocentrismo y la tozudez. Pero en el fondo es una sentimental y si encuentra al hombre de su vida, a pesar de su carácter autoritario e independiente sabrá hacer cuantos esfuerzos de conciliación sean necesarios para consolidar el hogar y la familia que desea.

En su forma familiar francesa de **Margot** es muy sociable, encantadora, servicial y entusiasta, pero cuando verdaderamente quiere algo su personalidad cambia por completo y trata de obtenerlo a base de seducción y obstinación, y si no lo consigue aparece su lado malo: impulsiva, excesiva y ruda. De hecho es una mujer independiente que cuando se siente motivada se muestra apasionada e hiperactiva, pero cuando le falta motivación se vuelve indolente y perezosa, desconcertando con dichos cambios de conducta y apariencia. En el amor es sensual, posesiva y celosa, pero muy amante de su libertad le cuesta mucho decidirse a perderla, y si se decide a hacerlo, siempre existe el peligro de alguna tentación irresistible.

En su forma nórdica de **Greta** sigue siendo enérgica y obstinada; pero es más sólida, segura de sí misma y deseosa de conseguir poder y riqueza, y aunque a veces pueda dudar de sus capacidades, reacciona inmediatamente haciendo frente a las circunstancias. Cuando reacciona a la influencia del 11, todavía se muestra más ambiciosa, pero también más original. En el amor es mucho más afectiva de lo que parece, pues disimula sus sentimientos bajo una apariencia brusca y exigente, pero roto el hielo deja florecer sus sentimientos y se convierte en una buena esposa.

En su forma familiar provenzal de **Magali** posee una gran seducción natural que podría hacer pensar que es una mujer superficial, pero en realidad es reflexiva e introspectiva. Lo que existe es un contraste entre la actividad desbordante, impulsiva y curiosa de su 5 de realización y la necesidad de introversión, reserva y dudas existenciales de su 7 activo. Es por ello que reflexión y precipitación coexisten en ella y cuál de dichas facetas hará acto de presencia dependerá de las circunstancias; si son favorables aparecerá la mejor, y si son desfavorables, la peor. Cuando puede responder a la influencia del 11 íntimo, se siente atraída por las cuestiones humanitarias, la psicología, la religión o la política. La vida sentimental es muy importante para ella, pero casi siempre se siente incomprendida y muchas veces tiende a la soledad.

En su forma familiar italiana de **Rita** la libertad es algo inalienable y no una simple palabra. Individualista y enemiga de cualquier tipo de ataduras, su impulsividad muchas veces la lleva más lejos de lo que esperaba. Cuando se siente motivada es capaz de desarrollar una enorme capacidad de trabajo, pero siendo capaz de organizar, mandar y administrar, en cambio no sabe obedecer. Lo que le importa es sentirse el centro del Universo y hacer lo que le parezca. En el amor es una seductora, una tigresa violenta y celosa; pero su fidelidad siempre será una incógnita.

En su diminutivo anglosajón de **Peggy**, bajo una apariencia encantadora y simpática se esconde una mujer dinámica y decidida que ambiciona conseguir como sea el poder y la riqueza. Podemos decir que en ella existen tres facetas: una, combativa, valiente, temeraria, obstinada y reservada, que puede llegar al arribismo e incluso a la agresividad (su 8 activo reforzado por dos 8 en su rejilla); otra de perspicaz, persuasiva y muy hábil (su 3 de realización), que ayuda a la primera para conseguir sus fines; y otra de soñadora e independiente (su 5 íntimo), que junto a dos 7 en su rejilla la convierten en impaciente impulsiva e inestable. Con todo ello, tiende a pensar a corto plazo, en el hoy, sin tener en cuenta las consecuencias para el mañana, y sólo gracias a su capacidad de adaptación consigue solventar los continuos problemas que le causa su conducta llena de virajes y maniobras. En el amor es apasionada y seductora, pero muy inconstante y nada fiel.

HISTORIA   Santa Margarita de Antioquía, émula de Jonás y de san Jorge, sale del dragón que la había tragado, lo estrangula con su cinturón y lo lanza al mar. Tras ella, más de una veintena de santas y bienaventuradas llevarán el mismo nombre, entre ellas santa Margarita de Casia en el siglo XV, más conocida como santa Rita.

Es un nombre que figura en un primer plano en todos los tiempos, llegando incluso a superar en popularidad a María en el siglo XVIII. Actualmente, más que Margarita son sus variantes y formas familiares que hemos mencionado las que se están imponiendo en todo el mundo.

En su haber figuran una emperatriz de Oriente, otra de Alemania, una reina de Francia, una de Dinamarca, dos de Escocia, dos de Inglaterra, una de Navarra, una de Italia, tres condesas de Flandes y toda una cohorte de nobles damas. Modernamente podemos citar a las escritoras Margarita Yourcenar y Margarita Duras, a las actrices Greta Garbo y Rita Hayworth, la bailarina Margot Fonteyn y la cantante Rita Pavone.

NÚMEROS   Margarita: 3 + 7 = 1   Marga: 2 + 3 = 5   Margot: 8 + 6 = 5   Greta: 6 + 2 (de 11) = 8
Magali: 2 (de 11) + 5 = 7   Rita: 1 + 4 = 5   Peggy: 5 + 3 = 8

María

María, Mario, Miriam, Maruja, Mariona, Mae

ETIMOLOGÍA   Del hebreo *mar*: gota, y *yam*: mar.

CARÁCTER   **María** posee una seducción innata y un aire misterioso que podría hacer pensar que se trata de una mujer superficial; pero en realidad es seria, reflexiva e introspectiva, para quien lo más importante es su vida interior, la búsqueda e incluso la fe. Lo que existe es un contraste entre la actividad desbordante, impulsiva y curiosa de su 5 de realización, y la necesidad de introspección y dudas existenciales de su 7 activo. Por eso, en su carácter coexisten la precipitación y la reflexión, y cuál de dichas facetas dominará en un momento dado depende de las circunstancias, pero siempre con un 1 excesivo (tres en cinco letras) lo hará con un fuerte fondo de autoritarismo, de egocentrismo y testarudez. Cuando es capaz de responder a la influencia del 11, se incrementa su ambición, pero también su vida interior, sintiéndose atraída por las cuestiones humanitarias, la psicología o la religión. Su vida sentimental es muy importante para ella, que a pesar de su fuerte carácter, en el fondo busca la estabilidad de una vida cotidiana en la que no falten el amor y la unión familiar.

Mario posee una fuerte personalidad que bajo su aspecto brusco y autoritario esconde una gran sensibilidad. Tiene necesidad de acción, movimiento y cambio; pero también de reflexión, moderación, organización y deseos de triunfar, para lo que cuenta con su inteligencia y facilidad en asimilarlo todo. Con tan opuestas tendencias, a veces ocurre que Mario acumula en su interior amores y odios para estallar en el momento más inesperado; o tras mucho economizar pacientemente, de golpe gasta cuanto acumuló. Cuando es capaz de responder a la influencia del 22, sus ambiciones sufren un gran incremento y lo estabilizan bastante a costa de una gran tensión nerviosa, siendo capaz de grandes realizaciones. En el amor, a pesar de su sensibilidad ignora la psicología femenina y se muestra autoritario, casi exigiendo ser admirado y obedecido.

Miriam es la forma hebrea primitiva de María que todavía sigue usándose. Es una mujer con una acusada personalidad, activa, dinámica y emprendedora que adora estar en el escenario de la vida para representar su papel, tener un público y sentirse admirada; a pesar de su individualismo, su ideal la lleva a superarse, siendo capaz de organizar, dirigir y administrar; pero también muy sensible, intuitiva y emotiva, es capaz de servir a un fin elevado, sentir y entregarse abnegadamente al servicio de una causa, siempre y cuando pueda ocupar un lugar destacado. Su único peligro, con dos 9 además del de realización, reside en convertirse en fanática, y tanto creerse una iluminada detentadora del poder divino como convertirse en una esclava al servicio de los demás. En el terreno sentimental necesita un hombre que esté a su altura, al que pueda amar y admirar; si no fuese tan autoritaria sería la esposa ideal.

En su variante de **Maruja** es extrovertida, hábil, adaptable, ordenada y metódica, con un notable sentido crítico y muy detallista. Para sentirse a gusto necesita rodearse de gente ante la que pueda hacer gala de su alegría, don de gentes y capacidad de seducción. Es capaz de destacar en cualquier actividad relacionada con la creatividad, la expresión y la comunicación. Sin embargo, sus números clave son ausentes, por lo cual en su interior no es tan segura como parece, pero sabe disimularlo. Con cuatro 1 en su rejilla, su mayor defecto es el egocentrismo que la convierte en autoritaria. La vida sentimental es la base de su vida, siendo tierna y afectuosa; es exigente y le cuesta mucho decidirse, pero cuando lo hace es una esposa amante y una madre abnegada, pero mandona.

En su forma familiar catalana de **Mariona** es enérgica y autoritaria; altiva, independiente y orgullosa, busca la perfección, y gracias a su dinamismo y capacidad de mando es capaz de desempeñar cualquier tipo de responsabilidades, por lo que es frecuente verla en puestos directivos. Su carácter apasionado le cuesta muchos disgustos, pues con dos números clave 1 y otros tres 1 en su rejilla, es extremista, egocéntrica, tiránica y sus cóleras pueden ser terribles. Sin embargo, en su intimidad, cuando no necesita mostrarse fuerte y dura, es una mujer altruista a quien importan mucho los valores humanos y el bienestar de los demás; lástima que más que defenderlos lo que hace es imponerlos. En el terreno sentimental es romántica y emotiva, pero posesiva y egocéntrica, y cuando deja su trabajo necesita un corazón amante en el que cobijarse.

En su forma familiar anglosajona de **Mae** posee una autoridad natural y una gran fuerza de persuasión, armas que le permiten conseguir su independencia y su necesidad de mandar y dirigir, lo que casi siempre consigue a base de esfuerzo y paciencia; pero una vez conseguido su objetivo, sabe mantenerlo y estabilizarse. Es bastante sociable y le gusta sentirse admirada, pero sabe mantener las distancias con suficiente destreza para que no se note. Su mayor problema reside en que su 6 íntimo es ausente lo que la hace muy perfeccionista, quizás demasiado. En el terreno sentimental es exigente y elitista a la hora de escoger su pareja, que desea sea casi perfecta, por lo que duda mucho antes de decidirse; pero si halla este hombre ideal, será una esposa y madre de familia ideal.

No obstante, hay que tener en cuenta que en un nombre con sólo tres letras el número hereditario cobra extraordinaria importancia pudiendo modificar por completo su significado. Son formas familiares que sólo deberían emplearse cuando el número hereditario es tan bueno que vale la pena modificarlo al mínimo con el nombre de pila.

HISTORIA Santa María, la Virgen Santa, fue la madre material de Jesús, y su nombre ha sido honrado además por más de un centenar de otras santas y bienaventuradas.

Es un nombre que no empieza a popularizarse hasta bien entrada la Edad Media, pues se consideraba demasiado sagrado para emplearlo. Sin embargo, a partir de entonces se extendió con gran rapidez, llegando a ser considerado durante siglos como el número uno del ranking onomástico, del cual han surgido innumerables variantes y formas familiares, de las cuales sólo hemos analizado las más usadas, pues sería interminable estudiarlos todos. Además, su facilidad en formar nombres compuestos todavía incrementa el número de variantes.

Como celebridades, además de más de cuarenta reinas y emperatrices, citaremos a Marie Curie, María Callas, María Schell, Mary Astor, María Barrientos, María Montesori, María Montez, María Guerrero y Marujita Díaz, y como hombres a Mario Moreno (Cantinflas), Mario Cabré, Mario Lanza y Mario Conde.

NÚMEROS   María: 2 (de 11) + 5 = 7   Mario: 8 + 5 = 4   Miriam: 1 + 9 = 1   Maruja: 6 + 6 = 3
Mariona: 9 + 1 = 1   Mae: 6 + 4 = 1

Mariano

Mariano, Mariana

ETIMOLOGÍA   del latín *Marianus*: de María.

CARÁCTER   **Mariano** está dotado de un aire aristocrático. Es voluntarioso, disciplinado, ambicioso, autoritario y lleno de vitalidad. Por lo general es sociable, comunicativo, generoso y muy pendiente de su aspecto físico, pues en el fondo es un esteta. Muy idealista, le gusta militar en asociaciones o movimientos de carácter social, humanitario o benéfico. Sin embargo con tantos 1 (dos números clave y otros dos en la rejilla) existe el peligro de que se vuelva orgulloso, egocéntrico e incluso algo tirano. En el terreno sentimental es muy exigente en la selección de su compañera, pues desea que los demás la admiren y le envidien; pero una vez elegida, puede confiarse plenamente en su amor a la familia, en su sentido moral y en su fidelidad.

Mariana es una mujer activa, enérgica y voluntariosa a quien le gusta mandar y decidir. Sin embargo a veces su comportamiento resulta desconcertante y algo inestable; en sociedad despliega su rápida inteligencia mostrándose abierta, sociable y muy agradable, de tal modo que podría creerse que es ligera y superficial pues nunca sabe estarse quieta; pero en su vida privada es muy responsable, laboriosa, amante del orden, la tradición y la estabilidad.

Su mayor defecto, aparte de estos inesperados cambios de temperamento, es que con tantos 1 (el 1 de realización y otros cuatro en su rejilla) existe el peligro de que se vuelva orgullosa, egocéntrica y mandona. Cuando es capaz de responder a la influencia del 22, su carisma e intuición se incrementan, pudiendo realizar creaciones perdurables. En el terreno sentimental es una mujer fiel y una buena ama de casa, pero muy autoritaria y celosa, y si se siente engañada o decepcionada, nunca perdona.

HISTORIA   Santa Mariana fue la hermana de san Felipe, y murió martirizada en el siglo I.

Nacido bajo la poderosa sombra de María, es un nombre que se ha mantenido siempre en un segundo plano, siendo incluso considerado como un nombre compuesto de María y Ana por muchos autores.

Como Marianos célebres podemos citar a Benlliure, Aguiló, de Cavia, Cañardo, Fortuny y Larra, y en féminas, a Mariana Pineda.

NÚMEROS   Mariano: 9 + 1 = 1   Mariana: 3 + 1 = 22 = 4

Marín

Marino, Marín, Marina

ETIMOLOGÍA   Del latín *marinus*: marino.

CARÁCTER   Muy seguro de sí mismo, fuerte, reservado, independiente, activo, emprendedor y con los pies bien asentados en el suelo, el interés primordial de **Marino** se centra en sí mismo y en su bienestar material. Pero también presenta otra faceta, la de su 9 activo que le impulsa a ser compasivo, abnegado, altruista e interesado en formar parte de grupos o sociedades que compartan sus mismos ideales; pero que nadie se engañe, pues incluso practicando dichas actividades siempre será él mismo, siempre sobresaldrá su fuerte personalidad y espíritu práctico. En el terreno sentimental se muestra igualmente duro, leal, franco, generoso, pródigo y fiel; pero que no se sienta engañado, porque su ira puede ser inconmensurable.

En su variante de **Marín** es una persona contradictoria marcada por la oposición del 1 y el 2; por el 1 es autoritario, activo, independiente y seguro de sí mismo, mientras que por el 2 quiere ser estable, dependiente, pasivo y conciliador. Esta mezcla suscita problemas internos e incoherencias externas que se manifiestan por un carácter ciclotímico con fases de actividad, audacia y entusiasmo, seguidas por otras de temor, dudas, abandono y pereza; sin embargo, por lo general es su faceta activa la que suele predominar, dada la mayor fuerza del 1 en sus números clave y rejilla. En el terreno sentimental ocurre lo mismo, unos días posesivo y celoso, y otros en que parece que se olvide de su pareja, que sólo le importe su propia persona.

Marina también es algo contradictoria al poseer la misma dualidad entre el 1 y el 2; entre el dinamismo, espíritu de iniciativa y el deseo de mandar y decidir, y la pasividad y dependencia. Sin embargo, es mucho más adaptable, comunicativa y creativa, lo que suaviza su autoritarismo y la hace más dulce y seductora, aficionada al estudio y a cuanto se relacione con la comunicación y el espectáculo. En el terreno sentimental se debate entre su egocentrismo y su necesidad de amor; entre su vida profesional y la familiar, por lo que muchas veces no se casa sin haber consolidado antes su situación profesional.

HISTORIA   En el siglo IV san Marino era un casto tallador de piedra que tuvo que hacerse ermitaño para huir de una mujer que lo asediaba. Sobre su ermita se erigió un monasterio, y a su alrededor una ciudad que llegó a convertirse en un minúsculo reino: San Marino. Santa Marina fue una penitente que fue martirizada en Bitinia en el siglo VIII.

Son nombres que sin ser muy populares han permanecido vigentes sin cesar a partir de la Edad Media, y mientras Marín y Marino siguen su modesta carrera, Marina parece empezar a gozar de mayor popularidad. Como celebridades citaremos a la princesa Marina, viuda del duque de Kent, a la actriz Marina Vlady y a la cantante Marina Rosell.

NÚMEROS   Marino: 8 + 1 = 9   Marín: 1 + 1 = 2   Marina: 2 (de 11) + 1 = 3

Marta

ETIMOLOGÍA   Del arameo *marta*: señora.

CARÁCTER   **Marta** posee una fuerte personalidad; sensible y emotiva, no por ello deja de ser capaz de asumir toda clase de responsabilidades y decidir cómo ha de ser su propia vida, y si de algo peca es de ser poco diplomática y muy autoritaria. Es una individualista para quien la emancipación de la mujer es algo real, al menos en lo que a ella se refiere. Fiera, orgullosa, nerviosa y oportunista, imaginativa y con excelentes reflejos, más que una intelectual es una mujer de acción con un elevado sentido práctico. En el terreno sentimental es ardiente, apasionada y posesiva, y busca la estabilidad, como si el hogar fuese la base sólida que le sirviese de rampa de lanzamiento.

HISTORIA   La devoción a santa Marta, hermana de Lázaro y María Magdalena, nació en Francia durante las cruzadas. Nunca tuvo la popularidad de otros nombres bíblicos entre las comunidades judías y protestantes. Pero redescubierta en el siglo XIX en Francia y Bélgica, se pone de moda hacia 1890 y luego va decayendo lentamente para renacer con mucha fuerza en la segunda mitad del siglo actual.

Como celebridades citaremos a Marta Richard, Marta Mercadier, Martha Washington, Marta Sánchez y Marta Ferrusola.

NÚMEROS $2 + 8 = 1$

Martín

Martín, Martina

ETIMOLOGÍA   Del latín *martinus*: pequeño Marte.

CARÁCTER   **Martín** es viril, activo y emprendedor, deseoso de hacerlo todo y ser siempre el mejor; no obstante, desconfiado e inquieto le cuesta conceder su amistad, pero cuando lo hace es un amigo sincero con el que se puede contar. Para él lo más importante es su libertad, y por ser muy curioso le es necesario cambiar y viajar, conocer nuevas gentes y paisajes. Sentimentalmente, y a pesar de buscar la seguridad en la vida familiar, su pareja deberá hacer gala de bastante fantasía si quiere conservarlo.

Martina es una mujer hogareña y necesitada de tranquila estabilidad; trabajadora y paciente, organizada y metódica, y a pesar de ser muy autoritaria desearía llevar una vida apacible. Cuando responde a la influencia de su 11 íntimo, se le despierta la ambición y sueña con realizar grandes cosas, y es entonces cuando se hacen más evidentes sus capacidades de organización y mando. En el amor su objetivo es la vida familiar, siendo muy feliz cuando se halla rodeada de su familia, siendo una magnífica ama de casa.

HISTORIA   San Martín nació en Hungría hacia el año 315. Militar e hijo de militares formó parte de la guardia imperial. Convertido al cristianismo en Amiens fue discípulo de san Hilario de Poitiers llegando a ser obispo de Tours. Murió en 397, siendo el primer no mártir que fue santificado. Santa Martina fue una mártir del siglo III y es la patrona de Roma.

El nombre de Martín gozó de una gran tradición hasta el siglo XII, en que llegó a convertirse en apellido comprometiendo su carrera como nombre de pila, por lo que decayó mucho a pesar de que sigue usándose moderadamente. Martina en cambio ha sido muy rara, y de hecho su popularidad se inicia a finales de la segunda guerra mundial, habiéndose convertido en Francia en uno de los 15 nombres más populares. En España también ha renacido, si bien su popularidad es mucho menor.

Como celebridades citaremos a cinco papas, al rey de Aragón Martín el Humano, al rey de Sicilia Martín el Joven, a Martín Lutero, al líder negro Martin Luther King, al filósofo Martin Heidegger, al nazi Martin Bormann y al nadador Martín López Zubero. Y entre las mujeres a Martina, emperatriz de Oriente y a la actriz Martine Carol.

NÚMEROS   Martín: $1 + 4 = 5$ Martina: 2 (de 11) $+ 4 = 6$

Matías

Matías, Mateo

ETIMOLOGÍA   Del hebreo *mattith-Yah*: don de Dios, que derivó en *Matatías* y luego en Matías. Mateo es la forma helenizada de Matías.

CARÁCTER   En **Matías** domina el sentido del amor, del matrimonio, de la cooperación y las asociaciones, ya sea en el trabajo, los negocios o la vida en pareja. En realidad, cuando se siente más realizado es ejecutando tareas que puedan redundar en beneficio de los demás, pues es muy altruista. Cuanto más capaz sea de responder a la influencia del 11, mayor será su ambición y el deseo de realizar grandes cosas y llevar a la práctica sus ideales. En el terreno sentimental es un idealista que necesita hallar un alma gemela que le cuide y le mime.

Mateo es un hombre introvertido, tímido y reservado al que le cuesta hacer amistades y cree que más vale estar solo que mal acompañado. Cerebral, pragmático y racional, necesita estar muy seguro antes de emprender algo y tiende ante todo a protegerse y evitar problemas y dificultades, buscando la tranquilidad, la simplicidad y lo natural. En el amor es tierno y receptivo, fiel y afectuoso, sin embargo le cuesta mucho expresar sus sentimientos.

HISTORIA   San Matías fue uno de los más fieles discípulos de Cristo, por lo que Pedro lo propuso para ocupar la plaza dejada vacante por Judas, siendo considerado uno de los testigos de la resurrección del Señor. San Mateo era un antiguo recaudador de impuestos que siguió a Jesús, se hizo apóstol y nos legó el primer evangelio.

Adoptados en Europa desde el siglo VI, se imponen en la Edad Media y pierden fuerza después del Renacimiento, pero sin llegar a desaparecer. El primero en arrancar de nuevo fue Mateo en Inglaterra hacia los años sesenta, especialmente entre las familias burguesas, llegando a ser el quinto nombre más importante en las Islas. En Alemania es Matías quien ha estado bien arraigado desde casi siempre, y también renació en nuestro siglo paralelamente a Matías. En nuestro país siempre se han mantenido relativamente estables, pero nunca han sido muy populares.

Como celebridades citaremos a Mateo Cantacuceno, emperador bizantino, a Matías I de Hungría, al cardenal Matthieu de Remois, al psíquico Matthew Manning y al nadador Mattheu Biondi.

NÚMEROS   Matías: 2 (de 11) + 9 = 2   Mateo: 4 + 7 = 2

Matilde

Matilde, Mafalda, Maud

ETIMOLOGÍA   Del germánico *maht-hild*: guerrero fuerte.

CARÁCTER   **Matilde** posee una personalidad fuerte y vigorosa capaz de imponerse sobre los demás. Es ambiciosa y llena de proyectos, ideas y sueños, lo que no impide que a veces dude de si vale la pena aceptar sus responsabilidades; sin embargo, suele salir adelante pues las dificultades la estimulan y considera que puede competir en igualdad de condiciones con cualquier hombre. Posee mucha intuición pero prefiere guiarse por el sentido común, y puede oscilar entre una posesividad absoluta y un cierto altruismo. Cuando no es capaz de reaccionar a su 11 activo y sólo lo hace al 2, su ambición disminuye mucho y será más inclinada al matrimonio y a la vida familiar, en la que hará cuanto sea posible para que exista una buena armonía, pero sacando el genio cuando conviene. Sin embargo, a causa de su intransigencia y puntillismo a veces puede perder su felicidad o herir a quienes la rodean.

Mafalda, su variante portuguesa, es directa, franca y no le gustan los engaños ni la injusticia, por lo que habitualmente agradable y conciliadora, es capaz de encolerizarse violentamente cuando se la provoca. Tiene un profundo sentido de la amistad y le gusta participar en grupos de amigos en los que se muestra charlatana y espontánea animándolos con su sentido del humor y espíritu crítico. Con dichas tendencias, en el inicio de su vida sentimental se mostrará sumisa, adaptable y pasiva, pero tarde o temprano saldrá a flote su verdadera naturaleza autoritaria, y al menor fallo de su pareja tomará las riendas con decisión.

Maud es una forma familiar anglosajona que tanto se aplica a Magdalena como a Matilde, pero preferentemente a esta última, pues proviene de **Mahaut**, la forma popular con la que solía llamarse a la reina Matilde de Flandes, esposa de Guillermo II el Bastardo, duque de Normandía y conquistador de Inglaterra; y posteriormente a Matilde de Toscana.

Maud aspira a vivir libremente, sueña con grandes proyectos y si bien le atrae el cambio, también la atemoriza, y aun cuando la mayor parte de las veces no se atreve a intentarlo, cuando lo hace debe ser dentro de una estabilidad, por paradójico que parezca, pues con su exceso de 4 su sentido del orden, de la organización y la constancia se agudiza y tiende a convertirse en rutinaria, en maníaca del detalle, lo cual resulta en detrimento de sus realizaciones. En ella se cumple aquello de que el árbol no deja ver el bosque. En el fondo, es una idealista segura de sí misma y de la bondad de sus ideas que defiende a todo trance. En el terreno sentimental puede reprochársele ser poco demostrativa de sus afectos y sentimientos, pero nunca podrá negarse su fidelidad y nunca rehuirá sus responsabilidades de esposa y madre.

HISTORIA   Santa Matilde era la esposa de Enrique I de Alemania; mientras su esposo guerreaba, ella cuidaba de sus cinco hijos y llevaba una vida piadosa. A la muerte de Enrique se retiró al monasterio de Quedlinburg, donde murió en 968.

Matilde estuvo moda en la alta Edad Media en toda Europa, especialmente en Alemania y Francia y tras un paréntesis de olvido, volvió a renacer en el siglo XIX, para volver a decaer en el XX hasta que a finales de los 70 vuelve a popularizarse en los medios burgueses.

Como celebridades citaremos a Matilde de Inglaterra, esposa de Enrique I; Matilde de Flandes, esposa de Guillermo II; la condesa Matilde de Toscana; Matilde, condesa de Artois, y la hija de Jerónimo Bonaparte, la princesa Matilde.

NÚMEROS   Matilde: $6 + 5 = 11 = 2$ Mafalda: $3 + 8 = 2$ Maud: $5 + 8 = 4$

Mauro

Mauro, Mauricio

ETIMOLOGÍA   Del griego *mauros*: oscuro.

CARÁCTER   **Mauro** es inteligente, enérgico, reservado y obstinado, y su fin primordial es el poder y los bienes materiales; hábil, ingenioso e inteligente desea expresarse y comunicar, y dada su elegancia natural y su facilidad en sacar provecho de todas sus experiencias, tanto buenas como malas, no es raro que llegue a triunfar en la vida. Sin embargo, tímido e inquieto a veces llega a dudar de sus propias capacidades, lo que compensa desplegando una gran actividad. En el terreno sentimental basa su vida amorosa y familiar en la mutua confianza, el respeto y la autenticidad.

Mauricio es el gentilicio de Mauro (*Mauritius*: de la familia de Mauro); es muy sensible y dependiente del ambiente familiar, afectivo o simplemente amical, especialmente en su juventud. A pesar de ser hábil y con excelentes reflejos físicos y mentales, rápida inteligencia y buen comunicador, es difícil decir si es introvertido o extrovertido, pues su 8 es ausente, lo que a veces le desequilibra, y su 2 activo le inclina a la pasividad, la reflexión y la introversión, por lo que ambos aspectos de su personalidad pueden alternarse o hacer que a veces se quede como bloqueado. Más bien intelectual, no es realmente un pensador o un filósofo, sino un hombre con un buen sentido de los negocios y la cooperación. Cuando es capaz de responder a la influencia de su 11 activo, en la segunda parte de su vida se despierta su intuición y se hace más altruista, idealista e inspirado, pudiendo llegar a ser lo que se dice un gran hombre. En el terreno sentimental es franco, fiel y apasionado, pero espera hallar justa correspondencia en su pareja y formar una familia, pues su instinto paternal es muy fuerte.

HISTORIA   San Mauro fue un abad discípulo de san Benito en el siglo VI. Y san Mauricio, jefe de la legión tebana, fue masacrado con toda su legión por orden del emperador Maximiliano por negarse a perseguir a los cristianos.

Dada la veneración de los cruzados por san Mauricio, el nombre se hizo muy popular en toda Europa, y como muchos otros fue relegado a un segundo plano hasta 1880 en que resurgió hasta 1930, para volver a decrecer lentamente hasta nuestros días. En cuanto a Mauro, no tuvo el mismo renacer y podemos decir que ha caído en el olvido.

Como ilustres podemos citar a un emperador bizantino, un elector de Sajonia, y muchas otras celebridades como Mauricio de Nasau, Maeterlink, Ravel, Barrès, Thorez, Chevalier, Bejart, Utrillo, Leroux, De Broglie, Couve de Murville, Dekobra, y López Robert.

NÚMEROS   Mauro: $3 + 5 = 8$ Mauricio: $3 + 8 = 11 = 2$

Máximo

Máximo, Máxima, Maximiliano, Max

ETIMOLOGÍA   Del latín *maximus*: el más grande.

CARÁCTER   **Máximo** es abierto, simpático, sociable y activo. Muy curioso y extrovertido le gusta cambiar a menudo de actividades pues adora la libertad, los cambios y los viajes; y como es muy rápido y adaptable, pero a la vez ordenado y metódico, se desenvuelve en cualquier lugar y trabajo. Su único inconveniente, con su 8 ausente, es la facilidad con que pierde interés en lo que está haciendo para iniciar algo nuevo, con lo cual desaprovecha muchas de sus oportunidades y se dispersa inútilmente. En el amor es encantador y familiar, deseoso de fundar un hogar que lo ate, estabilice y le dé seguridad, pero esto es algo difícil para él, tan difícil como la eterna fidelidad.

Máxima es dinámica, activa, emprendedora, ambiciosa y siempre dispuesta a asumir sus responsabilidades; pero su visión del mundo es algo maniquea: todo es blanco o negro, bueno o malo, sin matices. Pero es generosa y enemiga de engaños e injusticias ante las cuales reacciona violentamente, al igual que cuando su amor propio está en juego. Como posee un fuerte sentido práctico puede convertirse en una excelente mujer de negocios; sin embargo, y a pesar de todo, no deja de ser femenina, seductora y coqueta, amante del lujo y los signos externos de riqueza, buscando la amistad y la cooperación. Cuando es capaz de reaccionar a la influencia del 11 íntimo, adquiere carisma y magnetismo personal y se interesa por los demás, pues se le despierta el altruismo y un sentido de fraternidad casi utópico. En el terreno sentimental es fiel, leal posesiva y celosa; pero también sensual, refinada y buena madre de familia. Sin embargo, es muy exigente con su pareja, pues quiere que sea un triunfador, y a veces le pide lo imposible.

En su gentilicio de **Maximiliano** (*Maximilianus*: de la familia de Máximo), la libertad y la independencia son algo sagrado; adaptable, elegante, muy curioso y con una inteligencia capaz de asimilar ideas y conceptos e incluso de sacarle provecho a las experiencias de la vida, se considera capaz de hacer cuanto puedan hacer los demás, y si le apuran, mejor que ellos. Sin embargo, debe dominar su excesiva tendencia al cambio y la versatilidad, que pueden convertir su vida en inestable. En su interior existe un fondo de espiritualidad e idealismo por el que es capaz de sacrificar parte de su independencia cuando puede sentirse útil ayudando a los demás. En el terreno sentimental es sensible, sensual y emotivo. Lástima que sea tan inconstante.

Max es la forma familiar tanto de Máximo como de Maximiliano, y se muestra seductor, comunicativo, abierto y comprensivo capaz de destacar en cualquier actividad creativa, especialmente en las relacionadas con la expresión y la comunicación, siendo un trabajador paciente, tenaz e incansable. Pero en su interior existe una dicotomía entre el 1 que le impulsa a la extroversión, la independencia, el deseo de mandar y dirigir, y la pasividad, laboriosidad y dependencia del 2. Y a pesar de dominar el 1, al ser ausente el 2 se produce un exceso de emotividad que muchas veces hace que se muestre impaciente, impulsivo y poco diplomático. Sin embargo, en aquellos casos en que es capaz de responder al 11, el aspecto pasivo de su carácter desaparece en la segunda parte de su vida, se dispara su ambición y es capaz de grandes logros. En el amor, es apasionado, tierno, sensual y seductor.

HISTORIA   San Maximiliano, obispo de Lorch en Wurtembeg, se negó a sacrificar a los dioses y fue ejecutado en el año 283. San Máximo, el Confesor, era el primer secretario de Heraclio, pero lo abandonó todo para entrar en el monasterio de Chtysopolis; su ardor en perseguir las herejías le procuró muchos enemigos, y bajo una falsa acusación de traición, fue hecho prisionero y torturado, muriendo de sus heridas en el año 662.

Estos nombres ya fueron usados por los romanos, siendo el de Máximo el título honorífico que se concedía a los generales victoriosos. También hubo un emperador Máximo y otro de Occidente. Redescubiertos en el Renacimiento vuelven a ponerse de moda, y a Máximo –que servía para ambos sexos– se añade Máxima. Pero en el siglo XIX vuelven a decaer lentamente cediendo el puesto a Max hasta la segunda guerra mundial en que también pierde popularidad. Sin embargo, a partir de los 70 vuelve a resurgir Máximo, arrastrando a Maximiliano, pero éste con menor fuerza.

Son Maximilianos célebres, dos emperadores germánicos, dos electores y dos reyes de Baviera, y un emperador de México. Y fuera de la nobleza citaremos a Máximo Gorki, Maximilano Robespierre, Max Euwe, Max Linder, Max Jacob y Max Ernst.

NÚMEROS   Máximo: $8 + 6 = 5$ Máxima: 2 (de 11) $+ 6 = 8$ Maximiliano: $9 + 5 = 5$
Max: $1 + 2$ (de 11) $= 3$

Melania

ETIMOLOGÍA   Del griego *melania*: negro, oscuro.

CARÁCTER   Posee una fuerte personalidad, enérgica, voluntariosa e independiente, pero también hábil, maleable y adaptable. El 3 de realización le añade habilidad manual, sentido de la comunicación y una apariencia superficialidad y coquetería, por no decir sofisticación. Por el contrario, el 7 íntimo la impele a desarrollar su naturaleza interior, a la discreción y la reserva. Esto la convierte en una mujer compleja y contradictoria que pasa de fases de exteriorización en la que necesita mezclarse con la gente, con otras de introversión en las que necesita reflexionar, meditar y especular sobre cuestiones trascendentales, como la vida y la fe. En el trabajo es activa y eficiente, pero muy irregular, dependiendo mucho de las circunstancias y de su estado de ánimo. En el terreno sentimental se muestra reservada y aparentemente fría, lo que no impide que sea fiel; pero muy exigente y elitista, le cuesta encontrar una pareja que responda a sus exigencias y afinidades intelectuales, culturales o espirituales, por lo que a veces no la encuentra y debe vivir en soledad.

HISTORIA   En los siglos IV y V existieron dos Melanias, la Antigua, que fundó un monasterio en Jerusalén, y su nieta Melania la Joven, que persuadió a su marido Piniano para que distribuyese su enorme fortuna entre los necesitados e irse a vivir junto a san Agustín una vida ascética y piadosa. Al enviudar se retiró a un monasterio en el monte de los Olivos, donde murió el año 439.

Melania y Melanio fueron populares en la Edad Media, pero luego decayeron casi totalmente hasta el siglo XIX en que si bien Melanio desaparece para no volver, en cambio Melania goza de una cierta popularidad que se acrecienta en Francia y Estados Unidos a partir de 1980, y ahora parece iniciar su entrada en nuestro país.

Como celebridades citaremos a la psicoanalista Melanie Klein a la actriz y política Melina Mercuri y a la actriz Melanie Griffith.

NÚMEROS $7 + 3 = 1$

Mercedes

Mercedes, Merche

ETIMOLOGÍA   Es una advocación mariana a la Virgen de la Merced, patrona de Barcelona.

CARÁCTER   Mercedes es una mujer elegante y adaptable que saca provecho de todas las circunstancias, tanto positivas como negativas. Su sensibilidad y su sentido de la cooperación son muy acusados, ya sea para formar parte de asociaciones profesionales o simplemente lúdicas. Sin embargo, y a menos que su número hereditario lo compense, su 6 ausente puede invitarla a evitar responsabilidades, y su 5 excesivo tender a inestabilizarla. Para ella la vida sentimental es muy importante, y se revela como muy afectuosa, emotiva y maternal; siendo quizás la vida en pareja lo único que pueda estabilizarla.

En su forma familiar de **Merche** se muestra enérgica, autoritaria y egocéntrica; prudente e independiente se deja llevar por los acontecimientos cuando no puede dominarlos. Sin embargo, en su interior existe un poso de inquietud e inseguridad, pues por una parte (el 7) es reflexiva, cerebral y analítica; pero por otra (el 8) es materialista y concreta, cosas que muchas veces es imposible compaginar y hay que elegir entre lo teórico y lo práctico; en este caso dependerá de las circunstancias cuál será la faceta dominante. Con un carácter tan fuerte y a veces explosivo, no puede considerarse como un modelo de ama de casa, y su necesidad de admirar a su pareja, pero también de dominarlo, hará bastante difícil la convivencia.

HISTORIA Nuestra Señora de la Merced es la imagen de María patrocinando la orden de la Merced, que según se dice fue fundada en Barcelona por Pedro Nolasco, Ramón de Penyafort y Jaime I con el objeto de redimir a los cristianos prisioneros de los piratas sarracenos. La orden de la Merced se extinguió en el siglo XVI, pero el nombre de Mercedes sigue vigente en España e Hispanoamérica, e incluso actualmente en Estados Unidos.

Como celebridades podemos citar a Mercedes Capsir, Mercedes Salisachs y Mercè Rodoreda.

NÚMEROS   Mercedes: 6 + 5 = 2   Merche: 1 + 7 = 8

Meritxell

ETIMOLOGÍA   Es una advocación mariana a la virgen de este nombre.

CARÁCTER   Es una mujer estable, bien organizada y ordenada, pero detallista, enérgica e independiente; a pesar de poseer mucha facilidad de expresión y comunicación –incluso escrita– nunca se entrega por completo, guardando para sí sus vivencias íntimas. Por esto, su aspecto exterior contrasta con su personalidad profunda, pareciendo más asequible y más adaptable de lo que es en realidad. Su emotividad es fuerte, pero sabe dominarla de tal modo que exteriormente parece fría o insensible. De hecho, oscila entre fases de alegría y optimismo, y otras de pesimismo; entre su deseo de estabilidad y seguridad y otras de curiosidad y cambio; entre su interés por el trabajo bien hecho y la tendencia a buscar lo fácil En el terreno sentimental es egoísta, dominadora y posesiva; es una mujer que desea ser amada y admirada, pero como no es demostrativa ni romántica, su vida afectiva no es tan clara como la profesional.

HISTORIA Como hemos dicho, es una advocación mariana a la virgen de Meritxell, patrona del Principado de Andorra, es por ello que carece de santas y de historia, pues es un nombre que sólo muy recientemente se ha puesto en boga, especialmente en Cataluña.

NÚMEROS 1 + 3 = 4

Miguel

Miguel, Micaela, Miguela

ETIMOLOGÍA Del hebreo *mikha-El*: Dios es justo.

CARÁCTER Para **Miguel** la libertad y la independencia son algo sagrado. Adaptable, elegante, muy curioso y con una inteligencia que le permite asimilar conocimientos y experiencias para luego aprovecharlas en su favor, se considera capaz de hacer cuanto puedan hacer los demás, e incluso mejor. Sin embargo, debe dominar su excesiva tendencia al cambio y la versatilidad, que pueden convertir su vida en inestable y echar a perder sus mejores cualidades. En su interior late un fondo de espiritualidad e idealismo por el que es capaz de sacrificar parte de su independencia cuando puede ser útil ayudando a los demás. En el terreno sentimental es sensual, sensible y emotivo; lástima que sea tan inconstante.

Micaela es voluntariosa, dinámica y emprendedora, con una fuerte personalidad que la impulsa a mandar y dirigir. Cuando fracasa, lo que sucede raramente, no lo soporta, pero afortunadamente sabe elegir bien las oportunidades y aprovecharlas. Es discreta y amante de guardar los secretos, tanto los propios como los ajenos, pues tiene un profundo sentido de la justicia y sabe respetar los derechos de los demás al igual que desea le respeten los suyos. Su vida se orienta más hacia el terreno profesional y personal que al matrimonial, por lo que no es raro que quede soltera y admita relaciones temporales o al menos desligadas de los lazos eternos de la Iglesia.

Miguela es activa, dinámica e independiente, ordenada, metódica y muy capaz de hacer frente a los problemas y responsabilidades de la vida. Con un temperamento artístico y necesitada de paz y armonía, hace cuanto puede para rodearse de un ambiente tranquilo y equilibrado, y su aire apacible resulta reconfortante. Sin embargo es nerviosa, activa y emotiva, y a causa de su impulsividad a veces se precipita cometiendo errores; es que cuando desea algo despliega una energía insospechada y a veces se pasa. En el amor es afectuosa, responsable y capacitada para la vida familiar; pero le gusta ser ella quien lleve los pantalones, por lo que le cuesta hallar pareja y no pocas veces renuncia al matrimonio por no perder su libertad.

HISTORIA El Arcángel san Miguel es el jefe de los ejércitos celestes que aparece varias veces en el curso de la historia bíblica.

El fervor hacia san Miguel ha hecho de su nombre uno de los más populares en todas las épocas, no sólo en Europa sino en todo el mundo; quizás de mediados del siglo XIX a principios del XX sufre un corto descenso, pero vuelve con fuerza a partir de la segunda guerra mundial y no parece que vaya a abandonar los lugares de honor en mucho tiempo.

Han llevado su nombre ocho emperadores bizantinos, un zar y dos grandes duques de Rusia, un rey de Polonia, otro de Portugal y un príncipe de Servia. Y fuera de la realeza: Miguel Ángel, Fleta, Montaigne, Douglas, Jackson, Cervantes, Saint-Pierre, Focault, Antonioni, Faraday, Bakunín, Servet, Maura, Primo de Ribera, Delibes, Boyer, Coll i Alentorn, Debre, Bosé, Indurain y Michele Morgan.

NÚMEROS   Miguel: $9 + 5 = 5$ Micaela: $7 + 1 = 8$ Miguela: $1 + 5 = 6$

Milagros

Milagros, Milagrosa, Mila

ETIMOLOGÍA   Del latín *miraculum*: maravilla, prodigio.

CARÁCTER   **Milagros** es una mujer desconcertante con una naturaleza inquieta y nerviosa que roza la angustia. Pero también es activa y dinámica, intentando dar una impresión de fortaleza a quienes la rodean; sin embargo no tiene nada de dura. En ella, la unión de los valores del 7 y del 8 equivale a mezclar pasión, exageración, actividad, autoridad e impulsividad con reserva, reflexión, pasividad, interioridad y sensibilidad, lo que produce un resultado explosivo y desconcertante en que es capaz de pasar de un entusiasmo desbordante a la depresión; es decir, un carácter ciclotímico de contrastes extremados. En el terreno sentimental es una mujer enigmática que no hace nada para ser comprendida: unas veces apasionada, demostrativa y generosa, y otras dura y amargada. Pero en el fondo existe una romántica que necesita amar y ser amada cuyos sentimientos son sólidos y su moralidad estricta.

En su variante canaria de **Milagrosa** es una mujer nacida para triunfar, enérgica, obstinada, imaginativa y de rápidos reflejos, pero además, con una gran fuerza interior, reflexiva, sólida, constante y más práctica que intelectual. Quizás le falte algo de espontaneidad, pero es una idealista con un fondo de religiosidad innata que desea ser útil y hallar una finalidad a la vida, por cuyo motivo no vacila en luchar por lo que cree justo. Pero todo esto lo oculta bajo una apariencia dura, brusca, rebelde, impaciente e irritable. En el amor es una mezcla de brusquedad, exigencia, intolerancia y posesividad, pasión y celos; todo ello con algo parecido a romanticismo.

En el apelativo familiar de **Mila**, que tanto se aplica a Milagros y Milagrosa como a Milena, es una mujer enérgica, autoritaria y egocéntrica, pero como es muy prudente, sabe dejar llevarse por las circunstancias cuando no puede dominarlas, pues lo que le interesa es preservar su independencia al precio que sea. Sin embargo, en su interior existe un fondo de inquietud e inseguridad, pues siendo reflexiva, cerebral y analítica, también es muy materialista y concreta, haciéndosele muy difícil en ocasiones compaginar ambas tendencias cuando hay que elegir entre lo teórico y lo práctico. Con un carácter tan fuerte y a veces explosivo, no puede considerarse como un modelo de ama de casa, y su necesidad de admirar a su pareja, pero también de dominarla, hará difícil convivir con ella.

HISTORIA   En realidad es una advocación mariana a Nuestra Señora de los Milagros, que en España se ha convertido en nombre de pila y se ha extendido también a Hispanoamérica, pero no al resto del mundo.

NÚMEROS   Milagros: $8 + 8 = 7$ Milagrosa: $9 + 8 = 8$ Mila: $1 + 7 = 8$

Mireya

Mireya, Mireia

ETIMOLOGÍA   Del provenzal *mirèyo*, que deriva de María.

CARÁCTER   **Mireya** posee una personalidad bien definida, pues es noble, seductora y sencilla. Es ambiciosa y trabajadora, siendo capaz de mostrar una gran paciencia y tenacidad en todos los avatares de la vida, sabiendo que el tiempo trabaja a su favor. Muy conservadora, oportunista y algo testaruda, está capacitada para asumir responsabilidades y cargos directivos; y a pesar de ser bastante posesiva también sabe ser generosa, aun cuando resulte algo brusca y autoritaria. Sin embargo, busca la paz y se muestra conciliadora, deseando mantener relaciones amistosas con todo el mundo. Su número íntimo, el 6, es ausente, lo que puede convertirla en demasiado perfeccionista. En el amor es exigente y elitista al escoger pareja, por lo que duda mucho antes de decidirse; sin embargo, una vez hallado este ser ideal, es una esposa y madre de familia ejemplar.

En su variante de **Mireia** es una mujer elegante y adaptable que saca provecho de todas las circunstancias, tanto positivas como negativas. Su sensibilidad y su sentido de la cooperación son muy acusados, ya sea para formar parte de asociaciones profesionales o simplemente lúdicas. Sin embargo, y a menos que su número hereditario lo compense, su 2 y su 6 ausentes la hacen poco diplomática y la incitan a eludir responsabilidades. Para ella la vida sentimental es muy importante, y se revela como muy afectuosa, emotiva y maternal; siendo quizás la vida en pareja lo único que pueda estabilizarla.

HISTORIA   A pesar de que en el siglo V existe una santa con un nombre similar: Mirella, y que algunos asimilan Mireya a Milagros; en realidad es un nombre moderno inventado por Federico Mistral en 1861 que se extendió por el sur de Francia y Cataluña; pero en la actualidad, quizás por su dulzura, se va extendiendo rápidamente.

Son celebridades Mireille Mathieu y Mireille Darc.

NÚMEROS   Mireya: 6 + 4 = 1   Mireia: 6 + 5 = 2

Mónica

ETIMOLOGÍA   Del griego *monos*: solo, solitario.

CARÁCTER   Muy sensible al éxito social y material, **Mónica** posee un sentido comercial innato, y cuando es necesario sabe mostrarse como una mujer valiente y emprendedora a quien estimulan las dificultades y lo desconocido. Sin embargo en su carácter existen facetas muy diferenciadas; por un lado es sensible, emotiva, dependiente y muy femenina; por el otro, desconfiada y prudente cuando no se halla a gusto; y además, hábil, ingeniosa y con una rápida inteligencia, le gusta sentirse rodeada de amigos con los que compartir ideas y experiencias. Por ello, resulta algo ciclotímica y según su estado de ánimo puede buscar la facilidad o crecerse en las dificultades; mostrarse secreta y reflexiva o encantadora y expresiva. En el amor, es muy emotiva, sensible, sensual y tierna.

HISTORIA   Santa Mónica, bereber cristiana casada con el pagano Patricio, logró convertirlo, al igual que a su hijo, san Agustín, que tantas lágrimas le costó en su juventud con sus depravaciones y maniqueísmo, y luego la asistió en su muerte en Ostia el año 387.

Es un nombre que se mantuvo con poca relevancia hasta 1920, cuando revive con fuerza en Francia y Bélgica y actualmente se está extendiendo por todo el mundo con inusitada rapidez.

Como Mónicas citaremos a las actrices Mónica Vitti y Mónica Randall, la tenista Mónica Selles y la presentadora de televisión Mónica Huguet.

NÚMEROS   8 + 3 = 2

Montserrat

Montserrat, Montse

ETIMOLOGÍA   Del catalán *mont-serrat*: monte aserrado.

CARÁCTER   **Montserrat** es una mujer independiente para quien la libertad es algo sagrado; distinguida y muy cuidadosa de su aspecto, siempre está pendiente de la impresión que pueda causar a los demás por lo que puede parecer superficial; sin embargo, no lo es en absoluto, pues bajo su exterior sonriente se esconde una mujer seria, profunda y púdica que sabe asumir sus responsabilidades y no le gusta pedir ayuda ni compasión. Autoritaria, nerviosa e inquieta, no le es posible restar inactiva; y atraída por la aventura, le gusta viajar y conocer nuevas personas y lugares. Es amante del orden, la limpieza y la seguridad, y posee muy arraigados los valores morales de la tradición. En el terreno sentimental es muy elitista a la hora de escoger su pareja, pero cuando se casa es de por vida y se revela como una esposa cariñosa, consciente de sus deberes y amante de la estabilidad del hogar.

En su forma familiar de **Montse** es una mujer elegante, enérgica, obstinada y ambiciosa cuyo fin primordial es adquirir poder y riqueza, para lo que sabe usar su facilidad en asimilar ideas y experiencias, tanto buenas como malas, en las que siempre encuentra algo que puede serle de provecho en el futuro. Le gusta conquistar, seducir y comunicarse casi tanto como el riesgo y la aventura, e impaciente por naturaleza, puede mostrarse intolerante y con cierto espíritu de contradicción. En el terreno sentimental suele ser ella quien escoge, pues no duda en dar el primer paso si encuentra al hombre que le gusta; y en el seno del matrimonio quiere preservar su libertad personal y ser ella quien lleva las riendas, pero a cambio, se muestra sensual, epicúrea y muy celosa.

HISTORIA   Más que un nombre es una advocación mariana a la Virgen venerada en Montserrat, que según la leyenda se halló en una cueva de la misma. Fue el papa León XIII quien en 1880, al celebrarse el milenario del hallazgo, la declaró patrona de Cataluña.

Su uso como nombre propio se halla reducido a Cataluña, donde siempre ha sido, es, y al parecer será, uno de los nombres predilectos.

Las celebridades más importantes, son Montserrat Caballé y Montserrat Roig.

NÚMEROS   Montserrat: 4 + 1 = 5   Montse: 3 + 5 = 8

Muriel

ETIMOLOGÍA   Del gaélico *mur*: mar, y *gheal*: brillante.

CARÁCTER   Es una mujer nacida para triunfar; enérgica, obstinada, imaginativa y de rápidos reflejos; pero además, con una gran fuerza interior, reflexiva, sólida, constante y más bien práctica que intelectual. Quizás le falte algo de espontaneidad, pero es una idealista con un fondo de religiosidad que desea ser útil y hallar una finalidad a la vida, por cuyo motivo no vacila en luchar por aquello que cree justo. Pero todo ello lo oculta bajo una apariencia dura, brusca, rebelde, impaciente e irritable. Su único peligro, al ser ausente el 8, es una cierta falta de equilibrio que en ocasiones puede hacer que se pase, tanto en lo material como en lo espiritual. En el amor es una mezcla de brusquedad, exigencia, intolerancia, posesividad, pasión y celos; todo ello unido a algo que podría considerarse como romanticismo.

HISTORIA   En el siglo XI Muriel era el nombre de una hermanastra de Guillermo el Conquistador, primero duque de Normandía y luego rey de Inglaterra. En realidad, Muriel era la forma normanda de María que se usaba en Bretaña y Normandía, y que pasó a Inglaterra para caer en el olvido durante el Renacimiento. Finalizada la segunda guerra mundial resurge con fuerza, especialmente en el centro de Francia, donde en los años sesenta conoce su mayor popularidad. De allí se ha extendido por doquier, y ahora empieza a escucharse en nuestro país.

NÚMEROS   9 + 8 = 8

Narciso

ETIMOLOGÍA   Del griego *narkissos*: narciso.

CARÁCTER   **Narciso** es un hombre con fuertes contradicciones internas, pues sus números representativos son antagónicos; en efecto, el 1 activo lo hace independiente, activo, autoritario, oportunista y extrovertido, mientras que el 2 de realización lo convierte en trabajador, tenaz, estable, dependiente e introvertido, por lo que su vida será un continuo alternar de dichas tendencias; pero además, su 8 íntimo lo hace reservado y con grandes deseos de triunfar en el mundo material, lo sólo conseguirá a base de muchos esfuerzos, pues es un número ausente. Cuando es capaz de responder a la influencia del 11, gozará de mayor amplitud de miras, sus problemas disminuirán o desaparecerán, su ambición se incrementará y será capaz de llevar a término proyectos y realizaciones importantes. Emotivamente es muy ambivalente, unas veces dependiendo de su pareja a la que exige amor y sostén, y otras autoritario y exigente, pero siempre siéndole muy difícil expresar sus sentimientos.

HISTORIA   Dice la leyenda que Narciso, enamorado de su propia imagen reflejada en las aguas, quedó como narcotizado y se dejó morir de inanición. Posteriormente su nombre fue aplicado a una flor cuyo aroma también tiene propiedades soporíferas.

San Narciso también es un santo más legendario que real, pues el testimonio más antiguo del culto al santo patrón de Gerona es un escrito del obispo Berenguer en el siglo XI; y los detalles de su vida en el siglo IV son más que dudosos.

Narciso, al igual que otros nombres de flores gozó de un considerable prestigio durante la Revolución Francesa, pero luego decayó notablemente, y actualmente puede decirse que sólo se conserva en España y en los países árabes (en su forma de Nargess).

Como celebridades citaremos al inventor Narcis Monturiol, al general boliviano Narciso Campero, al guitarrista Narciso Yepes, al político Narcis Serra y a Narciso Ibáñez Serrador.

NÚMEROS   8 + 2 (de 11) = 1

Natividad

Natividad, Natacha, Nati, Natalio, Natalia, Noelia

ETIMOLOGÍA   Del latín *nativitas*: nacimiento.

CARÁCTER   **Natividad** es simpática, franca, directa y comunicativa, deseosa de agradar y relacionarse socialmente. Es rápida y apresurada en todo cuanto hace, y como manualmente es hábil, pronto se saca el trabajo de encima y tanto puede se la puede ver cosiendo como bricolando o realizando algún trabajo artístico. Sin embargo, no sabe estarse quieta; quiere verlo todo, conocerlo todo y probarlo todo y no tolera el menor impedimento a su libertad personal, siendo su mayor defecto el egocentrismo y la tozudez. Pero en el fondo es una sentimental, y si encuentra al hombre de su vida, sabrá hacer todo lo necesario para consolidar el hogar y la familia que desea.

Cuando **Natacha**, la forma rusa de Natividad, es capaz de responder a la influencia de su 22 activo, es una mujer fuera de lo corriente, desprendiendo una impresión de fuerza, carisma, encanto y reserva; su creatividad, autodominio, ambición, voluntad y capacidad de trabajo pueden conducirla a escalar cotas muy altas. Pero cuando sólo responde al 4, es otra mujer: perseverante, prudente, reflexiva, estable y con un notable sentido del deber, pero también a veces llena de dudas y vacilaciones. Su voluntad es firme y algo autoritaria, y es capaz de llevar a buen término empresas que requieran paciencia y constancia. En el amor posee muchas cualidades: es fiel, honesta y buena administradora, pero como es amante del lujo, desea que su pareja no sólo la ayude financieramente, sino también en las faenas del hogar. De lo contrario, las crisis matrimoniales estarán a la orden del día.

Nati, la forma familiar de Natividad, puede parecer más dura de lo que es en realidad, pues es valiente, decidida, detesta la injusticia y es capaz de mandar y dirigir; sin embargo, es hipersensible y muy vulnerable, especialmente en el terreno afectivo. En su interior existe una lucha entre su lado egocéntrico y autoritario, y su lado altruista y abnegado, dependiendo de las circunstancias que domine una u otra faceta; sin embargo, a veces pueden actuar a la vez, resultando en actividades de tipo benéfico, social o humanitario en las que pueda ocupar una posición directiva. En el amor es sensual, fiel, leal y franca, pero dominante, y exige ser correspondida de la misma forma.

En **Natalio** domina el sentido del amor, del matrimonio, y de las asociaciones, ya sean de trabajo, negocios o de carácter lúdico. En realidad, cuando se siente más realizado es ejecutando tareas que puedan redundar en beneficio de los demás, pues es muy altruista. Cuando es capaz de responder a la influencia del 11 es cuando mayor será su ambición y el deseo de realizar grandes cosas y llevar a la práctica sus ideales. En el terreno sentimental es un idealista que necesita hallar un alma gemela que mime y lo cuide.

Natalia es una mujer viva, alerta, hábil, ingeniosa y de rápida inteligencia; físicamente es más fuerte y resistente de lo que parece, y se halla capacitada para el trabajo en equipo o en asociaciones, ya sean políticas, sociales o comerciales. Sin embargo es muy independiente y amante de la aventura, por lo cual sólo se asocia cuando tiene garantizada su independencia personal. Si es capaz de responder al 11, su vida puede convertirse en tan apasionante como su ambición. Su mayor defecto (con tres 1 en su rejilla) es el egocentrismo y la tozudez. En el amor es una apasionada expuesta a flechazos y locuras, pero la llama amorosa le dura muy poco e ignora que significa la palabra fidelidad.

Noelia, la variante francesa de Natividad, es simpática, encantadora, seductora y distinguida. En realidad es muy emotiva y lo que más desea es la seguridad, la calma y la estabilidad, siendo capaz de destacar en profesiones relacionadas con la expresión, la comunicación y la creatividad. En su interior coexisten dos tendencias opuestas, la del 3 y la del 4, por lo que a veces aparecerá como superficial y dispersa, mientras que otras sorprenderá por su esfuerzo, dinamismo y disciplina. Sin embargo, cuando es capaz de responder a la influencia de su 22 íntimo, no es de extrañar que llegada la madurez elimine sus contradicciones internas y adquiera gran confianza y seguridad en sí misma, siendo capaz de grandes realizaciones. En el amor, busca la tranquilidad, la seguridad y la estabilidad.

HISTORIA   En realidad Natividad es un nombre cristiano evocador de la natividad del Señor o de la Virgen. En el siglo II la Iglesia decidió santificar la Natividad el 25 de diciembre y hasta la Edad Media era su única fecha de aniversario.

Sin embargo, en el siglo IV existió una santa Natalia que popularizó dicho nombre en el mundo ortodoxo ruso y luego se expandió por toda Europa. Y otra santa Natalia fue la esposa de san Aurelio, siendo martirizada en Córdoba el año 852.

Nombres poco usados hasta el siglo XIX, en que son redescubiertos y se popularizan, llegando a alcanzar una gran difusión a partir de 1960, especialmente Natalia en Francia y Suiza, y Natividad en España. Noelia se introdujo con fuerza en los años cincuenta y ahora parece estar ralentizándose. Natacha tuvo una espectacular subida en los años sesenta, pero también parece empezar a decaer.

Como celebridades podemos citar las actrices Nathalie Wood, Nathalie Delon y Nathalie Baille.

NÚMEROS   Natividad: $2 + 3 = 5$ Natacha: $3 + 1 = 22 = 4$ Nati: $1 + 8 = 9$
Natalio: $9 + 2$ (de 11) $= 2$ Natalia: $3 + 2$ (de 11) $= 5$ Noelia: 4 (de 22) $+ 8 = 3$

Nicolás

Nicolás, Nick, Colás, Nicolasa, Coleta

ETIMOLOGÍA   Del griego *niké*: victoria, y *laos*: pueblo.

CARÁCTER   **Nicolás** es un hombre muy adaptable, con una rápida comprensión, buen humor y don de gentes al que le gusta dialogar y discutir; sabe ser persuasivo e ingenioso, pero es muy reservado en cuanto se refiere a su vida privada. Buen trabajador, hábil y paciente, puede destacar en cualquier actividad relacionada con la creatividad, ya sea artesana, artística o literaria. En el amor es apasionado, celoso y posesivo, pero la fidelidad no es su fuerte.

En su forma familiar de **Colás**, es una persona contradictoria a causa del antagonismo entre sus números claves 7 y 8. Por el 7 es pasivo, reflexivo, sensible, algo místico y contemplativo, y por el 8 es activo, dinámico, impulsivo y ambicioso. De aquí que en su vida se manifiesten insospechadas alternancias entre ambas tendencias, pudiendo pasar de una actividad frenética, ya sea en la política, el deporte o los negocios, a una tranquila tarea de investigación, mística, artística o metafísica. Pero siempre es enérgico, obstinado, imaginativo, rápido y autoritario, teniendo muy claros cuales son sus derechos y sus deberes. Esta misma dualidad hace que en el amor a veces sea apasionado, impaciente y demostrativo, y otras cerrado, celoso y posesivo.

En su forma familiar anglosajona de **Nick** posee un aire aristocrático, pues siempre está pendiente de su aspecto físico. Voluntarioso, disciplinado, ambicioso, autoritario y lleno de vitalidad, es sociable, comunicativo y generoso. Pero además es un idealista al que le gusta tomar parte en grupos o asociaciones de carácter social, benéfico o humanitario. Su único peligro, con dos 1 en sus números claves, es que se vuelva algo egocéntrico, tozudo y autoritario. En el terreno sentimental es muy exigente en la selección de su compañera, pues necesita que los demás la admiren y le envidien; pero una vez elegida, puede confiarse plenamente en su amor, sentido moral y fidelidad.

Nicolasa, aun que parezca flemática, altiva y distante, en realidad es tranquila y reservada, seria y profunda, pero también tímida, honesta y concienzuda. Sin embargo, con dos 4 en sus números claves y ninguno en su rejilla, a veces duda de sus propias capacidades y se repliega bajo un aspecto frío y altanero. Sin embargo, es idealista y algo mística, amante de la naturalidad y enemiga de los artificios. A pesar de su necesidad de una vida sentimental, se siente dividida entre su idealismo y versatilidad, y la estabilidad que requiere la vida en pareja.

Coleta es la adaptación española de la forma familiar francesa de **Colette**, aféresis de **Nicolette** a su vez diminutivo de **Nicole** (Nicolasa). Es una mujer tranquila, reservada, honesta, paciente, estable y voluntariosa, pero su timidez hace que a veces dude de sus propias capacidades y se muestre intranquila e insegura. Introvertida, no le gusta hacer demasiadas amistades, ni llevar una vida superficial y movida, prefiriendo la soledad y resolver sus problemas por sí sola, sin solicitar ayuda. Más racional y práctica que intelectual, se apoya siempre en la lógica y el sentido común, y si alguna vez sueña, no tarda en regresar a la realidad. La vida sentimental no siempre es fácil para una mujer introvertida y reservada; sin embargo, cuanto pide es seguridad, no importándole si la vida familiar resulta monótona y rutinaria, si a cambio se siente amada y tiene en quien apoyarse.

HISTORIA   San Nicolás de Bari fue obispo de Myra en Asia Menor en el siglo IV, muriendo en una prisión durante las persecuciones de Diocleciano; sus reliquias se veneran en Bari desde el siglo XI. Su popularidad y su culto fueron inmensas en toda la Edad Media y lo que se cuenta del mismo tiene mucho más de leyenda que de realidad, al extremo de asimilarlo a papá Noel.

Santa Colette fue la reformadora de la orden de las Clarisas en el siglo XV, que, según ella, se había dulcificado demasiado.

Tras san Nicolás de Bari figuran otra treintena de santos y bienaventurados, más cinco papas, un antipapa, dos zares, un rey de Montenegro, e infinidad de celebridades, como Nicolás de Cusa, Nicolás Flamel, Nicolás Copérnico, Nicolás Gogol, Nicolás Maquiavelo, Nicolás Bulganin, Nicolai Lenín, Nicola Tesla, Klaus Kinski y Nicole Courcel.

NÚMEROS   Nicolás: 8 + 4 = 3   Colás: 8 + 8 = 7   Nick: 9 + 1 = 1   Nicolasa: 9 + 4 = 4
Coleta: 4 + 9 = 4

Nieves

ETIMOLOGÍA   Es una advocación mariana a la Virgen de las Nieves en Roma, más conocida por Santa María la Mayor.

CARÁCTER   Es estable, bien organizada y ordenada, enérgica, detallista e independiente, y a pesar de poseer mucha facilidad de expresión y de comunicación –incluso escrita– nunca se entrega por completo, guardando para sí sus vivencias íntimas. Su único defecto –a menos que su número hereditario lo compense– es el exceso de 5 en su rejilla (cuatro en seis letras), que la puede conducir a toda clase de excesos, de cambios y a la versatilidad, lo cual al chocar con su necesidad de estabilidad puede ocasionarle muchos conflictos internos. En el amor sigue la misma dualidad: es posesiva y dominante, desea ser querida y admirada, pero cuando el 5 aprieta, más vale alejarla de las tentaciones de la carne.

HISTORIA   Al ser una advocación mariana carece de historia.
Es otro de los nombres comunes en España que no han llegado a traspasar nuestras fronteras.

NÚMEROS   1 + 3 = 4

Noemí

Noemí, Nohemí

ETIMOLOGÍA   Del hebreo *no'omi*: mi dulzura.

CARÁCTER   **Noemí** es una mujer muy engañosa, pues es atractiva y sofisticada, cuidando mucho su aspecto físico y mostrándose encantadora, simpática, seductora y muy comunicativa, por lo que a primera vista puede parecer superficial. Sin embargo, debajo de esta apariencia existe un fondo de idealismo y religiosidad; poseyendo además mucha habilidad, buena mentalidad, sentido artístico y capacidad de destacar en cualquier actividad que se proponga. En el amor es muy coqueta, pero a la vez práctica y posesiva.

En su variante de **Nohemí** es directa, franca y no tolera los engaños ni las injusticias. Habitualmente es agradable y conciliadora, pero capaz de grandes cóleras cuando se la provoca. Tiene un profundo sentido de la amistad y le gusta participar en grupos de amigos, con los cuales se muestra charlatana y espontánea, alegrándoles con su sentido del humor y sentido crítico. Cuando es capaz de responder a la influencia del 11, en la segunda parte de su vida se despierta su intuición y se hace más idealista e inspirada, pudiendo llegar a ser una mujer excepcional. Con dichas tendencias, al inicio de una relación amorosa se mostrará sumisa, pasiva y adaptable, pero no tardará en salir a flote su verdadera naturaleza autoritaria, y al menor fallo de su pareja tomará las riendas.

HISTORIA   En el Antiguo Testamento, Noemí era Esposa de Elimelek y suegra de Rut, a la que acompañó en su vuelta a Judá, donde Rut se casó con Booz, de cuyo matrimonio nació Obed, el abuelo del rey David.

Es un nombre que nunca ha sido popular, e incluso llegó a ser muy raro en el siglo XIX, pero que ahora, con la moda de los nombres exóticos y musicales, vuelve a reverdecer sus laureles, pero todavía muy lentamente. Como celebridad nos limitaremos a citar a la modelo Noemí Campbell.

NÚMEROS   Noemí: $3 + 9 = 3$ Nohemí: $3 + 8 = 11 = 2$

Nuria

ETIMOLOGÍA   Se le supone del euskera *n-uri-a*: lugar entre colinas.

CARÁCTER   Es una mujer vulnerable y asequible que depende extraordinariamente del ambiente que la rodea, especialmente el familiar. En el fondo es una idealista que sueña con grandes proyectos, y a pesar de ser ordenada y metódica en las cosas prácticas de la vida y más especialmente en las relacionadas con el hogar, esta dualidad entre la independencia soñada y la dependencia vivida hace que su vida transcurra a través de fases muy contradictorias. Pero en cualquier caso, lo que realmente desea lo constituyen el amor y la vida familiar, en la que espera que su pareja le proporcione la seguridad y estabilidad de que carece.

HISTORIA   Es otra de las advocaciones marianas; en este caso aplicada a la Virgen del santuario catalán de Nuria.

Es un nombre muy popular en Cataluña, pero que no ha traspasado las fronteras de dicha autonomía. Como celebridad citaremos a las actrices Nuria Espert y Nuria Hosta.

NÚMEROS $5 + 6 = 2$

Octavio

Octavio, Octavia, Octaviano

ETIMOLOGÍA   Del latín *octavus*: octavo.

CARÁCTER   De **Octavio** se desprende una impresión de fuerza, autoridad y virilidad. Directo, franco y honesto, pero brusco e intransigente, es un hombre que sigue tranquilamente su camino siempre adelante gracias a su voluntad y capacidad de trabajo, y para el que una palabra vale más que un contrato escrito. Pero curiosamente, y a menos que su número hereditario lo compense, sus tres números claves son ausentes, lo que nos indica que sus logros sólo lo serán después de superar muchas dificultades y vencer muchas dudas internas. En el amor, es tierno y sentimental, muy ligado a su mujer y familia, siendo muy fiel y leal, pero también posesivo y celoso.

Octavia es muy humana y altruista, con una gran sensibilidad a la que se une un lado místico y abnegado, soñando en colaborar en crear un mundo mejor, y mientras no lo consiga se esforzará en ayudar a cuantos lo necesiten. Pero cuando no responde a la influencia de su 11 de realización y sólo lo hace al 2, sus sueños y ambiciones son menores y se limitan casi exclusivamente al hogar y la familia, siendo la abnegación y el soñar despierta las válvulas de escape que le permiten paliar su exceso e emotividad, su fragilidad emocional y su dependencia. En el amor es una sentimental, tierna e idealista que sólo vive para los suyos.

Octaviano es el gentilicio de Octavio (*Octavianus*: de la familia de Octavio), y posee un carácter contradictorio, pues por el 5 posee una naturaleza aventurera, excesiva, amante del cambio y la libertad, mientras que por el 7 es cerebral, reflexivo e introspectivo, siembre en busca de la sabiduría y con un fuerte sentido de la justicia. Aun cuando ambos números claves son igualmente presentes en su rejilla, por lo general y paralelamente a la edad, serán las cualidades del 7 las que irán adquiriendo mayor fuerza y preponderancia. Sin embargo, existen casos en que ambas tendencias se armonizan desde un principio, y entonces nos hallamos ante un hombre muy completo e íntegro, secreto y misterioso, para el que la desconfianza es como una segunda naturaleza y que tanto se guía por su intuición como por sus afinidades intelectuales y espirituales. En el terreno sentimental su sexualidad es mayor que sus sentimientos, muy complejos y que le cuesta mucho expresar.

HISTORIA   San Octavio era un soldado romano convertido al cristianismo y martirizado en Turín en el siglo III.

En las familias romanas, Octavio era el nombre que se aplicaba al octavo hijo. Y Octavio era del nombre con el que se conocía al primer emperador romano antes de que el senado le impusiera el título de Augustus en el año 28 a. de C.

Son nombres populares en la antigüedad que se expandieron en la Edad Media, pero manteniéndose en un lugar bastante discreto hasta la llegada del siglo XVIII, que enamorado de la antigüedad clásica los recuperó, pero no tardaron en volver a decaer, aun cuando actualmente parecen revivir, especialmente Octavio.

Son otras celebridades clásicas: Octavia, la esposa de Nerón, Octavia, hermana de Augusto y esposa de Antonio. Y entre los modernos, Octavio Mirbeau y Octavio Paz.

NÚMEROS   Octavio: 6 + 2 (de 11) = 8   Octavia: 9 + 2 (de 11) = 2   Octaviano: 7 + 7 = 5

Olga

ETIMOLOGÍA   Del germánico *heilag*: santo.

CARÁCTER   Es activa, voluntaria, autoritaria y muy independiente; sin embargo, bajo su aspecto fiero y decidido se esconde una mujer muy humana, reservada, sensible y vulnerable que ante las contrariedades de la vida se repliega en sí misma o se protege bajo una coraza de dureza; y si puede mostrarse egocéntrica y arrogante, siempre está dispuesta cuando se la necesita. En ella existe una mezcla de egocentrismo (el 1) y de altruismo (el 9), de tal modo que mientras lucha por triunfar en el mundo material, también puede estar tomando parte en actos de carácter benéfico, social o humanitario. En el amor es franca, honesta, amante y abnegada, pero también autoritaria.

HISTORIA   Santa Olga era la esposa del príncipe Igor III, duque de Kiev. Al enviudar fue regente durante la minoría de edad de su hijo Sviatoslav; convertida al cristianismo, adoptó el nombre de Elena e hizo cuanto pudo para que su pueblo también se convirtiera, muriendo en 969. Por dicho motivo algunos autores consideran que ambos nombres son equivalentes.

En realidad Olga es la forma rusa del nombre escandinavo de **Helga** (nombre que no hemos analizado por no usarse en nuestro país). Olga apenas si se ha usado fuera de Rusia hasta hace poco, pero actualmente está incrementando se presencia entre nosotros.

Como celebridad citaremos a Olga Constantinova, esposa de Jorge I de Grecia.

NÚMEROS $8 + 1 = 9$

Olivia

Olivia, Oliverio

ETIMOLOGÍA   Del latín *oliva*: aceituna.

CARÁCTER   **Olivia** es una mujer desconcertante con una naturaleza inquieta y nerviosa en extremo. Pero también es activa y dinámica, intentando dar una impresión de fortaleza, aun cuando no tiene nada de dura. En ella, la unión de los valores 7 y 8 equivale a mezclar pasión, exageración, actividad, autoridad e impulsividad, con reserva, reflexión, pasividad y sensibilidad, lo que produce un resultado explosivo y desconcertante en que es capaz de pasar de un entusiasmo desbordante a la depresión; es decir, un carácter ciclotímico de contrastes extremados. En el amor es una mujer enigmática que no hace nada para ser comprendida; unas veces apasionada, demostrativa y generosa, y otras dura y amargada. Pero en el fondo es una romántica que necesita amar y ser amada y cuyos sentimientos son sólidos y su moralidad estricta.

Oliverio es un hombre con una fuerte personalidad, estricto, autoritario y dominador; pero en el fondo es tierno, emotivo, generoso, muy sensible y con un fondo de religiosidad o misticismo que hace que sólo se sienta realizado siendo útil, ya sea personalmente o formando parte de grupos o asociaciones de tipo social o humanitario. Sin embargo, es muy independiente y oportunista, y como hemos dicho, autoritario y dominante, por lo que no es extraño verle ocupando cargos directivos tanto en su faceta profesional como en la humanitaria. En el amor es idealista y exigente, por lo que le cuesta hallar la pareja que desea; sin embargo, se muestra sensual, generoso y amante de los niños. Pero que no pongan en duda quién manda en casa.

HISTORIA   En el siglo IX santa Oliva fue capturada por los sarracenos cuando tenía 13 años, y a causa de su virtud fue condenada a muerte en Túnez. San Oliverio llegó a ser obispo de Armagh y primado de Irlanda a los 40 años. En las luchas entre católicos y protestantes fue acusado de complot contra Inglaterra y ejecutado en Londres en 1681.

El nombre primitivo era el de Oliva, aun cuando no tardó en convertirse en Olivia y nunca ha gozado de gran popularidad si exceptuamos el período de entre guerras; y lo mismo ocurre con Oliverio, si bien su popularidad ha sido mayor, llegando a ocupar uno de los 10 primeros lugares en Inglaterra y Francia de 1965 a 1980.

Son famosos Oliverio Cronwell, Oliver Messiaen, Oliver Hardy y Olivia de Haviland.

NÚMEROS   Olivia: 8 + 8 = 7   Oliverio: 1 + 9 = 1

Onésimo

ETIMOLOGÍA   Del griego *onesimos*: útil.

CARÁCTER   Exteriormente parece frío y altanero, pero en realidad es inquieto y reservado, y si se muestra distante es para esconder su pudor, desconfianza y timidez; sin embargo, una vez seguro de que quien tiene delante es digno de confianza se muestra sociable y agradable. Voluntarioso, activo y ambicioso posee una gran capacidad de trabajo y nunca se apresura, convencido de que el tiempo trabaja a su favor. Es racional y lógico, y sabe organizar, dirigir y administrar; sin embargo, el exceso de 5 en su rejilla puede dar el dominio a la faceta más extrovertida de su carácter y a la vez incitarlo al cambio y la inestabilidad. En el terreno sentimental es egoísta, dominante y posesivo, pero íntegro, y al ser muy poco emotivo no sabe expresar sus sentimientos, con lo que a veces la convivencia resulta problemática.

HISTORIA   San Onésimo era un esclavo que huyó a Roma y se hizo discípulo de san Pablo, quien convenció a su dueño para que le concediese la libertad, y según se dice, llegó a ser obispo.
Es un nombre que nunca ha sido excesivamente popular, pero que se va manteniendo con cierta discreción. Como celebridades citaremos al geógrafo Onésimo Reclus y al político Onésimo Redondo.

NÚMEROS   1 + 3 = 4

Oriol

ETIMOLOGÍA   Del latín *aureos*: de oro, dorado.

CARÁCTER   **Oriol** es un hipersensible con los nervios a flor de piel, e incluso cuando parece tranquilo y calmado sólo lo es en apariencia, y ante los reveses de la vida se encierra en sí mismo o se escapa en sueños fantasiosos gracias a su poderosa imaginación, a menos que su evasión se concrete en viajes a nuevos lugares donde volver a empezar. Idealista y amante del poder, sabe mostrarse cordial, caritativo y abnegado. Unas veces introvertido, soñador, lento y reflexivo, y otras extrovertido, entusiasta y emprendedor, puede desconcertar por su carácter ciclotímico, pero no lo puede evitar y necesita vivir ambas facetas de su personalidad. En el terreno sentimental es afectuoso y sensual, pero necesita que su pareja le conceda plena confianza y libertad, que no sea celosa ni posesiva.

HISTORIA   En la Edad Media se registran en Cataluña algunos Auriol y Oriollus, pero la popularidad del nombre proviene de san José Oriol, cuyo apellido en realidad procede del nombre catalán de la oropéndola.

San José Oriol (1650-1702) era un sacerdote barcelonés de la parroquia de Nostra Senyora del Pi, y si bien no se distinguió en empresas apostólicas, consiguió la santidad gracias a su austeridad y su fama de taumaturgo.

Es un nombre muy popular en Cataluña, pero que no ha traspasado fronteras, pues incluso en el resto de España es prácticamente desconocido.

NÚMEROS   5 + 4 = 9

Óscar

ETIMOLOGÍA   Del germánico *ans*: divino. y *gari*: lanza.

CARÁCTER   **Óscar** es abierto, simpático, sociable y activo. Muy curioso y extrovertido, le gusta cambiar a menudo de actividades pues adora la libertad, los cambios y los viajes; y como es muy rápido y adaptable, pero a la vez ordenado y metódico, se desenvuelve bien en cualquier lugar y trabajo. Su único inconveniente, con sus números claves ausentes, a menos que una educación en la infancia lo corrija, es la facilidad con que pierde interés por lo que está haciendo para iniciar algo nuevo, con lo cual desaprovecha muchas oportunidades y se dispersa inútilmente. En el terreno sentimental es encantador y deseoso de fundar un hogar que lo ate, estabilice y le dé seguridad; pero esto es bastante difícil, casi tanto como el que sea fiel.

HISTORIA   En su origen **Óscar** se llamaba Anscario, lo que explica que su etimología de Ans-gari parezca inadecuada.

En el siglo IX san **Anscario**, adaptó su nombre en la forma de Óscar y se fue a evangelizar a daneses y suecos, los cuales y a pesar de su éxito lo expulsaron; sin embargo, llegó a ser obispo de Hamburgo, y cuando murió en el año 865 era arzobispo de Bremen.

En los países escandinavos no sólo se conservó el nombre de **Óscar**, sino que además lo llevaron dos reyes de Suecia y Noruega.

Aparte de los países escandinavos, **Óscar** nunca ha tenido gran éxito en Europa, pero sí en los países anglosajones, y como celebridades podemos citar al escritor Óscar Wilde, al arquitecto Óscar Niemeyer, al político Óscar Alzaga, y al Óscar de Hollywood.

NÚMEROS   8 + 6 = 5

ablo

Pablo, Paul, Pol, Paula, Paulino, Paulina

ETIMOLOGÍA   Del latín *paulus*: pequeño.

CARÁCTER   **Pablo** es muy adaptable, con buen humor, don de gentes y rápida comprensión, y le gusta dialogar y conversar, siendo muy persuasivo e ingenioso; pero en cambio es muy reservado en lo que se refiere a su persona e intimidades. Muy trabajador, hábil y paciente, puede destacar en cualquier actividad creativa relacionada con la artesanía, el arte o la escritura. En el terreno sentimental es apasionado, celoso y posesivo, aun cuando no se distingue por su exceso de fidelidad.

En su variante de **Paul**, es solitario, independiente e introvertido, siempre dudando y haciéndose preguntas; reservado y tímido, esconde su inquietud existencial, su búsqueda del sentido de la vida y de la fe tras una sonrisa irónica y un aspecto despegado; en resumen, que es un soñador y un idealista. Si sólo responde al 2, intentará alejar sus dudas mediante el trabajo, pero si es capaz de responder a la influencia del 11, todavía será más soñador, original e incomprendido, pero también muy intuitivo y algo místico. En el terreno sentimental es difícil llevarlo al matrimonio tradicional, que le aterra por lo que significa de pérdida de libertad personal y de intromisión en su secreto mundo interior; por dicho motivo sus relaciones serán poco convencionales o permanecerá soltero.

En su variante de **Pol**, actualmente popular en Cataluña, es emotivo y abnegado, con un profundo sentido de la justicia, un íntimo deseo de evolución interior y muy interesado por los derechos humanos, deseando participar en cuanto se refiera a las cuestiones humanitarias, sociales y públicas. Normalmente, su extremada sensibilidad y emotividad le conducen a encerrarse en su vida íntima, a estudiar y meditar, a abrirse al universo de lo irracional, a la búsqueda de las verdades profundas; pero cuando es capaz de responder a la influencia del 11, todas estas cosas saldrán al exterior, adquirirá carisma, ambición y ascendiente sobre su entorno, y será capaz de llevar a la práctica sus ideales. En el terreno sentimental es tierno, romántico y sensual, buscando una compañera con la que compartir ilusiones e ideales, aun cuando con un carácter tan hipersensible como el suyo la convivencia no es fácil.

Paula es enérgica, obstinada, sólida, segura de sí misma y deseosa de adquirir poder y riqueza; y aunque a veces pueda dudar de sus capacidades reacciona de inmediato haciendo frente a las circunstancias. Cuando es capaz de responder a la influencia del 11, todavía se muestra más ambiciosa, pero también más original e intuitiva. En el amor es mucho más afectiva de lo que parece, pues disimula sus emociones bajo una apariencia brusca y exigente, pero roto el hielo, deja florecer sus sentimientos y se convierte en una esposa excelente.

Paulino es un gentilicio de Pablo (*Paulinus*: de la familia de Paulo), e impone por su autoridad innata, su aspecto sobrio y reservado y la energía que emana de su persona. Unas veces dinámico, extrovertido, alegre, optimista y entusiasta; y otras distante, secreto, introvertido y dejándose llevar por la corriente, lo que no impide que posea una gran vitalidad y capacidad de trabajo, aun cuando sea irregular a causa de su carácter impulsivo. Es independiente, orgulloso, creativo e inspirado. Intelectualmente es brillante y capaz de mostrarse inagotable cuando un tema le apasiona. A veces epicúreo, a veces sobrio, lo mismo le da rodearse de amigos alrededor de una buena mesa como encerrarse en soledad. En el amor es igualmente contradictorio, tanto atento y apasionado, como reservado y poco expresivo.

Paulina es introvertida y tiende a encerrarse a soñar en su torre de marfil cuando las circunstancias le son adversas; pues sensible y emotiva no está bien dotada para la lucha y se estresa con facilidad. Posesiva y ahorradora, ordenada, metódica y muy detallista, le gusta almacenar y conservar, pues siente la atracción del pasado, de la historia y las antigüedades. Sin embargo, su mayor defecto es su falta de comunicación; necesita que adivinen lo que quiere y espera, y se siente frustrada cuando no lo consigue. En el terreno sentimental necesita amar y ser amada, y dado su sentido estético, desea un hogar confortable y rodeado de cosas bellas; sin embargo, con su 6 ausente, aún teniéndolo todo se sentirá insatisfecha, pues espera demasiado de los demás.

HISTORIA   Era de Tarso y se llamaba Saúl, y se convirtió en Paulo cuando se integró con los discípulos de Jesús; y no sabemos si es porque era de talla pequeña, o simplemente por humildad.

Son nombres que revitalizados por la Reforma, esperaron al Romanticismo para su máxima popularidad; primero en Alemania, luego en Francia y España, y hoy día en el mundo entero.

El nombre de Pablo ha sido honrado por sesenta y siete santos, seis papas, un zar de Rusia, un rey de Grecia, e infinidad de celebridades entre las que se cuentan Gauguin, Cezanne, Verlaine, Valery, Claudel, Morand, Klee, Bourget, Casals, Neruda, Picaso, McCartney, Newman, Paulette Goddard y Paulina Bonaparte.

NÚMEROS   Pablo: 8 + 4 = 3   Paul: 5 + 2 (de 11) = 7   Pol: 7 + 2 (de 11) = 9
Paula: 6 + 2 (de 11) = 8   Paulino: 3 + 7 = 1   Paulina: 6 + 7 = 4

Paloma

Paloma, Coloma, Colombina

ETIMOLOGÍA   Del latín *columba*: paloma.

CARÁCTER   **Paloma** es extrovertida, afectiva, emotiva y necesita gustar, agradar, comunicarse y tener muchas amistades. Le cuesta mucho decidirse, pues su carácter es dubitativo e influenciable; refinada y perfeccionista –a veces demasiado– es muy sensible al confort. En su interior es abnegada y se siente tentada de huir de la realidad material, por lo que sueño y utopía pueden ser medios para escapar de problemas y conflictos, aun cuando a veces su manera de huir puede concretarse en forma de viajes o cambios. En el amor es sentimental y romántica, buscando al príncipe encantador que la colme de felicidad, lo que puede ocasionarle más de una desilusión.

Coloma sabe poner la distancia necesaria entre su persona y sentimientos con el mundo y la gente, pues para ella lo más importante es preservar su vida interior, poder aislarse, reflexionar y buscar cuál es su camino y sus objetivos. Para lograrlo cuenta con un espíritu metódico y un acusado sentido del detalle que a veces puede rozar con la manía. Voluntariosa y autoritaria, suele carecer de suficiente tolerancia, y todo pasa por el tamiz de la razón y de sus afinidades espirituales o intelectuales. Es por ello que su aspecto exterior parece mucho más frío y orgulloso de lo que es en realidad, lo que unido a sus ansias de libertad le impide gozar de los placeres que proporciona rodearse de amistades íntimas. En el amor es fiel y estable, quizás con una moral demasiado rígida y carente de fantasía.

Colombina es curiosa, inteligente y adaptable; desea hacerlo todo y ser la mejor, pero pasa con facilidad de un tema a otro sin llegar nunca al fondo de las cosas. Ama el cambio y la libertad, lo que la convierte en algo inestable. Y si además añadimos que es temperamental y algo autoritaria, no es de extrañar que sea una feminista convencida, quiera imponerse en la vida y realizar grandes cosas, aun cuando los resultados casi nunca se ajustan a sus esperanzas. Sin embargo, lo prefiere a una vida monótona y rutinaria, pues su ansia de vivir es inagotable. En el amor desea hallar una pareja que la asegura material y socialmente, cosa que resulta algo difícil, pues además no es ningún modelo de fidelidad.

HISTORIA   Cuanto se sabe de santa Colomba es que murió martirizada en Sens en el siglo II o III. San Columbano, el mejor representante de la cultura monástica irlandesa, evangelizó Inglaterra y parte de la Europa central, fundando diversos monasterios y falleciendo en el año 615.

Columbano, Colmán y Colomba son las formas primitivas que han ido desapareciendo sustituidas por Paloma en España e Italia y por Colombina en Francia. Su fama en los países católicos se debe a su asimilación al Espíritu Santo, y en América a Cristóbal Colón. Sin embargo sólo Paloma sigue perdurando con fuerza en nuestro país, mientras que las demás variantes casi han desaparecido.

Son conocidas: Paloma San Basilio y Paloma Hurtado.

NÚMEROS   Paloma: $9 + 6 = 6$ Coloma: $6 + 1 = 7$ Colombina: $6 + 8 = 5$

Pamela

ETIMOLOGÍA   Del griego *pan*: todo, y *meli*: miel.

CARÁCTER   **Pamela** es un mujer que no deja indiferente; introspectiva e introvertida, tiende a encerrarse en su torre de marfil cuando la realidad no se corresponde con sus sueños y aspiraciones centradas en un deseo de elevación material y espiritual. Posesiva, detallista y con una fuerte voluntad, a veces puede resultar desconcertante. Sin embargo, cuando es capaz de responder a la influencia del 22 activo superará todos sus problemas existenciales, se incrementará su ambición y capacidad de trabajo y será capaz de grandes realizaciones. Sentimentalmente es demasiado secreta, reservada y exigente, por lo que no suele ser comprendida. Si fuese menos orgullosa e intentara comunicarse, las cosas le serían más fáciles.

HISTORIA En realidad, santa Pamela no existe, pues el nombre es una creación del escritor Felipe Sidney en su poema «Arcadia» en el siglo XVI, luego retomada por Richardson, lo cual la hizo muy popular en la Inglaterra de principios de siglo. Posteriormente, ha sido una famosa serie de televisión la que volvió a ponerla de actualidad, aun cuando dudamos mucho de que sea duradera.

NÚMEROS $7 + 6 = 22 = 4$

Pascual

ETIMOLOGÍA Del griego *paschalis*: de la pascua.

CARÁCTER **Pascual** es reservado, prudente, desconfiado e incluso a veces algo pesimista y escéptico. Intelectual y cerebral, metódico y detallista, prefiere apoyarse en su propio juicio, capacidad de trabajo, organización y disciplina, lo cual no es obstáculo para que también sea adaptable y oportunista. Es un hombre de principios, muy independiente, autoritario y de una estricta moralidad. También siente una cierta atracción por el pasado, la historia e incluso el arte. Sin embargo deberá luchar mucho en la vida, pues sus tres números claves son ausentes. En el amor busca ante todo paz y seguridad, siendo fiel, tranquilo, servicial y siempre dispuesto a colaborar en las tareas domésticas.

HISTORIA San Pascual I papa desde 817 a 824, nació en Roma donde abrió un refugio para los griegos perseguidos por los Iconoclastas. Otro san Pascual fue un simple pastor aragonés del siglo XVI que se hizo franciscano y como fraile menor consagró su vida a las necesidades del monasterio, la plegaria y la meditación.

Es un nombre con gran predicamento en España e Inglaterra a partir de la Edad Media, pero mucho menos en el resto de Europa; sin embargo, en Francia también empezó a popularizarse en este siglo, especialmente en su forma femenina de Pascale.

Se han llamado Pascual dos papas y un antipapa, además de las actrices Pascale Petit y Pascale Audret, el almirante y político Pascual Cervera y Topete, el también político Pascual Madoz y el alcalde de Barcelona Pascual Maragall.

NÚMEROS $6 + 7 = 22 = 4$

Patricio

Patricio, Patricia, Tricia, Pat

ETIMOLOGÍA Del latín *patricius*: patricio, noble.

CARÁCTER **Patricio** es abierto, simpático, sociable, activo y dinámico, deseando hacerlo todo y ser el mejor. Muy curioso y amante de los cambios, diversifica sus actividades y sabe adaptarse a todas las circunstancias con tal de lograr lo que desea, pues le es muy importante preservar su libertad e independencia. Sin embargo, existe otra faceta de su carácter que lo hace ordenado, metódico y detallista. A causa de tal duplicidad interna no es raro que empezando las cosas a conciencia, se desmotive con facilidad y cambie de objetivos. En el terreno sentimental desea fundar un hogar que le procure amor y seguridad; sin embargo, celoso y apasionado, le gustan demasiado los cambios para ser tan fiel como debiera.

Patricia es una persona decidida y desbordante de vitalidad y energía de vivir; pero que cuando le conviene sabe mostrarse reservada, obstinada y ambiciosa, lo que no es obstáculo para que siga siendo femenina, maternal e incluso algo coqueta, y a pesar de ser generosa e interesarse por quienes la rodean, es consciente de las realidades de la vida y sabe mostrarse práctica y eficaz. Pero la verdadera finalidad de su vida es el amor; necesita amar y sentirse amada, fundar una familia sólida y estable en un hogar bello y acogedor.

En su forma familiar de **Tricia** se muestra enérgica, autoritaria y egocéntrica; prudente e independiente, se deja llevar por los acontecimientos cuando no puede dominarlos, esperando que todo pase para seguir adelante. Sin embargo, en su interior existe un poso de inquietud e inseguridad; pues por una parte (el 7) es reflexiva, cerebral y analítica; pero por otra (el 8) materialista y concreta, y muchas veces es difícil compaginar ambas cosas y hay que elegir entre lo teórico y lo práctico, y cuando esto sucede dependerá de las circunstancias cual sea la faceta dominante. Con un carácter tan fuerte y a veces explosivo, no puede considerarse como un modelo de ama de casa, y su necesidad de admirar a su pareja, pero también de dominarlo, hará bastante difícil la convivencia.

En su otra forma familiar de **Pat** es adaptable, seductora, comprensiva y muy independiente; pero además es inteligente y con una memoria que le permite destacar en cualquier profesión relacionada con la expresión, la comunicación o la creatividad, no importándole si debe hacerlo en colaboración con otras personas. Sin embargo, en su interior existe una dicotomía entre el 1 que la impulsa a la extroversión, la independencia y el deseo de mandar y dirigir, y la pasividad, laboriosidad y dependencia del 2. Cuando es capaz de responder a la influencia de 11 desaparece el lado pasivo y dependiente de su carácter, su ambición se incremente, se hace más creativa y original y es capaz de grandes logros. En el amor es apasionada, tierna sensual y seductora; pero cuando responde al 11 es muy posible que sacrifique su vida afectiva a la profesional.

HISTORIA San Patricio nació en Irlanda hacia el año 385, siendo raptado por los piratas cuando apenas tenía 16 años; sin embargo pudo huir a la Galia y convertirse en discípulo de san Germán. Regresó a Irlanda y dedicó su vida a evangelizarla, adaptando su apostolado a las condiciones sociales y políticas de los celtas y murió en 461. Actualmente es el patrón de Irlanda.

Durante siglos son nombres exclusivos de Gran Bretaña que sólo tardíamente penetran en el resto de Europa, y luego en Estados Unidos gracias a la emigración irlandesa. En España y Francia empieza a popularizarse con fuerza en el periodo de entre guerras y alcanza su máxima difusión a partir de 1950.

Como celebridades citaremos a los escritores Patricia Highsmith y Patrick Cauvin, y a la rica heredera Patty Hearst.

NÚMEROS Patricio: 8 + 6 = 5   Patricia: 6 + 2 = 8   Tricia: 1 + 7 = 8   Pat: 1 + 2 (de 11) = 3

Paz

ETIMOLOGÍA Del latín *pax*: paz.

CARÁCTER Es una mujer cuyo carácter no hace justicia a su nombre y parece más dura de lo que es en realidad, pues es valiente, decidida, detesta la injusticia y es capaz de mandar y dirigir; sin embargo, es hipersensible y muy vulnerable, especialmente en el terreno afectivo. En su interior existe una lucha entre su lado egocéntrico y autoritario (el 1) y el altruista y abnegado (el 9), dependiendo de las circunstancias cuál de los dos domine; sin embargo, a veces ambas facetas se armonizan, resultando en actividades de tipo benéfico, social o humanitario en las que pueda ocupar una posición directiva.

En el amor es sensual, franca, fiel, pero quiere ser correspondida en la misma forma, y además es dominante.

HISTORIA   Como ocurre con otros nombres típicamente españoles o hispanoamericanos cuyo origen se centra en un culto mariano, Paz es un nombre femenino evocador de la Virgen de dicho nombre, y es prácticamente desconocido en otros países.

NÚMEROS $1 + 8 = 9$

Pedro

Pedro, Petra, Perico, Perucho, Petronila

ETIMOLOGÍA   Del arameo *kephas*: piedra, latinizado como *petrus*.

CARÁCTER   **Pedro** es muy complejo, pues bajo una apariencia tranquila y sosegada se esconde un hombre muy nervioso, cerebral, curioso, crítico, analítico y algo escéptico. Pero además, la contradicción entre sus números 3 y 4 hace que mientras interiormente ansía ver, conocer y moverse, exteriormente debe esforzarse y trabajar pacientemente; contradicción en la que colabora el 7 activo, que lo hace más introvertido e indeciso. Siendo un nombre con pocas letras, dependerá mucho del número hereditario qué faceta predomine. En el terreno sentimental vive las mismas contradicciones internas, y su pareja nunca sabrá a qué atenerse.

Petra es emotiva, intuitiva, receptiva y llena de encanto y sensualidad; pero bajo una apariencia de superficialidad se esconde una idealista, casi una utópica, que busca hallar un sentido a la vida, ya sea tomando parte en asociaciones de carácter social, político, artístico o altruista, o si ello no le es posible en sueños quiméricos y fantasiosos, o se dirige al mundo de lo oculto y misterioso, pues a pesar de tener una mente bien organizada no ha nacido para una vida prosaica y rutinaria, Su ambición suele ser grande, especialmente en el terreno sentimental, por lo cual el hombre que quiera hacerla suya deberá poseer muchas cualidades y posibilidades, pues de lo contrario su amor e ilusiones no tardarán en apagarse.

En su forma familiar de **Perico** es muy cuidadoso de su apariencia física, y capaz de mostrarse ingenioso, inteligente y comunicativo; y si a todo eso unimos su espíritu conciliador y su habilidad manual, no debe extrañarnos que sea apreciado por quienes le tratan. Si algún defecto podemos señalar es el de la dispersión, pues a pesar de su aptitud para asumir responsabilidades e intentar ser ordenado y metódico, le pierde su curiosidad, por lo que a veces no termina lo que empieza. En el terreno sentimental es un seductor capaz de desplegar mucho tacto y convicción en sus conquistas, si bien lo que realmente desea es un hogar confortable y familiar en el que se sienta querido; y si alguna vez tiene un desliz, no hay que tomárselo en cuenta.

En su otra forma familiar de **Perucho** es emotivo y sentimental, activo y abnegado, y cuando se siente contrariado o herido tiende a encerrarse en sí mismo o a descargar su frustración trabajando intensamente, a poder ser en tareas con un fondo humanitario o social, y como cuanto desea es evolucionar interiormente, sabe que la mejor manera de conseguirlo es la entrega a una buena causa. Si algo se le puede reprochar es su falta de diplomacia, pues su 2 ausente incrementa su emotividad y le resta autocontrol. Su vida sentimental suele ser complicada, pues desearía hallar un alma gemela, lo que no es tan fácil como parece, y menos cuando le cuesta mucho expresar sus emociones.

Petronila es un diminutivo de Petra, y de ella se desprende calma y tranquilidad; seria, consciente de sus deberes, deseando agradar y dispuesta a colaborar con los demás, siempre está presente cuando se la necesita, lo cual no es obstáculo para que sea muy selectiva con sus amistades. Ante todo busca la seguridad y la estabilidad, pues a pesar de sus cualidades y su sólida apariencia, en el fondo es algo insegura y conseguirlas le ha costado muchos esfuerzos, pues sus tres números clave son ausentes. Pero cuando es capaz de responder a la influencia del 22 adquiere mayor seguridad, idealismo y ambición, siendo capaz de alcanzar metas muy elevadas. En el amor también busca la estabilidad, y a veces su lado sentimental choca con su perfeccionismo y se le hace difícil hallar al hombre perfecto, y en aquellos casos en que su selección no resulta ser lo que esperaba, lo compensa con su entrega a la maternidad.

HISTORIA   Simón bar Iona fue llamado **Kephas** por Jesús, y así, Simón el pescador se convirtió en el apóstol Pedro, piedra angular de la cristiandad, primer obispo y primer papa. Curiosamente, el arameo *kephas* traducido al griego es *petros*, y al latín *petra*, que masculinizado da *petrus*; pero *petros* en hebreo significa «el primer elegido».

Después de san Pedro, otros 200 santos y bienaventurados han honrado dicho nombre; sin embargo, es de notar que ningún otro papa ha tomado dicho nombre, por aquello de que con Pedro II llegaría el fin del mundo.

Es un nombre que a partir del siglo XI ha sido el más popular en toda la cristiandad, si exceptuamos a Peter, que introducido en Inglaterra por los normandos sufrió un largo eclipse al ser considerado «papista» y excluido prácticamente como nombre propio. Sin embargo, tanto Petra, como Petronila, nunca han llegado a alcanzar una gran popularidad; y actualmente, mientras Pedro sigue conformando, con Juan y José, el trío de santos más popular, los femeninos han desaparecido casi por completo.

Han sido Pedros tres zares de Rusia, dos emperadores del Brasil, un rey y un zar de Bulgaria, cuatro reyes de Aragón, dos de Sicilia, dos de Jerusalén y de Chipre; y otro sinfín de celebridades como por ejemplo: Saint-Cloud, Ronsard, Corneille, Benoit, Curie, Beaumarchais, Loti, Louys, Rubens, Chaikovski, Teilhard de Chardin, Klossowski, Mondrian, Seghers, Ustinov, O'Toole, Mauroy, Mendes-France, Arrupe, Badoglio, Brasseur, Gauguin, Bosch i Gimpera, Calders, Laval, Fonda, Almodovar y Carrasco.

NÚMEROS   Pedro: 3 + 4 = 7   Petra: 6 + 3 = 9   Perico: 3 + 3 = 6   Perucho: 7 + 2 = 9
Petronila: 4 (de 22) + 2 = 6

Pilar

Pilar, Pili

ETIMOLOGÍA   Del latín *pila*: pilar.

CARÁCTER   **Pilar** es reflexiva, estable, perseverante y prudente. Posee una firme voluntad y es capaz de llevar a buen término trabajos o empresas que requieran tiempo y paciencia, pues no le falta ni lo uno ni lo otro y, por su fuera poco, su sentido del deber es muy acusado. Le gusta figurar, ocupar los primeros lugares y ser admirada, apreciando el lujo y los honores; pero también es obstinada, autoritaria e incluso a veces rencorosa. Profesionalmente es capaz de destacar en actividades creativas o relacionadas con la expresión y la comunicación, e incluso en aquellas que requieran habilidad manual. Cuando es capaz de responder a la influencia del 22, se convierte en una mujer fuera de lo corriente, adquiriendo carisma e intuición, así como una mayor ambición y capacidad para realizar grandes cosas. Sin embargo, un número maestro como el 22 siempre comporta una gran dosis de nerviosismo y estrés. En el terreno sentimental es fiel, honesta y buena administradora, pero espera de su pareja una ayuda total, tanto en lo económico como en lo doméstico.

En su forma familiar de **Pili** carece de la energía y fortaleza de Pilar, pero en cambio es mucho más humana y altruista, con una gran sensibilidad a la que une un fondo místico y abnegado, soñando en crear un mundo mejor y esforzándose en ayudar a cuantos la necesiten. Pero cuando no es capaz de responder a la influencia de su 11 de realización y se limita al 2, sus ambiciones son menores y se limitan casi exclusivamente al terreno del hogar y la familia, siendo la abnegación y el soñar despierta las válvulas de escape que le permiten paliar su exceso de emotividad, su fragilidad emocional y su dependencia. En el amor es sentimental, tierna e idealista y sólo vive para los suyos.

HISTORIA   Es otro de aquellos nombres típicamente españoles originados en una devoción mariana. En este caso se trata de una tradición que afirma que la Virgen se le apareció al apóstol Santiago sobre un pilar de ágata en el lugar en que actualmente se alza la basílica zaragozana, por lo que se la venera como la patrona de dicha ciudad. Pero en realidad es una devoción relativamente moderna, pero muy arraigada en España, especialmente en Aragón, y con una gran irradiación en América Latina.

Como celebridades citaremos a Dña. Pilar de Borbón y a Pilar Miró.

NÚMEROS   Pilar: 1 + 3 = 22 = 4   Pili: 9 + 2 (de 11) = 2

Plácido

ETIMOLOGÍA   Del latín *placidus*: plácido, tranquilo.

CARÁCTER   Enérgico, viril, combativo y obstinado, pero siempre elegante y distinguido, Plácido sueña con mandar y dirigir, lograr poder y riqueza, pues no soporta la supeditación. De hecho, es concreto, práctico, poco intelectual, reservado y deseando ser útil, ya sea en la mística, el deporte, la política o el arte. Muy estricto, leal, franco y directo, no tolera ni el disimulo ni la falsedad. En el terreno sentimental es apasionado, exigente, celoso y posesivo, y su brusquedad puede hacerle perder más de una ocasión; sin embargo, en el fondo es tierno y emotivo.

HISTORIA   En el siglo VI san Plácido era un monje benedictino que fue asesinado por los bárbaros en Mesina.

Es un nombre que sólo ha gozado de popularidad en Sicilia, especialmente en el mundo sacerdotal, y en España se ha ido manteniendo con cierta discreción hasta nuestros días; en Francia tuvo una cierta popularidad durante la Revolución, pero decayó pronto y podemos decir que el resto del mundo ya lo ha olvidado. Los femeninos: Plácida y Placidia, se han convertido en muy raros y tienden a desaparecer por completo, por cuyo motivo no los analizamos.

Como celebridad citaremos al tenor Plácido Domingo.

NÚMEROS   8 + 9 = 8

Próspero

ETIMOLOGÍA   Del latín *prosperus*: próspero, floreciente.

CARÁCTER   Es seductor, agradable, abierto, comunicativo y comprensivo. Aun cuando tímido y discreto, está dividido entre su interés hacia los demás y su deseo de ocupar un lugar privilegiado, de que se le reconozca en lo que vale, pues es capaz de destacar en cualquier actividad creativa o relacionada con la expresión y la comunicación. Al mismo tiempo, es capaz de trabajar paciente y tenazmente, pero también de mostrarse impaciente e impulsivo. En el terreno sentimental es sensual y epicúreo, tierno y seductor.

HISTORIA   San Próspero (403-463) era un laico casado que tomó partido por san Agustín, en sus peleas teológicas con los semipelagianistas, publicando además varias obras contra dicha herejía. También se dice que fue secretario del papa.
   Otro san Próspero es un obispo venerado como cabeza de la Iglesia tarraconense durante la invasión sarracena, y del que se dice salvó las reliquias de san Fructuoso.
   Es un nombre que no ha llegado ser muy popular si exceptuamos un corto periodo en el siglo XIX. Como celebridad citaremos al escritor Próspero Merimee.

NÚMEROS   1 + 2 = 3

Prudencio

Prudencio, Prudencia, Prudenciana

ETIMOLOGÍA   Del latín *prudens*: prudente, previsor.

CARÁCTER   **Prudencio** es un hombre que hace honor a su nombre; sociable y abierto y muy hábil en dejarse llevar por la corriente en las circunstancias adversas, consiguiendo con ello preservar su independencia; en realidad posee una fuerte personalidad, es un buen comunicador y muy capaz de asumir responsabilidades de mando y dirección que sabe desempeñar haciendo gala de justicia y respeto hacia los derechos de los demás, lo que facilita su triunfo en la vida. Pero ante todo, muy prudente, busca la calma y la tranquilidad, el estudio, la reflexión e incluso la meditación. Sentimentalmente es muy reservado y oculta su emotividad bajo una capa de aparente insensibilidad.
   Prudencia es estable, bien organizada y ordenada, pero detallista, enérgica e independiente, y a pesar de poseer facilidad de expresión y comunicación, nunca se entrega por completo, guardando para sí sus vivencias íntimas. Por esto, su aspecto exterior contrasta con su personalidad profunda, pareciendo más asequible y adaptable de lo que es en realidad. Su emotividad es fuerte, pero sabe dominarla y aparecer fría e insensible. De hecho, oscila entre fases de alegría y optimismo, con otras de pesimismo; entre su deseo de estabilidad y seguridad, y el de curiosidad y cambio; entre el interés por el trabajo bien hecho y la búsqueda de la facilidad. Todo ello dependiendo de su estado de humor y de las circunstancias del momento. En el amor es egoísta, dominadora y posesiva; es una mujer que desea

ser amada y admirada; pero al no ser demostrativa ni romántica, su vida afectiva no es tan clara y positiva como su vida profesional.

Prudenciana es el gentilicio de Prudencia (*Prudentianus*: de la familia de Prudencio). También es una mujer de fuerte personalidad; muy sensible y emotiva, pero no por ello deja de ser capaz de asumir toda clase de responsabilidades y decidir cuál debe ser su propia vida, y si peca de algo es de falta de diplomacia. Es una individualista para quien la emancipación de la mujer es mucho más que una simple palabra, al menos en lo que a ella se refiere. Fiera y orgullosa, nerviosa y oportunista, imaginativa y con excelentes reflejos, más que una intelectual es una mujer de acción con un elevado sentido práctico. En cambio, en el terreno sentimental busca la estabilidad, como si el hogar fuese una sólida base que pueda servirle de rampa de lanzamiento. Cuando ama, es ardiente, apasionada y posesiva.

HISTORIA   San Prudencio (795-861) era obispo de Troyes, un teólogo importante y un anunciador del jansenismo por sus escritos sobre la predestinación.

Son nombres, que al igual que otros que se refieren a cualidades morales, como Alma, Amable, Celeste, Perfecta y Plácida, por poner unos ejemplos, gozaron de una gran popularidad en la Inglaterra puritana, y de allí pasaron al resto de Europa con mucho menor éxito; actualmente cada vez son más raros, y mucho nos tememos terminen por desaparecer.

NÚMEROS   Prudencio: 7 + 3 = 1   Prudencia: 1 + 3 = 4   Prudenciana: 2 + 8 = 1

Pura

Pura, Puri

ETIMOLOGÍA   Del latín *purus*: puro.

CARÁCTER   **Pura** es una conquistadora a quien las dificultades la estimulan, siempre apresurada y con la mente llena de ideas y proyectos; curiosa en extremo, todo le interesa, todo quiere hacerlo de inmediato, pero no tarda en cansarse y buscar un nuevo objetivo, pues versátil y cambiante, pronto pierde interés por lo que está haciendo. Dicho esto, casi no haría falta proclamar que es activa, dinámica, nerviosa, independiente, algo tirana e intolerante. Ama la libertad por encima de todo y hace siempre lo que le parece siendo incapaz de aceptar que se la contradiga. Pero por otro lado, es muy sensible, seductora, generosa y muy emotiva y abnegada. Le convienen las profesiones que requieran movilidad y rapidez, tanto mental como física, como el deporte, los trabajos de representación y viajes, la abogacía, la política y similares. En el terreno sentimental, sigue con las mismas características: caprichosa, seductora, fantasiosa, algo bohemia, desordenada y nada fiel. En resumen, todo lo contrario a lo que significa su nombre.

En su forma familiar de **Puri** es todo lo contrario; es tranquila, reservada, honesta, paciente, estable y voluntariosa; pero su timidez hace que a veces dude de sí misma y se muestre intranquila e insegura. Introvertida, no le gusta hacer demasiadas amistades ni llevar una vida movida y superficial, prefiriendo la soledad y resolver sus problemas sin ayuda de nadie. Más racional y práctica que intelectual, siempre se apoya en la lógica y el sentido común, y si alguna vez sueña, no tarda en regresar a la realidad. Cuando es capaz de responder a la influencia del 22, desaparecen muchas de sus limitaciones y puede llegar a realizar grandes cosas. La vida sentimental no siempre le es fácil, siendo tan introvertida; sin embargo, cuanto le pide al matrimonio es seguridad, no importándole si la vida familiar resulta monótona, sabiendo que puede contar con quien la ame y apoye.

HISTORIA   Es otro atributo mariano referido a la Purificación de la Virgen María. Como tal, carece de historia y es un nombre privativo de los países de lengua hispana.

NÚMEROS   Pura: $5 + 9 = 5$ Puri: $4 + 9 = 22 = 4$

Quintín

ETIMOLOGÍA   Del latín *quintus*: quinto.

CARÁCTER   **Quintín** es franco, directo, valeroso, y cuando debe tomar una decisión importante lo hace sin vacilar, creciéndose ante las dificultades. Dotado de un espíritu luchador y notable ambición, se realiza mediante el trabajo, en el que se muestra paciente y esforzado. En su carácter se mezclan dos influencias, la del 4 que lo hace ponderado y reflexivo, y la del 8, más dinámica y ambiciosa. Pero en su rejilla existen tres 9, que son excesivos en un nombre de 7 letras, lo cual a menos que su número hereditario lo compense puede convertirlo en santurrón o fanático o quizás en un esclavo al servicio de los demás. No obstante, en aquellos raros casos en que es capaz de responder a la influencia de sus dos números maestros 22, desaparece la influencia del 4 y se incrementa su ambición y carisma, deseando llegar a realizarse en un plano universal, siendo posible que consiga realizaciones importantes y duraderas. En el amor es fiel y seguro, pero poco sentimental y romántico, por lo que a veces peca de brusquedad y falta de tacto. Sin embargo, cuando responde a sus 22, es muy posible que sustituya su vida sentimental por sentimientos mucho más elevados.

HISTORIA   En Roma el nombre de Quintus se daba al quinto hijo de una familia; y con dicho nombre existió una poderosa familia que dio innumerables variantes a dicho nombre: Quintus, Quintinus, Quintianus, Quintilianus, etc.

San Quintín se supone que nació en Roma y era uno de los misioneros que fueron a evangelizar la región de Amiens, en el norte de Francia, siendo decapitado en dicha ciudad en el año 285. Su cuerpo fue hallado por san Eloy en la ciudad de Vermand, la actual San Quintín.

Es un nombre típico de Bélgica y del norte de Francia desde donde se propagó a Inglaterra y Escocia, y posteriormente, pero sin gran popularidad, a España, donde sigue usándose moderadamente, mientras que en Francia parece volver a recuperar prestigio.

Como celebridades podemos citar a los pintores Quentin de La Tour y Quentin Metzys.

NÚMEROS   4 (de 22) + 4 (de 22) = 8

afael

Rafael, Rafaela

ETIMOLOGÍA   Del hebreo *repha'El*: Dios ha curado.

CARÁCTER   **Rafael** posee una fuerte personalidad, siendo activo, emprendedor y muy voluntarioso. Es un hombre nacido para mandar y dirigir, pues desprecia la mediocridad y no soporta desempeñar empleos subalternos, como no sea transitoriamente y con posibilidades de ascender o independizarse, pues es un oportunista que sabe aprovechar las ocasiones al vuelo. Con tres 1 en su rejilla, además del de realización, es inevitable que sea impaciente, irritable e intolerante, incluso consigo mismo, pues cuando sufre algún fracaso, se amarga y le cuesta recuperarse. Sin embargo, normalmente es reservado y reflexivo, y antes de emprender algo lo piensa y analiza antes de pasar a la acción, y esta combinación de reflexión y capacidad de mando le proporciona muy buenos resultados en la vida. Sin embargo, a pesar de este lado práctico y materialista, también siente la necesidad de una cierta evolución interior, por lo que no es raro que se interese por cuestiones filosóficas, sociales o incluso de carácter religioso. En el terreno sentimental las cosas le son más difíciles, pues es poco emotivo, y a pesar de ser buen psicólogo y comprender a su pareja, le falta expresividad y le cuesta manifestar su ternura.
   Rafaela también es muy activa, dinámica, autoritaria e independiente, quizás todavía más que Rafael. Sin embargo, bajo su aspecto fiero e incluso tiránico, existe una cierta reserva y mucha ambición, pero también un alma sensible y vulnerable a la que es muy fácil herir, especialmente en el terreno sentimental. Es que en ella se dan cita el egocentrismo y el altruismo, por lo que siempre está dispuesta cuando se la necesita; y mientras lucha duramente por triunfar en el mundo material, puede estar formando parte de algún grupo o sociedad humanitaria o benéfica. En el terreno sentimental es franca, honesta, amante y abnegada, pero excesivamente autoritaria.

HISTORIA   En la Biblia se citan tres arcángeles: Miguel, Gabriel y Rafael; siendo este último el que interviene para acompañar y curar la ceguera del anciano Tobías, convirtiéndose en el patrón de peregrinos, enfermos y mutilados de guerra.
   Es un nombre bastante raro hasta la llegada del Renacimiento, en el que Rafael Sanzio, el delicado pintor de las madonas, la belleza y la armonía, lo populariza y expande por doquier, figurando todavía hoy entre los nombres más usados. Curiosamente, Rafaela no goza del mismo predicamento hasta inicios del siglo XX, en que también se expande, especialmente por España e Italia.
   Como celebridades, además de Rafael Sanzio, citaremos a Rafael de Casanova, Rafael Altamira, Rafael Cabrera, Rafael Alberti, Rafael Martos (Raphael) y Rafaela Carrá.

NÚMEROS   Rafael: 7 + 1 = 8   Rafaela: 8 + 1 = 9

Ramón

Ramón, Raimón, Ramona

ETIMOLOGÍA   Del germánico *ragin*: consejo, y *mund*: protector.

CARÁCTER   **Ramón** es un hombre muy seguro de sí mismo, fuerte, reservado, independiente, activo, trabajador y con los pies bien asentados en el suelo. Su interés primordial se centra en sí mismo y en su bienestar material, pero también existe en él otra faceta muy distinta, la de su 9 activo que le impulsa a ser compasivo, abnegado, altruista e interesado en formar parte de grupos o asociaciones que compartan sus mismos ideales; pero que nadie se engañe, pues incluso en la más humanitaria de sus actividades, seguirá siendo él mismo; siempre sobresaldrá su personalidad y espíritu práctico. En el terreno sentimental se muestra igualmente duro, franco, leal, generoso, pródigo y fiel; pero que no le engañen, que su furia es terrible.

En su variante de **Raimón** es exacto a **Ramón**, pues sus números clave son los mismos; sin embargo, la presencia de un 9 en su rejilla suaviza algo su carácter e incrementa el lado humano y abnegado, su deseo de entregarse a una causa noble.

Ramona también es enérgica y autoritaria; altiva, independiente y orgullosa, busca la perfección, y gracias a su dinamismo y capacidad de mando es capaz de desempeñar cualquier tipo de responsabilidades, por lo que es frecuente verla en puestos directivos. Su carácter apasionado le cuesta muchos disgustos, pues con dos 1 en sus números clave, y otros tres en su rejilla, es extremista, egocéntrica, tiránica y sus cóleras suelen ser terribles. Sin embargo, en su intimidad, cuando no necesita mostrarse fuerte y dura, es una mujer altruista a quien importan mucho los valores humanos y el bienestar de los demás; lástima que más que defenderlos lo que hace es imponerlos. En el terreno amoroso es romántica y sentimental, pero posesiva y egocéntrica, y cuando deja su trabajo necesita un corazón amante en el que cobijarse.

HISTORIA   Tres son los santos más importantes de dicho nombre: san Ramón nonato, así llamado porque dice la tradición que nació gracias a una operación cesárea, pero cuyos datos: apostolado mercedario, cardenalato y muerte en el castillo de Cardona, son más que inciertos.

El segundo es san Ramón de Roda, obispo de Roda de Isavena, refugio de los cristianos ilerdenses durante la invasión musulmana, y que a diferencia de los demás eclesiásticos del siglo XII no quiso participar en la lucha contra el Islam, lo que le indispuso con Alfonso I de Aragón.

El tercero es san Ramón de Penyafort, un jurista formado en Barcelona y Bolonia, que se dedicó a la enseñanza e ingresó en la orden de los predicadores. Fue el tercer general de la orden y se interesó por la conversión de judíos y musulmanes; siendo además confesor de Jaime I el Conquistador.

Durante la Edad Media, Ramón ha sido un nombre muy popular en todos los territorios de habla catalana, incluyendo el Sudoeste de Francia (donde incluso existieron siete condes de Tolosa). De aquí se expandió al resto de España y Francia y luego en toda Europa y América. Sin embargo, mientras que en Aragón y Cataluña se ha mantenido siempre en un primer plano, en el resto del mundo su popularidad a sido más discreta hasta el inicio del siglo XIX en que recupera un prestigio que todavía se conserva.

Como celebridades citaremos a dos príncipes de Antioquía, cinco condes de Barcelona, siete de Tolosa, cuatro de Trípoli, e innumerables famosos entre los que citaremos a Raimundo Lulio, Campoamor, Casas, Menéndez Pidal, Barre, Poincaré, Abellio, Pulidor, Carande, Burr, Paniker, Bussieres y Ray Charles.

NÚMEROS   Ramón: 8 + 1 = 9   Ramona: 9 + 1 = 1   Raimón: 8 + 1 = 9

Raquel

ETIMOLOGÍA   Del hebreo *rahel*: oveja.

CARÁCTER   Para **Raquel** la libertad es algo inalienable, una condición de la que no se puede abdicar a ningún precio. Individualista y enemiga de cualquier tipo de ataduras, muchas veces su impulsividad la lleva más lejos de lo que esperaba y le causa más de un disgusto. Si se siente motivada es capaz de desarrollar una gran capacidad de trabajo, pero siendo una buena organizadora, con capacidades de mando y administración, no sabe (o no quiere) obedecer, pues lo que le importa es sentirse el centro del universo y hacer lo que le parezca. En el amor es una seductora, una tigresa apasionada, violenta y celosa; pero en cuanto a fidelidad, más vale dejarlo correr.

HISTORIA   Raquel era la hija menor de Laban, tío de Jacob, en cuya casa se había refugiado huyendo de la ira de Esaú. Enamorado de Raquel, trabajó siete años para que Laban se la diese como esposa; pero éste le ofreció a Lea, la primogénita, teniendo que trabajar otros siete años para conseguir a Raquel.
Es un nombre muy empleado por los judíos en la Edad Media, al que el protestantismo inglés importó a las islas, siendo a partir del siglo XVII un nombre muy popular en los países anglosajones. En España, a pesar de gozar de cierta boga a principios de siglo, actualmente ha decaído bastante.
Son famosas Raquel Welch, Raquel Meller y Raquel Cors.

NÚMEROS $1 + 4 = 5$

Raúl

ETIMOLOGÍA   Del germánico *rad*: consejo, y *wolf*: lobo.

CARÁCTER   **Raúl** es un hipersensible con los nervios a flor de piel, e incluso cuando parece tranquilo y calmado sólo lo es en apariencia, y ante los reveses de la vida se encierra en sí mismo o se escapa de la realidad en sueños fantasiosos gracias a su poderosa imaginación, a menos que su evasión se concrete en viajes a nuevos lugares donde volver a empezar. Idealista y amante del poder, sabe mostrarse cordial, caritativo y abnegado. Unas veces introvertido, soñador, lento y reflexivo, y otras extrovertido, entusiasta y emprendedor, puede desconcertar por su carácter ciclotímico, pero no lo puede evitar y necesita vivir ambas facetas de su personalidad. En el terreno sentimental es afectuoso y sensual, pero necesita que su pareja le conceda plena confianza y libertad, y no sea celosa ni posesiva.

HISTORIA   San Raúl fue arzobispo de Bourges y patriarca de Aquitania, fundando numerosos monasterios y muriendo en 866.
En realidad, Raúl es una contracción de **Radolfo** (no confundir con **Rodolfo**), nombre caído totalmente en desuso; esto justifica su etimología de *rad-wolf*. Raúl gozó de gran predicamento a partir del siglo VIII y durante la Edad Media, especialmente en Francia y España. Con la conquista normanda fue importado a Inglaterra, donde en el siglo XVII adquirió su forma moderna de Ralph, que

pasó a Alemania como Ralf a principios de este siglo. Actualmente está en franca decadencia, al menos en España.

Son célebres Radolfo (Raúl) duque de Borgoña y luego rey de Francia, Raúl de Caen, cronista del siglo XII, el pintor Raúl Dufy y el actor Ralph Bellamy.

NÚMEROS   5 + 4 = 9

Regina

Regina, Gina

ETIMOLOGÍA   Del latín *regina*: reina.

CARÁCTER   **Regina** posee una personalidad bien definida, pues es noble, seductora y sencilla. Es ambiciosa y trabajadora, siendo capaz de mostrar una gran paciencia y tenacidad en todos los avatares de la existencia, sabiendo que el tiempo trabaja a su favor. Muy conservadora, oportunista y algo testaruda, está capacitada para asumir cargos directivos, y a pesar de ser bastante posesiva, también sabe ser generosa, aun cuando a causa de su fuerte personalidad puede resultar algo brusca y autoritaria. En el terreno sentimental es exigente y elitista cuando se trata de escoger a su pareja, por lo que le cuesta decidirse; sin embargo, una vez decidida es una esposa y madre de familia ejemplar.

Gina es un diminutivo, que en su origen lo era de **Luigina** (Luisa en italiano), pero que con el uso se ha extendido indistintamente a todos los nombres con dicha terminación, como Georgina y Regina.

Gina es reflexiva, estable, perseverante y prudente, con una firme voluntad y capaz de llevar a buen término empresas que requieran tiempo y paciencia, pues no le falta ni lo uno ni lo otro y su sentido del deber es muy acusado. Le gusta figurar y ocupar los primeros lugares, apreciando el lujo y los honores; pero también es obstinada, autoritaria e incluso a veces rencorosa. Profesionalmente es capaz de destacar en actividades creativas o relacionadas con la expresión o la comunicación, e incluso en aquellas que requieran habilidad manual. Cuando es capaz de responder a la influencia del 22, se convierte en una mujer fuera de lo corriente, adquiriendo carisma e intuición, así como una mayor ambición y capacidad de realizar grandes cosas. Sin embargo, un número maestro como el 22 siempre comporta una notable dosis de nerviosismo y estrés. En el terreno sentimental es fiel, honesta y buena administradora, pero espera de su pareja una ayuda total, tanto en lo económico como en lo doméstico.

HISTORIA   Santa Regina era una joven y piadosa campesina del siglo III, a la que un pagano hizo ejecutar en el monte Auxois, cerca de Alesia por negarse a sus solicitudes. La leyenda es hermosa, pero nada más. La realidad es que ha dejado su nombre a la ciudad de Alesia, también llamada Sainte Reine, cerca de Semur, en Francia.

San Juan Francisco Regis era un jesuita francés y un ferviente evangelizador que murió en una avalancha en 1640.

Son nombres cuya discreta popularidad se centró en el macizo central de Francia hasta el siglo XIX, en que Regina se extiende por el resto de Francia e incluso en Europa Central, mientras que Regis quedaba en un lugar más discreto; es en los años cincuenta de nuestro siglo que Regina reaparece con cierta fuerza e incluso parece penetrar en nuestro país, terminando de anular a la variante española de Reina, prácticamente ya en desuso. No analizamos a Regis por no haber penetrado en España.

Como celebridades citaremos a la cantante Regina Crispín, la escritora Regine Deforges, la actriz Gina Lollobrigida, al escritor Regis Bastide, y al político Regis Debray.

NÚMEROS   Regina: 6 + 4 = 1   Gina: 1 + 3 = 22 = 4

Ricardo

ETIMOLOGÍA   Del germánico *rik*: rey, y *hard*: fuerte.

CARÁCTER   Enérgico, viril, combativo y obstinado, pero siempre elegante y distinguido, **Ricardo** sueña con mandar y dirigir, lograr poder y riqueza, pues no soporta la supeditación. De hecho, es concreto, práctico, poco intelectual, reservado y deseando ser útil, ya sea en la política, la mística, el deporte o el arte. Muy estricto, leal, franco y directo, no tolera ni el disimulo ni la falsedad; y si algún defecto sobresale, es su egocentrismo y autoritarismo. En el terreno sentimental es apasionado, exigente, celoso y posesivo, y su brusquedad puede hacerle perder más de una ocasión; sin embargo, en el fondo es tierno y emotivo.

HISTORIA   San Ricardo nació cerca de Worcester en 1197 y de un estudiante muy pobre llegó a convertirse en un gran erudito que llegó a diplomarse en Oxford, París y Bolonia. A su regreso a Inglaterra fue obispo de Chichester, donde supo enfrentarse a Enrique III en defensa de la Iglesia. Luego, 19 otros santos y bienaventurados honraron dicho nombre.

Es un nombre que siempre ha poseído una popularidad constante y regular en toda Europa, si bien actualmente es en Gran Bretaña y Estados Unidos donde está alcanzando la mayor popularidad, especialmente en sus diminutivos, como Dick, Dickie y Dicky.

Además de tres reyes de Inglaterra y tres duques de Normandía son célebres Wagner, Strauss, Wallace, Wright, Byrd, Nixon, Gere, Burton, Harris, Clayderman, Chamberlain y Bogarde.

NÚMEROS   8 + 9 = 8

Roberto
Roberto, Roberta, Robin

ETIMOLOGÍA   Del germánico *hrod*: gloria, y *berth*: brillante o famoso.

CARÁCTER   **Roberto** es reservado, desconfiado, tímido y prudente, y lo duda mucho antes de emprender algo, pero cuando se decide no hay nada que pueda detenerlo, pues ambiciona conseguir su parcela de poder e independencia. Valiente y determinado, siente la necesidad de gastar la energía que le sobra y le atrae el mundo de los negocios y las finanzas. El problema es que es demasiado recto, enérgico y honesto, con un concepto de la vida algo maniqueo: todo es bueno o malo, sin matices; por ello es estricto, autoritario y enemigo de engaños y falsedades, y aun cuando no carece de sensibilidad, la esconde bajo una apariencia crítica o irónica. En el terreno sentimental le falta espontaneidad y no sabe demostrar su cariño, y por si fuera poco desconoce por completo la complicada psicología femenina; sin embargo, la mujer que consiga penetrar tras su coraza se dará cuenta de que con todos sus defectos es alguien en quien se puede confiar de por vida.

Roberta es introvertida y cerebral, con una cierta reserva instintiva; inquieta, tierna y receptiva, muy sensible e impresionable, se siente herida con mucha facilidad, por lo que tiende a protegerse, a evitar problemas o dificultades, a preservar al máximo su intimidad e independencia. No obstante, sabe desenvolverse bien en la vida cotidiana. En el amor es tierna, sentimental y afectuosa, aun cuando le cuesta mucho expresar sus sentimientos, y si bien no podemos esperar que se muestre romántica, al menos podemos confiar en su fidelidad.

En su forma familiar anglosajona de **Robin** es un hombre agradable del que se desprende un fuerte magnetismo y una sensación de fuerza. Es ordenado, metódico y capaz de asumir toda clase de responsabilidades; muy imaginativo y con buenos reflejos, sabe reaccionar ante los acontecimientos con rapidez y eficacia. Otra notable faceta de su carácter es su sentido de la justicia y el deseo de evolucionar en todos los planos de la existencia, especialmente en los interiores, por lo que a veces se interesa por la psicología, la parapsicología o la sociología. En el terreno sentimental aprecia la calma y la soledad, especialmente en la seguridad del hogar; poco comunicativo, le cuesta expresar sus sentimientos, pero es un hombre tierno y familiar.

HISTORIA   San Roberto a la edad de 15 años ya fue nombrado prior de un monasterio benedictino, y como las reformas que quería implantar no fueron aceptadas por los monjes lo abandonó y se hizo ermitaño en el bosque de Molesme, no tardando en congregarse a su alrededor una comunidad de eremitas; pero al ver que la vida se le hacía demasiado fácil fundó la orden Cisterciense en la abadía de Citeaux, pero el papa lo mandó de nuevo a Molesne, donde murió en 1110. Tras él, otros 16 santos y bienaventurados honraron este nombre.

Nombre de gran prestigio durante la Edad Media, siguió gozando de amplia popularidad hasta el siglo XVII, en que se mantiene en Gran Bretaña pero pierde prestigio en el resto de Europa, hasta la llegada del siglo XX en que vuelve a resurgir con fuerza, especialmente en sus formas familiares anglosajonas de Rob, Bob, Bobby y Robin, siendo esta última la que empieza a popularizarse en España, aunque de hecho Robin ya era un nombre con personalidad propia en la Inglaterra de la Edad Media.

Como celebridades podemos citar dos emperadores de Constantinopla, tres reyes de Escocia, dos de Francia, tres condes de Flandes, dos duques de Normandía; y además: Schumann, Benzi, Burns, Stevenson, Delaunay, Brasillach, Burton, Calvi, Cummings, Durán, Dylan, Fischer, Graves, Kennedy, Koch, Mitchum y Oppenheimer.

NÚMEROS   Roberto: $1 + 7 = 8$ Roberta: $4 + 7 = 2$ Robin: $7 + 8 = 6$

Rocío

ETIMOLOGÍA   Del latín *roscidus*: cubierto de rocío.

CARÁCTER   **Rocío** es reservada y discreta, materialista y pragmática. No se distingue por su rapidez o versatilidad, sino por todo lo contrario, pues es trabajadora, voluntariosa, paciente y eficaz, lo que a la larga es muy provechoso y le permite mantener su independencia personal. Sin embargo, y aunque no lo parezca, es una mujer idealista y de principios, emotiva, abnegada y humanitaria, por lo que no es raro hallarla tomando parte en actos o asociaciones sociales o benéficas. En el amor es fiel y estable, buena administradora y muy emotiva, pero también posesiva y celosa; pero le cuesta expresar sus sentimientos.

HISTORIA   Es un nombre típicamente español, por no decir andaluz, que evoca el santuario de la Virgen del Rocío. Como celebridad citaremos a Rocío Dúrcal y Rocío Jurado.

NÚMEROS   5 + 4 = 9

Rodolfo

Rodolfo, Rollo, Rudi

ETIMOLOGÍA   Del germánico *hrod*: gloria, y *wulf*: lobo.

CARÁCTER   **Rodolfo** es inteligente, enérgico, reservado y obstinado, y su fin primordial es el poder y los bienes materiales; hábil, ingenioso e inteligente, desea expresarse y comunicar, y dada su elegancia natural y su facilidad en sacar provecho de todas sus experiencias, tanto buenas como malas, no es raro que llegue a triunfar en la vida. Sin embargo, tímido e inquieto a veces llega a dudar de sus propias capacidades, lo que compensa desplegando una gran actividad. Su mayor peligro con tres 7 en su rejilla es la tendencia a aislarse, a encerrarse en sí mismo. En el terreno sentimental basa su vida amorosa y familiar en la mutua confianza, el respeto y la autenticidad.

En su variante de **Rollo**, apenas usada actualmente, se mueve entre dos contradicciones internas: por una parte es activo, dinámico, alegre, comunicativo y amante de cambios y aventuras, y por la otra, cerebral, algo pesimista e inclinado a hacerse preguntas sobre el sentido de la vida. Pero su comprensión es rápida, su espíritu vivo y analítico, y si a veces se inclina por el estudio, la comunicación y la creatividad, lo más frecuente es que además busque su independencia y libertad. En el terreno sentimental suele tener éxito, pues es encantador, sensual y le gusta disfrutar de la vida; pero se siente incomprendido cuando en su íntima dualidad no sabe expresar sus sentimientos.

En su forma familiar de **Rudi** es tierno y simpático; para él lo más importante son los sentimientos, pero en realidad es nervioso e inquieto, eminentemente cerebral y con una gran imaginación, lo cual, unido a su elegancia innata y su facilidad en asimilar nuevas ideas, técnicas y experiencias, le permite triunfar en la vida y cumplir con su necesidad de detentar una parcela de poder que le permita lograr la estabilidad –interna y externa– que necesita. Le gusta el deporte y la aventura, y ama la naturaleza, los animales y la humanidad en general. En el amor es un romántico sentimental al que a veces un cierto pudor y timidez le impiden expresar lo que siente.

HISTORIA   San Rodolfo era el hijo de un conde de Cahors que gracias al apoyo de Carlos II fue nombrado obispo de Bourges y participó en numerosos concilios, fundó abadías y murió en 866.

Rodolfo es un viejo nombre germánico muy popular en la Edad Media tanto en los países germánicos como en España, y que luego se extendió por toda Europa siendo muy popular en el Romanticismo, pero manteniéndose luego en un lugar más discreto. En el siglo XX ha renacido mucho, si bien parece ir decayendo en favor de Rudi.

Han sido Rodolfos dos emperadores germánicos, tres reyes de Borgoña, un archiduque de Austria, y además: Rodolfo Valentino, Rudolf Hess, Rudolf Steiner, Rudolf Clausius, Rudolf Diesel, Rodolfo Graziani, Rodolfo Halffte y Rudolf Nureryev.

NÚMEROS   Rodolfo: 3 + 5 = 8   Rollo: 5 + 7 = 3   Rudi: 4 + 5 = 9

Rogelio

Rogelio, Rogelia, Roger

ETIMOLOGÍA   Del germánico *hrod*: gloria, y *gari*: lanza.

CARÁCTER   **Rogelio** es seductor, comunicativo, abierto y comprensivo, capaz de destacar en cualquier actividad creativa, especialmente en las relacionadas con la expresión y la comunicación, siendo un trabajador paciente, tenaz e incansable. Pero en él existe una dicotomía entre el 1 que interiormente le hace desear la acción, la extroversión, la independencia y el deseo de mandar y dirigir, y el 2, que lo presenta exteriormente como pasivo, trabajador y dependiente. Esta íntima contradicción, con tres 7 en su rejilla, y a menos que su número hereditario lo compense, puede conducirle a la tendencia a aislarse. En el amor es apasionado, tierno, sensual y seductor.

Rogelia desprende una sensación de calma y tranquilidad, pues es seria, consciente de sus deberes, animada por el deseo de agradar y siempre dispuesta a colaborar con los demás, ya sea en el trabajo o en actos culturales o lúdicos, estando siempre presente cuando se la necesita. Pero ante todo busca la seguridad y la estabilidad, pues a pesar de sus innegables cualidades y sólida apariencia, en el fondo es algo insegura y si ha llegado a conseguirlas le ha costado lo suyo consolidarlas, pues sus tres números clave son ausentes. Sin embargo, cuando es capaz de responder a sus dos números maestros 11 y 22, todo cambia; adquiere seguridad, ambición, intuición, idealismo y un fuerte carisma que la hacen capaz de alcanzar metas muy elevadas y realizaciones duraderas. En el terreno sentimental también busca la estabilidad, y a veces su lado emotivo choca con su perfeccionismo, siéndole difícil hallar al hombre que desearía; en todo caso, cuando la vida afectiva la decepciona, sabe compensarlo entregándose a la maternidad; o cuando responde a sus números maestros, puede preferir el celibato.

En su variante de **Roger** es simpático, sociable, comunicativo y adaptable, por lo que se siente cómodo en cualquier ambiente en que se encuentre. Con facilidad de palabra, seducción e inventiva, podría parecer superficial y vanidoso si no fuera por la ingenuidad y simpatía que desprende y la forma en que intenta ser útil a los demás. Sin embargo, sus números clave son ausentes por lo que a menos que figuren en su número hereditario, todas estas cualidades sólo las puede conseguir gracias a su esfuerzo personal. En el terreno sentimental es tierno, emotivo, sensible y generoso, pero la fidelidad no es su fuerte, lo que disimula mostrándose celoso.

HISTORIA   Todo lo que conocemos de san Roger es que fue obispo de Cannes en el siglo XII. Y san Rogelio fue un jurista limusino, que fue sucesivamente obispo de Orleans y Limoges y finalmente arzobispo de Bourges, muriendo en 1368.

Rogelio o Roger fue un nombre muy apreciado en la Edad Media especialmente en los países germánicos, pero decayó notablemente a partir del siglo XVI y se mantuvo en un discreto término para resurgir en los primeros treinta años del siglo XX; pero actualmente se hallaba en franco retroceso aun cuando existen indicios de un nuevo resurgimiento de Roger, al menos en nuestro país.

Son Rogelios un príncipe de Antioquía, dos condes de Sicilia y varios de Foix; y además, Roger Bacon, Roger Peyrefitte, Roger Vadim, Roger Garaudy y Roger Moore.

NÚMEROS   Rogelio: 1 + 2 (de 11) = 3   Rogelia: 4 (de 22) + 2 (de 11) = 6   Roger: 3 + 9 = 3

Román

ETIMOLOGÍA   Del gentilicio latino *romanus*: de Roma, romano.

CARÁCTER   **Román** es un hombre seguro de sí mismo, fuerte, reservado, independiente, activo, emprendedor y con los pies bien asentados en el suelo y cuyo interés primordial se centra en sí mismo y en su bienestar material. Pero también presenta otra faceta, la de su 9 activo, que lo impulsa a ser compasivo, abnegado, altruista, algo místico e interesado en formar parte de grupos o sociedades que compartan sus mismos ideales; pero que nadie se engañe, pues incluso practicando dichas actividades siempre será él mismo; siempre sobresaldrá su fuerte personalidad y espíritu práctico. En el terreno sentimental se muestra igualmente duro, leal, franco, generoso y fiel; pero si se siente engañado no perdona y su ira puede ser inconmensurable.

HISTORIA   San Román era un soldado romano convertido al cristianismo ante el martirio de san Laurencio, siendo martirizado a su vez en el año 258.

Es un nombre que desde un principio gozó de un sólido prestigio hasta el siglo XIX en que decayó mucho quedando en un discreto lugar del santoral. Pero a partir de los años setenta renace con fuerza en Francia y se introduce también en España.

Son célebres cinco emperadores de Oriente, así como los escritores Romain Rolland, Romain Gary y el cineasta Roman Polanski.

NÚMEROS   8 + 1 = 9

Roque

(Roque, Roquelina, Rocky)

ETIMOLOGÍA Del latín *roca*: roca.

CARÁCTER **Roque** posee una fuerte personalidad, siendo activo, emprendedor y muy voluntarioso: Es un hombre nacido para mandar y dirigir, despreciando la mediocridad y no soportando desempeñar empleos subalternos, como no sea transitoriamente y en vistas a ascender o independizarse, pues es un oportunista que sabe aprovechar las ocasiones. Sin embargo, normalmente es reservado y reflexivo, y antes de emprender algo lo piensa y analiza, y esta combinación de reflexión y capacidad de mando le proporciona buenos resultados. Sin embargo, y a pesar de su lado práctico y materialista, también siente la necesidad de una cierta evolución interior, por lo que no es raro que se interese por cuestiones filosóficas, sociales o incluso de carácter religioso. En el terreno sentimental las cosas le son más difíciles, pues a pesar de ser buen psicólogo y comprender a su pareja, es poco emotivo, le falta expresividad y le cuesta manifestar su ternura.

El femenino de **Roquelia** ha desaparecido casi por completo, conservándose únicamente en Méjico en su variante de **Roquelina**.

Roquelina es una mujer de carácter, ambiciosa, corajuda, impaciente e incluso autoritaria. Franca, directa, brusca, orgullosa y testaruda, desconoce lo que son el tacto, la tolerancia y la debilidad. Muy apasionada necesita hallar un sentido a su vida; de aquí su necesidad de triunfar. Pero en su interior es emotiva y sensible, por lo que tiende a encerrarse en sí misma. Y a pesar de su materialismo y amor al dinero, es generosa y capaz de sacrificarse por quienes ama o por aquellas causas que considera lo merecen. En el amor sabe lo que quiere, siendo posesiva, celosa y exigente, pero no es dócil ni ahorradora.

Rocky es la forma familiar anglosajona de Roque, es todo lo contrario a como nos lo pinta el cine; pues es comunicativo, encantador, simpático, adaptable, hábil, estudioso y con gran capacidad para asimilar ideas y conocimientos, por lo que le encanta conversar y discutir, siendo capaz de destacar en cualquier actividad relacionada con la comunicación, la creatividad o el espectáculo. Muy respetuoso con los derechos de los demás, posee un sentido innato de la justicia y muchos deseos de progresar material y espiritualmente. Si algo puede reprochársele es el ser inestable y que en el terreno sentimental sea imprevisible, mostrándose tanto receloso y misterioso como lanzado y apasionado, pero siempre dispuesto a echarse atrás, como si tuviera miedo de atarse para siempre.

HISTORIA San Roque (1295-1327), nacido en Montpellier de una buena familia, cedió todos sus bienes a los pobres y a los 20 años salió de peregrinaje a Italia encontrándose con la gran epidemia de peste que asolaba el país, dedicándose abnegadamente a la curación de los enfermos, pero al caer víctima de la peste y no deseando contagiar a nadie huyó para morir en soledad. Descubierto por el perro de un hombre llamado Gothardo, éste le cuidó y consiguió curarlo. Por ello a san Roque se le considera el abogado protector de la peste y se le representa acompañado por un perro.

Es un nombre que siempre ha sido popular, especialmente en nuestro país, y exportado a América, Roquelina es muy popular en México; sin embargo en la actualidad ha decaído casi por completo, excepto en Italia como **Rocco** y en Estados Unidos en su forma familiar de **Rocky**, que nos es importado y devuelto por el cine.

Son famosos, Roque Barcia y Rocky Marciano.

NÚMEROS Roque: 7 + 1 = 8   Roquelina: 8 + 9 = 8   Rocky: 7 + 5 = 3

Rosa

Rosa, Rosita, Rosy, Rosina, Rosaura

ETIMOLOGÍA   Del latín *rosa*: rosa.

CARÁCTER Caracterizan a **Rosa** el encanto, la feminidad, la sensibilidad, la intuición, la imaginación y la facilidad de expresión y comunicación; y cuando responde al 11 activo tiene la posibilidad de hacer realidad sus aspiraciones, ya se centren en un ideal elevado o en una ambición material o social. Pero siempre junto a una gran tensión nerviosa, entusiasmo y apasionamiento. Pero cuando sólo responde al 2 es muy tierna, femenina, hipersensible y emotiva, afectuosa, sociable y dependiente, pero desconfiada y prudente cuando no se siente a gusto, buscará la seguridad de la vida en pareja, en la que además se mostrará tierna y sensual.

En su forma familiar de **Rosita**, es una mujer sociable que sabe moverse con desenvoltura, que cuando desea algo hace lo imposible por conseguirlo, ya sea mediante sus cualidades de seducción o a base de obstinación, impulsividad e incluso rudeza. De hecho, es una mujer independiente que cuando se siente motivada se muestra apasionada e hiperactiva, pero cuando le falta dicha motivación se convierte en perezosa e indolente. Tanto es capaz de pasar horas enteras en su cuidado estético como descuidar su apariencia. En el terreno sentimental es sensual, posesiva y celosa, pero muy amante de su libertad le cuesta encontrar el hombre perfecto que busca; y quizás por ello mientras tanto le cuesta rechazar las tentaciones.

En su otra forma familiar de **Rosy** es emotiva y sentimental, y cuando se siente contrariada o herida tiende a encerrarse en sí misma o a descargar su frustración en el trabajo, a poder ser en tareas de carácter social o humanitario, pues como busca su propia evolución interior sabe que la mejor manera de conseguirla es la abnegada entrega a una buena causa. Cuando responde a la influencia del 11, todavía se vuelve más idealista y soñadora, con ambiciones irrealizables. Su vida sentimental también le es difícil, pues romántica e hipersensible, espera demasiado, y sólo puede ser feliz si sabe dirigir su amor y abnegación hacia la maternidad.

En su gentilicio de **Rosina** (*Rosinus*: de Rosa) es una mujer desconcertante con una naturaleza inquieta y nerviosa que roza la angustia. Es activa, dinámica e intenta dar una imagen de fortaleza; pero sin embargo no tiene nada de dura. En ella, la unión de los valores de 7 y del 8 equivale a mezclar pasión, exageración, actividad, autoridad e impulsividad, con reserva, reflexión, pasividad, interioridad y sensibilidad, lo que produce un resultado explosivo y desconcertante en que es capaz de pasar del entusiasmo desbordante a la depresión; es decir, un carácter ciclotímico de contrastes extremados. En el terreno sentimental es una mujer enigmática que no hace nada para ser comprendida, unas veces apasionada, demostrativa y generosa, y otras dura y amargada. Pero en el fondo existe una romántica que necesita amar y ser amada, cuyos sentimientos son sólidos y su moralidad estricta.

Rosaura es una variante de Rosa; en realidad equivale a rosa de oro (rosa áurea). Es una mujer con un carácter muy fuerte, de aquellos que son más propios de un hombre que de una mujer. Es enérgica, reservada, obstinada, muy trabajadora y paciente, y con la meta muy clara y fija de conseguir poder y riqueza, y con cuatro 1 en su rejilla, corre el peligro de convertirse en demasiado egocéntrica, autoritaria y testaruda. En el amor no es romántica ni sentimental, a lo que se añade su dificultad en expresar sus emociones. Pero fiel y posesiva, puede convertirse en una tigresa si se siente abandonada, o si algo amenaza su amor o su familia.

HISTORIA   Santa Rosa de Lima (1586-1617) nació en dicha ciudad y a los 20 años entró en la orden de Santo Domingo, en la que vivió con tanta austeridad y misticismo que resultó incomprendida incluso por sus correligionarias, terminando sus días recluida en una modesta cabaña. Fue la primera santa canonizada en el continente americano. Otras nueve santas y bienaventuradas tomaron su nombre.

Sin embargo el nombre es mucho más antiguo; extendido por toda Europa y América nunca ha dejado de ser uno de los nombres más populares, tanto es así, que al igual que Ana, María e Isabel, es el origen de multitud de variantes, derivados y nombres compuestos.

Son célebres, Rosa Luxemburg, Rose Kennedy y Rosa Chacel.

NÚMEROS   Rosa: 8 + 3 = 11 = 2   Rosita: 8 + 6 = 5   Rosy: 7 + 2 = 9   Rosina: 8 + 8 = 7
Rosaura: 4 + 4 = 8

Rosalía

ETIMOLOGÍA   Del latín *rosalias*, nombre de unas fiestas romanas que se celebraban en mayo y en las que se arrojaban rosas sobre las tumbas.

CARÁCTER   Es extrovertida, afectiva y emotiva, y necesita gustar, agradar, comunicarse y tener amistades. Le cuesta mucho decidirse, pues a pesar de ser algo autoritaria, su carácter es dubitativo e influenciable. Refinada y perfeccionista –a veces demasiado– es muy sensible al confort. En su interior es abnegada y se siente tentada a huir de la realidad material, por lo que el sueño y la utopía pueden ser medios para escapar de problemas y conflictos, aun cuando a veces su huida puede concretarse en forma de viajes. En el amor es sentimental y romántica, buscando al príncipe encantador que la colme de felicidad, lo que puede ocasionarle más de una desilusión.

HISTORIA   Santa Rosalía decidió vivir en soledad en el monte Pellegrino, cerca de Palermo, muriendo en 1170. Es la patrona de Palermo y de Sicilia.

Es un nombre que empezó siendo popular en Italia y mucho menos en el resto de Europa, pero que poco a poco se ha ido extendiendo gracias a su similitud con Rosa, y actualmente es bastante frecuente en nuestro país, especialmente en Galicia.

Como celebridad citaremos a Rosalía de Castro y Rosalynn Carter.

NÚMEROS   9 + 6 = 6

Rosario

ETIMOLOGÍA   Del latín *rosarium*: rosal.

CARÁCTER   Posee una autoridad natural y una gran fuerza de persuasión, armas que le permiten la independencia y satisfacer su necesidad de mandar y dirigir, lo que casi siempre consigue a base de esfuerzo y paciencia; pero una vez conseguidos sus objetivos sabe mantenerlos y consolidarlos. Es sociable y le gusta sentirse admirada, pero a pesar de ello sabe mantener las distancias con la suficiente destreza para que no se note. Su mayor problema reside en los tres 1 de su rejilla, además del activo, con lo cual siempre existe el peligro de un ego excesivamente fuerte que puede conducir al autoritarismo, el egocentrismo y la testarudez. En el amor se muestra selectiva e idealista, y cuando encuentra al hombre de su vida no lo deja escapar, y si peca de algo es de ser demasiado exclusiva y no hallarse nunca plenamente satisfecha.

HISTORIA   Es otra de tantas advocaciones marianas que en nuestro país alcanzan la categoría de nombres propios. En este caso la causa es debida a la creencia de que la batalla de Lepanto, en la que se consiguió la victoria sobre los turcos, fue debida a la ayuda de la Virgen María invocada en la plegaria del rosario.

NÚMEROS $6 + 4 = 1$

Rubén

ETIMOLOGÍA   Del hebreo *raah-ben*: veo un hijo.

CARÁCTER   **Rubén** ha nacido para mandar, dirigir y organizar. Mucho más práctico que intelectual, es emprendedor, activo y dinámico. En el fondo es un idealista siempre dispuesto a luchar por causas que considere útiles a los necesitados o a la sociedad en general. En la vida práctica es alérgico a toda clase de autoridad y jerarquía, a pesar de que personalmente es enérgico y obstinado y nunca pierde de vista el provecho que puede sacar de las oportunidades que se le presentan, en lo cual es rápido y eficaz. En el amor incorpora a su idealismo y romanticismo una buena dosis de exigencia, pasión y celos.

HISTORIA   Es un nombre anglosajón del que apenas si conocemos nada, pues desconocido en Europa hasta hace pocos años, ahora empieza a popularizarse en nuestro país, donde está alcanzando un gran éxito entre la juventud.
Como célebre citaremos a Rubén Blades.

NÚMEROS $9 + 8 = 8$

Sabino

Sabino, Sabina, Sabrina, Sabiniano

ETIMOLOGÍA   Del latín *sabinus*: sabino.

CARÁCTER   **Sabino** es enérgico, viril, combativo y obstinado, pero siempre elegante y distinguido; sueña con mandar, dirigir y lograr poder y riqueza, y no soporta la supeditación. De hecho, es concreto, práctico, poco intelectual, reservado y deseando ser útil, ya sea en la mística, el deporte, la política o el arte. Muy estricto, leal, franco y directo, no tolera ni el disimulo ni la falsedad. En el terreno sentimental es apasionado, exigente, celoso y posesivo, y su brusquedad puede hacerle perder más de una ocasión; sin embargo, en el fondo es tierno y emotivo.

Sabina es una mujer con la que se puede contar; a pesar de la sonoridad acariciante del nombre, se trata de una mujer seria y austera, más interesada en los demás que en sí misma y que se realiza siendo útil; sin embargo, posee grandes ambiciones, le gustaría promover un mundo mejor y ocuparse de los desheredados; todo ello, claro está, si responde a la influencia de su 11 íntimo. Pero en caso contrario, si se limita al 2, no pierde su marcada sensibilidad y sentido asociativo y humanitario, pero se limitará a un terreno más próximo, el del amor, el matrimonio y las asociaciones profesionales o benéficas. En el amor es una romántica sentimental que pone al ser amado sobre un pedestal, con todos los riesgos de decepción que esto puede reportarle.

Sabrina es una mujer práctica, adaptable, seductora, comprensiva y muy independiente; pero además es inteligente y con una memoria que le permite destacar en cualquier profesión relacionada con la expresión, la comunicación y la creatividad, no importándole trabajar en equipo o en asociación. Cuando es capaz de responder a su 11 íntimo, en su interior crece la ambición y se hace más creativa y original, siendo capaz de destacar en cuanto emprenda. Su único defecto, con tres 1 en su rejilla (además del de realización) es un exceso de egocentrismo, autoritarismo y testarudez. Para ella la vida sentimental y la maternidad son importantes, pero no esenciales; por ello, cuando responde a la influencia del 11 sacrificará su vida afectiva a la profesional; pero si sólo responde al 2, deseará compartir ambas cosas.

En su gentilicio de **Sabiniano** (*Sabinianusd*: de la familia de Sabino), la libertad y la independencia son algo sagrado; adaptable, agradable, elegante, muy curioso y con una inteligencia capaz de asimilar ideas y conceptos, e incluso de sacarle provecho a las experiencias de la vida, se considera capaz de hacer cuanto puedan hacer los demás, y si le apuran, mejor que ellos. Sin embargo, debe dominar su excesiva tendencia al cambio y la versatilidad, que pueden convertir su vida en inestable. En su interior existe un fondo de espiritualidad e idealismo por el que es capaz de sacrificar parte de su independencia cuando puede sentirse útil ayudando a los demás. En el terreno sentimental es sensible, sensual y emotivo. Lástima que sea tan inconstante.

HISTORIA   El nombre de Sabino es alusivo a una tribu rival de Roma famosa por el rapto de sus mujeres, las sabinas. En cuanto a Sabrina, según algunos autores proviene del nombre del río Severno, fronterizo entre el Imperio Romano y las tribus bárbaras; sin embargo, la opinión más frecuente es la de considerarlo un derivado de Sabina.

Según una leyenda del siglo VI, Santa Sabina fue una noble dama romana que donó sus bienes a los cristianos, por lo que fue martirizada en el año 127. En el lugar de su suplicio se construyó una iglesia con su nombre. San Sabino fue obispo de Espoleto, y san Sabiniano el primer obispo de Sens. De Sabrina no se sabe que exista ninguna santificada.

Son nombres que fueron muy populares en la Edad Media y posteriormente en el siglo XVIII, para reaparecer con fuerza en los años sesenta, primero en Francia, pero luego por todo el mundo gracias al film de dicho nombre, siendo su máximo esplendor de 1980 a 1985.

Son célebres, Popea Sabina, esposa de Nerón, la pintora Sabine Monyris y Sabrina Michaud, esposa y colaboradora de Roland Michaud.

NÚMEROS   Sabino: $8 + 9 = 8$ Sabina: 2 (de 11) $+ 9 = 2$ Sabrina: 2 (de 11) $+ 1 = 3$
Sabiniano: $9 + 5 = 5$

Salomé

Salomé, Salomón

ETIMOLOGÍA   Del hebreo *salem*: sana, armoniosa.

CARÁCTER   **Salomé** es tranquila y reservada, honesta, paciente, estable y voluntariosa, pero su timidez hace que a veces dude de sus capacidades y se muestre intranquila e insegura. Introvertida, no gusta de hacer demasiadas amistades ni llevar una vida superficial o movida, prefiriendo la soledad y resolver sus problemas por sí sola, sin solicitar ayuda; y más racional y práctica que intelectual se apoya siempre en la lógica y el sentido común, y si a veces sueña, no tarda en regresar a la realidad. Cuando responde a la influencia del 22, desaparecen muchas de sus limitaciones y puede llegar a realizar grandes cosas. La vida sentimental no siempre es fácil para una mujer introvertida y reservada; sin embargo, cuanto desea es seguridad, no importándole que la vida familiar sea rutinaria o monótona, si se siente amada y tiene en quien apoyarse.

Salomón es metódico, organizado, elegante y con gran facilidad para asimilar conocimientos y experiencias; es adaptable y maleable, pero defiende sus ideas con firmeza. Otra de sus cualidades es su sentido de la cooperación y de los negocios en los que no duda en asociarse cuando lo considera necesario para obtener mayor provecho, y a pesar de su gran intuición lo hace pasar todo bajo el tamiz de la lógica y el sentido práctico. Sentimentalmente es muy exigente y perfeccionista; le pide demasiado a su pareja y en él se realiza aquello de que lo mejor es enemigo de lo bueno, y por buscar lo mejor muchas veces se pierde lo bueno, exponiéndose a quedarse solo.

HISTORIA   Ante todo, conviene aclarar que la etimología de Salomón más que el masculino de Salomé es un derivado de la misma, pues de *salem*: sana, armoniosa, se deriva *Scialom*: paz, y de éste *Scelomo*: pacífico, que es el significado de Salomón. Sin embargo, comúnmente se considera a Salomón y Salomé como el masculino y femenino del mismo nombre.

Creo que todos conocemos el relato bíblico de Salomé pidiendo la cabeza de san Juan Bautista en una bandeja. Pero lo que es menos conocido es lo que dice Nicéforo en su *Historia Eclesiástica* (I-20), de que en un viaje de placer sobre un lago helado, se quebró el hielo atrapando el cuello de Salomé y cortándoselo.

Santa Salomé era la madre de los apóstoles Santiago el Mayor y Juan, y era una de las piadosas mujeres que siempre seguían y servían a Jesús. En cuanto a san Salomón fue un mártir de Córdoba en el siglo IX.

Salomón es un nombre de gran predicamento en Europa del siglo VII al X, especialmente en España y Bretaña, desapareciendo luego prácticamente excepto en la Martinica donde sigue vigente e incluso ha llegado a Estados Unidos. En cuanto a Salomé, todavía fue más famosa, especialmente entre las familias protestantes del siglo XVII. Pero mientras que Salomón no parece vaya a renacer de sus cenizas, quien lo está haciendo actualmente es Salomé.

Como celebridades, dejando aparte las bíblicas, citaremos a la cantante Salomé.

NÚMEROS   Salomé: $4 + 9 = 22 = 4$ Salomón: $6 + 5 = 2$

Salvador

ETIMOLOGÍA   Del latín *salvo*: salvar.

CARÁCTER   Agradable, equilibrado y simpático, **Salvador** desprende una sensación de paz y tranquilidad que lo hace muy apreciado por quienes le rodean. Sin embargo, autoritario, metódico y exigente, e incluso detallista en extremo, es muy consciente de sus responsabilidades, Pero en el fondo es un idealista que desearía ser útil a los demás, al que le atraen las grandes causas y que cuando se siente motivado puede realizar grandes cosas, aun cuando en esta vida deberá superar muchas dificultades, dado que sus números clave son ausentes. En el terreno sentimental es romántico y sensual, deseando hallar un alma gemela con la que fundirse para fundar un hogar y una familia.

HISTORIA   San Salvador era un lego de la orden franciscana cuya virtud fue tan célebre que llegó a oídos de la corte de Felipe II, que lo llamó a Madrid; sin embargo, para evitar que se envaneciera sus superiores lo fueron cambiando continuamente de convento: Tortosa, Horta (Tarragona), Reus y finalmente Cáller, donde murió en 1567.

En realidad el nombre de Salvador era una forma metafórica para no emplear el nombre de Jesús, cosa que se consideraba irreverente; Salvador pues, equivalía a salvador de todos los hombres.

Es un nombre muy popular en España, Italia e Hispanoamérica, pero inexistente –o casi– en el resto del mundo.

Como celebridades citaremos a Salvador de Madariaga, Salvador Allende, Salvador Dalí, Salvador Espriú y Salvatore Adamo.

NÚMEROS $9 + 6 = 6$

Samanta

Samanta, Samantha

ETIMOLOGÍA   Del arameo *samantha*: que escucha.

CARÁCTER   **Samante** es una mujer elegante, enérgica, obstinada y ambiciosa cuyo fin primordial es adquirir poder y riqueza, para lo que sabe usar su facilidad en asimilar ideas y experiencias, tanto buenas como malas, en las que siempre encuentra algo que puede serle de provecho en el futuro. Le gusta conquistar, seducir y comunicarse, casi tanto como el riesgo y la aventura, e impaciente por naturaleza puede mostrarse egocéntrica, intolerante y con cierto espíritu de contradicción. En el terreno sentimental suele ser ella quien escoge, pues no duda en dar el primer paso si encuentra un hombre que le gusta; y en el seno del matrimonio quiere preservar su libertad personal y ser ella quien lleve las riendas; pero en cambio se muestra muy celosa, sensual y epicúrea.

Samantha, la forma original conservada en los países anglosajones, es una mujer misteriosa, inaccesible y difícil de comprender a causa de las influencias contradictorias de sus números clave. En efecto, el 7 la convierte en introvertida, reflexiva, reservada y algo dubitativa, pues antes de decidir o emprender algo necesita informarse bien y sopesar a fondo el pro y el contra de la cuestión, siendo su vida interior muy rica y tendente a la búsqueda de las verdades e ideas fundamentales de la vida, entre las cuales se halla la fe y, a veces, el esoterismo. En cambio, el 3 íntimo le lleva a desear expresarse y comunicar, hacer amistades y establecer contactos; es decir que íntimamente desearía ser más extrovertida. Cuando es capaz de responder a la influencia del 22 de realización, domina más la faceta extrovertida y se hace ambiciosa, creativa y capaz de entregarse a la realización de sus elevados ideales, Por el contrario, cuando sólo responde al 4, es la introversión lo que domina, sus metas no son tan altas y se centra en el trabajo cotidiano, en el que sabe esforzarse pacientemente. Sin embargo, en ambos casos el carácter resulta algo ciclotímico, con alternancias de ambos aspectos de su personalidad. Su vida sentimental tampoco resulta fácil, pues aun cuando parece comunicativa, guarda para sí sus íntimos sentimientos, sin expresarlos, por lo que no es raro que se sienta incomprendida; a la hora de escoger pareja, lo hará más por sus valores intelectuales que por los materiales.

HISTORIA   No conozco ninguna santa de dicho nombre, y a pesar de atribuírsele la etimología aramea que hemos citado, también debemos tener en cuenta que nos llega de los países anglosajones seguramente procedente de la India, de donde lo importaría la Inglaterra colonial en el siglo XIX. En dicho caso, su verdadera etimología podría derivar de Samantabhadra, el boddisattva que personifica la inteligencia suprema de la ley.

NÚMEROS   Samanta: 3 + 5 = 8   Samantha: 3 + 4 (de 22) = 7

Samuel

Samuel, Sam

ETIMOLOGÍA   Del hebreo *samu'El*: Dios escucha, o de *shemu'El*: el nombre es Dios.

CARÁCTER   **Samuel** posee una fuerte personalidad, estricto, autoritario y dominador, en el fondo es tierno, emotivo, generoso, muy sensible y con un fondo de religiosidad o misticismo que hace que sólo se sienta realizado siendo útil, ya sea personalmente o formando parte de grupos o asociaciones de tipo social o humanitario. Sin embargo, es muy independiente y oportunista y, como hemos dicho, autoritario y dominante, por lo que no es extraño verle ocupando cargos directivos, tanto en su faceta profesional como en la humanitaria. En el amor es idealista, pero exigente, por lo que le cuesta hallar la pareja que desea; sin embargo, es sensual, generoso y amante de los niños. Pero que no pongan en duda quién manda en casa.

En su forma familiar anglosajona de **Sam** es ordenado y metódico, pero refinado y elegante, aún cuando exteriormente parece misterioso y enigmático, quizás para ocultar la contradicción interna entre su 7 activo y su 1 íntimo; entre su necesidad de meditar y reflexionar, de sopesar el pro y el contra de las cosas y problemas que le hace difícil decidirse, de su sentido práctico y de su espíritu detallista, que a veces casi se convierte en manía, y su necesidad de afirmarse de forma independiente. En muchos casos su salida reside en la búsqueda interna de algo superior. Cerebral e introvertido, es mejor oyente que comunicador, y de tanto en tanto necesita la soledad, donde se siente a sus anchas. En el terreno sentimental es una extraña mezcla de pudor y narcisismo, de querer y temer; y además, a pesar de ser un sentimental, le cuesta mucho expresar lo que siente.

HISTORIA   Once siglos antes de Jesucristo, Samuel fue un profeta que reformó las costumbres del pueblo hebreo y fundó la primera monarquía israelita. En el mundo cristiano, san Samuel fue martirizado en Cesárea, Palestina, en el siglo IV.

Es un nombre usado principalmente en los medios protestantes, especialmente en Inglaterra y Estados Unidos, pero a pesar de considerar al tío Sam la imagen del estadounidense, nunca ha sido un nombre muy popular, aunque siempre ha estado presente con discreción y continuidad.

Como celebridades citaremos a un zar de Bulgaria, a los escritores Samuel Butler y Samuel Beckett, al inventor Samuel Morse, al homeópata Samuel Hahnemann, al cineasta Samuel Goldwin y al actor Sammy Davis Jr.

NÚMEROS   Samuel: 1 + 9 = 1   Sam: 1 + 6 = 7

Sara

(Sara, Sarah)

ETIMOLOGÍA   Del hebreo *sarah*: princesa.

CARÁCTER   **Sara** es simpática, franca, directa y comunicativa, deseando gustar y relacionarse socialmente. Es muy rápida y apresurada en cuanto hace, y como es hábil manualmente pronto se saca el
trabajo de encima y tanto puede vérsela cosiendo como bricolando o realizando algún trabajo de carácter creativo. Sin embargo, no sabe estarse quieta, todo quiere verlo, conocerlo y probarlo. Sin embargo, su exceso de 1 en su rejilla (tres en cuatro letras) –a menos que su número hereditario lo compense–
hace que su mayor defecto sea el egocentrismo, la tozudez y un autoritarismo que raya en la tiranía.
Pero en el fondo es una sentimental y si encuentra al hombre de su vida, a pesar de su autoritarismo
hará cuanto sea necesario para conservarlo, tanto a él como a su hogar.

    Sarah es muy tímida y reservada, introvertida, hipersensible y emotiva, y al faltarle confianza en sí
misma, siempre está a la defensiva, prudente y desconfiada, temiendo sentirse sentimentalmente herida. En la vida tiende a no hacer nada sin haberlo meditado antes, y temerosa de las consecuencias de
un mal paso tiende a interiorizar sus emociones y sentimientos, a pesar de que con tres 1 en su rejilla,
de tanto en tanto tenga un arrebato de egocentrismo y pueda cometer una imprudencia. En el trabajo
es organizada, ordenada y constante, a lo que le ayuda su buena resistencia física. Cuando es capaz de
responder a la influencia del 11 se vuelve menos tímida e introvertida y más original y ambiciosa. En el
terreno sentimental vive pendiente de su pareja, siempre deseosa de agradarle y hacerle feliz, siendo
una buena esposa y madre, aun cuando a veces resulte algo inmadura.

HISTORIA   En la Biblia existen tres Saras legendarias: la primera es la sirviente negra de María Magdalena, que actualmente es venerada por los gitanos; la segunda, la esposa de Abraham, que dio a luz a
Isaac a los 99 años; y la tercera, la esposa de Tobías el Joven, siete veces viuda.

    Es uno de aquellos nombres bíblicos recuperados en el siglo VII por las familias judías y luego por
las protestantes, que luego ha conservado su popularidad en los países anglosajones, pero siendo muy
escaso en los demás hasta mediados de nuestro siglo, cuando su fuerte resurgir en Estados Unidos ha
hecho que penetrase entre nosotros, donde al parecer va incrementando su popularidad.

    Son célebres las actrices Sarah Bernhardt y Sara Montiel, la cantante Sarah Vaughan, la duquesa
de York, Sarah Ferguson, y la hija de Margarita de Inglaterra, Sarah Armstrong-Jones.

NÚMEROS   Sara: $2 + 3 = 5$ Sarah: $2 + 2$ (de 11) $= 4$

Sebastián

Sebastián, Bastián, Sebastiana

ETIMOLOGÍA   Del griego *sebastos*: honrado, respetable, venerable.

CARÁCTER   **Sebastián** es comunicativo y encantador, adaptable, simpático y le encanta conversar y discutir; elegante, hábil estudioso y con gran facilidad para asimilar ideas y conocimientos, es capaz de destacar en cualquier actividad que se proponga, especialmente las relacionadas con la comunicación, la expresión o la creatividad. Muy respetuoso con los derechos de los demás, posee un sentido innato de la justicia y muchos deseos de formarse y progresar material y espiritualmente. Si algo se le puede reprochar es el ser algo inestable, y de que en el terreno sentimental sea imprevisible, mostrándose tanto receloso y misterioso como lanzado y apasionado, pero siempre dispuesto a echarse atrás, como si tuviera miedo de atarse para siempre.

   Sebastiana es franca y directa, pero en su carácter existe una extraña mezcla de reserva y control, pero también de impulsividad, autoritarismo e incluso a veces de agresividad que suele desconcertar a quienes la tratan, pues un día se presenta meticulosamente arreglada y al siguiente de cualquier manera; un día tímida y otro osada. Sin embargo, es una mujer fuerte, determinada y ambiciosa que cuando ha decidido algo es imposible hacerle cambiar de opinión; y como es lo suficiente inteligente para sacar provecho a las experiencias de la vida, suele conseguir lo que quiere. En el terreno sentimental es una esposa difícil de manejar y comprender, pues le falta adaptabilidad y quiere mandar y administrar y además es posesiva; pero es una mujer en la que se puede confiar.

   En su forma familiar de **Bastián** se muestra apasionado y lleno de vitalidad; le gusta la aventura y le atrae lo desconocido, pero una vez conseguido lo que desea lo olvida y busca algo nuevo. Impulsivo e impaciente, idealista y soñador, sensible, sociable, simpático y siempre dispuesto a cooperar en lo que sea, necesita estar rodeado de gente para sentirse vivo y demostrar su habilidad manual y de palabra. No obstante, si es capaz de responder a la influencia de su 11 íntimo, su intuición y carisma se exaltan y puede integrarse en movimientos sociales, humanitarios o esotéricos. En el amor es tierno, sensual, buen conocedor de la psicología femenina y un excelente amante, pero lástima que tarde tan poco en ceder a su necesidad de cambiar de pareja.

HISTORIA   A san Sebastián la tradición lo presenta como un soldado nacido en Milán que murió en el siglo III martirizado a flechazos en Roma, víctima de la persecución de Diocleciano.

   Son célebres el rey Sebastián de Portugal, el músico Sebastián Bach, el navegante Sebastián Cabot, el conquistador Sebastián Benalcazar, el atleta Sebastián Coe y el médico Sebastián Kneipp.

NÚMEROS   Sebastián: 7 + 5 = 3   Sebastiana: 8 + 5 = 4   Bastián: 2 (de 11) + 3 = 5

Serafín

Serafín, Serafina

ETIMOLOGÍA   Del hebreo *saraphim*: serpiente.

CARÁCTER   **Serafín** es metódico, organizado, elegante y con gran facilidad para asimilar conocimientos y experiencias; es adaptable y maleable, pero sabe hacer valer sus ideas con firmeza. Otra de sus cualidades es su sentido de la cooperación y los negocios, en los que no duda en asociarse cuando lo considera necesario para obtener mejor provecho, y a pesar de su gran intuición todo lo hace pasar bajo el tamiz de la lógica y el sentido práctico. Sentimentalmente es muy exigente y perfeccionista, pidiendo demasiado de su pareja, por lo que se expone a quedarse solo.

    Serafina es comunicativa, adaptable, seductora, elegante, muy hábil y capaz de destacar en cuanto se refiera a la creatividad o la comunicación, y además posee la capacidad de aprovechar las lecciones de la experiencia en vistas al mañana. Siendo celosa de su independencia, no por ello deja de sentir un profundo sentido de la justicia y sabe respetar los derechos e independencia de los demás. Externamente alegre y optimista, en el fondo es seria y reflexiva, con un carácter muy complejo y lleno de facetas que no dejan de sorprender a quienes la rodean. En el amor también existen estas facetas desconcertantes, pues tanto se muestra secreta y misteriosa como lanzada y apasionada.

HISTORIA   Santa Serafina era una joven toscana del siglo XIII que vivió su completa parálisis en éxtasis místico; y de san Serafín existen dos: un monje capuchino italiano que hacía de jardinero, y un sacerdote ruso; ambos penitentes, visionarios y hacedores de milagros.

    Son nombres raros en Europa, pero frecuentes en España e Italia a partir del siglo XIX, aun cuando actualmente parecen estar decayendo.

    Son célebres los escritores Serafín Alvarez Quintero, Serafín Estévanez Calderón y Serafí Pitarra, que en realidad se llamaba Frederic Soler.

NÚMEROS   Serafín: 6 + 5 = 2   Serafina: 7 + 5 = 3

Sergio

ETIMOLOGÍA   Es bastante confusa, pues *Sergius* era el nombre de una familia romana de origen etrusco, siendo el más conocido Lucius Sergius Catilina, al cual Cicerón dedicó sus *Catilinarias*. Habitualmente Sergius se traduce por «guardián».

CARÁCTER   **Sergio** posee un discreto encanto y una actitud estricta y selectiva. Exteriormente parece frío y altanero, pero en realidad es inquieto y reservado, y si se muestra distante es para esconder su pudor, desconfianza y timidez; sin embargo, una vez seguro de que quien tiene delante es digno de confianza, se muestra agradable y sociable. Voluntarioso, activo y ambicioso, posee una gran capacidad de trabajo y piensa que el tiempo trabaja en favor suyo. Es racional y lógico y sabe organizar, dirigir y administrar. La mezcla contradictoria de las influencias del 3 y del 4 puede hacer que a veces se mueva entre la extroversión e introversión; entre la generosidad y la avaricia. En el terreno sentimental se muestra egoísta, dominador, posesivo e íntegro, y como no es sentimental ni sabe expresar sus sentimientos, a veces la convivencia le resulta problemática.

HISTORIA   San Sergio era un oficial romano que se negó a masacrar a los cristianos en Siria y fue martirizado a su vez. San Sergio I papa puso orden en la Iglesia a finales del siglo VII.

Es un nombre que fue adoptado por la Iglesia de Oriente, lo que ha llevado a considerarlo erróneamente como ruso, pues desde allí volvió al resto de Europa con los emigrantes que huían de la Revolución Rusa, y cada vez va sonando con mayor frecuencia en nuestro país.

Como celebridades citaremos a cuatro papas, un patriarca de Moscú y otro de Constantinopla; y además bailarines como Lifar y Diaghilev, músicos como Gainsboroug y Procofiev, cineastas como Leone, Einsenstein y Paradjanov, deportistas como Bruguera y Bubka, cantantes modernos como Dalma y curanderos como Alalouf.

NÚMEROS   3 + 1 = 4

Severo

Severo, Severiano

ETIMOLOGÍA   Del latín *severus*: severo, riguroso.

CARÁCTER   **Severo** es contradictorio a causa de la oposición de 7 y 8 sus números clave; por el 7 es pasivo, reflexivo, sensible, algo místico y contemplativo, mientras que por el 8 es activo, dinámico, impulsivo y amante del poder y la riqueza. De aquí que en su vida se manifiesten insospechadas alternancias entre dichas tendencias, pudiendo pasar de una actividad frenética, ya sea en los negocios, la política o el deporte, a una actividad reflexiva de investigación. Siempre serio, obstinado, imaginativo y rápido, es un hombre justo que desea evolucionar y superarse, teniendo muy claros cuáles son sus derechos y deberes. Su único problema, con tres 5 en su rejilla, reside en la inestabilidad y los viajes, ya sea por cambiar de trabajos, domicilios o países. Esta misma dualidad hace que en el terreno sentimental unas veces sea apasionado, impaciente y demostrativo, y otras cerrado, posesivo y celoso.

Severiano es el gentilicio de Severo (*Severianus*: de la familia de Severo). Aun cuando parezca flemático, altivo y distante, en realidad es tranquilo y reservado, serio y profundo, pero también algo tímido, honesto y concienzudo. Sin embargo, con dos 4 en sus números clave y ninguno en la rejilla, a veces duda de sus capacidades y se repliega sobre sí mismo, o con sus cuatro 5 en la rejilla lo que haga sea inestabilizarse y propender a los cambios o viajes. Íntimamente, es idealista, algo místico, amante de lo natural y enemigo de artificios y sofisticaciones. A pesar de su necesidad de una vida sentimental, se siente dividido entre su idealismo y versatilidad, y la estabilidad que requiere la vida en pareja.

HISTORIA   En el siglo IV san Severo, cuyo origen es desconocido, apareció por los montes de Norique (en la confluencia del Danubio y el Inn) donde predicó, evangelizó y curó a los enfermos; actualmente se le venera en Nápoles.

Son dos nombres que han perdurado siempre sin pena ni gloria, y los femeninos incluso pueden considerarse como prácticamente extinguidos.

Como célebres citaremos al escritor Severo Sarduy, el científico Severo Ochoa y al deportista Severiano Ballesteros.

NÚMEROS   Severo: 8 + 8 = 7   Severiano: 9 + 4 = 4

Silvia

Silvio, Silvia, Silvestre

ETIMOLOGÍA   Del latín *silva*: bosque.

CARÁCTER   **Silvio** posee una fuerte personalidad, siendo activo, emprendedor y muy voluntarioso. Ha nacido para mandar y dirigir, no soportando empleos subalternos como no sea transitoriamente y en vistas a ascender o independizarse pues es un oportunista que sabe aprovechar las ocasiones. Sin embargo, normalmente es reservado y reflexivo y antes de emprender algo primero lo piensa y analiza, y esta mezcla de reflexión y capacidad de mando le proporciona buenos resultados. Pero a pesar de este lado práctico y materialista, también siente la necesidad de evolución interior, por lo que no es raro que se interese por cuestiones filosóficas, sociales e incluso religiosas. En el terreno sentimental las cosas le son más difíciles, pues es poco emotivo, le falta expresividad y le cuesta manifestar su ternura.

En **Silvia** se manifiesta una contradicción entre sus números íntimo y de realización (1) y el activo (2). Es decir, un conflicto entre la independencia y el dinamismo, con la dependencia y la pasividad. Esta circunstancia hace que su vida sea un cambio continuo de unas a otras cualidades. No obstante, hay ocasiones en que ambas condiciones pueden armonizarse hasta cierto punto, apareciendo en la vida social como seductora, tranquila, afable y protectora, mientras que en su vida privada es dura como el acero. En el terreno sentimental es sensible y emotiva, pero tiende a ocultar sus emociones que considera debilidades; por dicha causa su vida matrimonial casi nunca resulta satisfactoria en su lucha interna entre la dependencia de su pareja y el ansia de libertad.

Silvestre es reservado, desconfiado, tímido y prudente y duda mucho antes de emprender algo, pero cuando se decide no hay nada que pueda detenerlo pues ambiciona conseguir su parcela de poder e independencia. Valiente y determinado, necesita gastar la energía que le sobra y se siente atraído por el mundo de los negocios y las finanzas. Su problema es que es demasiado maniqueo: todo es blanco o negro, sin matices; por ello es estricto, autoritario y enemigo de engaños y falsedades, y oculta su sensibilidad bajo una apariencia crítica o irónica. En el terreno sentimental le falta espontaneidad y no sabe demostrar su cariño; sin embargo, la mujer que logre conquistarlo se dará cuenta de que es un hombre en el que se puede confiar plenamente.

HISTORIA   San Silvio era obispo de Gaza y, tras ser condenado junto con sus discípulos a trabajos forzados en las minas, finalmente fue decapitado en 311. Santa Silvia, siciliana del siglo VI, fue la madre de san Gregorio Magno, muriendo en 592. San Silvestre I papa (270-335) gobernó la Iglesia durante veintiún años, y a pesar de ver penetrar la fe cristiana en todas las clases sociales, tuvo que asistir impotente a la crisis arriana.

Son nombres que fueron populares del siglo XVI al XIX, pero luego Silvio y Silvestre han pasado prácticamente al olvido; en cambio, Silvia renace con fuerza inusitada a partir de finales de los 50, y su popularidad parece no cesar, al menos por ahora.

Son célebres la cantante Silvie Vartan, las actrices Sylvia Kristel, Silvana Mangano y Silvia Munt, la reina de Suecia Silvia Sommerlath, el actor Sylvester Stallone y el financiero Silvio Berlusconi.

NÚMEROS   Silvio: $7 + 1 = 8$ Silvia: $1 + 1 = 2$ Silvestre: $1 + 7 = 8$

Simón

Simón, Simona

ETIMOLOGÍA   Del hebreo *shama*: escuchar, deriva *shim'on*: el que es escuchado.

CARÁCTER   **Simón** es emotivo y abnegado, con un profundo sentido de la justicia, un íntimo deseo de evolución interior y muy interesado por los derechos humanos, deseando participar en cuanto se refiera a las cuestiones humanitarias, sociales y públicas. Normalmente, su extremada sensibilidad y emotividad le conducen a encerrarse en su vida íntima, a estudiar y meditar, abrirse al universo de lo irracional, a la búsqueda de las verdades profundas; pero cuando sea capaz de responder a la influencia del 11, todas estas cosas saldrán al exterior, adquirirá carisma, ambición y ascendiente sobre su entorno siendo capaz de llevar a la práctica sus ideales. En el terreno sentimental es tierno, romántico y sensual, buscando una compañera con la que compartir ilusiones e ideales, aun cuando con un carácter tan hipersensible como el suyo la convivencia no será fácil.

Simona es afectuosa, pero también enérgica y ambiciosa; de hecho existe una dicotomía en su carácter debido a la oposición entre el 1 activo: autoritario, individualista, egocéntrico, tenso y oportunista, y el 2 de realización: estabilizador, paciente, laborioso y pasivo; de aquí que a la vez necesite mandar y sentirse protegida, lo cual es bastante incompatible. Pero además el 8 íntimo la hace reservada y ambiciosa, y al ser ausentes el 1 y el 8, tenderá a excederse, a una cierta falta de equilibrio, a ser caprichosa y posesiva. Pero si llega a responder a la influencia del 11, su ambición y originalidad se incrementarán, adquiriendo una mayor y más estable personalidad y relevancia. En el terreno sentimental es celosa y posesiva, pero franca y directa, lo cual unido a su variabilidad hará muy movida la convivencia.

HISTORIA   San Simón es uno de los doce apóstoles, al que san Lucas apodó «el celote» por pertenecer al grupo judío más intransigente con la dominación romana y deseoso de la llegada del Reino de Dios. La leyenda lo hace morir en Persia, junto a san Judas. Otros diecisiete santos se llamaron Simón, y ocho Simeón.

Son nombres que desde el área mediterránea se expandieron por toda Europa, adoptados en Bulgaria en el siglo X en su forma de Simeón y como Simón en el resto de Europa durante la Edad Media. En el siglo XIX Simón incrementa su popularidad, y no tarda en hacer lo mismo Simona, pero casi exclusivamente en Francia, donde sigue siendo muy popular.

Son célebres Simón el Mago, dos zares de Bulgaria, un príncipe de Moscovia, Simón de Montfort, que dirigió la cruzada contra los albigenses; y más modernamente, el caudillo Simón Bolívar, la escritora Simone de Beauvoir, las actrices Simone Signoret, Simone Renant y la política Simone Veil.

NÚMEROS   Simón: $7 + 2$ (de 11) $= 9$ Simona: $8 + 2$ (de 11) $= 1$

Sofía

Sofía, Sonia

ETIMOLOGÍA   Del griego *sophia*: sabiduría.

CARÁCTER   **Sofía** posee una naturaleza inquieta y nerviosa que roza la angustia. Pero también es activa y dinámica, intentando dar una impresión de fortaleza a quienes la rodean. Sin embargo, no tiene nada de dura, y en ella, la unión del 7 y el 8 equivale a mezclar pasión, exageración, actividad, autoridad e impulsividad, con reserva, reflexión, pasividad, interioridad y sensibilidad, lo que produce un resultado explosivo y desconcertante en el que es capaz de pasar de un entusiasmo desbordante a la depresión; es decir, un carácter ciclotímico de contrastes extremados. En el terreno sentimental es una mujer enigmática que no hace nada para ser comprendida: unas veces apasionada, demostrativa y generosa, y otras dura y amargada. Pero en el fondo es una romántica que necesita amar y ser amada, cuyos sentimientos son sólidos y su moralidad estricta.

Sonia, la forma familiar rusa de Sofía, posee un aspecto reservado y como secreto gracias a su timidez, a la vez que se muestra deseosa de agradar y repudia la violencia. Atraída por los asuntos familiares, sociales y afectivos es muy prudente y gusta de aceptar las responsabilidades de la vida, para lo cual se siente capacitada. Sus únicas dudas residen en cómo resolver la dualidad que existe entre su tendencia a la vida familiar, a su necesidad de amar y ser amada, y su deseo de mantener su independencia y triunfar en el mundo gracias a sus dotes personales y artísticas; cosas que por otra parte son perfectamente compatibles.

HISTORIA   Santa Sofía, cuya historia tiene más de leyenda que de realidad, habría sido martirizada junto a sus tres hijas bajo el reinado de Adriano. Tras ella, otras cinco santas llevaron su nombre.

Sofía fue un nombre muy popular en la Edad Media, para decaer hasta la llegada del siglo XIX, en que de 1810 a 1850 gozó de una gran popularidad para decaer de nuevo; pero luego a mediados del siglo XX renace con fuerza y todavía se mantiene, junto a Sonia que procedente de Rusia entró con fuerza en los años cincuenta y sigue en pleno auge.

Son célebres, una emperatriz de Bizancio, la reina Sofía de Prusia, la regente de Rusia Sofía Alexeieva; y modernamente, la poetisa Sofía Casanova, las actrices Sofía Loren y Sophie Desmarets, la patinadora Sonia Henie, y la reina Sofía de España.

NÚMEROS   Sofía: 8 + 8 = 7   Sonia: 8 + 7 = 6

Soledad

Soledad, Sole

ETIMOLOGÍA   Es una advocación mariana alusiva a la soledad de la Virgen en la Pasión.

CARÁCTER   **Soledad** es una mujer con un carácter muy fuerte, de aquellos que son más propios de un hombre que de una mujer. Es enérgica, reservada, obstinada, muy trabajadora, paciente y con la meta muy clara y fija de conseguir poder y riqueza. Dos números clave 4, y otros dos en su rejilla, son muchos, y si el número hereditario no los compensa, pueden convertirla en una maniática del detalle, en rígida y rutinaria. En el terreno amoroso no es romántica ni sentimental, a lo que se añade su dificultad en expresar lo que siente. Pero fiel, posesiva y fiera, puede convertirse en una tigresa si se siente abandonada, o algo amenaza su amor o su familia.

En su forma familiar de **Sole** es una mujer elegante, enérgica, obstinada y ambiciosa cuyo fin primordial es adquirir poder y riqueza, para lo que sabe usar su facilidad en asimilar conocimientos y experiencias, tanto buenas como malas, en las que siempre encuentra algo que puede serle de provecho en el futuro. Seducir y comunicarse es algo que le gusta tanto como el riesgo y la aventura, e impaciente por naturaleza puede mostrarse intolerante y con cierto espíritu de contradicción. En el terreno sentimental suele ser ella quien escoge y no duda en dar el primer paso cuando encuentra el hombre que le gusta; y en el matrimonio quiere preservar su libertad personal y ser ella quien lleve los pantalones, pero a cambio se muestra sensual, epicúrea y muy celosa.

HISTORIA   A pesar de ser una advocación mariana típicamente española, por lo que sólo ha trascendido a los países de habla hispana, también ha existido una santa Soledad. Es santa Soledad Torres Acosta (1826-1887) que nació y murió en Madrid y fue la fundadora de las Servidoras de María, dedicadas al cuidado de los enfermos.

NÚMEROS   Soledad: 4 + 4 = 8   Sole: 3 + 5 = 8

Susana

Susana, Susie, Sue

ETIMOLOGÍA   Del hebreo *susan*: lirio.

CARÁCTER   **Susana** es una mujer nacida para amar, seducir y derramar alegría a su alrededor, pues a pesar de ser coqueta, desprende una sensación de calma y tranquilidad. Pero ello no quiere decir que no sepa hacer frente a sus responsabilidades, pues en el trabajo se muestra ordenada, meticulosa y perfeccionista, y como además le gusta servir, se siente feliz cuando halla un sentido a su existencia y considera que puede ser útil o aportar un poco de alegría y consuelo a quienes lo necesiten. Es sensible, emotiva y con mucha imaginación, por lo que cuando se da cuenta ya está soñando despierta, aunque a veces lo hace para evadirse de la realidad. En el terreno sentimental es tierna y sensual, y espera al príncipe encantador que la colme de felicidad.

En su forma familiar anglosajona de **Susie** se muestra enérgica, autoritaria y egocéntrica; prudente e independiente se deja llevar por los acontecimientos cuando no puede dominarlos; sin embargo, en su interior existe un poso de inquietud e inseguridad, pues por una parte (el 7) es reflexiva, cerebral y analítica; pero por otra (el 8) es materialista y concreta, cosas que no siempre es posible compaginar cuando hay que elegir entre lo teórico y lo práctico. Pero con tres 5 en una rejilla de cinco letras, hay que temer que lo que se imponga sea el exceso de versatilidad, inestabilidad y cambios que le haga desaprovechar sus buenas cualidades. En el terreno sentimental no puede considerarse como el ideal de ama de casa, pues su necesidad de admirar a su pareja, pero también de dominarla, hará difícil la convivencia; y si añadimos su necesidad de cambios, no necesitamos precisar el resultado.

En su otra forma familiar anglosajona de **Sue** es laboriosa, tenaz y con una buena resistencia física; sin embargo, por dentro es una idealista soñadora que desea ser útil a los demás; cuando es capaz de responder a la influencia del 11, hará gala de un carisma personal que le permitirá sobresalir y convertirse en el norte y guía de los demás; pero si sólo responde al 2, limitará sus ambiciones al ámbito familiar o al de los negocios, pues lo que destacará será su capacidad de cooperación y conciliación. En el terreno sentimental es sensible, cariñosa, apasionada y muy pendiente de su familia.

HISTORIA   La casta Susana, una joven muy bella y temerosa de Iahvé, fue sorprendida bañándose por dos viejos jueces que le hicieron proposiciones deshonestas; al sentirse rechazados la acusaron públicamente de adulterio. Pero afortunadamente intervino Daniel y fue librada de toda sospecha y los dos viejos fueron lapidados.

Pero santa Susana vivió en el siglo III y fue degollada en su propio domicilio por el hijo de Diocleciano, a cuyas pretensiones se negaba. Otras cuatro santas han honrado este nombre.

Es un nombre que siempre ha perdurado en Europa, siendo muy apreciado entre los medios protestantes; sin embargo su popularidad se incrementa a finales del siglo XIX y principios del XX, pasando el Atlántico y popularizándose también en Estados Unidos, desde donde nos es devuelta en sus formas familiares, especialmente de Susie y Sue.

Son famosas, las actrices Susan Hayward, Sue Lyon y Susan St. James, y la pintora Suzanne Valadon.

NÚMEROS   Susana: 6 + 9 = 6   Susie: 1 + 7 = 8   Sue: 9 + 2 = 11 = 2

Taciana

Taciana, Tatiana, Tania

ETIMOLOGÍA   Del latín *Tatius*: Tacio, nombre del rey de los sabinos.

CARÁCTER   **Taciana** es una mujer viva, alerta, hábil, ingeniosa y de rápida inteligencia; físicamente es más fuerte y resistente de lo que parece y se halla capacitada para el trabajo en equipo o en asociaciones, ya sean políticas, sociales o comerciales. Sin embargo es muy independiente y amante de la aventura, por lo cual sólo se asocia cuando tiene garantizada su independencia o es ella quien manda y decide. Si es capaz de responder al 11 su vida puede convertirse en tan apasionante como su ambición. Su mayor defecto, con tres 1 en su rejilla, es el egocentrismo y la tozudez. En el amor es una apasionada expuesta a flechazos y locuras, pero la llama amorosa le dura poco, por lo que ignora que significa la palabra fidelidad.

Tatiana es la forma rusa de Taciana, y como sus tres números clave, e incluso los que forman su rejilla, son los mismos de Taciana, vale para Tatiana lo dicho para Taciana.

Tania es la forma familiar de Tatiana, posee una gran personalidad y más que intelectual es una mujer de acción con un buen sentido práctico; no obstante, carece del sentido de los matices, lo cual puede convertirla en intolerante. Además, la contradicción entre el 1 activo y el 2 íntimo hace que bajo su apariencia activa, dinámica, autoritaria y extrovertida se esconda otra mujer muy distinta, más bien pasiva, adaptable e introvertida, lo cual puede dar origen a un carácter en el que períodos de entusiasmo y actividad alternen con otros de pasividad y abandono. No obstante, si consigue responder a la influencia del 11, todo este lado pasivo y negativo de su personalidad desaparece a la vez que adquiere intuición, carisma y ascendiente sobre los demás. En el terreno sentimental es emotiva e inestable, por lo que necesita un hombre que la domine y estabilice.

HISTORIA   Cuanto sabemos de santa Tania o Taciana es que fue martirizada en Roma hacia el año 230.

Es un nombre que en su forma de Tatiana fue popular en las Iglesias Orientales, pero muy marginal en el resto de Europa, y que sólo a partir de la Revolución Rusa ha sido importado de nuevo y parece extenderse en sus formas de Tatiana y Tania, eliminando prácticamente a Taciana. Como celebridades citaremos a la bailarina Tania Balachova y la vedette Tania Doris.

NÚMEROS   Taciana: 3 + 2 (de 11) = 5   Tatiana: 3 + 2 (de 11) = 5   Tania: 2 (de 11) + 8 = 1

Tamar

Tamar, Tamara

ETIMOLOGÍA   Del hebreo *thamar*: palmera.

CARÁCTER   **Tamar** posee una fuerte personalidad, sensible y emotiva; no por ello deja de ser capaz de asumir toda clase de responsabilidades y decidir como ha de ser su propia vida, y si peca de algo es de ser poco diplomática y muy autoritaria. Es una individualista para quien la emancipación de la mujer es algo real, al menos en lo que a ella se refiere. Fiera, orgullosa, nerviosa y oportunista, imaginativa y con excelentes reflejos, más que intelectual es una mujer de acción con un elevado sentido práctico. En el terreno sentimental es ardiente, apasionada y posesiva, buscando la estabilidad de un hogar, como una base sólida que le sirva de rampa de lanzamiento.

Tamara es noble, franca, directa y no tolera los engaños y la injusticia. Normalmente es agradable y conciliadora, pero capaz de grandes cóleras cuando se la provoca o discute su autoridad. Tiene un profundo sentido de la amistad y le gusta participar en grupos de amigas con las que se muestra charlatana y espontánea, alegrándoles con su sentido del humor. Cuando es capaz de responder a la influencia del 11, en la segunda parte de su vida se le despierta la intuición y se hace más inspirada e idealista, pudiendo llegar a ser una mujer excepcional. Con dichas tendencias, al inicio de una relación amorosa se mostrará sumisa, pasiva y adaptable, pero no tardará en salir a flote su verdadera naturaleza autoritaria, por no decir tiránica, y al menor fallo de su pareja tomará las riendas.

HISTORIA   Es un nombre perdido en Occidente pero vivo en la Iglesia Oriental gracias a santa Tamara, que vivió en Georgia en el siglo XII y a la que veneran casi con la misma devoción con la que nosotros veneramos a la Virgen María. Estas últimas décadas ha empezado a sonar en nuestras latitudes quizás gracias a su sonoridad, y parece que su uso irá en aumento.

Como curiosidad haremos notar que en Georgia Tamar sirve indistintamente para ambos sexos.

NÚMEROS   Tamar: $2 + 8 = 1$ Tamara: $3 + 8 = 11 = 2$

Teodoro

Teodoro, Teodora

ETIMOLOGÍA   Del griego *Theo-doros*: don de Dios.

CARÁCTER   **Teodoro** es un personaje contradictorio a causa de la oposición entre el 7 y el 8 de sus números clave; por el 7 es pasivo, reflexivo, sensible, algo místico y contemplativo; mientras que por el 8 es activo, dinámico, impulsivo y amante del poder y la riqueza. De aquí que en su vida se manifiesten insospechadas alternancias entre ambas tendencias, pudiendo pasar de una actividad frenética, ya sea en los negocios, la política o el deporte, a una tranquila investigación mística, filosófica, metafísica o artística. Pero siempre obstinado, enérgico, imaginativo y rápido; es un hombre justo que desea evolucionar y superarse, teniendo muy claros cuáles son sus deberes y sus derechos. En el terreno sentimental esta dualidad también se manifiesta, por lo que a veces es apasionado, impaciente y demostrativo, mientras que otras es cerrado, posesivo y celoso.

Teodora posee una fuerte personalidad; muy sensible y emotiva no por ello deja de ser capaz de asumir sus responsabilidades y decidir cómo debe ser su propia vida, y si de algo peca es de ser poco diplomática. Es una individualista para quien la emancipación de la mujer es algo más que una palabra, al menos en lo que a ella se refiere. Fiera, orgullosa, nerviosa y oportunista, imaginativa y con excelentes reflejos, es una mujer de acción con un elevado sentido práctico. En el amor busca la estabilidad y es ardiente, apasionada y posesiva.

HISTORIA   San Teodoro de Amasea era un soldado cristiano que fue condenado a muerte por incendiar un templo pagano bajo el imperio de Maximino. Más de treinta santos y bienaventurados también se llamaron Teodoro.

Fue un nombre popularísimo en la Edad Media, siendo en tierras germánicas e inglesas donde se implantó con mayor fuerza, pero es en la Europa oriental donde mejor se ha conservado, aun cuando Teodoro adquiere la forma de Feodor o Fedor. En nuestras latitudes resurgen en el siglo XVIII y se mantienen modestamente hasta ahora.

Son célebres dos papas, dos emperadores y dos emperatrices de Bizancio. Y además, el presidente alemán Theodore Heuss, el pintor Theodor van Gogh, el presidente americano Theodore Roosevelt, los escritores Theodor Storm y Fedor Dostoyevski y el cantante de opera Fedor Chaliapine.

NÚMEROS   Teodoro: $8 + 8 = 7$ Teodora: $2 + 8 = 1$

Terencio

ETIMOLOGÍA   Del latín *teres*: delicado.

CARÁCTER   **Terencio** es leal, intuitivo, acogedor, generoso, y del que se desprende un carisma personal que lo distingue y sabe utilizar para mostrar su superioridad y ejercer un papel directivo o preponderante. Es abierto, curioso, algo coqueto y un buen comunicador al que todo le interesa; sin embargo, es reservado y secreto sobre sus planes y cuestiones personales, pero es ambicioso y desearía ser un líder, ya fuese en cuestiones materiales o espirituales. Sin embargo, un número maestro como el 11 entraña sus inconvenientes, que se centran en la tendencia a los excesos, desde un exceso de bondad y entrega a la megalomanía. Cuando sólo responde al 2, sus ambiciones y carisma se reducen, se hace más sensible y humano y descarga todo su potencial en el trabajo o en los negocios. En el terreno sentimental es franco, directo y leal, buscando en el matrimonio la estabilidad y el bienestar.

HISTORIA   Es un nombre de origen oscuro, pues de *teres*: delicado, se derivó *Terentum*, nombre del campo de Marte donde se celebraban los juegos; y de su gentilicio, *Terentium*, se originó **Terencio**.
     Aun cuando la Iglesia celebra su onomástica por lo menos en siete fechas distintas, no conocemos ningún santo con dicho nombre, que en la antigüedad ostentaron el poeta Terencio Afer y el guerrero Terencio Varrón. Olvidado durante siglos, parece revivir modestamente en Inglaterra, y ahora en Francia y España.
     Como celebridades actuales podemos citar al actor Terence Stamp y el escritor Terenci Moix.

NÚMEROS $8 + 3 = 11 = 2$

Teresa

Teresa, Teresina, Teresita, Tere

ETIMOLOGÍA   Son varias las etimologías de dicho nombre. Unos la hacen derivar del griego *Therasia*, nombre de una isla próxima a Creta en el archipiélago de las Cícladas; otras versiones remiten a *teresis*: guardián, o *theros*: estación cálida, o finalmente *ther*: bestia salvaje, lo que la haría una cazadora hija de Artemis.

CARÁCTER   **Teresa** es dinámica, activa, emprendedora, ambiciosa y siempre dispuesta a asumir sus responsabilidades, pero su visión del mundo es algo maniquea: todo es blanco o negro, sin matices.

Pero es generosa y enemiga de engaños e injusticias ante las cuales reacciona violentamente, al igual que cuando está en juego su amor propio. Como es muy práctica, puede convertirse en una excelente mujer de negocios; sin embargo, y a pesar de todo, no deja de ser femenina, coqueta y seductora, amante del lujo y los signos externos de riqueza, buscando la amistad y la cooperación. Pero cuando es capaz de reaccionar a la influencia del 11 íntimo, adquiere carisma y magnetismo personal y se interesa por los demás, pues se le despierta un altruismo y sentido de fraternidad casi utópicos. En el terreno sentimental es fiel, leal, posesiva y celosa; pero también sensual, refinada y buena madre de familia.

En su diminutivo familiar de **Teresina** es reservada e introvertida, pues todos sus números clave son pasivos y el 4 es ausente. Muy emotiva y sensible, intenta ocultar al máximo sus emociones y se muestra desconfiada y susceptible; escéptica y pesimista, no cree en la suerte y por ello se excede en el trabajo, en el que se muestra detallista, perfeccionista y voluntariosa. Reflexiva, prudente, egocéntrica y con un gran sentido de la economía, es una mujer estricta y de principios. Pero bajo esta apariencia se esconde una mujer muy frágil, sumisa, tímida, dependiente e incluso a veces con un sentido de inferioridad. Sólo cuando es capaz de responder al 11, lo que ocurre raras veces, sus ambiciones serán mucho más elevadas y quizás llegue a convertirlas en realidades. En el terreno sentimental no suele tener mucha suerte, pues es excesivamente púdica y reservada, siendo además muy posesiva, a pesar de su dependencia de la pareja.

En su otro diminutivo de **Teresita** es una mujer hipersensible, emotiva e intuitiva, cuya timidez le hace depender de los demás y entregarse altruísticamente en cuerpo y alma a su servicio. Buena cooperadora, negociante y conciliadora, es una mujer pasiva y relativamente dependiente, que sólo es feliz dentro de algún grupo o sociedad que colme sus aspiraciones fraternales y su sentido de la solidaridad. Sentimentalmente es servicial y atenta, buscando un alma gemela con la que fundirse y fundar un hogar en el que no falten los hijos.

En su forma familiar de **Tere** es todo lo contrario a las anteriores, pues considera que la libertad es algo inalienable, una condición de la que no se puede abdicar a ningún precio. Individualista y enemiga de ataduras, su impulsividad muchas veces la lleva más lejos de lo que deseaba y le proporciona más de un disgusto. Cuando se siente motivada es capaz de desarrollar una gran capacidad de trabajo, pero siendo una buena organizadora, con capacidad de mando y dirección, no sabe –o no quiere– obedecer, pues lo único que le importa es sentirse el centro del universo y hacer lo que le parezca. En el amor es una seductora, unas tigresa apasionada, violenta y celosa; pero en cuanto a fidelidad, más vale dejarlo correr.

HISTORIA   Santa Teresa de Ávila (1515-1582), dotada de un extraordinario misticismo y una vocación reformadora que llevó a cabo con grandes dificultades y oposiciones en su orden del Carmelo, fue a la vez una figura de la literatura, al igual que su colaborador san Juan de la Cruz, con el que fundó varios monasterios. Murió la noche en que se aplicó la reforma gregoriana del calendario, el 4 de octubre de 1582.

Santa Teresita del Niño Jesús, también llamada santa Teresa de Lisieux, ciudad donde nació, se hizo carmelita a los 15 años, viviendo una intensa vida religiosa, experimentando en su propia existencia la oscuridad de la fe y la claridad del amor divino. Penetrada de una gran responsabilidad eclesiástica, su espíritu misionero la hizo sentir, como a nadie, solidaria de todo el mundo. Murió de tuberculosis en Liseux el año 1897. La basílica que se le dedicó en dicha ciudad se ha convertido en un centro de peregrinaje.

Es un nombre que hasta el siglo V era típicamente mediterráneo, por no decir exclusivamente español, pero tras la muerte de santa Teresa de Ávila se extiende por toda Europa siendo desde entonces uno de los nombres más populares. Y algo similar sucede con Teresita, que gracias a la santa francesa adquiere personalidad propia.

Han sido célebres Teresa de Ansurez, reina de León, Teresa de Castilla, regente de Portugal, María Teresa de Austria, reina de Francia. Y modernamente, la estigmatizada Teresa Neumann, la cantante Teresa Berganza y la madre Teresa de Calcuta.

NÚMEROS   Teresa: 2 (de 11) + 6 = 8   Teresina: 2 + 2 (de 11) = 4   Teresita: 2 + 9 = 2
Tere: 1 + 4 = 5

Tomás

Tomás, Tom, Tomasa

ETIMOLOGÍA   Del arameo *thoma*: gemelo.

CARÁCTER   **Tomás** es enérgico, viril, combativo y obstinado, pero siempre elegante y distinguido, soñando con mandar y dirigir, lograr poder y riqueza. De hecho, es concreto, práctico, poco intelectual, reservado y deseando ser útil, ya sea en la política, la mística, el deporte o el arte. Muy estricto, leal, franco y directo, no soporta la supeditación ni el disimulo ni la falsedad. En el terreno sentimental es apasionado, exigente, celoso y posesivo, y su brusquedad puede hacerle perder más de una ocasión; sin embargo, en el fondo es tierno y emotivo.

De todas las combinaciones posibles de los números clave, sólo en una pueden ser iguales los tres: es la formada por tres 9. Y éste es el caso de **Tomasa**, lo cual nos dice que estamos ante un ser excepcional, una mujer extrema y excesiva, de todo o nada, que tiende a ir más allá de sus posibilidades, y cuando se siente apoyada y tiene fe en lo que está haciendo puede conseguir cosas que parecían imposibles; pero de lo contrario se hunde y puede refugiarse en sueños quiméricos e irreales, dejarse llevar al mundo del misticismo y lo irreal, o llevada de su abnegación y sentido humanitario, olvidarse de sí misma y entregarse por completo al servicio de los demás, convirtiéndose en su esclava. En el terreno sentimental es romántica, emotiva y sensible, pero también sensual y posesiva, y con dichas características, suele llevarse muchos desengaños en la vida.

En su forma familiar anglosajona de **Tom** posee una carácter contradictorio, pues por el 5 posee una naturaleza aventurera, excesiva, amante del cambio y la libertad; mientras que por el 7 es cerebral, reflexivo e introspectivo, siempre en busca del conocimiento y con un fuerte sentido de la justicia. Dado que el 5 es ausente en su rejilla, mientras que el 7 figura en ella, por lo general serán las cualidades del 7 las que irán adquiriendo mayor fuerza y preponderancia, quedando muchas veces su aspecto extrovertido en meros deseos o apariencia externa. Sin embargo, también existen casos en que ambas tendencias se armonizan, y entonces nos hallamos ante un hombre completo e íntegro, secreto y misterioso, cuya desconfianza es como una segunda naturaleza y que tanto se guía por la intuición como por sus afinidades intelectuales e ideológicas. Sin embargo, no debemos olvidar nunca que en nombres con tan pocas letras, la importancia del número hereditario es mucho mayor y puede cambiarlo todo. En el amor su sexualidad es mayor que sus sentimientos, que son muy complejos y le cuesta expresar.

HISTORIA   Tomás era uno de los doce apóstoles y rehusó creer en la resurrección de Cristo, exigiendo ver para creer. En cuanto a santos, existen unos sesenta, siendo santo Tomás de Aquino el más emblemático.

Nacido en Roccaseca, cerca de Aquino, en 1225, y educado en Montecasino y Nápoles, a los 18 años ingresó en la orden de predicadores, continuando sus estudios en París y Colonia bajo la guía de san Alberto Magno. Contemplativo y silencioso, se hizo apreciar por todo el mundo. Más intelectual que místico enseñó y escribió extensamente sobre filosofía y teología, muriendo en Fossanova en 1274.

Es un nombre que se extendió por toda Europa en tiempo de las cruzadas y se mantuvo en un primer plano hasta mediados del siglo XVIII, en que decae ligeramente, pero sin dejar de ser popular, y actualmente parece que vuelve a recuperarse. El femenino, Tomasa, siempre ha disfrutado de mucha menor popularidad.

Son célebres los escritores Tomás de Kempis, Thomas de Quincey, Thomas Mann, Tom Sharpe y Tomasi di Lampedusa, el economista Thomas Maltus, el inquisidor Tomás de Torquemada, el historiador Thomas Carlyle, el canciller Thomas Cronwell, el inventor Tamas A. Edison y el actor Tom Cruise.

NÚMEROS   Tomás: $8 + 9 = 8$ Tomasa: $9 + 9 = 9$ Tom: $7 + 7 = 5$

Trinidad

Trinidad, Trini

ETIMOLOGÍA   Es un nombre cristiano, evocador del misterio de la Santa Trinidad.

CARÁCTER   **Trinidad** puede parecer más dura de lo que es en realidad, pues es valiente, decidida, detesta la injusticia y es capaz de mandar y dirigir; sin embargo, es muy sensible y vulnerable, especialmente en el terreno afectivo. En su interior existe una lucha entre su lado egocéntrico y autoritario y su lado altruista y abnegado, dependiendo de las circunstancias que domine una u otra faceta; sin embargo, a veces pueden actuar a la vez, tomando parte en todo tipo de actividades de tipo benéfico, social o humanitario en las que pueda ocupar una posición directiva. En el amor es sensual, fiel, leal y franca, pero dominante, y exige ser correspondida de la misma forma.

De todas las combinaciones posibles de los números clave, sólo en una pueden ser iguales los tres: es la formada por tres 9. Y éste es el caso de **Trini**, lo cual nos dice que estamos ante una persona excepcional, una mujer extrema y excesiva, de todo o nada, que tiende a ir más allá de sus posibilidades, y cuando se siente apoyada y tiene fe en lo que está haciendo puede conseguir cosas que parecían imposibles; pero de lo contrario se hunde y puede refugiarse en sueños quiméricos e irreales, dejarse llevar al mundo del misticismo y lo irreal, o llevada por su abnegación y sentido humanitario, olvidarse de sí misma y entregarse por completo al servicio de los demás, convirtiéndose en su esclava. En el terreno sentimental es romántica, emotiva y sensible, pero también sensual y posesiva, y con dichas características suele llevarse muchos desengaños en la vida.

HISTORIA   Es una más de las celebraciones o evocaciones cristianas típicamente españolas convertidas en nombres propios, que sólo se usan en los países de habla hispana, aun cuando curiosamente, en Hispanoamérica, y especialmente en México, Trinidad se usa indistintamente para ambos sexos. Es por ello que carece de historia y de santos, e incluso en la actualidad se encuentra en franca decadencia.

NÚMEROS   Trinidad: $1 + 8 = 9$ Trini: $9 + 9 = 9$

 **rsula**

ETIMOLOGÍA   Del latín *ursus*: oso, se deriva *ursula*: osita.

CARÁCTER   **Úrsula** es extrovertida, afectiva, emotiva y necesita gustar, agradar, comunicarse y tener muchas amistades. Le cuesta mucho decidirse, pues su carácter es dubitativo e influenciable; refinada y perfeccionista –a veces demasiado– es muy sensible el confort. En su interior es abnegada y se siente tentada de huir de la realidad material, por lo que sueño y utopía pueden ser medios para escapar de problemas y conflictos, aun cuando a veces su huida puede concretarse en forma de viajes o cambios. En el amor es sentimental y romántica, esperando al príncipe encantador que la colme de felicidad, lo que puede ocasionarle más de un desengaño.

HISTORIA   Santa Úrsula era una niña de ocho años que fue masacrada por los hunos en Colonia en el siglo III. Cuenta la leyenda que aquel día, con ella fueron martirizadas once mil vírgenes, pero incluso tratándose de hunos son demasiadas vírgenes; según parece en realidad sólo fueron once.
    Es un nombre que fue muy popular en la Europa del siglo XI, al punto de dar origen a toda una serie de derivados: Urso, Urseolo, Ursicio, Ursicino, Orson, etc., todos los cuales han caído en el olvido. Y actualmente sólo se encuentra vigente en tierras nórdicas y germánicas.
    Como celebridades citaremos a la actriz Úrsula Andres y al actor Orson Welles.

NÚMEROS   9 + 6 = 6

 **alentín**

Valentín, Valentina

ETIMOLOGÍA   Del latín *valens*: que vale, se derivó el nombre de *Valente*, actualmente en desuso; y su gentilicio, *Valentinus*: de Valente, es nuestro Valentín.

CARÁCTER   **Valentín** es un idealista que desea que todo el mundo sea feliz a su lado; seductor, sociable y comunicativo, posee una inteligencia ordenada y metódica y una habilidad manual que le permite solucionar cualquier problema que se le presente. Muy curioso, todo le interesa y divierte, lo que le lleva a abordar muchos temas, incluso los relacionados con el mundo de lo extraño; sin embargo, los que más le atraen son los relativos a cuestiones sociales, políticas y humanitarias. Su mayor defecto, con cuatro 5 en una rejilla de ocho letras, es una cierta dispersión y amor al cambio y los viajes, por lo que apenas iniciada una cuestión o una tarea, no tarda en cansarse y abandonarla para iniciar algo nuevo. En el terreno sentimental es tierno, dulce, amante y deseoso de fundar un hogar, aunque a veces le cueste mucho decidir si la mujer que le atrae posee las cualidades que desea; pero si la encuentra hará lo posible por conservarla, aún cuando él no sea precisamente un modelo de fidelidad.

Valentina posee una fuerte personalidad, enérgica, voluntariosa e independiente, pero también maleable y agradable. El 3 de realización le añade habilidad manual, sentido de la comunicación y una apariencia de superficialidad y coquetería, por no decir sofisticación. Por el contrario, el 7 íntimo la impele a desear evolucionar interiormente, a la discreción y la reserva. Esto la convierte en una mujer compleja y contradictoria que pasa de fases de exteriorización en las que necesita mezclarse con la gente a otras en las que necesita reflexionar, meditar y especular sobre cuestiones trascendentales, como la vida y la fe. En el trabajo es activa y eficiente, pero irregular, dependiendo mucho de las circunstancias y de su estado de ánimo. Al igual que Valentín, su mayor problema reside en la dispersión y la variabilidad a causa del exceso de 5 en su rejilla. En el terreno sentimental se muestra fría y reservada, lo que no impide que sea fiel; pero exigente y elitista, le cuesta encontrar una pareja que responda a sus afinidades intelectuales, culturales o espirituales, por lo que a veces no la encuentra y debe vivir en soledad.

HISTORIA   San Valentín era un sacerdote romano que fue martirizado hacia el año 273, bajo el reinado de Aureliano. Otros 14 santos se llamaron Valentín, pero ignoramos a cual de ellos se dedicó la fiesta de los enamorados, que en su origen medieval era una fiesta libertina del amor en la que todo estaba permitido.

Santa Valentina fue detenida en Gaza mientras asistía a un Santo Oficio, lo que estaba prohibido por la ley romana. Fue torturada y quemada viva en 308.

Son dos nombres que se han mantenido a través de los tiempos, pero nunca en un lugar preferente, sino más bien modestamente, y lo mismo ocurre actualmente.

Son célebres el gnóstico Basilio Valentin, el escritor Valentí Almirall, Valentina de Visconti, esposa del duque de Orleans, y la escritora Valentina Hugo.

NÚMEROS   Valentín: 6 + 3 = 9   Valentina: 7 + 3 = 1

Valerio

Valerio, Valeria, Valeriano, Valeriana

ETIMOLOGÍA   Del latín *valerus*: sano, fuerte.

CARÁCTER   **Valerio** es tranquilo y reservado, honesto, paciente, estable y voluntarioso, pero su timidez hace que a veces dude de sus capacidades y se muestre intranquilo e inseguro. Introvertido, no gusta de hacer muchas amistades ni de una vida social y movida, prefiriendo la soledad y resolver sus problemas por sí solo, sin ayuda de nadie; más racional y práctico que intelectual, en sus decisiones se apoya siempre en la lógica y el sentido común, y si alguna vez sueña no tarda en regresar a la realidad. Cuando es capaz de responder a la influencia del 22, desaparecen muchas de sus inhibiciones y se incrementa su ambición, siendo capaz de realizar grandes cosas. La vida sentimental no siempre es fácil para un hombre introvertido y reservado; sin embargo, cuanto desea es fundar un hogar y una familia tranquila y estable.

Valeria es reservada y secreta, una introvertida que no para de hacerse preguntas, de aquí que a veces esté angustiada y otras inquieta, pero siempre sobre temas de interés artístico, filosófico o espiritual, pues posee un agudo sentido de la justicia y procura respetar los derechos de los demás; sin embargo, es muy celosa de su libertad e incluso algo egocéntrica, y en los momentos difíciles de la vida, unas veces prefiere doblarse como el bambú y seguir luego como si nada, y otras se repliega sobre sí misma. Sentimentalmente está llena de sueños quiméricos que muchas veces le impiden concretar su verdadero ideal masculino, lo que puede conducirla a la soledad.

Valeriano es extraordinariamente dinámico, vivaz e impulsivo; siempre tenso y oportunista sabe usar su elegancia y facilidad de comprensión para reaccionar con rapidez y habilidad, sin darse cuenta de los peligros en que muchas veces suele incurrir, y es que con tres 1 y tres 5 en su rejilla (además del 1 y los dos 5 de sus números clave) hacen que no reconozca otra autoridad que la suya propia y se disperse en multitud de cosas y trabajos inútiles. También por ello sus defectos son la impaciencia, la agresividad y el querer hacer demasiadas cosas y demasiado deprisa. En el terreno sentimental es apasionado, pero tempestuoso; sus flechazos no son duraderos y si bien es generoso, también es egocéntrico y narcisista.

Valeriana es franca y directa, pero en su carácter existe una extraña mezcla de reserva y control, pero también de impulsividad, autoritarismo e incluso a veces de agresividad que suele desconcertar a quienes la tratan, pues un día se presenta meticulosamente arreglada y al siguiente de cualquier manera; un día tímida y otro osada. Sin embargo, es una mujer fuerte, determinada y ambiciosa que cuando ha decidido algo es muy difícil hacerla cambiar de opinión, y como es lo suficiente inteligente para aprovechar las lecciones de la vida, suele conseguir lo que quiere. En el terreno sentimental no es una esposa fácil de manejar ni comprender, pues le falta adaptabilidad y en cambio es posesiva, queriendo mandar y administrar; sin embargo, es una mujer en la que se puede confiar.

HISTORIA   San Valerio, obispo de Zaragoza, firmó las actas del Concilio de Elvira que tuvo lugar a principios del siglo IV, y sus reliquias son veneradas en Roda de Isávena. En el siglo II, santa Valeria, después de ver como martirizaban hasta la muerte a su esposo san Vidal, fue martirizada a su vez por negarse a sacrificar a los dioses. Y san Valeriano fue el esposo de santa Cecilia.

Nombres nacidos de poderosas familias romanas entre las que figura el emperador Valeriano y el historiador Valerio Máximo, se extendieron por toda la cuenca mediterránea, pero poco a poco han ido decayendo y apenas si encontramos algunos ejemplos en la vecina Francia.

Son célebres Valery Giscard d'Estaing, Valery Larbauld, Valerio Adami, Valerio Lazarof, Valerie Lagrange y Valerie-Ana Giscard d'Estaing.

NÚMEROS   Valerio: $4 + 9 = 4$ Valeria: $7 + 9 = 7$ Valeriano: $5 + 5 = 1$ Valeriana: $8 + 5 = 4$

Vanesa

ETIMOLOGÍA   Aun cuando no existe ninguna seguridad, algún autor lo hace derivar del latín *vanities*: vanidad, frivolidad.

CARÁCTER   Posee una fuerte personalidad, enérgica, voluntariosa e independiente, maleable y adaptable. El 3 de realización le otorga habilidad manual, sentido de la expresión y comunicación, y una apariencia de superficialidad y coquetería. Por el contrario, el 7 la impele a desarrollar su vida interior, la discreción y la reserva. Todo esto la convierte en una mujer contradictoria que tanto le gusta mezclarse con la gente como encerrarse en soledad para reflexionar, meditar y hacerse preguntas sobre los temas trascendentales de la vida. En el trabajo es activa y eficiente, pero muy irregular, pues de su nombre de seis letras, cinco son 5, lo que la inestabiliza, la impulsa al cambio, la versatilidad y la aventura. En el terreno sentimental se muestra fría y reservada; y exigente y elitista le cuesta mucho encontrar a una pareja que responda a sus afinidades culturales, intelectuales o espirituales, y al ser poco emotiva, le cuesta muy poco cambiar de pareja o vivir en soledad.

HISTORIA   En realidad, Vanesa es un nombre creado en el siglo XVIII por el poeta Jonathan Swift para disfrazar el nombre de la mujer a la que amaba, Esther Vanhomringh. Vanesa era y es el nombre de una especie de preciosas mariposas muy comunes en toda Europa y conocidas desde siempre.

Por su sonoridad el nombre se popularizó casi de inmediato en Gran Bretaña, desde donde saltó al resto del mundo con una popularidad siempre creciente que todavía parece seguir incrementándose.

Como celebridad citaremos a la actriz Vanesa Redgrave.

NÚMEROS   7 + 3 = 1

Vera

ETIMOLOGÍA   Del latín *verus*: verdadero, o del eslavo *viera*: fe.

CARÁCTER   Vera es extrovertida, hábil, adaptable, ordenada y metódica, con un notable sentido crítico y muy detallista. Para sentirse a gusto necesita rodearse de gente ante la que pueda hacer gala de su alegría, don de gentes y capacidad de seducción. Es capaz de destacar en cualquier actividad relacionada con la creatividad, la expresión y la comunicación. Sin embargo, sus números clave son ausentes, por lo que en su interior no es tan segura como parece; y además de las cuatro letras de su rejilla dos son 1 y las otras dos 5, con lo cual –y a menos que su número hereditario lo compense, cosa fácil en un nombre tan corto– es posible que se convierta en egocéntrica, autoritaria y se disperse inútilmente. El terreno sentimental debería ser la base de su vida, pues es tierna y afectuosa, y puede ser una madre abnegada, pero de seguir con sus 1 y 5 descontrolados, es de temer que ningún amor le dure mucho.

HISTORIA   Cuanto conozco de Santa Vera es que fue martirizada junto a su madre santa Sofía y sus hermanas santa Nadia y santa Liubba.

Es un nombre que a lo largo de la historia se ha mantenido con extrema discreción en Europa hasta que las novelas rusas lo introdujeron a finales del siglo pasado. A partir de entonces se está extendiendo.

Como celebridades sólo podemos citar a la artista Vieira da Silva y la poeta Vera M. Inber.

NÚMEROS   6 + 6 = 3

Verónica

ETIMOLOGÍA   Del griego *vero-eikon*: verdadera imagen.

CARÁCTER   **Verónica** es emotiva, sensible, nerviosa, soñadora e idealista, y cuando es capaz de responder a la influencia del 22 íntimo, busca abrirse camino al mundo y realizarse en todos los niveles de su personalidad, pudiendo mostrarse abnegada y decidida en participar en tareas humanitarias o sociales, pero siempre que ello no redunde en detrimento de su libertad personal de la que se muestra muy celosa. Cuando sólo responde al 4, sin dejar de mostrarse abnegada y humanitaria, sus miras no son tan altas y sale a flote la contradicción interna entre el 4 conservador, práctico y ordenado, con el 5 de realización, que la inestabiliza e impulsa a la búsqueda de nuevas experiencias que asimilará y utilizará posteriormente en su provecho. De aquí una cierta alternancia entre el querer y el temer, entre el sueño y la realidad, entre el orden y el desorden. En el terreno sentimental es romántica y sensual, por lo que también aquí puede aflorar la dualidad entre el pudor y la sensualidad.

HISTORIA   Según la leyenda (o mejor dicho, según el evangelio apócrifo de Nicodemo), cuando la vía dolorosa de Jesús pasaba frente a la casa de santa Verónica, ésta se abrió paso entre los soldados y postrándose a sus pies le alargó el sudario para que se enjugara el rostro ensangrentado que quedó grabado en el lienzo; de aquí derivaría la etimología, indicando que la imagen del lienzo era la verdadera imagen de Jesús.

Otras santas han llevado el nombre de Verónica; una de ellas es una virgen de Milán y la otra la abadesa de un convento franciscano.

Ha sido un nombre que en Europa ha transcurrido sin pena ni gloria incluso durante el Romanticismo, en que tantos nombres de santos y santas se redescubrieron y popularizaron, no siendo hasta la segunda guerra mundial que renace con fuerza, llegando a ocupar en el decenio de los sesenta el vigésimo lugar entre los nombres femeninos más usados en Europa.

Como célebre citaremos a la actriz Verónica Lake.

NÚMEROS   4 + 5 = 9

Vicente

Vicente, Vicenta, Vicencio

ETIMOLOGÍA   Del latín *vincentius*: vencedor.

CARÁCTER   **Vicente** es enérgico y obstinado, pero también reservado, y prudente, dejándose llevar por los acontecimientos cuando no puede dominarlos y seguir luego como si tal cosa, siendo su meta el conseguir su parcela de poder e independencia, en lo que se basa en su seguridad en sí mismo y en la bondad de sus ideas, e incluso a veces en su sentido artístico. Pero sus números clave son ausentes, por lo que le costará mucho conseguir lo que ambiciona; además, cuatro 5 en siete letras son muchos 5, y pueden hacerle pecar de inestabilidad por un gusto excesivo por el cambio, ya sea de domicilio, de trabajo o incluso de pareja; por ello debe aprender a dominar dicha tendencia si no quiere dispersarse inútilmente sin llegar a lograr lo que desea. En el terreno sentimental es ardiente y apasionado, pero poco sentimental, y a menos que su número hereditario lo compense, poco fiel.

En su variante de **Vicencio** es un hombre que impone por su autoridad innata, su aspecto sobrio y reservado y la energía que emana de su persona. Unas veces dinámico, extrovertido, optimista y entusiasta, y otras distante, secreto e introvertido, lo cual no impide que posea una gran vitalidad y capacidad de trabajo, aun cuando se muestre irregular a causa de su carácter impulsivo. Es independiente, orgulloso, creativo, intelectualmente brillante y se muestra inagotable cuando un tema le apasiona. A veces epicúreo y otras sobrio, lo mismo le da rodearse de amigos alrededor de una buena mesa como encerrarse a meditar en soledad. En el terreno sentimental es igualmente contradictorio, tanto atento y apasionado como reservado y poco expresivo.

Vicenta es introvertida y tiende a encerrarse a soñar en su torre de marfil cuando las circunstancias le son adversas, pues sensible y emotiva, no está bien dotada para la lucha y se estresa con facilidad. Posesiva y ahorradora, ordenada, metódica y muy detallista, le gusta almacenar y conservar, pues siente la atracción del pasado, de la historia y las antigüedades. Sin embargo, su mayor defecto es la falta de comunicación; necesita que adivinen lo que quiere y espera, y se siente frustrada cuando no lo consigue. En el terreno sentimental necesita amar y ser amada, y dado su sentido estético, desea un hogar confortable y rodeado de cosas bellas; sin embargo, con su 6 ausente, aún teniéndolo todo se sentirá insatisfecha, pues espera demasiado de los demás.

HISTORIA   Casi una treintena de santos fueron Vicentes, entre los que podemos destacar a san Vicente, diácono de Zaragoza, el mártir más famoso de la Península Ibérica, que sufrió martirio en Valencia bajo Diocleciano. Pero el más conocido es san Vicente de Paúl (1581-1660), que a pesar de pertenecer a una familia modesta, gracias a su inteligencia acumuló títulos y diplomas hasta que su contacto con Berulle, Francisco de Sales y Luisa de Marillac le ayudaron a desplegar sus dotes de organizador al servicio de los pobres, para los cuales fundó cuatro corporaciones religiosas.

En un principio fue un nombre muy usado en España e Italia, desde donde se extendió al resto de Europa en la Edad Media e incluso a Inglaterra en el siglo XIII, pero sin llegar a tener nunca el predicamento que tuvo en sus países de origen, excepto en la segunda mitad de nuestro siglo en que se ha popularizado bastante en Francia.

Son célebres, los escritores Vicent d'Indy, Vicente Blasco Ibáñez y Vicente Aleixandre, el pintor Vincent van Gogh, el presidente francés Vincent Auriol, el actor Vicent Price, el cineasta Vincente Minelli y el ciclista Vicente Trueba.

NÚMEROS   Vicente: 1 + 7 = 8   Vicenta: 6 + 7 = 4   Vicencio: 3 + 7 = 1

Víctor

Víctor, Victoria

ETIMOLOGÍA   Del latín *victor*: victorioso.

CARÁCTER   **Víctor** es sociable, abierto y muy hábil en dejarse llevar por la corriente cuando las circunstancias le son adversas, consiguiendo con ello preservar su independencia; en realidad, posee una fuerte personalidad, es un buen comunicador y muy capaz de asumir responsabilidades de mando y dirección, que desempeña haciendo gala de ser justo y respetuoso con los derechos de los demás, lo que facilita su triunfo en la vida. Pero ante todo, muy prudente, busca la calma y la tranquilidad, el estudio, la reflexión y la meditación. Sentimentalmente es muy reservado y oculta su emotividad bajo una capa de aparente insensibilidad.

Victoria es encantadora, femenina, sensible, intuitiva, imaginativa y con facilidad de expresión y comunicación, y cuando responde a su 11 activo tiene la posibilidad de convertir en realidad sus aspiraciones, ya se centren en un ideal elevado o en una ambición material o social. Pero todo ello junto a una gran tensión nerviosa, entusiasmo y apasionamiento. Sin embargo, cuando sólo responde al 2 es hipersensible, emotiva, afectuosa y dependiente, aunque también desconfiada y prudente cuando no se siente a gusto, y buscará la seguridad de la vida en pareja, en la que se mostrará tierna y sensual.

HISTORIA   San Víctor era un oficial romano, martirizado en Marsella el año 290, bajo Maximiliano. Su cuerpo arrojado al mar volvió a la orilla, donde lo enterraron, y en el siglo IV se construyó un monasterio sobre su tumba. Santa Victoria era una mujer romana que se negó a casarse con un pagano, siendo martirizada el año 250.

Más de cuarenta santos, santas y bienaventurados honraron dichos nombres, muy populares en los primeros siglos pues con los mismos se quería honrar la victoria de Cristo. Casi olvidado en la Edad Media, inicia su retorno con la Revolución francesa extendiéndose por toda Europa, y en el siglo XIX con la exaltación del patriotismo prolifera por doquier; en nuestro siglo sufre un notable descenso, pero parece que actualmente, al menos Victoria, vuelve a actualizarse.

Son célebres tres papas y un antipapa, una reina de Inglaterra, un rey de Italia, dos de Cerdeña, dos duques de Saboya, y además: el economista Mirabeau (que se llamaba Victor Riqueti), el filósofo Victor Cousin, los escritores Victor Hugo y Víctor Balaguer, los actores Vittorio de Sica, Vittorio Gassman, Victoria Vera y Victoria Abril, y el cantante Víctor Manuel.

NÚMEROS   Víctor: 7 + 3 = 1   Victoria: 8 + 3 = 11 = 2

Violante

Violante, Violeta, Yolanda

ETIMOLOGÍA   Del griego *iolanthe* y del latín *viola*, ambas con el mismo significado: violeta.

CARÁCTER   **Violante** es tímida, introvertida y reservada; y quizás por ello muy cuidadosa en la elección de sus amistades, pues lo que le interesa es tener pocas pero buenas. Es amante de la tranquilidad, la simplicidad y lo natural, detestando lo sofisticado y mundano. Muy prudente, cuando no puede controlar una situación prefiere adaptarse y dejarse llevar por la misma en lugar de luchar en su contra, pues lo que realmente desea es paz y tranquilidad. Cuando es capaz de responder a sus dos números maestros 11 y 22, desarrolla un gran carisma y fuerza interior, que junto a su intuición e inspiración la hacen capaz de realizar grandes cosas. En el terreno sentimental es muy emotiva y afectuosa a pesar de que le cuesta mucho manifestar sus sentimientos, pero es una mujer fiel y segura.

De **Violeta** se desprende una sensación de calma y tranquilidad, pues es seria, consciente de sus deberes, animada por el deseo de agradar y siempre dispuesta a colaborar con los demás, ya sea en el trabajo o en actos culturales o simplemente lúdicos, estando siempre presente cuando se la necesita. Pero ante todo busca la seguridad y la estabilidad, pues a pesar de sus innegables cualidades y su sólida apariencia, en el fondo es algo insegura, y si ha llegado a conseguirlas le ha costado lo suyo consolidarlas, pues sus tres números clave son ausentes. Sin embargo, cuando es capaz de responder a la influencia de sus dos números maestros 11 y 22, todo cambia; adquiere seguridad, ambición, intuición, idealismo y un carisma que la hacen capaz de alcanzar cotas muy elevadas y realizaciones duraderas. En el terreno sentimental también busca la seguridad, y a veces su lado emotivo choca con su perfeccionismo, siéndole difícil hallar el hombre que desearía; en todo caso, cuando su pareja le decepciona lo compensa entregándose a la maternidad; y cuando responde a sus números maestros muchas veces prefiere el celibato.

En su variante de **Yolanda**, es laboriosa, tenaz y con una buena resistencia física aun cuando por dentro sea una idealista soñadora que intenta ser útil a los demás. Muy emotiva y sensible, posee un gran sentido de la cooperación, siendo una de aquellas personas que son ideales para trabajar en equipo o en colaboración con los demás, y posee también un acusado sentido de los negocios. Sin embargo, lo que realmente colma sus ambiciones es la vida familiar, que le permite dar y recibir todo el cariño que necesita, siendo además muy cariñosa y apasionada.

HISTORIA   En la Edad Media se adoptaron nombres de flores como nombres propios, como es el caso de Rosa, Jacinto, y los que ahora nos ocupan. Pero no tardaron en pasar al olvido, siendo únicamente en Inglaterra con **Violet** y en Alemania con **Veil** que se mantienen muy discretamente. La forma Yolanda, derivada del griego, a pesar de tener la misma antigüedad, todavía ha pasado más desapercibida hasta llegar a los años veinte de nuestro siglo en que reaparece con fuerza, para disminuir en los 70 en que empezó a decaer de nuevo.

Son célebres, Violante de Aragón, Violette Nozières, Yolanda, la esposa y la hija de Juan de Brienne, rey de Jerusalén, y más modernamente, Violeta Chamorro.

NÚMEROS   Violante: $4 + 7 = 11 = 2$ Violeta: 4 (de 22) $+ 2$ (de 11) $= 6$ Yolanda: $9 + 2 = 2$

Virginia

ETIMOLOGÍA   Del latín *virgo*: virgen.

CARÁCTER   **Virginia** es una mujer con una acusada personalidad, activa, dinámica y emprendedora que adora estar en el escenario de la vida para representar su papel, tener un público y sentirse admirada; a pesar de su individualismo, su ideal la lleva a superarse, siendo capaz de organizar, dirigir y administrar. Pero también muy sensible, emotiva e intuitiva, es capaz de servir a un fin elevado y entregarse abnegadamente al servicio de una causa, siempre y cuando pueda ocupar un lugar preeminente. Su único peligro con tres 9, además del de realización, reside en convertirse en fanática, y tanto creerse detentadora de un poder divino, como convertirse en una esclava al servicio de los demás. En el terreno sentimental necesita un hombre que esté a su altura, al que pueda amar y admirar; y si no fuese tan autoritaria, sería la esposa ideal.

HISTORIA   Sabemos que existe una santa Virginia, pero aparte de que era una campesina francesa no se sabe nada más. En cambio, la historia romana nos habla de una Virginia que fue asesinada por su propio padre para evitar que fuera violada por Appius Claudius. Esto sucedía en el siglo V.

Pero la popularidad de Virginia se debe a la reina Isabel de Inglaterra (la reina virgen), en cuyo honor se dio el nombre de Virginia a una provincia de Nueva Inglaterra (el actual estado de dicho nombre), estableciéndose la costumbre de dar el nombre de Virginia a la primera hija nacida en tierra americana. También en Europa ha sido un nombre popular a partir del siglo XVIII, gracias a la novela de Bernardin de Saint-Pierre, Pablo y Virginia.

Como celebridades citaremos a la escritora Virginia Wolf y la actriz Virginia Mayo.

NÚMEROS   1 + 9 = 1

Viviano

Viviano, Viviana

ETIMOLOGÍA   Del latín *vivianus*: lleno de vida.

CARÁCTER   **Viviano** es simpático, abierto, sociable, activo y dinámico, deseando hacerlo todo y ser el mejor. Muy curioso y amante de los cambios, diversifica sus actividades y sabe adaptarse a todas las circunstancias con tal de lograr lo que desea, pues le es muy importante preservar su libertad e independencia. Sin embargo, existe otra faceta de su carácter que lo hace ordenado, metódico y detallista. A causa de dicha duplicidad, a la que se añade la presencia de tres 5 en su rejilla, no es nada raro que empezando las cosas a conciencia, no tarde en desmotivarse y cambie de objetivos, malgastando inútilmente sus capacidades. En el terreno sentimental desea fundar un hogar que le procure amor y seguridad; sin embargo, celoso y apasionado, le gustan demasiado los cambios para ser puro como un lirio.

Viviana es una persona que hace honor a su etimología, pues es decidida y llena de vitalidad y energía de vivir; pero cuando le conviene también sabe mostrarse reservada, obstinada y ambiciosa, lo que no es obstáculo para que siga siendo femenina, maternal e incluso coqueta, y a pesar de ser generosa e interesarse por quienes la rodean, es consciente de las realidades de la vida y se muestra práctica y eficaz. Lástima que el exceso de 5 en su rejilla pueda hacerla algo inestable. Pero la verdadera finalidad de su vida es el amor; necesita amar, ser amada y fundar una familia, y a poder ser un hogar bello y acogedor.

HISTORIA   San Viviano (o Bibiano) formaba parte de los «cuarenta de Sebaste», cuarenta legionarios cristianos cuyo martirio fue dejarlos desnudos y atados de pies y manos sobre el lago helado de Sebaste, en Turquía, donde murieron de frío. Esto ocurría el año 320. Santa Viviana (o Bibiana) fue muerta a latigazos en Roma allá por el siglo III o IV.

Vivien, inmortalizada por la leyenda de la Tabla redonda, era un hada que reinaba sobre el bosque e inició a Lancelot en las reglas de caballería y con su amor le salvó de los encantamientos de Merlín el Mago. Y **Viviana** es una forma españolizada de la **Viviane** francesa, que a su vez lo es de la **Vivien** inglesa. Sin embargo, olvidada incluso en Inglaterra, no resucita hasta nuestro siglo, allá por los años treinta, popularizándose.

Como célebres citaremos a las actrices Viviane Romance y Vivien Leigh.

NÚMEROS   Viviano: 8 + 6 = 5   Viviana: 6 + 2 = 8

Yasmina

ETIMOLOGÍA Del persa *yâsimin*, que deriva el árabe *yasmina*: jazmín.

CARÁCTER   **Yasmina** es una mujer práctica, adaptable, seductora, comprensiva y muy indepen-diente; pero además es inteligente y con una memoria que le permite destacar en cualquier profesión relacionada con la expresión, la comunicación y la creatividad, no importándole trabajar en equipo o asociada con otros. Cuando es capaz de responder a la influencia de su 11 íntimo, su ambición se in-crementa y se hace más creativa y original, siendo capaz de destacar en cuanto emprenda. Para ella la vida sentimental y la maternidad son importantes, pero no esenciales; por ello, cuando responde a la influencia del 11 sacrificará su vida afectiva a la profesional; pero si sólo responde al 2 deseará compar-tir ambas cosas, aun cuando le quede el resquemor de lo que podía realizar y no lo hizo.

HISTORIA   Después de un corto período en el siglo XVIII, es un nombre que se convirtió en excep-cional hasta hace pocos decenios en que reverdeció sus laureles en Francia, y actualmente empieza a sonar entre nosotros.

NÚMEROS   2 (de 11) + 1 = 3

Índice onomástico

Nombre	Fecha	Página	Nombre	Fecha	Página
Aarón	1 Julio	79	Alexis	12 Febrero	91
Abel	25 Marzo	79	Alfonsa	1 Agosto	91
Abelardo	5 Agosto	80	Alfonsina	1 Agosto	91
Aberardo	5 Agosto	80	Alfonso	1 Agosto	91
Abigaíl	–	80	Alfredo	26 Agosto	92
Abra	16-32	81	Alicia	11 Junio	93
Abraham	16 Marzo	81	Almudena	10 Noviembre	94
Abram	16 Marzo	81	Alonso	30 Octubre	91
Adán	29 Julio	82	Alvar	19 Febrero	94
Adela	8 Septiembre	82	Álvaro	19 Febrero	94
Adelaida	16 Diciembre	83	Amadeo	31 Marzo	95
Adelia	8 Septiembre	83	Amalia	10 Julio	95
Adelina	20 Octubre	84	Amalio	10 Julio	95
Adelino	27 Junio	84	Amanda	25 Mayo	96
Adolfo	27 Septiembre	85	Amandina	1 Julio	96
Adrián	8 Septiembre	85	Amelia	10 Julio	97
Adriana	1 Marzo	85	Ana	26 Julio	98
Ágata	5 Febrero	86	Anabel	26 Julio	99
Águeda	5 Febrero	86	Anabella	26 Julio	99
Agustín	28 Agosto	87	Anaïs	26 Julio	98
Agustina	16 Noviembre	87	Anastasia	15 Abril	100
Aharon	1 Julio	79	Anastasio	22 Enero	100
Aida	2 Febrero	83	Andrea	30 Noviembre	100
Aina	26 Julio	98	Andrés	30 Noviembre	100
Alan	27 Noviembre	87	Ángel	5 Mayo	101
Alano	27 Noviembre	87	Ángela	27 Enero	101
Alba	15 Agosto	88	Ángeles	2 Agosto	101
Alberta	15 Noviembre	89	Angélica	5 Mayo	101
Albertina	31 Agosto	89	Angelina	15 Julio	101
Albertino	31 Agosto	89	Angelo	5 Mayo	101
Alberto	15 Noviembre	89	Anita	26 Julio	98
Alejandra	20 Marzo	90	Anouk	26 Julio	98
Alejandrina	20 Marzo	90	Antón	13 Junio	103
Alejandro	3 Mayo	90	Antonia	29 Abril	103
Alejo	17 Febrero	91	Antonio	17 Enero	103
Alex	–	91	Araceli	2 Mayo	104

Nombre	Fecha	Página	Nombre	Fecha	Página
Ariadna	17 Septiembre	104	Bernadette	16 Abril	120
Ariana	8 Marzo	104	Bernarda	21 Septiembre	120
Armando	23 Enero	105	Bernardina	20 Mayo	120
Arminda	23 Enero	105	Bernardino	20 Mayo	120
Arnaldo	14 Marzo	106	Bernardo	20 Agosto	120
Arnau	14 Marzo	106	Berta	4 Julio	121
Arsenio	19 Julio	106	Bertín	5 Septiembre	121
Arturo	1 Septiembre	107	Bertrán	16 Octubre	118
Astrid	17 Octubre	107	Blanca	5 Agosto	122
Asunción	15 Agosto	108	Blas	3 Febrero	122
Asunta	15 Agosto	108	Blay	3 Febrero	122
Audrey	18 Junio	109	Boris	24 Julio	123
Augusto	7 Octubre	109	Borja	3 Octubre	123
Áurea	19 Julio	110	Brandán	16 Mayo	124
Aurelia	2 Diciembre	110	Brenda	16 Mayo	124
Aureliano	16 Junio	110	Bricio	9 Julio	125
Aurelio	27 Julio	110	Brígida	1 Febrero	125
Áureo	16 Junio	110	Bruno	6 Octubre	125
Aurora	19 Junio	111	Buenaventura	15 Julio	126
Ava	5 Febrero	111	Camila	14 Julio	127
Avito	5 Febrero	111	Camilo	14 Julio	127
Babette	4 Diciembre	114	Carina	7 Noviembre	127
Baldomera	27 Febrero	112	Carla	4 Noviembre	128
Baldomero	27 Febrero	112	Carlos	4 Noviembre	128
Baldovín	2 Septiembre	113	Carlota	17 Julio	128
Balduino	26 Agosto	113	Carmela	16 Julio	129
Baltasar	6 Enero	113	Carmelo	16 Julio	129
Baptista	2 Junio	116	Carmen	16 Julio	129
Bárbara	4 Diciembre	114	Carmina	16 Julio	129
Bartolomé	24 Agosto	114	Carol	4 Noviembre	128
Basil	30 Mayo	115	Carolina	4 Noviembre	128
Basileo	23 Mayo	115	Catalina	29 Abril	130
Basilia	17 Mayo	115	Cathy	29 Abril	130
Basilio	2 Enero	115	Cecilia	22 Noviembre	132
Basilisa	22 Marzo	115	Cecilio	15 Mayo	132
Basilo	17 Mayo	115	Celeste	17 Mayo	133
Bastián	20 Enero	284	Celestina	27 Julio	133
Bautista	2 Junio	116	Celestino	27 Julio	133
Beatriz	29 Julio	116	Celia	22 Noviembre	132
Belén	25 Diciembre	117	César	26 Agosto	134
Belinda	25 Diciembre	117	Chantal	12 Diciembre	134
Beltrán	16 Octubre	118	Cintia	–	135
Ben	31 Marzo	119	Clara	11 Agosto	136
Benita	6 Mayo	119	Claudia	18 Mayo	136
Benito	11 Julio	118	Claudio	6 Junio	136
Benjamín	31 Marzo	119	Clemente	23 Noviembre	137

Nombre	Fecha	Página	Nombre	Fecha	Página
Clementina	14 Noviembre	137	Eleonora	22 Febrero	154
Clotilde	3 Junio	138	Elías	17 Abril	155
Colás	6 Diciembre	247	Elisa	2 Diciembre	156
Coleta	6 Marzo	247	Elisabet	17 Noviembre	157
Coloma	31 Diciembre	256	Elisabeth	17 Noviembre	157
Colombina	13 Septiembre	256	Elisenda	18 Febrero	156
Concepción	8 Diciembre	138	Eliseo	14 Junio	156
Concha	8 Diciembre	138	Ella	1 Febrero	158
Conchita	8 Diciembre	138	Eloísa	1 Diciembre	159
Conrado	26 Noviembre	139	Eloy	1 Diciembre	159
Constante	–	140	Elsa	–	156
Constantino	27 Julio	140	Elvira	25 Enero	160
Constanza	29 Enero	140	Emanuel	22 Enero	160
Crispín	7 Enero	141	Emilia	5 Abril	162
Crispiniano	25 Octubre	141	Emilio	28 Mayo	162
Cristián	15 Diciembre	141	Emma	2 Enero	160
Cristina	24 Julio	141	Engracia	16 Abril	184
Cristóbal	25 Julio	142	Enrique	13 Julio	163
Cynthia	–	135	Enriqueta	13 Julio	163
Damián	26 Septiembre	143	Eric	18 Mayo	164
Dani	3 Enero	143	Erica	18 Mayo	164
Daniel	3 Enero	143	Erico	18 Mayo	164
David	26 Junio	144	Ernestina	22 Septiembre	165
Debbie	21 Septiembre	145	Ernesto	7 Noviembre	165
Debora	21 Septiembre	145	Esperanza	18 Diciembre	165
Delfín	24 Diciembre	145	Esteban	26 Diciembre	166
Delfina	9 Diciembre	145	Estefanía	16 Enero	166
Desiderio	23 Mayo	146	Ester	8 Diciembre	167
Desirée	8 Mayo	146	Esther	8 Diciembre	167
Diana	9 Junio	147	Ethel	8 Septiembre	82
Diego	13 Noviembre	200	Eugenia	25 Diciembre	168
Dionisio	9 Octubre	147	Eugenio	2 Junio	168
Dolores	15 Septiembre	148	Eulalia	12 Febrero	169
Dolly	15 Septiembre	148	Eva	6 Septiembre	169
Domingo	12 Mayo	149	Evelina	14 Marzo	169
Dora	6 Febrero	150	Evelyn	14 Marzo	169
Doris	6 Febrero	150	Fabián	20 Enero	170
Dorotea	6 Febrero	150	Fabio	31 Julio	170
Doroteo	28 Marzo	150	Fabiola	21 Marzo	170
Edgar	8 Julio	151	Fanny	16 Enero	166
Edita	16 Septiembre	151	Fátima	13 Mayo	171
Edith	16 Septiembre	151	Federica	18 Julio	172
Edmundo	20 Noviembre	152	Federico	18 Julio	172
Eduardo	13 Octubre	153	Feliciana	9 Junio	173
Elena	18 Agosto	153	Felipe	3 Mayo	173
Eleonor	22 Febrero	154	Felisa	11 Mayo	173

Nombre	Fecha	Página	Nombre	Fecha	Página
Félix	14 Enero	173	Hilarión	21 Octubre	190
Fermín	7 Julio	174	Honorato	16 Mayo	191
Fernán	30 Mayo	175	Honorina	27 Febrero	191
Fernanda	30 Mayo	175	Honorio	24 Abril	191
Fernando	30 Mayo	175	Hugo	1 Abril	192
Fidel	24 Abril	176	Ian	24 Junio	209
Fina	–	207	Ida	13 Abril	193
Fiona	–	177	Ignacio	31 Julio	195
Flora	24 Noviembre	177	Ildefonso	23 Enero	91
Florencia	10 Noviembre	177	Imma	2 Enero	160
Florencio	3 Abril	177	Indalecio	15 Mayo	193
Florián	4 Mayo	177	Inés	21 Enero	194
Francina	9 Marzo	178	Ingrid	2 Septiembre	194
Francisca	9 Marzo	178	Inma	8 Diciembre	195
Francisco	4 Octubre	178	Inmaculada	8 Diciembre	195
Gabriel	29 Septiembre	179	Íñigo	1 Junio	195
Gabriela	29 Septiembre	179	Irene	5 Abril	196
Gail	–	80	Irma	9 Julio	197
Gaspar	6 Enero	180	Isaac	11 Abril	197
Gema	14 Mayo	181	Isabel	4 Julio	157
Gemma	14 Mayo	181	Isidora	26 Abril	198
Genoveva	3 Enero	181	Isidoro	26 Abril	198
Georgia	15 Febrero	206	Isidro	15 Mayo	198
Georgina	15 Febrero	206	Iván	24 Junio	209
Geraldina	5 Diciembre	182	Jacinta	30 Enero	199
Geraldo	13 Octubre	182	Jacinto	17 Agosto	199
Gerardo	23 Abril	182	Jacobo	3 Mayo	200
Gina	–	269	Jacqueline	25 Julio	200
Gisela	21 Mayo	183	Jaime	25 Julio	200
Gloria	25 Marzo	183	Jaume	25 Julio	200
Goyo	3 Septiembre	186	Javier	3 Diciembre	201
Gracia	23 Julio	184	Javiera	22 Diciembre	201
Gracián	18 Diciembre	184	Jennifer	3 Enero	181
Graciela	25 Marzo	184	Jerónimo	30 Septiembre	202
Gregorio	3 Septiembre	186	Jessica	4 Noviembre	203
Greta	16 Noviembre	228	Jesús	1 Enero	203
Guadalupe	12 Diciembre	186	Jill	4 Enero	211
Guillermina	25 Junio	187	Joaquín	26 Julio	204
Guillermo	25 Junio	187	Joaquina	22 Mayo	204
Gustavo	3 Agosto	188	Joel	13 Julio	205
Gwendoline	14 Octubre	189	Jonatan	–	205
Héctor	–	190	Jonathan	–	205
Helena	18 Agosto	153	Jordi	23 Abril	206
Helenio	7 Octubre	153	Jorge	23 Abril	206
Hernán	30 Mayo	175	José	19 Marzo	207
Hilario	13 Enero	190	Josefa	19 Marzo	207

Nombre	Fecha	Página	Nombre	Fecha	Página
Josefina	19 Marzo	207	Lucas	18 Octubre	222
Juan	24 Junio	209	Lucía	13 Diciembre	222
Juana	30 Mayo	209	Luciano	26 Octubre	222
Judit	7 Septiembre	210	Lucrecia	23 Noviembre	223
Judith	7 Septiembre	210	Lucy	13 Diciembre	222
Judy	7 Septiembre	210	Luis	21 Junio	224
Julia	10 Diciembre	211	Luisa	15 Marzo	224
Julián	8 Marzo	212	Lupe	12 Diciembre	186
Juliana	7 Febrero	212	Lupita	12 Diciembre	186
Julieta	30 Julio	211	Lurdes	11 Febrero	221
Julio	12 Abril	211	Lydia	3 Agosto	219
Julita	30 Julio	211	Mae	15 Agosto	230
Justín	1 Junio	213	Mafalda	2 Mayo	236
Justina	16 Junio	213	Magalí	16 Noviembre	228
Justino	1 Junio	213	Magda	22 Julio	225
Justo	2 Junio	213	Magdalena	22 Julio	225
Karen	29 Abril	130	Mandy	25 Mayo	96
Katia	29 Abril	130	Manolo	22 Enero	160
Laia	12 Febrero	169	Manuel	22 Enero	160
Lana	14 Agosto	87	Manuela	22 Enero	160
Laura	20 Octubre	215	Mar	15 Septiembre	226
Laureano	4 Julio	215	Marcela	31 Enero	226
Lauren	10 Agosto	220	Marcelina	17 Julio	226
Laurencio	10 Agosto	220	Marcelino	6 Abril	226
Lauro	18 Agosto	215	Marcelo	16 Enero	226
Lea	22 Marzo	216	Marcia	3 Marzo	227
Lena	–	225	Marco	4 Octubre	227
Leo	30 Junio	216	Marcos	25 Abril	227
León	30 Junio	216	Marga	16 Noviembre	228
Leonardo	6 Noviembre	217	Margarita	16 Noviembre	228
Leonor	1 Julio	154	Margot	16 Noviembre	228
Leopoldina	15 Noviembre	217	María	15 Agosto	230
Leopoldo	15 Noviembre	217	Mariana	9 Junio	232
Leticia	18 Agosto	218	Mariano	19 Agosto	232
Licia	16 Diciembre	93	Marín	26 Diciembre	233
Lidia	3 Agosto	219	Marina	18 Junio	233
Lili	11 Junio	93	Marino	26 Diciembre	233
Lisa	5 Noviembre	157	Mario	19 Enero	230
Liz	5 Noviembre	157	Mariona	15 Agosto	230
Lola	15 Septiembre	148	Marsha	5 Junio	227
Lolita	15 Septiembre	148	Marta	29 Julio	234
Lorena	30 Mayo	219	Martín	11 Noviembre	234
Lorenza	8 Octubre	220	Martina	30 Enero	234
Lorenzo	10 Agosto	220	Maruja	15 Agosto	230
Lorna	18 Agosto	215	Mateo	21 Septiembre	235
Lourdes	11 Febrero	221	Matías	14 Mayo	235

Nombre	Fecha	Página	Nombre	Fecha	Página
Matilde	14 Marzo	236	Octavio	20 Noviembre	250
Maud	14 Marzo	236	Olga	11 Julio	251
Mauricio	22 Septiembre	237	Oliverio	12 Julio	252
Mauro	15 Enero	237	Olivia	5 Marzo	252
Max	–	238	Onésimo	16 Febrero	253
Máxima	26 Marzo	238	Oriol	23 Marzo	253
Maximiliano	12 Marzo	238	Óscar	3 Febrero	254
Máximo	14 Abril	238	Pablo	29 Junio	255
Melania	31 Diciembre	239	Paco	4 Octubre	178
Menchu	16 Julio	129	Paloma	31 Diciembre	256
Mercedes	24 Septiembre	240	Pamela	16 Febrero	257
Merche	24 Septiembre	240	Pascual	17 Mayo	258
Meritxell	8 Septiembre	240	Pat	13 Marzo	258
Micaela	15 Junio	241	Patricia	13 Marzo	258
Miguel	29 Septiembre	241	Patricio	17 Marzo	258
Miguela	29 Septiembre	241	Paul	29 Junio	255
Mila	9 Julio	242	Paula	18 Junio	255
Milagros	9 Julio	242	Paulina	2 Diciembre	255
Milagrosa	9 Julio	242	Paulino	22 Junio	255
Mingo	8 Agosto	149	Paz	24 Enero	259
Mireia	–	243	Pedro	29 Junio	260
Mireya	–	243	Peggy	16 Noviembre	228
Miriam	15 Agosto	230	Pepe	19 Marzo	207
Mónica	27 Agosto	243	Pepita	19 Marzo	207
Montse	27 Abril	244	Pepito	19 Marzo	207
Montserrat	27 Abril	244	Perico	29 Junio	260
Muriel	–	245	Perucho	29 Junio	260
Nacho	31 Julio	195	Petra	29 Junio	260
Nancy	26 Julio	98	Petronila	31 Mayo	260
Narciso	29 Octubre	245	Pilar	12 Octubre	261
Natacha	25 Diciembre	246	Pili	12 Octubre	261
Natalia	1 Diciembre	246	Plácido	5 Octubre	262
Natalio	4 Julio	246	Pol	29 Junio	255
Nati	25 Diciembre	246	Próspero	25 Junio	263
Natividad	25 Diciembre	246	Prudencia	28 Abril	263
Nick	6 Diciembre	247	Prudenciana	6 Abril	263
Nicolás	6 Diciembre	247	Prudencio	28 Abril	263
Nicolasa	6 Diciembre	247	Pura	8 Diciembre	264
Nieves	5 Agosto	249	Puri	8 Diciembre	264
Noelia	25 Diciembre	246	Quintín	31 Octubre	265
Noemí	4 Junio	249	Rafael	29 Septiembre	266
Nohemí	4 Junio	249	Rafaela	29 Septiembre	266
Nora	24 Abril	154	Raimon	31 Agosto	267
Nuria	8 Septiembre	250	Ramón	31 Agosto	267
Octavia	27 Febrero	250	Ramona	31 Agosto	267
Octaviano	22 Marzo	250	Raquel	2 Septiembre	268

Nombre	Fecha	Página	Nombre	Fecha	Página
Raúl	30 Diciembre	268	Severiano	23 Enero	287
Regina	7 Septiembre	269	Severo	7 Agosto	287
Ricardo	3 Abril	270	Sheila	22 Noviembre	132
Rita	22 Mayo	228	Silvestre	31 Diciembre	288
Roberta	29 Abril	270	Silvia	3 Noviembre	288
Roberto	29 Abril	270	Silvio	21 Abril	288
Robin	29 Abril	270	Simón	28 Octubre	289
Rocío	VAR	272	Simona	28 Octubre	289
Rocky	16 Agosto	275	Sofía	18 Septiembre	290
Rodolfo	21 Junio	272	Sole	11 Octubre	291
Rogelia	16 Septiembre	273	Soledad	11 Octubre	291
Rogelio	16 Septiembre	273	Sonia	25 Mayo	290
Roger	16 Septiembre	273	Stella	8 Diciembre	167
Rollo	21 Junio	272	Sue	19 Septiembre	291
Román	28 Febrero	274	Susana	19 Septiembre	291
Roque	16 Agosto	275	Susie	19 Septiembre	291
Roquelina	16 Agosto	275	Taciana	12 Enero	292
Rosa	23 Agosto	276	Tamar	15 Octubre	293
Rosalía	4 Septiembre	277	Tamara	15 Octubre	293
Rosario	7 Octubre	277	Tania	12 Enero	292
Rosaura	23 Agosto	276	Tatiana	12 Enero	292
Rosina	19 Octubre	276	Teodora	28 Abril	294
Rosita	23 Agosto	276	Teodoro	20 Abril	294
Rosy	23 Agosto	276	Tere	15 Octubre	295
Rubén	4 Agosto	278	Terencio	18 Abril	295
Rudi	21 Junio	272	Teresa	15 Octubre	295
Sabina	30 Enero	279	Teresina	1 Octubre	295
Sabiniano	7 Junio	279	Teresita	1 Octubre	295
Sabino	11 Julio	279	Tina	–	87
Sabrina	30 Enero	279	Tom	28 Enero	297
Salomé	22 Octubre	280	Tomás	28 Enero	297
Salomón	13 Marzo	280	Tomasa	28 Enero	297
Salvador	18 Marzo	281	Tonio	17 Enero	103
Sam	20 Agosto	283	Tricia	13 Marzo	258
Samanta	–	282	Trini	VAR	298
Samantha	–	282	Trinidad	VAR	298
Samuel	20 Agosto	283	Úrsula	21 Octubre	299
Sandra	20 Marzo	90	Valentín	14 Febrero	299
Santiago	25 Julio	200	Valentina	25 Julio	299
Sara	13 Julio	284	Valeria	9 Diciembre	300
Sarah	13 Julio	284	Valeriana	28 Noviembre	300
Sebastián	20 Enero	285	Valeriano	15 Diciembre	300
Sebastiana	16 Septiembre	285	Valerio	28 Noviembre	300
Serafín	12 Octubre	286	Vanesa	1 Noviembre	301
Serafina	29 Julio	286	Vera	18 Septiembre	302
Sergio	24 Febrero	286	Verónica	9 Julio	303

Nombre	Fecha	Página	Nombre	Fecha	Página
Vicencio	7 Septiembre	303	Virginia	21 Mayo	306
Vicenta	28 Junio	303	Viviana	17 Diciembre	307
Vicente	22 Enero	303	Viviano	28 Agosto	307
Víctor	28 Julio	304	Xavier	3 Diciembre	201
Victoria	17 Noviembre	304	Xenia	25 Diciembre	168
Vilma	25 Junio	187	Yasmina	–	308
Violante	28 Diciembre	305	Yolanda	17 Diciembre	305
Violeta	4 Agosto	305			

Índice

Prólogo   7

Primera parte: Numerología   9
  1. Letras y números 11
  2. Numerología griega 19
  3. Numerología hebraica 25
  4. Cábala cristiana 33
  5. La numerología actual 41
  6. Primeras equivalencias 46
  7. El número de la personalidad 50
  8. Complementos a la personalidad 55
  9 . El número del destino 60
10. Los arcanos del tarot 64
11. La previsión del futuro 69

Segunda parte: Diccionario de nombres 77

Índice onomástico 309